한국고대사의
인식과 논리

한국고대사의 인식과 논리

초판 1쇄 발행 2012년 11월 30일
초판 2쇄 발행 2014년 6월 30일

지은이   김영하
펴낸이   김준영
펴낸곳   성균관대학교 출판부
출판부장 박광민
편 집   신철호 · 현상철 · 구남희
마케팅   박인봉 · 박정수
관 리   이경훈 · 김지현

등록   1975년 5월 21일 제1975-9호
주소   110-745 서울특별시 종로구 성균관로 25-2
대표전화 (02) 760-1252~4
팩시밀리 (02) 762-7452
홈페이지 press.skku.edu

ISBN   978-89-7986-964-4 93910

* 값은 뒤표지에 있습니다.
* 잘못된 책은 구입한 곳에서 교환해 드립니다.

한국고대사의 인식과 논리

김영하 지음

성균관대학고
출판부

대학에서 전임으로 한국고대사를 가르친 지 올해로 30년이 되었다. 가르침과 배움은 같이 간다고 하는데, 지난 시간은 온전히 교학(敎學)을 함께 닦는 과정이었다. 요즘과 달리 두세 편의 논문으로 전임이 되었으니, 미숙한 상태에서는 그럴 수밖에 없기도 했다. 자신에게 부끄럽지 않기 위해 노력했지만 공부의 진척은 언제나 오십보백보였다. 다만 학생들에게 미안하지 않으려고 마련했던 강의 내용이 본서의 골자이다. 따라서 아는 것을 가르쳤다기보다 가르치면서 알았다는 것이 옳을 터이고, 또한 안다고 한들 얼마나 알았을까마는 알은 듯이 미소 지은 학생들이 고마울 따름이다. 그러한 배경에서 배태된 책에 『한국고대사의 인식과 논리』라고 제목을 붙인 이유는, 기왕에 상재한 연구서와 달리 소통의 범위가 조금 넓어지길 기대하기 때문이다.

고대사는 문자를 통해 기억하는 현재로부터 가장 먼 시기에, 삶의 조건이 오늘과 다를 뿐 우리와 같은 사람들이 살았던 역사이다. 다만 사료가 부족한 까닭에 연구자에게는 기회의 땅이자 좌절의 늪이기도 했다. 역사적 상상력을 확장할 수 있다는 의미에서는 전자이지만, 사료로서 뒷받침되지 못할 경우에는 후자일 수밖에 없었다. 이러한 연구 환경에서 유념한 것은 사료를 읽을 때마다 현재적 관심을 끊임없이 환기시키고, 봄 소쩍새의 울음과 가을 국화꽃의 개화처럼 무관한 개별 사실들을 하나의 이치로 읽어낼 방법으로서 연기적 사고의 차용이었다. 오늘과도 격절되는 않는 고대의 역사상을 그리면서, 인간의 사유와 행위를 담아낸 문자의 속내를 헤치기 위한 반추가 필요했던 셈이다.

자신의 안목으로 한국고대사를 읽는 논지의 구성에서는 여러 사실에 대한 실증으로 분야를 확대하기보다 이미 잘 알려진 사실을 다시 검증하고, 그에 관한 주제의식을 심화하기 위해 근대사학의 해석 논리도 아울러 점검하는 두 개의 시선으로 입지를 마련했다. 이러한 방법으로 한국고대사에서 다음의 세 주제에 주로 관심을 기울였다. 첫째, 고구려, 백제, 신라에 대한 일국사적 접근을 넘어서 동질의 고대사회로 인식하려는 관점이었다. 둘째, 신라의 삼국통일전쟁으로 이해하기보다 신라의 백제통합전쟁에 불과하다는 시각이었다. 셋째, 한국사에서 7세기 동아시아의 국제전을 고대에서 중세로의 전환 계기로 파악하는 시대구분이었다. 이러한 논지는 논쟁을 야기할 수밖에 없었는데, 자가 발전 또는 학회의 기획으로 관련 논문들이 씌어졌다.

제1편은 고대국가의 대내적인 통치구조에 대한 인식 방법이다. 고대국가의 형성과 발전에는 중심부 소국에 의한 주변부 소국의 누적적인 편제와 그 해체의 과정이 맞물려 있었다. 소국의 공동체적 유제가 해소되지 않은 상태에서 이루어진 삼국의 형성과 발전은 통치구조에도 반영될 수밖에 없었다. 이러한 삼국의 발전 단계에 대한 이해로는 성읍국가-연맹왕국-중앙집권국가론과 소국-부체제-중앙집권국가론 등이 있다. 발전 단계의 설정에서 국가로서 연맹왕국과 정치체제로서 부체

제로 기준은 달랐더라도, 삼국시대에서 중앙집권국가의 단계를 설정하는 데서는 같았다.

그러나 삼국에서 중앙집권의 필요조건인 왕권의 강화로 대왕은 출현했지만, 충분조건으로서 중앙의 지방에 대한 전면적 지배는 아직 실현되지 않았다. 따라서 국가의 발전 단계로서 소국공동체-고대국가의 상위 범주와 정치체제의 발전 단계로서 귀족평의체제-대왕전제체제의 하위 범주를 구분하고, 고대국가의 통치구조에서 제도의 정점에 위치한 왕과 귀족의 권력관계를 살펴볼 필요가 있다. 한국 고대에서 국가형성의 시차적 동궤성(同軌性)으로 인해 고조선과 부여의 통치구조가 반복된 삼국의 정치체제는 물론 그 발전에 대한 동질적 인식을 가능하게 할 논리적 장치이기 때문이다.

제2편은 고대국가의 대외적인 영역 발전에 관한 해석 논리이다. 삼국의 영역 발전은 소국 병합과 중국 군현의 축출을 통해 경계를 접한 삼국 간의 세력 각축으로 귀결되었다. 그러한 결과 최대의 판도를 영유할 수 있었던 광개토왕과 진흥왕은 각각 역사·영토·대왕의식을 집약한 〈광개토대왕비〉와 〈진흥대왕순수비〉를 왕도와 변경에 세울 수 있었다. 한편 고구려와 백제의 압박을 받던 신라가 당과 연합함으로써 삼국 간의 세력각축전은 동아시아의 국제전으로 비화했고, 전후의 신라에서는 백제를 통합하고 고구려를 멸망시킨 데 따른 일통삼한의식이 파생되었다.

이에 대해 일제 식민사학의 일선동조론(日鮮同祖論)은 〈광개토대왕비〉의 신묘년기사를 고대 일본의 남한경영론의 입증에 이용했다. 또한 만선사관(滿鮮史觀)은 만주와 한국의 경역 획정을 목적으로 〈진흥대왕순수비〉의 황초령비와 마운령비에 대해 위작설과 이치설을 제기했다. 신라의 일통삼한의식은 고구려를 통합하지 못한 신라 지배층의 허위의식임에도 불구하고, 만선사관은 고구려 고지에서 건국한 발해를 한국사에서 배제하기 위해 신라의 통일을 강조하는 신라통일론의 전형을 마련했다. 이러한 논리는 식민정책의 대상이던 한국과 만주의 내부 경계를 역사적으로 확인하려는 데서 연유한 것이었다. 고대의 사실을 밝히는 데서 근대사학의 해석 논리를 비판적으로 검토하지 않으면 안 되는 이유이다.

제3편은 삼국에서 남북국으로의 전환에 따른 변동 내용의 구명이다. 삼국사회에는 고대국가의 형성과 발전 과정에서 연유한 소국의 유제와 국가적 지향이 병존했으며, 독자적 사지·사민 지배의 귀족세력이 군국의 정사를 담당하는 단계에서 대왕이 귀족세력을 제도적으로 규제하는 단계로 발전했다. 삼국 말기에 귀족세력의 권력투쟁과 중국에서 수·당 통일왕조의 등장은 삼국의 사회구조를 변동시킨 조건이었다. 7세기 동아시아의 국제전으로 백제를 통합한 신라와 고구려 고지에서 건국한 발해의 남북국은 귀족세력의 관료화를 통해 중앙집권체제를 지향했으며, 신라 말기에는 중앙집권체제의 모순에서 기인한 농민봉기가 일어났다.

이러한 사실에 대해 고대연속설은 삼국의 중앙집권국가가 통일신라의 전제왕권체제로 전환한 것으로 파악하고, 신라 말기에는 그것에 대체할 지배세력으로서 지방의 호족을 주목했다. 이러한 논리는 동아시아 국제전의 획기적 의미를 사상할 뿐만 아니라, 이론적으로는 개별적 공지·공민 지배의 중앙집권국가에서 집단적 왕토·왕민 지배의 전제왕권체제로 역사가 역행한 것으로 오해할 소지를 내포하고 있었다. 따라서 한국사에서 남북국의 성립은 중세이행설로 접근할 필요가 있으며, 한국의 중세사회를 중앙집권으로 파악하는 데는 서구 중심의 지방분권에 유의한 내재적 발전론에 대한 비판의 의미도 있다.

결국 청동기문화의 영향으로 성립한 소국들 가운데 중심부의 삼국은 고대국가로 이행했으며, 영역 발전에 기초한 삼국의 정치체제는 노예를 소유한 귀족들의 평의체제에서 권력을 강화한 대왕의 전제체제로 발전했다. 대왕전제체제하에서 귀족세력은 분열했고, 삼국 간의 세력각축전은 더욱 격화되었다. 이러한 이중의 모순을 해소하기 위해 삼국에서는 권력 집중을 지향한 정변이 일어났고, 삼국 간의 전쟁은 수와 당의 개입으로 동아시아 국제전으로 전화했다. 남북국에서 중앙집권적 귀족관료체제, 불교와 유학의 통치이념적 기능, 신라에서 골품체제의 변질과 토지분급제 실시는 한국사에서 새로운 사회로의 진전을 알리는 지표이며, 나말의 호족은 기본적으로 농민봉기에 편승한 존재였던 것이다. 이러한 삼국과 남북국시대의 역사적 변화는 하나의 지역 단위로서 동해안지방의 변천상에도 어김없이 흔적을 남기고 있었다.

　　이상에서 보듯이 세세한 실증이 범람하는 풍토 속에서 거칠게나마 새로운 인식체계의 모색을 명분으로 오활할 만큼 해석에 몰두했던 셈이다. 기실 사실 실증과 체계 수립의 관계에서 사실을 ‘어떻게’ 실증하기보다 ‘어떠한’ 사실로 구성할 것인가에 방점을 찍고, 기성 담론에 이끌리지 않으면서 지금의 자신이 몸담은 여기의 사회를 독해하려는 고심의 결과라고 변명할 수밖에 없다. 미세한 진애 속에서 비롯함이 없는 시방 세계를 읽지 못하고 가없는 시방 세계 안에서 하나의 진애를 보지 못하면, 실상에서 벗어나기는 피차 매일반이다. 역사를 내재한 인간과 인간을 내포한 사회에 대한 중도적 통찰이 더욱 절실한 요즘이다.

　　교학 활동의 한 시기를 매듭짓는다고 엮은 것이지만, 조급함이 앞선 까닭에 만족스럽게 여겨지지는 않는다. 혹시 기존의 인식체계로부터 벗어나고 싶은 이들에게 한줄기의 소식이라도 된다면 다행이겠다.
서명에 맞게 재구성하는 과정에서 장·절의 조정과 개제, 내용의 삭제
와 수정, 각주의 폐기와 보완 등이 있었다. 일일이 밝히지는 않았으나
본래의 게재지는 각 장의 말미에 적어두었다. 또한 같은 내용을 언급
할 수밖에 없는 데서 서술과 표현의 중복이 다소 눈에 거슬리지만, 주
제마다의 논리 전개에서 불가피한 점이 있었음을 양해해주시길 빈다.
이제 독자 제현의 질정을 통해 본서의 논지가 좀 더 가다듬어질 수 있
길 바랄 따름이다.

타고난 온갖 빛은 감추신 채 숙명처럼 지워진 종사(宗事)에 골몰하
시다가, 올 유월에 홀연히 무시무변의 본연으로 돌아가신 선친의 영전
에 삼가 이 책을 바친다. 함께 공부하는 제자들이 원고를 읽고 조언을
아끼지 않아서 기쁘고, 보잘것없는 내용임에도 도서 발간의 지원 대상
으로 선정하여 출판을 맡아준 성균관대학교 출판부에 감사의 마음을
표한다.

2012년 한 가을에

저 자 적음

고대국가의 통치구조론

고대의 개념과 발전단계론

머리말

역사시대의 첫머리를 장식하는 고대는 인류사회의 발전 과정에서 문자를 통해 기억하는 현재로부터 가장 먼 시기이다. 고대는 문명 또는 국가의 발생과 더불어 등장했으므로, 고대의 개념 규정에서 문명과 국가의 형성 문제를 분리하여 생각하기는 어렵다. 따라서 역사발전의 한 단계로서 고대의 개념과 구분에는 문명 또는 국가의 성립 과정에서 파생된 사회구성에 관한 내용을 담보하지 않으면 안 된다. 그것은 사회적 지도자이기보다 정치적 지배자인 왕의 출현, 전쟁과 교역의 과정에서 파생된 계층의 분화, 인간노동력 자체를 생산수단으로 소유하는 노예제적 생산관계, 고대적 사회구성을 정당화할 신화의 생성 등을 포괄하는 내용일 터이다.

역사학에서 고대라는 동일한 용어를 사용하더라도, 고대가 의미하는 내용과 시대구분에는 현재적 조건이 일정하게 반영되기 마련이었다. 실제 중국은 아편전쟁기 이전을 고대로 파악함으로써, 그 이후 반제·반봉건운동과 신민주주의혁명을 통한 중화인민공화국의 수립 과정으로서의 근대와 현대에 역사적 정당성을 부여했다.[1] 일본은 천황제의 이데올로기를 비판하는 한편, 서구와 같은 역사발전 단계를 경과한 중세의 지방분권적 봉건사회를 설정하기 위한 전제로서 천무조(天武朝)와 지통조(持統朝) 이후의 율령국가를 아시아적 생산양식론에 입각한 고대의 동양적 전제국가로 파악했다.[2] 이처럼 고대의 범주 설정은 개별 민족국가의 현재적 과제와의 관련 속에서 정치적인 함의를 지닐 수밖에 없었다.

한국에서도 일제 식민사학을 극복하려는 민족/국가 중심의 담론을 바탕으로 1970년대 이후 고대에 관한 본격적인 논의가 있었다. 한국사의 주체적 발전을 모색하는 과정에서 근대의 설정과 연계하여 고대국가의 기원과 형성 문제가 논의되었던 것이다. 그러한 결과 한국 고대의 국가기원을 고조선으로 소급시켰고, 나말·여초가 고대에서 중세로의 전환기로 주목되었다. 이러한 인식은 한국사의 발전 과정을 이른바 서구 중심의 역사발전 단계에 준하여 인식하려는 내재적 발전론과 무관하지 않았다. 그러나 분단 상황에서 연유하는 이념적 제약으로 논의가 활성화되지 못한 한계도 있었다.

여기에서는 우선 한국의 고대를 이해하기 위한 방편으로서 고대의 개념과 한국사에서 이루어진 고대의 시대구분에 관한 문제를 검토하고자 한다. 고대의 개념은 문명 또는 국가의 형성과 더불어 성립되었으므로, 이에 관한 진화론자와 신진화론자의 견해가 검토 대상이 될

---

1) 張傳璽, 1991, 『中國古代史綱』上, 北京大學出版社, 4~5쪽 참조.
2) 石母田正, 1971, 『日本の古代國家』, 岩波書店, 228~229쪽 참조.

것이다. 한국 고대의 시대구분에서는 1960년대 이전에 거론된 하한 문제와 1970년대 이후에 제기된 상한 문제를 중심으로 살펴보도록 하겠다.

다음으로 한국 고대의 시간적 범위 내에서 이루어진 고대국가와 정치체제의 발전 단계에 관한 논의를 고찰하고자 한다. 고대국가의 발전 단계론에서는 1960년대 이전의 진화론적 단계화와 1970년대 이후의 신진화론적 단계화가 갖는 함의와 문제점을 검토할 것이다. 정치체제의 발전단계론에서도 여러 견해가 갖는 의미와 문제점을 살펴본 다음, 한국사의 시대구분에서 고대와 중세의 분기점에 관한 하나의 시론을 제시하도록 하겠다.

1. 고대의 개념과 시대구분

1) 고대의 개념과 내용

서구에서 고대 문명과 국가의 형성에 관한 논의는 그리스와 로마를 대상으로 진행되었다. 그것은 문예부흥기 이후의 근대 문명과 국가의 기원을 그리스와 로마에서 찾고, 여기에 고전과 고대의 의미를 부여함으로써 서구의 역사적 정체성을 확립하려는 학문적 전통과 관련이 있었다. 이러한 과정에서 제출된 문명과 국가의 발생에 이르는 인류사회의 발전 단계에 관한 여러 견해를 살펴봄으로써 고대라는 개념에 내포된 함의를 알아보기로 한다.

먼저 F. 드 쿨랑주가 『고대도시』(1864)에서 언급한 견해이다. 그는 권위의 원천인 신성한 불에 대한 신앙이라는 종교적 관점으로 그리스와 로마에서 도시의 발생 과정을 검토한 결과, 가족-의사친족(phratria;

형제단)-부족-도시의 단계를 거친 것으로 이해했다. 가족의 단계에서 가장은 사제로서 숭배의식, 재판, 통치기구 등을 관장했는데, 이런 사회조직은 동일한 방식을 따라 확대되었다. 따라서 의사친족과 부족의 단계에서도 민회(民會)와 재판소가 있었으며, 수장과 부족장이 수행하는 가장 중요한 기능은 제사의 주관이었다.[3] 도시의 단계에서 정치적 수장인 왕의 주요 기능도 대사제로서 종교의식을 거행하는 일이었다. 종교가 통치, 재판, 전쟁 등과 결합되어 있었던 까닭에, 왕은 사제인 동시에 정무관이자 재판관이고 사령관이었다. 민회에서 선출하여 왕을 대신하는 정무관 역시 사제로서 인간과 신을 연결하는 매개자에 다름 아니었다. 더구나 법과 종교는 처음부터 분리되지 않았으므로, 사제는 유일한 재판관일 수밖에 없기도 했다.[4]

다음으로 L. H. 모오건이 『고대사회』(1877)에서 제시한 견해이다. 그는 북미의 이로쿼이족에 대한 인류학적 조사를 바탕으로, 그리스와 로마가 문명 단계에 이르는 인류사회의 발전 과정을 유추했다. 인류사회는 야만의 하급・중급・상급 단계-미개의 하급・중급・상급 단계-문명 단계에 이르기까지 동일한 경험과 진보를 통해 일원적으로 진화한 것으로 파악했다. 야만의 상급 단계에서 활과 화살이 사용되었으며, 미개의 하급 단계에서는 토기 제조의 기술을 발명했다. 미개의 상급 단계에서 철제 농구와 무기가 사용되었으며, 성음자모(聲音字母)의 발명과 문자의 사용으로 특징지어진 문명 단계는 다시 고대와 근대로 구분되었다.[5] 이러한 진화론적 문명화의 과정은 사회가 씨족-포족(phratry; 형제관계)-부족-부족연맹-국가로 발전하고, 가족이 혈연-

---

3) 퓌스텔 드 쿨랑주, 김응종 옮김, 2000, 『고대도시』, 아카넷, 163~164쪽.
4) 퓌스텔 드 쿨랑주, 김응종 옮김, 앞의 책, 244~264쪽 참조.
5) L. H. 모오건, 崔達坤・鄭東鎬 共譯, 1978, 『古代社會』, 玄岩社, 26~29쪽.

푸날루아(punaluan; 군혼관계)-대우혼·가부장제-일부일처제로 발전하는 현상과 복합되어 있었다. 미개의 하급 단계에 있던 이로쿼이족이 부족연맹을 성립시킨 데 비해 도시를 형성한 그리스는 문명 단계의 국가로 전환할 수 있었던 것이다.[6]

이러한 모오건의 사회발전단계론에 기초하여 F. 엥겔스는 『가족, 사유재산 및 국가의 기원』(1884)에서 씨족사회로부터 국가로의 이행 과정을 이론화했다. 그는 유물사관의 관점으로 목축업-농업-수공업-상업의 사회적 분업과 생산력의 발전에 따른 잉여의 교환 과정에서 발생한 사적 소유의 계급사회를 유지하기 위한 권력기관으로서 국가의 발생을 주목했다. 씨족사회를 대체한 국가의 특징으로는 혈연적인 유대가 아니라 지역에 의한 주민의 구분, 인민 자신의 무장력과는 다른 공권력으로서 군대의 창설, 공권력 유지를 위한 조세의 수취, 공권력과 징세권을 장악한 관료기구의 존재 등을 거론했다. 이와 같은 지배계급의 국가는 필연적으로 피지배계급을 압박할 수밖에 없었다. 고대의 노예제 국가는 노예소유자가 노예를 수탈하는 사회였고, 중세의 봉건제와 근대의 대의제 국가는 영주와 자본가가 각각 농노와 노동자에 대해 그런 사회였다.[7] 그러한 까닭에 근대 이전의 국가기구에도 근대적인 관료와는 다른 행정 담당의 관리가 존재했지만, 피지배계급에 대한 압박을 보장할 경찰만은 국가의 형성과 동시에 발생할 수밖에 없었던 것이다.[8]

이와 같은 일원론적인 단선진화론은 이미 인류사회의 발전을 난혼

6) L. H. 모오건, 崔達坤·鄭東鎬 共譯, 앞의 책, 135~136·271~272쪽.
7) 프리드리히 엥겔스, 김대웅 옮김, 1985, 『가족의 기원』, 아침, 191~193쪽.
8) ロバート H. ローウィ, 古賀英三郎 譯, 1973, 「國家起源論をめぐって」『國家の起源』, 法政大學出版局, 167~168쪽.

제-모권제-부권제의 단계로 파악한 J. J. 바흐호펜의 『모권론』(1861)에서 제기된 바 있었다.[9] 그리스와 로마에서 도시·문명·국가가 발생하는 기제에 관한 고전적인 이론들은 근대 이후의 문제의식을 투사하여 추상화한 것으로서 다른 접근 방법으로 도출한 같은 성격의 결론이기도 했다. 그러나 근래에 그리스와 로마지역 이외의 역사적 사례와 민족지적 자료를 바탕으로 일반 진화와 특수 진화를 구분하는 신진화론의 관점에서 국가형성의 문제가 다시 논의되기에 이르렀다.

M. H. 프리드는 평등사회-서열사회-계층사회-초기·2차 국가의 단계로 파악했다. 그는 갈등이론의 입장에서 계층사회의 연장선상에 있는 국가를 혈연적 친족관계를 초월함으로써 조직될 수 있었던 제도들의 복합체로 보았다. 전문화된 제도와 기관의 집합체인 국가가 계층화된 사회의 질서 유지를 위해 기능하게 되었던 것이다. 따라서 국가는 인구에 대한 의식적인 통제, 분쟁 해결을 위한 제재와 규범, 주권의 수립과 유지에 필요한 강제력, 권력의 합법적인 행사, 국가의 기능 수행에 필요한 세금징수 등을 위해 각종 제도를 창출하지 않을 수 없었다.[10]

한편 다선진화론을 주창한 J. H. 스튜워드의 제자 가운데 한 사람인 M. D. 사린스는 진화의 과정을 생태적 환경에 따라 문화가 적응과 변화를 계속해가는 특수 진화와, 하나의 지표를 중심으로 낮은 단계에서 높은 단계까지 문화가 서열화될 수 있는 일반 진화로 구분했다.[11] 그는 중앙의 통제조직이 결여된 부족사회와는 다른 국가 또는 문명사회의 특징으로 공공적 권위에 의한 사회의 지배, 지배권 범위의 지역적

---

9) 植木武, 1996, 「初期國家の理論」 『國家の形成』, 三一書房, 17~20쪽.
10) Morton H. Fried, 1967, 『The Evolution of Political Society』, Random House, 227~240쪽 참조.
11) 植木武, 앞의 논문, 23~26쪽 참조.

세분, 주권 독점의 지배자에 의한 권력 행사의 제한, 주권자의 사법권과 강제에 대한 인간과 집단의 복종 등을 언급하고 있었다.[12]

이러한 부족사회와 고대국가의 중간 단계에 해당하는 수장사회는, 일본 고대의 동양적 전제국가를 이해하는 데서 유효한 개념인 총체적 노예제의 수장제사회론을 비판하고 국가적 노예제를 입증할 수 있는 인류사회의 발전 단계로 주목되었다. 귀두청명(鬼頭淸明)은 수장사회가 유물사관의 아시아적 생산양식론과 관련이 있다면, 그것은 정치적 상부구조로서 아시아, 즉 서구사회가 아닌 지역에서 국가형성의 문제와 깊은 관련이 있을 것으로 이해했던 것이다.[13]

또 다른 한 사람인 E. R. 서비스는 군집사회-부족사회-수장사회(chiefdom)[14]-초기국가의 단계로 설정했다. 그는 통합이론의 관점에서 전쟁과 정복 활동, 관개와 생산의 증대, 인구의 증가, 도시화의 진전, 계급의 분화와 억제 등이 국가형성에 미치는 영향에 대해 부정적이었다. 한편 사회적 불평등의 기원으로 재분배체제(再分配體制)의 운용에서 드러난 개인의 능력 차이와 제도화, 열악한 지리적 환경과 인위적 조건으로서 적대세력의 존재가 사회 내부의 통합에 기여하는 기능에 대해서는 긍정적이었다.[15] 이러한 과정을 거쳐 수장사회가 국가로 전환하면, 사법체계를 갖는 정부가 준법을 요구하거나 위법의 경우에 처벌했던 것이다. 수장사회가 사회적 권위로 지도한 반면 국가는 강제성

---

12) M. D. サ―リンズ, 靑木保 譯, 1972, 『部族民』, 鹿島出版會, 13~15쪽.

13) 鬼頭淸明, 1979, 『律令國家と農民』, 塙書房, 153~157쪽.

14) 한국학계에서 'chiefdom'은 군장사회, 추장사회, 족장사회, 추방사회, 수장사회 등으로 다양하게 번역되고 있다. 여기에서는 특정한 견해를 소개하는 경우 이외에는 'chief'를 정치적 지배자인 왕보다 낮은 사회적 지도자로서 우두머리를 의미하는 '수장'으로 통일하여 사용하고자 한다.

15) Elman R. Service, 1975, 『Origins of the State and Civilization』, W·W·Norton & Company, 266~308쪽 참조.

을 띠는 정치적 권력으로 지배하는 사회였던 셈이다.[16]

이 밖에도 L. 크레이더는 국가의 형성에 관한 여러 견해를 종합하여 사회통제를 위한 중앙의 정치적 권위, 기관 및 기능 분화의 통치기구, 빈부·권위·권력 등에 의한 계급의 분화, 국토방위와 국내에 대한 규제 행위 등을 공통 요소로 추출했다.[17] 또한 K. V. 프래너리는 국가와 고대 문명의 공통된 특징으로 강제력의 중앙집권화 및 무력의 합법적 사용에 더하여 왕권, 법률, 도시, 직업분화, 계층분화, 징병제도, 세금 징수 등을 거론함으로써[18] 역시 진화론과 큰 차이를 보이지 않았다.

이상에서 진화론자와 신진화론자가 종교학, 유물사관, 인류학 등의 입장에서 개진한 미개로부터 문명, 혹은 씨족사회에서 국가로의 이행 과정에 관한 인류사회의 발전 단계와 그 구성 요건 등을 살펴보았다. 국가의 발생 기제에서 대내적 요인으로는 인구의 증가와 관개시설의 통제, 대외적 요인으로는 전쟁 수행과 원거리 교역 등이 일반적으로 거론되고 있었다. 그리스와 로마의 문명 단계에서 국가의 성립에 관한 내용이 서구의 역사에서 나타난 전형적인 사례라면, 다른 지역의 과거와 현재에서 확인되는 동일한 현상은 또 다른 문명과 국가의 성립을 알리는 지표에 다름 아니다. 이러한 지표들이 생태적 환경의 차이로 모든 지역에 일률적으로 적용될 수는 없다고 하더라도, 문명과 국가의 성립을 판단하는 기준으로서 의미는 없지 않을 것이다.

2) 한국 고대의 시대구분

한국 고대의 공간적 범주는 국가로 이행한 고조선, 부여, 고구려, 백

---

16) 植木武, 앞의 논문, 28~29쪽 참조.
17) L. クレーダー, 吉田禎吾·丸山孝一 譯, 1972, 『國家の形成』, 鹿島出版會, 58~59쪽.
18) 崔夢龍, 1981, 「都市, 文明, 國家」 『歷史學報』92, 178~179쪽.

제, 신라, 가야 등이 존재했던 한반도와 중국의 동북지방이었다. 고조선과 부여의 선진적인 정치문화가 시간적으로 지속하고 공간적으로 확산한 결과로 성립된 고대국가들에는 왕이 존재했으며, 그를 정당화하는 이념적 성격의 건국신화도 생성되었다.[19] 이러한 조건을 갖춘 고대국가들이 존속했던 시간적 범위가 한국의 고대에 해당할 것이다.

이러한 한국 고대의 시대구분에 관한 논의는 관점의 차이로 말미암아 다양하게 전개되었다. 시대구분은 사회구성의 총체성과 사회 변동의 필연성을 파악하는 역사인식의 귀결점이기 때문이다. 따라서 원시사회로부터 계기하고 중세시대에 선행한 역사발전의 한 단계로서 고대의 구분에는 사회구조와 변동에 관한 내용을 정합적으로 담아내지 않으면 안 된다. 전근대의 왕조교체론과는 함의가 다른 근대적 의미에서 한국사의 발전 과정에 관한 논의는 일본학자에 의해 먼저 이루어졌다.

일제시기에 하합홍민(河合弘民)과 화전일랑(和田一郞)은 각각 삼국·신라시대의 씨족적 공산제설과 삼한·삼국시대의 씨족공산제설을 주장했고,[20] 일제시기 이전에 이미 복전덕삼(福田德三)이 봉건제결여설을 주장한 이래 흑정암(黑正巖)과 사방박(四方博)도 같은 논리를 펼친 바가 있었다.[21] 이러한 견해는 아시아적 생산양식론에 입각하여 한국사의 정체성을 입증하려는 것이었으므로, 심지어 신라 말기까지도 서구와 같은 역사발전의 단계에 따른 고대로 설정될 수 없었다.

이에 대해 역시 유물사관에 따라 한국사의 발전 과정을 모색한 한국학자의 반론이 제기되었다. 원시씨족사회/신석기시대-원시부족국

19) 김영하, 2000, 「韓國 古代國家의 政治體制發展論」『韓國古代史硏究』17, 74쪽.
20) 森谷克己, 1937, 『アジア的生産樣式論』, 育生社, 273~280쪽 참조.
21) 姜晋哲, 1992, 『韓國社會의 歷史像』, 一志社, 189~191쪽 참조.

가/삼한·부여·고구려·동옥저·예맥·읍루-노예국가/고구려·백
제·신라-아시아적 또는 집권적 봉건국가/통일신라·고려·조선의
견해[22]와 원시사회/삼한·부여·고구려·옥저·읍루·예-노예사회/
삼국·통일신라·고려-봉건사회/조선의 견해[23]가 그것이다. 이러한
유물사관의 학문적 목적은 실증적인 식민사학과 관념적인 민족주의사
학을 비판하는 한편, 한국사의 과학적 인식과 보편적 발전 논리를 제
시함으로써 계급투쟁을 통한 식민지 현실의 극복에 있었다.[24]

일제 식민사학에서 고조선 연구는 단군의 칭호를 비롯한 현존하는
전설을 고려 중기 이후의 소산으로 보거나, 기자전설에 관한 사료를
검토한 다음 그것이 후대에 미친 영향 등을 살필 따름이었다.[25] 한편
민족주의사학은 한국사의 기원으로서 단군조선을 비롯한 세 조선을
적극적으로 인식했지만,[26] 유물사관의 고조선 연구는 단군신화를 농업
공산체의 붕괴 과정을 반영한 남계(男系) 세습추장제의 출현에 불과한
것으로 이해했다.[27] 더구나 『삼국지』 동이전과 『삼국사기』를 기본 사
료로 이용했기 때문에 『사기』 조선전의 위만조선은 고대국가에 포함
될 수 없었다.

한편 일제시기의 삼국 초기에 관한 연구는 『삼국사기』에서 백제의
계왕과 신라의 실성왕 이전의 기록을 불신했기 때문에[28] 사실상 불가

---

22) 白南雲, 1933, 『朝鮮社會經濟史』, 改造社; 1937, 『朝鮮封建社會經濟史』上, 改造社.
23) 李淸源, 1936, 『朝鮮社會史讀本』, 白揚社; 1937, 『朝鮮歷史讀本』, 白揚社.
24) 李基白, 1991, 『韓國史像의 再構成』, 一潮閣, 177~191쪽 참조.
25) 今西龍, 1937, 『朝鮮古史の硏究』, 近澤書店.
26) 申采浩, 1977, 『朝鮮上古史』 『改訂版 丹齋申采浩全集』上, 螢雪出版社, 74~110쪽.
27) 白南雲, 1933, 앞의 책, 13~22쪽.
28) 津田左右吉, 1921, 「百濟に關する日本書紀の記載」 『滿鮮地理歷史硏究報告』8, 128~132
    쪽 참조; 1924, 『古事記及日本書紀の硏究』, 岩波書店, 513·522쪽 참조.

능했다. 해방 이후에도 고구려의 태조왕, 백제의 고이왕, 신라의 내물왕 때가 각각 삼국의 실질적인 건국 연대로 파악되고 있었다.[29] 이러한 인식 방법에서 그 이전의 기록들은 사료로서 가치를 인정받기 어려웠는데, 실제로 백제의 왕위계승에 관한 연구에서 구수왕 이전의 사료는 불신되었던 것이다.[30]

이와 같은 연구 상황에서 고대의 시간적 범위에 관한 논의도 1960년대까지는 하한 문제를 중심으로 전개될 수밖에 없었다. 그 하나는 나말·여초의 사회 변화를 고대에서 중세로의 전환기에 나타나는 현상으로 파악했다. 이것은 막연히 시간의 원근에 따라 통일신라까지를 상고, 상대, 고대 등으로 이해한[31] 종래의 구분 방법에 대해 친족집단의 범위가 7세대에서 5세대로 축소되었다는 전제 위에서 노예의 농노화에 따른 생산관계의 변화, 골품제도의 폐기를 통한 정치제도의 개혁, 유교적 정치이념의 표방과 불교사상의 성격 변화 등을 지표로 삼은 본격적인 시대구분의 시도였다.[32]

다른 하나는 무신정권 이후의 고려 후기를 고대에서 중세로의 과도기로 이해했다. 고려 전기의 토지제도인 전시과체제(田柴科體制)하에서 집단적 토지 소유와 농민에 대한 인신적 수취양식은 조선시대에 이르러 개별적 토지 사유와 토지를 매개한 수취양식으로 바뀌었다. 공동체적 관계의 해체로 출현한 농민과 농장의 성립 및 발전으로 촉진된 토지사유화의 진전은 중세사회로의 전환을 의미하는 사회경제적 현상이

---

29) 震檀學會 編, 1959, 『韓國史』古代篇, 乙酉文化社, 236·350·375쪽.

30) 李基白, 1959a, 「百濟王位繼承考」『歷史學報』11, 43쪽.

31) 李基白, 1970, 「韓國史의 時代區分 問題」『韓國史時代區分論』, 乙酉文化社, 7~9쪽.

32) 金哲埈, 1970, 「韓國 古代社會의 性格과 羅末·麗初의 轉換期에 대하여」『韓國史時代區分論』, 乙酉文化社, 41~51쪽 참조.

었으며, 고려 후기는 바로 그런 과도기에 해당했던 것이다.[33]

이 중에서 나말·여초전환기설의 5세대 친족집단에 대한 비판은 물론 7세대 친족집단의 사료적 근거인 7세부모(七世父母)에서 7세는 전생 및 후생과 같은 생을 가리키는 신라시대의 불교적 관용어일 가능성이 지적되었다.[34] 이러한 비판에도 불구하고 신라 중대의 교종을 대체할 이념으로서 나말의 선종과 호족세력의 관계[35] 및 양측적 친속관계(兩側的 親屬關係)를 비롯한 고려시대의 사회편제에 관한 내용 보완을[36] 통해 나말·여초는 여전히 고대와 중세의 분기점으로 파악되었다.

한편 1970년대 이후 식민사학의 극복 과정에서 고대의 상한 문제와 관련하여 고조선과 삼국 초기의 역사가 주목되었다. 기왕에도 단군신화에서 아사달(阿斯達)의 번역으로서 조선(朝鮮)의 의미, 한씨조선(韓氏朝鮮)으로서 기자조선과 인류 공통의 관습법인 범금 8조의 성격, 조선인 계통의 후예로서 위만조선 및 한과의 전쟁 경과 등에 관한 연구가 있었다.[37] 또한 신라의 갈문왕(葛文王)에 관한 연구를 통해『삼국사기』초기 기록의 사료적 가치가 새롭게 조명되기도 했다.[38]

그러나 한국에서 고대국가의 기원에 관한 논의의 핵심은 고조선의 국가적 성격을 이론적으로 밝힐 뿐만 아니라『삼국사기』초기 기록의 재인식을 통해 위만조선과 초기 삼국의 시간적 연속성을 확보하는 데 있다. 이러한 경우『삼국사기』의 초기 기록은 연대기적 정확성에 문제

---

33) 姜晋哲, 1970,「高麗 田柴科體制下의 農民의 性格」『韓國史時代區分論』, 乙酉文化社, 97~102쪽 참조.
34) 李佑成, 1982,『韓國의 歷史像』, 創作과批評社, 167~168쪽.
35) 崔柄憲, 1972,「新羅下代 禪宗九山派의 成立」『韓國史研究』7, 109~110쪽 참조.
36) 盧明鎬, 1995,「羅末麗初의 사회변동과 古代·中世의 전환」『韓國史의 時代區分에 관한 研究』, 韓國精神文化研究院, 276~278쪽.
37) 李丙燾, 1976,『韓國古代史研究』, 博英社, 40·49~51·62~64·80쪽.
38) 李基白, 1974,『新羅政治社會史研究』, 一潮閣, 4쪽.

가 없지 않지만, 고고학적으로 입증되는 인간의 시간에 대한 인류학적 관찰을 통해 삼국 초기에서 국가형성의 문제를 유추해내지 않으면 안 된다.

먼저 한국 고대의 국가기원으로서 기자조선과 위만조선의 국가적 성격이 검토되었다. 기자조선은 예맥족에 의해 성립된 예맥조선으로서 기원전 3~4세기 경에 사회의 계층분화에 기초한 초기 국가에 해당했다. 그러나 예맥조선 말기에 정변을 통해 성립한 위만조선의 국가적 양상은 다를 수밖에 없었다. 위만은 제한된 지역과 가중된 인구의 압력으로 전쟁을 일으켰고, 정복전쟁은 위만조선을 고대국가로 발전시킨 동인에 다름 아니었다.[39] 따라서 예맥조선과 위만조선에는 고대국가의 형성 여부를 가리는 지표의 하나인 정치적 지배자로서 왕이 존재할 수 있었던 것이다.[40] 이 밖에도 K. V. 프래너리의 국가 개념을 위만조선에 적용하여 문헌 자료에서 확인되는 최초의 국가로 파악하기도 했다.[41]

다음으로 고대국가의 성립시기로서 삼국 초기의 역사가 재인식되기 시작했다. 『삼국사기』 초기 기록의 사료적 가치에 대한 재검토에서 촉발된 연구는 두 방향으로 나타났다. 그 하나는 고고학의 관점에서 삼국 형성의 모태에 해당할 원삼국시대(原三國時代)의 설정이었다. 풍납토성에서 드러난 문화의 수준을 보아 백제의 성립시기는 기원 전후의 1세기 무렵일 수 있으므로, 『삼국사기』가 전하는 삼국의 건국 연대를 부정할 하등의 이유가 없었기 때문이다.[42] 이러한 논리에서 기원후

---

39) 金貞培, 1986, 『韓國古代의 國家起源과 形成』, 高麗大出版部, 45쪽.
40) 金貞培, 앞의 책, 193~195쪽.
41) 崔夢龍, 1983, 「韓國古代國家形成에 대한 一考察」 『金哲埈博士回甲紀念史學論叢』, 76쪽.
42) 金元龍, 1967, 「三國時代의 開始에 關한 一考察」 『東亞文化』7, 32~33쪽.

200년대까지를 고고학의 김해시대(金海時代)와 더불어『삼국지』동이전의 삼한보다『삼국사기』의 초기 기록을 존중하여 원삼국시대로 설정했던 것이다.[43] 이것은 기왕의 부족국가-부족연맹설을 대체한 성읍국가-영역국가설에 따라 신라의 파사왕대와 백제의 온조왕대를 영역국가의 단계인 고대국가의 형성기로 파악하는 기반이 되었다.[44]

다른 하나는 신진화론의 수장사회설을 원용하여 삼국의 형성시기를 소급시키는 것이었다. 신라의 경우에 사로국의 하부를 구성하는 기원전 2세기 무렵까지의 촌락사회가 추장사회이며, 그에 기반한 상부의 사로국은 이미 국가의 단계에 도달한 것으로 보았다.[45] 이에 대해 사로국이 오히려 군장사회이며, 기원후 1세기 경에 새로운 단계로 전환한 신라의 국가적 양상은 원거리 교역의 결과로 부장된 경주 조양동 토광묘의 전한경(前漢鏡)으로 짐작할 수 있을 것으로 보았다.[46] 이러한 맥락에서 원삼국시대설의 문제점이 지적되었고,[47] 삼국 초기의 역사는 소국 병합을 통한 고대국가의 형성기에 해당할 수 있었다.[48]

한편『삼국사기』초기 기록의 재인식과 신진화론의 원용으로 삼국의 형성시기가 소급되는 데 대한 비판도 있었다.『삼국지』동이전의 내용과 관련하여 초기 기사의 기년을 포함한 내용 전체의 긍정적인 이용에는 신중성이 요구되며,[49] 일원적인 진화론과 크게 다를 바 없는

43) 金元龍, 1977,『改訂新版 韓國考古學槪說』, 一志社, 128~129쪽.
44) 千寬宇, 1989,『古朝鮮史・三韓史硏究』, 一潮閣, 349~351쪽.
45) 李鍾旭, 1982,『新羅國家形成史硏究』, 一潮閣, 255~257쪽.
46) 金貞培, 앞의 책, 333~335쪽.
47) 李賢惠, 1993,「原三國時代論 檢討」『韓國古代史論叢』5, 33~34쪽; 金貞培, 1996,「'原三國時代' 용어의 문제점」『韓國史學報』1, 18~19쪽.
48) 金瑛河, 2002,『韓國古代社會의 軍事와 政治』, 高麗大民族文化硏究院, 102~112쪽.
49) 盧泰敦, 1987,「『三國史記』上代記事의 信憑性 問題」『아시아문화』2, 96쪽.

신진화론에서 일반 진화의 가설을 한국사에 적용할 경우에 주체적 검증의 필요성이 제기되었던 것이다.[50] 이처럼 국가의 기원과 형성 문제를 매개로 고대의 상한을 소급시키는 연구 경향 속에서 7세기가 고대와 중세의 분기점으로 주목되었다.

이러한 논의는 동아시아 국제전의 결과를 남북국의 성립으로 파악하는 견해의 제출과 더불어 이루어졌다. 신라와 발해가 병존하는 남북국시대로 인식하더라도, 신라 통일의 민족사적 의미에 대한 긍정,[51] 신라의 통일 자체에 대한 부정,[52] 그리고 고구려 멸망부터 발해 건국까지를 통일신라로 보는 수정[53] 등과 같은 편차가 있었다. 이 중에서 부정설은 7세기 동아시아의 국제전을 신라가 삼국을 통일하는 과정으로 파악하는 것이 아니라, 신라의 백제 통합과 당의 고구려 점령 및 실패를 전략적 관점에서 재검토함으로써 남북국의 성립 배경으로 이해했다.[54] 이와 같은 남북국시대의 신라를 한국사에서 중세사회의 일환으로 파악하는 견해가 나오게 되었던 것이다.

신라 중대의 중앙집권적 골품귀족관료체제하에서 노예소유자이던 고대적 귀족은 왕 중심의 일원적인 관직체계에 편입됨으로써 토지분급제의 대상인 중세적 귀족관료로 전환했고,[55] 유학의 충과 효는 왕권의 강화와 가호(家戶)의 분화에 상응하는 지배윤리로서 기능하게 되었

---

50) 李基東, 1984, 「韓國古代國家起原論의 現段階」『韓國上古史의 諸問題』, 韓國精神文化研究院, 178~181쪽; 1989, 「韓國 古代國家形成史 硏究의 現況과 課題」『汕耘史學』3, 61~69쪽.

51) 송기호, 1988, 「발해사 연구의 몇 가지 문제점」『韓國古代史論』, 한길사, 249~250쪽.

52) 김영하, 1988, 「신라의 삼국통일을 보는 시각」『韓國古代史論』, 한길사, 213~218쪽 참조.

53) 韓圭哲, 1992, 「渤海建國과 南北國의 形成」『韓國古代史硏究』5, 133~135쪽.

54) 김영하, 2007, 『新羅中代社會硏究』, 일지사, 137~144쪽.

55) 김영하, 2007, 앞의 책, 187~190쪽.

다.[56] 또한 사회경제적으로는 문무관료전과 같은 토지분급제가 시행되었으며, 기왕에 인신적 수취의 대상이던 농민은 국가로부터 토지의 소유를 인정받는 대신에 조·용·조를 부담하는 존재로 바뀌었다.[57] 이러한 사회 변동에 부응하여 사상계에서는 종파 불교가 성립되었고, 불교의 대중화가 이루어짐으로써 중세적 불교의 면모를 갖추게 되었던 것이다.[58]

2. 한국 고대의 발전단계론

1) 고대국가의 발전 단계

한국 고대의 시간적 범위 내에서 전개된 고대국가와 정치체제의 발전 단계에 관한 논의들 가운데, 우선 고조선에서 삼국시대에 이르는 고대국가의 발전단계론에서 간취되는 특징은 다단계화였다. 발전 단계를 적용하는 대상의 차이와 개별 국가 중심의 단계 설정으로 인해 다양한 견해들이 나왔으나, 소위 통일신라시대 이후는 대부분 고대국가의 발전 단계에서 취급하지 않았다.

먼저 씨족사회−부족국가−부족연맹−고대국가로 설정하는 견해이다. 이것은 삼한의 소국과 대국을 각각 부족국가와 부족연맹으로 이해한 위에서 태조왕대와 내물왕대에 집권적 정치형태 또는 중앙집권적

56) 김영하, 2007, 앞의 책, 235~236쪽.
57) 여기에도 견해의 차이가 없는 것은 아니지만, 신라의 사회경제에 관한 다음의 연구에서 간취할 수 있는 일련의 경향이다(김기흥, 1991, 『삼국 및 통일신라 세제의 연구』, 역사비평사; 李喜寬, 1999, 『統一新羅土地制度研究』, 一潮閣; 이인철, 2003, 『신라 정치경제사 연구』, 일지사).
58) 蔡尙植, 1993, 「한국 중세불교의 이해방향」, 『考古歷史學志』9, 320~323쪽.

정치체제로 전환함으로써 고구려와 신라가 건국되었으며,[59] 이러한 추세에서 백제의 고이왕대도 예외가 아니라는 데에 근거를 두고 있었다. 그러나 고대국가의 개념에 대한 엄밀한 규정을 결여한 채 삼국의 형성과 발전 과정에 따라 단계화한 것에 지나지 않았다.

여기에서 부족국가는 가부장 가족이 씨족사회의 전통을 유지하면서 독자적인 정치기구를 마련하는 주체적 담당자로 등장한 단계이며, 부족연맹은 우세한 가부장 가족의 가족장이 새로운 족장 중심의 정치세력을 다시 결속함으로써 성립한 단계였다. 북방에서 고조선, 위만조선, 부여, 고구려와 남방에서 목지국 중심의 진국, 신라, 가야 등이 부족연맹의 단계에 해당했다. 이 중에서 삼국은 태조왕, 고이왕, 내물왕 때에 각각 고대국가로 전환한 것으로 보았는데,[60] 이런 논리는 L. H. 모오건의 사회발전단계론과 F. 엥겔스의 국가기원론을 변용한 것이었다.

일찍이 유물사관의 입장에서 원시부족국가의 단계를 설정한 바도 있었지만, 부족'사회'의 개념을 부족'국가'로 받아들인 데 대한 비판이 제기되었다. 신석기시대도 포함될 수 있는 부족 단위의 사회에서는 국가의 성립이 불가능하다는 이론적 전제 위에서, 소국에 대한 이해 방법으로 신진화론의 군장사회설[61] 및 M. 베버의 성채왕국(城砦王國)과 중국사의 도시·읍제국가를 변용한 성읍국가설이 제출되었던 것이다.[62] 이와 같이 고전적인 국가기원론과는 다른 대안의 제시로 고

---

59) 震檀學會 編, 앞의 책, 236·299·305·375쪽.
60) 金哲埈, 1964,「韓國古代國家發達史」『韓國文化史大系』I, 高麗大民族文化研究所, 470·477~492·509~510쪽 참조.
　　이 중에서 신라의 경우는 내물왕대에 김씨에 의한 부족연맹장의 세습권 확립을 고대국가의 형성에서 하나의 지표로 보았다. 그러나 실제 서술에서는 지증왕대를 고대국가의 성립기로 이해한 다음, 중대와 하대를 각각 발전기와 해체기로 파악하고 있었다.
61) 金貞培, 앞의 책, 47~55쪽.
62) 千寬宇, 앞의 책, 267~270쪽.

대국가의 발전 단계에 관한 논의는 새롭게 전개될 수 있는 기반을 마련했다.

사실 M. 베버는 『고대농업사정』(1908)에서 국가를 영역 내의 물리적 강제력을 독점하는 결사체로 파악하고, 지중해세계에서 이루어진 고대국가의 성립 문제를 언급했다. 그는 농민의 공동조직에서 출발하여 성채왕국에 이른 이후에는 두 형태가 나타나는 것으로 보았다. 그 하나로 귀족제 폴리스로부터 중장보병 폴리스를 거쳐 민주제 폴리스에 이르는 그리스·로마적 노선과, 다른 하나로 관료제가 갖추어진 도시 왕국으로부터 부역공납제에 기초한 전제군주국에 이르는 오리엔트적 노선을 이념형으로 제시했던 것이다.[63]

다음으로 씨족사회-성읍국가-연맹왕국-중앙집권적 귀족국가로 설정하는 견해이다. 성읍국가는 족장의 전통적 권위로 부족집단을 통솔하는 단계인데, 부족장세력이 성장하여 구릉 위에 토성을 쌓고 살면서 농경에 종사하는 농민들을 지배하는 사회였다. 연맹왕국은 정치적 지배자가 성읍국가를 연맹체로 통합시킨 결과로서, 고조선, 위만조선, 부여를 비롯하여 유리왕, 고이왕, 내물왕 때의 삼국과 4세기 이후의 가야 등이 여기에 해당했다. 이 중에서 고구려는 고국천왕대에 중앙집권성을 강화했으며, 삼국은 불교수용과 율령반포를 매개로 소수림왕, 근초고왕, 법흥왕 때에 각각 중앙집권적 귀족국가로 발전한 것으로 보았다.[64]

---

63) ロバート H. ローウィ, 古賀英三郎 譯, 앞의 논문, 159쪽.
64) 李基白·李基東, 1982, 『韓國史講座』I 古代篇, 一潮閣, 40~41·57·84~88·129~130·136~140·149~154·157~158쪽 참조.
　　여기에서 '연맹왕국'의 개념은 이기백이 백제에서 계왕대 이전과 고구려에서 신대왕대 이전을 '부족연맹왕국'으로 파악했던(1959a, 앞의 논문; 1959b, 「高句麗王妃族考」 『震檀學報』20) 바를 다시 규정한 것이다.

이러한 관점에서 삼국 가운데 고구려가 압록강 중류의 예맥사회에서 성읍국가를 형성한 시기는 기원전 1세기 초기 또는 기원전 2세기 후기일 것으로 파악되었다.[65] 성읍국가의 형성시기에 관한 구체적 사례 연구와 더불어 성읍국가설은 부족국가설의 부족국가-부족연맹-고대국가의 단계를 성읍국가-연맹왕국으로 대체하고, 그 다음 단계로 새로이 중앙집권적 귀족국가를 설정함으로써 이후의 발전단계론에 지대한 영향을 미쳤다.

그러나 성읍국가는 기본적으로 도시국가의 속성을 지닌 용어로서, 문헌은 물론 고고학 자료로 관련 내용을 입증하기 어렵다는 지적이 있었다.[66] 이에 수장사회설을 원용한 발전단계론이 제시되었는데, 추장사회-소국-소국연맹-소국병합-중앙집권적 왕국의 설정이 그것이다. 이미 국가의 단계에 있던 소국의 발전을 원거리 교역에 의한 소국연맹과 전쟁에 의한 소국 병합의 단계로 다시 구분하고, 중앙집권권적 왕국의 단계는 부족국가설의 고대국가와 성읍국가설의 연맹왕국에 해당하는 태조왕, 고이왕, 내물왕 때로 더욱 소급시켰던 것이다.[67]

한편 연맹왕국의 정치체제에 해당할 부체제를 매개로 발전단계론을 설정한 견해도 나오게 되었다. 백제의 경우는 소국-소국연맹-부체제-중앙집권적 고대국가의 단계로 구분하고, 3세기 중엽 이후의 부체제를 근초고왕대에 중앙집권적 고대국가로 발전하는 과도기로 간주했다.[68] 이러한 부체제는 고분의 형식 변화에 따른 읍락-국읍-국읍연맹-부체제-집권국가의 단계 설정에도 적용되고 있었다. 1세

---

65) 李基白, 1985,「高句麗의 國家形成 問題」『韓國古代의 國家와 社會』, 一潮閣, 91쪽.
66) 金貞培, 앞의 책, 306~307 · 311~312쪽.
67) 이종욱, 1999, 『한국의 초기국가』, 아르케, 441~473쪽 참조.
68) 盧重國, 1988, 『百濟政治史研究』, 一潮閣, 305~306쪽.

기 경에 읍락에서 출발한 백제의 국가적 발전은 3세기 중엽 이후에 부체제를 거쳤으며, 특히 4세기 중엽 이후의 집권국가 성립을 고구려계 기단식 석실적석총을 조영한 집단의 이동과 결부시켜 이해했던 것이다.[69]

또한 고구려의 경우는 수장사회로서의 소국－부체제－중앙집권적 영역국가－귀족연립정권체제의 단계를 경과한 것으로 이해했다. 태조왕대에 확립된 부체체는 미천왕대 이후 중앙집권적 영역국가로 전환했으며, 양원왕대 이후는 귀족연립정권체제의 단계로 파악되었다. 이처럼 정치체제와 국가의 발전 단계를 같은 범주로 취급한 데 대한 비판이 있었는데, 그에 대한 대안으로 정치체제의 차원에서 연맹체적 부체제－영역국가적 중앙집권체제의 단계를 설정하는 가변성을 보이기도 했다.[70]

이상에서 검토한 고대국가의 발전단계론은 씨족사회의 해체 이후에 등장한 소국에 대한 다양한 이해를 바탕으로 연맹 또는 부체제를 거쳐 중앙집권국가로 발전하는 다단계화에 특징이 있었다. 특히 기왕의 발전단계론에 대한 비판 없이 유사한 개념이 반복되었고, 적용 대상의 차이는 물론 개별 국가 중심의 단계 설정이었기 때문에 다기한 견해가 속출할 수밖에 없었다. 이와 같은 현상은 고대국가의 기원과 발전에 관한 인식 방법의 근본적인 전환 없이 미봉적으로 재구성한 데서 기인하는 것이었다.

따라서 발전의 각 단계를 구성하는 소국, 연맹, 중앙집권에 관한 내용 검토가 필요하다. 우선 원시공동체의 해체로 성립한 소국은 공동

---

69) 李道學, 1995, 『백제 고대국가 연구』, 一志社, 366~369쪽.
70) 노태돈, 1999, 『고구려사 연구』, 사계절, 484~491쪽 참조.

체의 유제가 잔존하는 한편 미약한 계급관계가 발생한 정치적 사회로서 '소국공동체'에 지나지 않았다. 이러한 성격의 중심부 소국이 교역 또는 전쟁을 통해 주변부 소국을 병합함으로써 고대국가가 형성되었다. 그 이후에는 정도의 차이가 있을 뿐 동질의 발전 과정을 거쳤으므로, 고대국가의 발전 단계는 소국공동체-고대국가로 단순화할 수도 있었다.[71)]

이러한 관점에서 제기될 수 있는 논점의 하나가 연맹과 중앙집권의 실체이다. 부족연맹에서 연맹은 부족국가에 대한 결속의 형식이고, 연맹왕국에서 연맹은 병합된 소국에 대한 통합 방법이었다. 연맹이 주변부 소국의 중심부 소국에 대한 복속관계를 의미하는 것이라면, 연맹의 단계는 국가의 하위 차원인 정치체제의 일환으로 취급해도 무방할 것 같다. 또한 삼국시대에는 중앙집권의 필요조건으로 귀족세력에 비해 권력을 강화한 대왕이 출현했을 뿐, 충분조건인 중앙의 지방에 대한 전면적 지배는 아직 제도적으로 실현되지 않고 있었다.

다른 하나는 부체제-중앙집권국가의 단계 설정에서 나타나는 위상의 괴리이다. 부체제는 상위 차원인 국가의 단계가 아니라, 하위 차원인 정치체제의 발전 단계로 파악하는 것이 타당하다. 위상을 달리하는 부체제와 중앙집권국가가 동일 차원에서 단계화됨으로써 발전 단계의 인식에서 혼란을 야기하기 때문이다. 이와 같은 문제점을 해소하기 위해 중앙집권적 영역국가를 영역국가적 중앙집권체제로 치환하더라도, 삼국시대에서 중앙집권의 실체적 부적합성의 문제는 여전히 해결되지 않고 남는다.

---

71) 김영하, 2000, 앞의 논문, 73~74쪽.

2) 정치체제의 발전 단계

정치체제의 발전 단계도 고대국가의 그것과 마찬가지로 다단계화한 데 특징이 있었다. 고대국가의 경우가 이론적인 문제에서 연유한 것이라면, 정치체제는『삼국사기』와『삼국유사』의 신라사에 대한 전통적인 시기구분의 영향으로 말미암아 파생되었다.『삼국사기』는 상대·중대·하대의 삼대론으로 신라사를 구분했고,『삼국유사』는 상고·중고·하고의 삼고론으로 신라사를 구분하고 있었다.

중고는 상대와 함께 진덕왕대가 하한이었지만 법흥왕대를 상한으로 설정한 점에서 달랐다. 중대는 하고와 같이 태종무열왕대를 상한으로 설정했더라도, 혜공왕대가 하한인 점에서 차이가 있었다. 결국 신라사는 7세기 중엽을 분기로 이전의 상고, 중고와 그 이후의 중대, 하대의 네 시기로 구분되었던 셈이다. 이러한 시기구분은 신라의 왕위계승에서 상대의 성골 및 중대·하대의 진골, 혹은 중고의 성골 및 하고의 진골과 같이 골품의 변화에 초점을 맞춘 것이었다.

이와 같은 삼대론과 삼고론을 바탕으로 신라 정치체제의 발전 단계가 설정되었다. 우선 전통적인 시기구분에서 공통점인 중대 또는 하고의 구분은 김춘추가 금관가야계와 혼인함으로써 야기된 왕통의 분립에서 기인하는 것으로 추정했다. 다음으로 차이점의 하나인 중고의 구분은 신라사에서 정치적 사회의 확립이라는 역사적 사실의 반영이며, 다른 하나인 하대의 구분은 태종무열왕계의 왕통이 단절된 대신에 내물왕계가 부활한 사실의 반영으로 파악했다. 이처럼 중고와 중대를 각각 부각시키려는 전통적인 시기구분에 대한 이해를 기반으로 중국 사서에서 주목한 내물왕대를 기준으로 상고를 다시 구분했던 것이다.[72]

---

72) 末松保和, 1954,『新羅史の諸問題』, 東洋文庫, 25·37~41쪽 참조.

한편 이사금과 마립간의 칭호를 사용한 상고의 고유식 왕명시대와 왕호를 사용한 중고의 불교식 왕명시대 및 하고의 한식 시호시대로 구분하여 신라사의 변천 과정을 모색하기도 했다.[73] 그러나 신라 정치체제의 변천 과정에 관해서는 중고의 귀족연합체제-중대의 전제왕권체제-하대의 귀족연립체제로 구분한 것이 대표적이었다. 이러한 발전단계의 설정은 왕위계승에서 혈통의 차이를 지적하는 데 그친 종래의 연구에 대한 비판에서 나온 것이었다.[74]

법흥왕대에 대등으로 구성된 귀족회의의 주재자이자 최고 관직으로 설치된 상대등(上大等)의 정치적 위상 변화를 통해 중고의 귀족연합과 하대의 귀족연립적 성격을 포착하고,[75] 중대의 전제왕권체제는 진덕왕대에 왕정의 기밀 사무를 관장할 최고 행정관부로 설치된 집사부 중시(中侍)의 정치적 역할에 관한 검토를 통해 추론했다. 중시는 귀족의 대표가 아니라 왕의 행정적 대변자로서 전제왕권의 방파제 내지 안전판 역할을 담당한 것으로 이해했던 것이다.[76]

신라사에서 입론된 정치체제의 변천 과정은 고구려와 백제에도 준용되고 있었다. 중앙집권적 귀족국가의 정치체제인 귀족연합체제의 다음 단계로 장수왕대와 개로왕대에 각각 전제왕권체제가 출현한 것으로 보았으며,[77] 귀족연립체제는 앞에서 본 바와 같이 고구려 말기의 정치 상황을 설명하는 개념으로 원용되기도 했다. 한편 이와 유사한 정치체제의 변천 과정으로 중고의 귀족집단지배-중대의 전제왕권지

73) 金哲埈, 1964, 앞의 논문, 509쪽.
74) 李基白, 1974, 앞의 책, 253~254쪽.
75) 李基白, 1974, 앞의 책, 96·126쪽.
76) 李基白, 1974, 앞의 책, 170~171쪽.
77) 李基白·李基東, 앞의 책, 171·176쪽.

배로 파악한 견해도 있었다. 7세기 전반까지 마립간적 성격을 벗어나지 못한 왕 대신에 경주 토착의 문벌귀족이 정치적 실권을 장악했으나, 중대 왕권은 지방세력과 반문벌세력을 기반으로 중앙집권적 전제왕권체제를 지향한 것으로 파악했던 것이다.[78]

이러한 정치체제의 발전단계론에서 전제왕권의 경우는 용어와 개념의 적합성 및 적용 대상 등에 문제점이 있었다.[79] 이에 대해 기왕에 사용해온 전제주의 또는 전제왕권이란 용어를 전제정치로 바꾼 다음 왕권의 강화는 상대적인 데 비해 전제화는 절대적인 개념이더라도, 역사발전의 일정한 단계에만 존재하는 역사적인 개념은 아닌 것으로 다시 규정했다. 이와 같은 전제정치는 군주 한 사람에게 권력이 집중되는 형태이며, 일반적인 군주정치와는 구별되는 데 특징이 있는 것으로 이해했다.[80] 진골 귀족에 대해 절대 우위에 있는 중대의 전제왕권이 갖는 역사적 의미를 재확인했던 셈이다.

이와 다른 경우로서 신라는 이미 사로국의 단계에 국가를 성립시켰다는 전제에서, 궁실중심체제-정사당중심체제-남당중심체제의 성립-남당중심체제의 발전과 같이 정치조직의 변천을 정청(政廳)의 변화에 초점을 맞추어 상고의 정치체제를 세분하기도 했다.[81] 한편 백제의 정치체제는 좌평제도의 발생과 변천을 기준으로 삼아 좌·우보체제-6좌평체제-상좌평체제-22부체제로 정리했는데,[82] 역시 동성왕대 이

---

78) 井上秀雄, 1962, 「新羅政治體制의 變遷過程」 『古代史講座』 4, 學生社, 199·227~228쪽.
79) 이에 관한 연구사와 쟁점들은 다음 논문들에 잘 정리되어 있다(배종도, 1995, 「전제왕권과 진골귀족」 『한국역사입문』 2, 풀빛; 하일식, 1996, 「신라 정치체제의 운영원리」 『역사와 현실』 20; 정운용, 2006, 「신라 중대의 정치」 『한국고대사입문』 3, 신서원).
80) 李基白, 1996, 『韓國古代政治社會史研究』, 一潮閣, 256·289쪽.
81) 李鍾旭, 1982, 앞의 책, 195~196쪽.
82) 李鍾旭, 1978, 「百濟의 佐平」 『震檀學報』 45, 51~53쪽.

후에 해당하는 마지막 단계를 전제왕권의 성장과 관련시키고 있었다.

고구려의 경우는 앞에서 언급했듯이 연맹체적 부체제-영역국가적 중앙집권체제-귀족연립정권체제로 설정함으로써 정치체제와 국가의 발전 단계가 갖는 위상의 차이를 해소할 수 있었다. 부체제는 삼국시대에 자치적 성격을 띠는 부와 부내부(部內部)에 대한 이해를[83] 바탕으로 근래에 발견된 〈영일냉수리비〉(503)와 〈울진봉평비〉(524)에서 부의 존재가 확인됨으로써 삼국뿐만[84] 아니라 위만조선, 부여, 가야에서도 부체제의 단계를 모색하기에 이르렀다.[85]

이와 같은 부체제를 매개한 발전단계론에 대한 비판적 대안으로서 국가보다 하위의 정치체제는 귀족평의체제-대왕전제체제의 단계를 거친 것으로 이해한 견해도 나왔다. 소국공동체에서 고대국가로 이행한 고조선, 부여, 고구려, 백제, 신라, 가야에서 노예를 소유한 귀족세력들이 귀족회의를 통해 군국정사를 평의하는 단계로부터, 삼국에서 불교공인과 율령반포를 통해 귀족세력과는 제도적 위상을 달리하는 대왕이 왕토와 왕민을 지배하는 전제의 단계로 정치체제가 전환한 것으로 파악하는 것이었다.[86]

또한 전제왕권의 개념 규정에서 아시아적 생산양식론의 총체적 노예제 개념을 고려하지 않은 문제점을 지적하고, 전제군주의 역사적

---

83) 盧泰敦, 1975, 「三國時代의 '部'에 關한 硏究」『韓國史論』2, 77~78쪽.

84) 그러한 사례로 고구려의 경우는 나부체제(那部體制)-집권체제(集權體制)로 파악하거나(林起煥, 1995, 『高句麗 集權體制 成立過程의 硏究』, 慶熙大博士學位論文) 나부체제-중앙집권체제로 설정하며(余昊奎, 1997, 「1~4세기 고구려 政治體制 연구」, 서울大博士學位論文), 신라의 경우는 부체제(部體制)-집권적 정치체제로 이해하고 있다(全德在, 1995, 『新羅六部體制硏究』, 서울大博士學位論文).

85) 삼국 이외의 국가에서 부체제의 모색과 이에 대한 비판은 다음 학술지에 실린 일련의 논문들이 참고가 될 것이다(한국고대사학회 편, 2000, 『韓國古代史硏究』17).

86) 金瑛河, 2002, 앞의 책, 321~323쪽 참조.

의미는 귀족에 대한 왕권의 강화보다 집단적 예민 지배에 입각한 사회구성에 있는 것으로 파악했다. 이러한 관점에서 7세기 동아시아의 국제전이 한국사에서 고대와 중세의 분기점일 수 있는 사회 변동의 의미에 주목했다. 신라의 중대 왕권은 골품귀족의 관료화와 양천제(良賤制)에 입각한 개별적 공민 지배를 통해 대왕전제체제에서 중앙집권적 귀족관료체제로 이행함으로써 중세사회의 단서를 마련할 수 있었던 것이다.[87]

맺음말

사실로부터 추상된 개념은 현상을 이해하는 방편이고, 과거에 대한 시대구분은 현재를 위한 역사인식의 결정체이다. 개념에 따라 시대구분이 달라지고, 시대구분을 위해 다른 개념을 구사할 수도 있다. 한국의 고대를 이해하기 위해 검토한 개념과 발전 단계에 관한 논의도 예외가 아니었다. 동일한 사실을 대상으로 다양한 개념에 입각한 다기한 발전단계론이 전개된 사실을 새삼 확인했다. 심지어 동일한 개념을 구사하면서도 적용할 대상의 차이로 다른 발전 단계가 설정되는 경우도 있었다.

먼저 고대국가의 개념과 시대구분에 관한 문제이다. 진화론과 신진화론의 입론 근거인 생태적 조건에서 차이가 없는 것은 아니지만, 양자가 통시적 사례와 공시적 자료를 근거로 추론한 고대국가의 개념은 크게 다를 바 없었다. 결국 국가는 사적 소유의 초혈연적 계급사회의

---

87) 김영하, 2007, 앞의 책, 126~127 · 182~192쪽.

유지를 위한 제도와 기관의 집합체로서 권력의 합법적 행사를 통해 인민을 통제하는 기구였던 것이다. 그러한 목적을 달성하기 위해 국가는 성직자, 사령관, 재판관, 징세인 등과 같은 관료를 배출하지 않을 수 없었다.

한국 고대의 시대구분에 관한 1960년대 이전의 논의는 나말·여초 또는 고려 전기까지의 하한 위주로 이루어졌는데, 전자가 일반적으로 받아들여지고 있었다. 그러나 1970년대 이후에는 고조선과 초기 삼국이 한국 고대국가의 기원으로 재인식됨으로써 상한을 소급하게 되었다. 이러한 연구 동향과 연계하여 7세기 동아시아의 국제전을 고대와 중세의 분기점으로 이해하는 시대구분도 제기되었는데, 서구와 같은 역사발전 단계와는 함의를 달리하는 것이었다.

다음으로 고대국가와 정치체제의 발전 단계에 관한 문제이다. 기존 연구는 고대국가에 선행한 소국에 대한 다양한 이해를 바탕으로 연맹 또는 부체제와 중앙집권국가의 개념을 매개로 발전 단계를 다단계화한 데 특징이 있었다. 여기에서 제기되는 문제점의 하나는 부체제-중앙집권국가론에서 정치체제와 국가의 발전 단계가 동일 차원에 설정됨으로써 위상이 맞지 않는다는 것이다. 다른 하나는 중앙집권국가-전제왕권체제론에서 사회구성의 토대인 민에 대한 성격 규정을 결여함으로써 역사발전의 정합적 이해에 혼란이 야기될 수 있다는 것이다.

이러한 문제점을 해결하기 위해 소국공동체로부터 이행한 고대국가를 상위 범주로 파악하고, 그것의 하위 범주로서 정치체제는 귀족평의체제에서 대왕전제체제로 전환된 것으로 이해했다. 한편 7세기 동아시아의 국제전이 한국사에서 시대구분의 의미를 담보하는 사회 변동을 유발함으로써, 신라 중대에 수립된 중앙집권적 골품귀족관료체제는 중세사회로서 고려시대의 중앙집권적 문벌귀족관료체제의 선구일 수 있었다.

일제 식민사학을 극복하기 위한 방법으로 서구 중심의 역사발전 단계에 준거한 내재적 발전론이 갖는 연구사적 의미는 중요하다. 그러나 한국 중세에서 봉건의 개념이 서구와 다른 중앙집권적 봉건국가의 의미로 사용되는 것과 달리, 봉건으로 상징되는 서구와 같은 지방분권적 중세사회를 상정한 연구 방법은 재고를 요한다. 나말 호족세력의 지방분권적 성격에 유의함으로써 토대에 관한 성격 규정도 없이 중대 왕권을 고대의 전제왕권으로 파악하는 것도 그런 사례의 하나였다.

7세기 동아시아세계의 연동에 의한 보편화와 그 특수화로서 각국의 변주를 고려할 때, 당시의 한국사는 삼국에서 남북국시대, 고대에서 중세사회, 대왕전제에서 중앙집권체제로의 사회 변동이라는 다중의 의미를 내포하고 있었다. 이러한 의미에서 지배세력으로서의 전제왕권에 대한 호족의 대체보다 중앙집권적 국가와 지방 농민의 관계를 어떻게 규정할 것인가가 더욱 중요한 과제로 제기될 수 있다.

(「古代의 개념과 발달단계론」『韓國古代史硏究』46, 2007)

고대국가의 왕과 귀족세력

1. 고조선·부여의 왕과 귀족

1) 고조선과 부여의 왕제

고대국가의 왕과 통치구조에 관한 논의는 국가형성과 불가분의 관계에 있다. 왕의 출현은 건국신화의 생성과 더불어 국가의 형성 여부를 가름하는 주요 지표이며, 권력관계는 타인의 노동력을 자신의 생산수단으로 삼는 고대의 사회구성에서 핵심 요소이기 때문이다. 여기에서는 삼국시대까지를 상위 차원의 고대국가로 파악하고, 그 하위 차원의 정치체제는 귀족평의체제에서 대왕전제체제로 발전한 것으로 파악하는 관점에서[1] 왕과 귀족세력의 권력관계를 검토하고자 한다. 중심부 소국이 주변부 소국을 병합하는 고대국가의 형성 과정에서 왕과 귀족은 같은 소국의 수장층 출신이더라도, 제도의 정점에 위치한 왕과

---

[1] 金瑛河, 2002, 『韓國古代社會의 軍事와 政治』, 高麗大民族文化研究院, 8쪽.

정치를 담당했던 귀족세력의 위상과 역할이 달랐기 때문이다.

고조선은 위만조선의 선행사회로서 이른바 단군조선과 기자조선을 포함한다. 단군조선은 신화상의 웅녀로 상징되는 토착의 신석기사회에 환웅으로 대표되는 청동기문화가 유입됨으로써 성립한 최초의 정치적 사회라는 의미를 지닌다. 단군은 몽고어에서 하늘을 가리키는 텡그리에 어원을 두고 있는 데서 알 수 있듯이, 제천과 정치를 아울러 주관하는 사회적 지도자로서 소국 단계의 수장과 같은 존재였다. 이와 같은 수장사회로서의 단군사회는 청동기문화가 전파된 선진지역에서 먼저 성립하기 시작했을 것이다.

한편 기자조선은 기원전 12세기 초에 기자(箕子)의 동래 여부에 관한 비판적 검토를 바탕으로 다양한 이해가 있지만,[2] 비파형동검문화를 바탕으로 선진지역에서 정치적 지배자를 출현시킨 최초의 고대국가로서 고조선이었다. 이에 관한 최초의 기록은 제의 환공(桓公)이 천하의 일곱 가지 재화와 이적(夷狄)의 복속 방법에 관해 묻자, 관중(管仲; 기원전 725~645)이 발조선(發朝鮮)의 문피(文皮)를 그 하나로 거론하면서 제값을 치러주면 발조선도 조공해올 것이라고 대책을 제시하는 데서 나온다.[3] 이러한 사실을 통해 고조선에서 문피를 매개로 제와 원거리 교역을 주도했던 정치적 지배자의 존재를 상정할 수 있을 것이다.

---

2) 기자조선의 마지막 왕인 준이 위만에게 왕위를 찬탈당한 뒤 남쪽으로 내려와서 한왕(韓王)이라 자칭한 점으로 미루어 그의 성이 한씨였을 것이라는 근거로 이병도의 한씨조선설(1976, 『韓國古代史硏究』, 博英社), 기자가 직접 평양으로 왔다기보다 기자를 조상신으로 섬기는 기자족(箕子族)이 기원전 4세기 후반에 평양지역에 도달했다는 논리로 천관우의 기자족이동설(1989, 『古朝鮮史·三韓史硏究』, 一潮閣), 은·주가 교체한 기원전 12세기 이후의 이른바 기자조선의 시기는 예맥족이 비파형동검문화를 영위하고 있었다는 사실로 김정배의 예맥조선설(2010, 『고조선에 대한 새로운 해석』, 高麗大民族文化硏究院) 등이 있다.

3) 『管子』卷23, 揆度78; 輕重80 甲.

이러한 고조선은 기원전 4세기 이후에 다시 한 번 도약의 계기를 맞게 되었다. 기원전 332년에 연후(燕侯)가 되었던 연의 역왕(易王; 기원전 332~321)이 기원전 323년에 왕을 자칭하고 동방으로 진출하려고 하자, 고조선의 조선후(朝鮮侯)도 왕을 자칭하고 도리어 연을 치려고 시도했다. 이때 대부(大夫) 예(禮)가 간언하므로 그만두고, 예를 시켜 연을 설득함으로써 연도 내침하지 않게 되었다.[4] 이처럼 고조선이 전국시대의 연을 상대할 정도로 성장한 배경에는 세형동검문화의 진전과 철기문화의 보급을 통한 생산력과 군사력의 발전이 있었다. 그러나 고조선은 연과의 길항관계 속에서 마침내 연의 소왕(昭王; 기원전 311~279) 때에 장수 진개의 침입으로 서방 2천여 리를 빼앗기고 만번한을 경계로 영역이 위축되었지만,[5] '조선왕'의 지위는 변하지 않았다.

『위략』에 이르기를, (전략) 秦이 천하를 아우르자 蒙恬을 시켜 장성을 쌓으니 요동에 이르렀다. 이때 朝鮮王 否는 진의 침입이 두려워 대체로 진에 복속하였으나, 조회에는 나가지 않았다. 부가 죽고 그 아들 準이 즉위하였다. (『삼국지』권30, 위서30, 한)

진이 기원전 221년에 천하를 통일했을 때, 고조선의 왕은 부로서 조

---

4) 『三國志』卷30, 魏書30, 韓. "魏略曰 昔箕子之後朝鮮侯 見周衰 燕自尊爲王 欲東略地 朝鮮侯亦自稱爲王 欲興兵逆擊燕 以尊周室 其大夫禮諫之 乃止 使禮西說燕 燕止之 不攻."
5) 『三國志』卷30, 魏書30, 韓. "魏略曰 (前略) 後子孫稍驕虐 燕乃遣將秦開攻其西方 取地二千餘里 至滿番汗爲界 朝鮮遂弱."
   노태돈은 진개의 침입으로 고조선이 요동의 개(평)현과 해성의 서남 방면을 포괄하는 지역에서(2000, 「고조선 중심지의 변천에 대한 연구」 『단군과 고조선사』, 사계절, 93~94쪽) 중심지를 평양지역으로 이동한 것으로 본 데 대해, 김정배는 사료적 가치가 저급한 『위략』이 전하는 내용은 『사기』권110, 흉노열전50에서 진개가 동호(東胡)를 쳐서 1천여 리를 퇴축시킨 사실과 상충하는 것으로 보기 때문에 고조선의 중심지이동설에 대해서는 회의적이다(2010, 앞의 책, 32~35쪽).

선왕의 지위는 지속되고 있었던 것이다. 더구나 부왕의 사후에 아들 준이 즉위함으로써, 고조선 말기에는 부자상속으로 왕위를 계승할 만큼 왕제가 확립되어 있었다.[6] 한(漢)의 성립 이후 연왕(燕王)에 임명되었던 노관(盧綰)이 기원전 195년에 반란을 일으키고 흉노로 망명할 때, 위만(衛滿)도 추종세력을 이끌고 고조선으로 탈출했다. 준왕은 위만에게 박사를 제수하고 서방의 번병으로 삼았으나, 오히려 위만에게 왕위를 찬탈당하고 한(韓)의 땅으로 옮겨가서 한왕(韓王)을 칭하게 되었다.[7]

위만은 주변 만이의 한에 대한 침략 방지와 조공 보장을 조건으로 외신(外臣)이 되었다. 그러한 결과 경제적으로 원거리 교역을 독점하는[8] 한편, 군사적으로는 주변 소국을 병합하고 진번과 임둔을 복속시킴으로써 통치영역을 넓혔다.[9] 이러한 위만조선은 정변을 통해 고조선을 계승한 만큼, 왕제의 운영도 고조선과 같았을 것이다. 위만의 왕위는 아들을 거쳐 손자 우거에 이르는[10] 부자상속이 관행되었으며, 우거에게는 한과의 항복 교섭에 임했던 차기 왕위계승자로서 태자도 있었다.[11] 이와 같은 왕제와 태자제는 위만조선의 국가적 성격을 잘 보여주며, 이에 상응하는 국가기구의 존재도 유추할 수 있다.

---

6) 金暎河, 앞의 책, 293쪽.
 『삼국지』권30, 위서30, 예에서는 조선후였던 준이 비로소 왕호를 참칭한 것으로 나오기도 한다.
7) 『三國志』卷30, 魏書30, 韓.
8) 崔夢龍, 1985, 「古代國家成長과 貿易」『韓國古代의 國家와 社會』, 一潮閣, 70~75쪽 참조.
9) 『史記』卷115, 朝鮮列傳55. "會孝惠·高后時 天下初定 遼東太守卽約滿爲外臣 保塞外蠻夷 無使盜邊 諸蠻夷君長 欲入見天子 勿得禁止 以聞 上許之 以故滿得兵威財物 侵降其旁小邑 眞番·臨屯皆來服屬 方數千里."
10) 『史記』卷115, 朝鮮列傳55. "傳子至孫右渠."
11) 『史記』卷115, 朝鮮列傳55. "天子爲兩將未有利 乃使衛山因兵威往諭右渠 (中略) 遣太子入謝 獻馬五千匹 及饋軍糧 人衆萬餘持兵 方渡浿水."

위만조선에는 재지 기반의 상(相)으로 구성된 귀족회의체와 비왕(裨王) 및 대신(大臣) 등이 있었다. 조선의 비왕이었던 장(長)은 부왕(副王)의 성격을 띤 존재로서[12] 한의 사신 섭하를 전송하던 중에 피살되었지만, 우거의 태자와 마찬가지로 외교 업무를 맡았던 것으로 보아 왕을 보좌하는 측근 신료로 파악된다. 대신은 일반적으로 상과 같은 관직으로 이해되고 있지만, 한의 공격이 급격해진 위기 상황에서 상 계층의 인물들과 대신 계열의 인물들은 서로 다른 모습을 보이고 있었다.

左將軍의 공격이 급해지자, 朝鮮大臣은 몰래 사람을 시켜 사사로이 樓船將軍에게 항복하기로 약속하였다. 그러한 말이 오고 가는 가운데 아직 결정을 내리지 못하고 있었다. 좌장군은 여러 차례 누선과 함께 싸우기를 기약하였으나, 누선은 급히 항복 약속을 이루려고 좌장군과의 기약을 지키지 않았다. 좌장군도 또한 사람을 시켜 틈을 보아 조선을 항복시키고자 하였으나, 조선은 받아들이지 않고 마음을 누선에게 두고 있었다. 그러한 까닭에 두 장군은 서로 협조할 수 없었다. 좌장군은 마음속으로 누선장군이 전에 군사를 잃은 죄가 있는 데다 지금은 조선과 사사로이 잘 지내고 있어서 조선도 또한 항복하지 않으니, 反計가 있을 것으로 의심해서 감히 군사를 출동할 수가 없었다. (『사기』권115, 조선열전55)

원봉 3년(기원전 108) 여름에 尼谿相 參이 사람을 시켜 朝鮮王 右渠를 죽이고 항복해왔다. 그러나 왕험성이 아직 함락되지 않은 까닭에 우거의 대신 成己는 다시 한에 반대하여 관리들을 공격하였다. 좌장군은 우거의 아들 長降과 朝鮮相 路人의 아들 最로 하여금 백성들을 회유하여 성기를

---

12) 유 엠 부찐, 이항재·이병두 옮김, 1990, 『고조선』, 소나무, 371~372쪽 참조.

죽이도록 사주하였다. (상동)

한 무제는 기원전 109년 가을에 외신관계를 파기한 우거를 치려고 누선장군 양복(楊僕)의 수군 7천과 좌장군 순체(荀彘)의 육군 5만을 보내 왕험성을 공격했다. 이때 조선상 노인과 이계상 삼은 한에 투항한 반면, 대신들은 고조선을 위해 연과 교섭했던 대부 예와 마찬가지로 위만조선을 위해 헌신하고 있었다. 이름을 알 수 없는 조선대신은 좌장군의 공격을 지연시키려고 반간계를 구사했으며,[13] 우거의 대신 성기는 우거가 피살당한 뒤에도 한에 저항하다 살해되고 말았다. 이와 같이 상 계층의 인물들이 투항한 데 비해 대신 계열의 인물들이 항전하는 이질적인 행동양식은 서로 다른 이해관계, 즉 독자적 세력 기반의 귀족과 왕에 예속된 존재로서 관료의 속성 차이에서 기인하는 것으로 추측된다.[14]

이러한 위만조선의 국가기구는 군사조직과 조세수취에 의해 보장되었을 것이다. 위만조선이 기원전 109년 가을부터 108년 여름까지 한의 대군을 상대로 화전 양면의 작전을 구사할 수 있었던 데는 상비군

---

13) 金瑛河, 앞의 책, 296쪽.
　　김병준은 반간계의 구사 여부에 대해, 조선대신이 몰래 사람을 시킨[陰間使人] 사실에 근거하여 추론한 것으로 오해함으로써 반간계의 실제를 인정하지 않았다(2008, 「漢이 구성한 고조선 멸망 과정」『韓國古代史硏究』50, 34쪽). 그러나 조선대신이 누선장군에게 항복 의사를 밝힘으로써 좌장군과 누선장군의 반목을 유도했을 뿐만 아니라, 좌장군이 누선장군과 잘 지내고 있는 위만조선의 반계를 염려하여 군사를 출동할 수 없었던 상황을 반간계의 결과로 해석한 것이었다. 이러한 해석은 조선대신이 누선장군에게 거짓 항복을 약속하여 한의 공세를 지연시키지 않았다면, 좌장군과 누선장군의 연합에 의해 위만조선이 더욱 빨리 멸망했을 것이라는 당시의 전황에 근거한다. 더구나 전후에 누선장군은 서인으로 폄처된 데 비해, 오히려 좌장군은 누선장군과 공을 다투고 서로 시기하여 계책을 어그러뜨린 죄로 기시형(棄市刑)에 처해진 바 있었다.
14) 金瑛河, 앞의 책, 296~297쪽.

이 갖추어져 있었기 때문에 가능했다. 한군을 상대한 '패수서군'과 '패수상군'은[15] 그에 대응하는 군사조직으로서 '동군'과 '하군'을 상기시키며, 이들을 지휘한 상비군의 장군도 있었다. 장군직은 중국에서도 전국시대의 전문 관료로서 출장입상의 문무를 겸한 상으로부터 분화했는데,[16] 한에 투항한 위만조선의 장군 왕겹(王唊)도 그런 존재였을 것이다.

또한 2년에 걸친 장기간의 방어전에는 군수와 장비가 필수인데, 위만조선은 조세의 수취와 복속지역의 공납을 통해 상당한 군비를 갖추었던 것으로 추측된다. 서로의 의심 때문에 교섭이 결렬되기는 했지만, 우거가 태자를 보내 한군에게 말 5천 필과 군량을 공급하거나 무장한 1만여 인을 데리고 항복하러 떠났던 사실은 위만조선의 군비 상태를 짐작하게 해준다. 위만조선에서 조세 관련의 관직은 확인할 수 없지만, 부여의 경우를 통해 유추가 가능하다. 부여는 기원전 3~4세기 경에 길림지역에서 청동기문화를 바탕으로 성립한 국가였으므로, 왕제와 국가기구의 운영도 고조선과 유사했을 것이다.

> 나라에는 君王이 있고 모두 여섯 가축의 이름으로 관명을 정하니, 馬加 · 牛加 · 豬加 · 狗加 · 大使 · 大使者 · 使者가 있다. (『삼국지』권30, 위서30, 부여)

> 尉仇台가 죽자 簡位居가 즉위하였다. 그에게는 적자가 없고 서자 麻余가 있었다. 간위거가 죽자 諸加들이 마여를 왕으로 추대하였다. (상동)

---

15) 『史記』卷115, 朝鮮列傳55.

16) 李春植, 1986, 『中國古代史의 展開』, 藝文出版社, 140~141쪽.

부여에는 정치적 지배자로서 군왕이 있었으며, 왕위는 원칙적으로 적자상속제에 의해 운영되었다.[17] 재지 기반의 가(加)로 구성된 귀족회의체가 추대하는 형식을 빌렸지만, 적자가 없이 죽은 간위거의 뒤를 서자 마여가 이을 수 있었던 데는 부자상속의 왕제가 확립되어 있었기 때문이다. 다음에 다시 설명할 바와 같이 마여의 사후에 어린 나이로 즉위할 수 있었던 의려(依慮)의 경우도 마찬가지였다. 부여에서 왕위의 부자상속은 차기 왕위계승자가 서자이거나 유소하더라도, 귀족세력도 정치적으로 합의한 바의 정치적 관행이었던 것이다.

부여에서는 가 계층과 다른 사자 계열의 관직이 있었는데, 이것은 대사, 대사자, 사자와 같은 중층적 분화를 보이고 있었다. 사자는 어의상 왕의 사명을 수행하는 존재로서 조세와 같은 수취 관련 업무를 담당했을 것으로 추측된다.[18] 실제 우가의 조카인 위거는 대사로서 국인들에게 재물을 잘 베풀었을 뿐만 아니라 위의 유주자사 관구검이 고구려를 공격할 때에는 군량을 공급했으며, 반역의 뜻을 품고 있던 계부 우가의 부자를 처단한 다음 재산을 적몰하여 관에 귀속시킨 일도 있었다.[19] 이와 같은 위거의 행위는 귀족이기보다 군왕에게 직속된[20] 관료로서의 성격에 어울리는 것이었다. 다만 부여에서는 위만조선과 같은 상비군의 조직과 장군직의 분화는 아직 이루어지지 않았다. 집집마다 무장을 갖춘 상태에서 전쟁이 있을 때에 제가들이 하호들의 부양을 받으면서 스스로 나가 싸우는[21] 국가발달의 상대적 저급성과 무관하지

---

17) 李丙燾, 앞의 책, 216쪽.
18) 金哲埈, 1975, 『韓國古代社會硏究』, 知識産業社, 132~135쪽 참조.
19) 『三國志』卷30, 魏書30, 夫餘. "牛加兄子名位居 爲大使 輕財善施 國人附之 歲歲遣使詣京都貢獻 正始中 幽州刺史毌丘儉討句麗 遣玄菟太守王頎詣夫餘 位居遣大加郊迎 供軍糧 季父牛加有二心 位居殺季父父子 籍沒財物 遣使簿斂送官."
20) 李丙燾, 앞의 책, 221쪽.

않았을 것이다.

2) 위만조선과 부여의 귀족

고대사회의 신분은 국가의 형성 과정에서 파생된 계층관계 위에서 성립했다. 수장(首長)과 하호(下戶)를 기본으로 구성된 소국의 계층구조는[22] 고대국가로 이행한 이후 재편되지 않을 수 없었다. 수장층의 분화로 지배층인 왕과 귀족이 등장했으며, 하호층의 분화로 피지배층인 민과 노예도 출현했다. 이러한 신분구조는 율령의 도입에 의해 제도적으로 정비되기 이전에도 관습적으로 용인되고 있었을 터인데,[23] 특히 고대 귀족의 배타적 신분으로서의 속성이 그러했다.

위만조선과 부여에서는 국가기구로서 왕제가 확립되었으며, 왕을 위해 복무하는 관료로서 대신과 대사의 존재를 확인할 수 있었다. 상비군을 지휘하는 장군직이 분화된 위만조선과 달리 부여에서는 장군직의 미분화로 제가가 스스로 전쟁을 수행하는 단계에 머물러 있었다. 이와 같은 위만조선과 부여에서 왕의 정치적 위상을 가늠하기 위해서는 또 다른 국가기구로서 귀족회의에 관한 검토가 필요하다. 우

---

21) 『三國志』卷30, 魏書30, 夫餘. "以弓矢刀矛爲兵 家家自有鎧仗 (中略) 有敵 諸加自戰 下戶 俱擔糧飮食之."

22) 金瑛河, 앞의 책, 205~206쪽.

23) 일본 고대에서는 3위 이상을 귀(貴), 5위 이상을 통귀(通貴)라 규정한 율령에 근거하여 기본적으로 5위 이상의 관인과 그들을 배출할 수 있는 자격이 인정된 상류 씨족군을 귀족층으로 규정하고 있다. 이것은 대화개신 이전에 상류 씨족군이 사지(私地)·사민(私民) 지배와 전문직의 세습에 기초하여 보유하고 있던 지위가 그대로 이어져 천무조(天武朝) 이후에 율령관인제가 정비되는 과정에서 제도적으로 확립된 것으로 파악한 결과이다(關晃, 1976, 「律令貴族論」 『岩波講座 日本歷史』3, 岩波書店, 38~44쪽 참조). 이러한 논리는 일본의 고대국가론에서 당 율령의 수용을 주요 지표의 하나로 삼은 데서 도출된 것이지만, 그 이전의 일본은 물론 한국에서 소국 병합을 통해 새로운 사회로 이행하는 과정에서 파생된 관습법적 신분의 실상을 파악하는 데는 한계가 있다.

선 위만조선의 귀족에 관한 내용인데, 다음의 방증 자료로 유추할 수 있을 것 같다.

『위략』에 의하면, 일찍이 右渠가 아직 격파되지 않았을 때, 朝鮮相 歷谿卿이 우거에게 간언하였으나 받아들여지지 않자 동쪽 辰國으로 갔다. 당시 그를 따라나선 사람이 2천여 호나 되었다. (『삼국지』권30, 위서30, 한)

위만조선은 중국으로부터 망명인의 증가로 세력이 점차 커지자 주변 국가의 한에 대한 조공을 방해하기에 이르렀다. 이처럼 외신으로서의 의무를 다하지 않는 우거에게 조선상 역계경이 간언했으나, 우거가 받아들이지 않자 진국으로 떠나버렸다. 이때 그를 따라나선 2천여 호는 당시 소국의 평균적 규모에 해당하는 것이었다.[24] 역계경은 소국에 상당하는 독자적 세력 기반을 바탕으로 왕험성에 나아가 조선상을 맡았으며, 조선상은 그와 같은 귀족세력을 대표하는 존재였을 것이다.

左將軍이 이미 양군을 합하여 급격히 조선을 공격하였다. 朝鮮相 路人, 相 韓陰, 尼谿相 參, 將軍 王唊 등이 서로 모의하기를, "처음에 樓船將軍에게 항복하려 했으나, 이제 누선은 잡혀 있다. 좌장군이 단독으로 장졸을 합하여 전투가 더욱 맹렬해져서 더불어 싸우기도 두려운데, 왕은 또한 쉽게 항복하지 않는다"하고 한음, 왕겹, 노인은 모두 도망하여 한에 항복하였다. 노인은 도중에서 죽었다. (『사기』권115, 조선열전55)

한군의 공격을 잘 막아내던 위만조선도 총공세에 직면해서는 지배

---

24) 金貞培, 1986, 『韓國古代의 國家起源과 形成』, 高麗大出版部, 225쪽.

층 내부에서 분열이 일어났다. 여기에서 항복을 모의한 여러 상들이 공통적으로 지역명을 관칭한 점은 주목을 요한다. 이계상 삼은 이계지방 출신이며,[25] 출신지역이 명시되지 않은 한음도 예외가 아니었을 것이다.[26] 이들이 모두 지역명을 관칭한 사실은 기본적으로 재지 기반의 수장 출신임을 의미하며, 세력의 크기에 따라 귀족회의로서 '제상회의'를 구성했을 것이다. 조선의 국명을 관칭하고 가장 먼저 언급된 조선상 노인은 그 대표자로서,[27] 진국으로 탈출한 조선상 역계경의 후임자일 가능성이 크다.

위만조선의 상들은 왕위가 부자간에 상속된 것과 같은 사회적 맥락에서 귀족으로서의 신분을 세습했다. 우거가 피살되고 왕험성이 아직 함락되지 않았을 때 우거의 대신이던 성기가 반란을 일으키자, 좌장군이 우거의 아들 장항과 죽은 노인의 아들 최를 시켜 백성들을 꾀어 성기를 죽인 일이 있었다. 왕족은 물론 귀족의 자제가 대를 이어 백성들에게 영향력을 행사할 수 있었던 것은, 그들의 신분적 특권이 혈연으로 세습되었기 때문에 가능한 일이었다. 따라서 이들의 사회적 신분은 기본적으로 귀족일 수밖에 없었는데, 한에 투항한 이후 받은 대우로도

---

25) 이병도는 조선상과 이계상을 각각 중앙과 이계지방의 장관으로 나누어 보았다(앞의 책, 81쪽).

26) 한편 위만조선의 지배세력이 이주 중국인과 토착민 호족의 두 계통으로 이루어진 것으로 파악한 다음, 삼을 토착계로 분류한 이외에 위만은 물론 노인, 한음, 왕겹을 모두 이주계로 이해하기도 했다(三上次男, 1966, 『古代東北アジア史研究』, 吉川弘文館, 7~10쪽). 이러한 견해는 위만조선을 식민정권으로 규정하려는 데서 나온 것이지만, 이주계로서 한음은 위만조선 내에 재지 기반이 없었을 것이므로 지역명을 관칭하지 않았을 수도 있다.

27) 김정배는 조선상이 왕 아래에 있던 최고 관직으로서 단수일 것으로 보았으나(1986, 앞의 책, 41~42쪽), 이종욱은 조선상이 귀족회의의 구성원이고 상 한음도 역시 '조선'상으로 파악하여 복수일 가능성을 제시했다(1993, 『古朝鮮史研究』, 一潮閣, 232쪽). 여기에서 조선상은 지방으로서의 조선 또는 국가로서의 조선을 대표하는 상일 수 있는데, 국명을 관칭할 때에는 특정 지방보다 그 국가 자체로 이해하는 것이 타당할 듯하다.

알 수 있다.

참은 溫淸侯, 陰은 荻苴侯, 陜은 平州侯, 長(降)은 幾侯에 봉하고, 最
는 아버지가 죽은 데다 자못 공이 있었으므로 溫陽侯로 삼았다. (『사기』권
115, 조선열전55)

한이 위만조선을 멸망시킬 수 있었던 것은 물론 군사적 공세의 결
과였지만, 우거를 추종한 주전파와 노인이 중심인 주화파의 분열에
힘입은 바가 컸다. 위만조선과의 전쟁에 참전한 한의 좌장군과 누선
장군이 처벌을 받은 데 반해, 투항을 주도했던 주화파와 그 자제들은
모두 한의 열후(列侯)에 책봉되었다. 전한에서 140여 명의 열후에 대
한 작위 수여에는 대후 1만여 호와 소후 5·6백 호로 일정한 기준이
있었지만,[28] 투항자의 열후 책봉은 본국에서 독자적 세력 기반을 보유
했던 귀족 신분으로 항복한 공로의 대가에 다름 아니었다. 다음은 부
여의 귀족세력에 관한 검토인데, 왕제가 부자상속제에 의해 운영되었
으므로 왕과 더불어 정치를 운영하던 귀족회의의 존재를 상정할 수
있다.

나라에는 君王이 있고 모두 여섯 가축의 이름으로 관명을 정하니, 馬
加·牛加·豬加·狗加·大使·大使者·使者가 있다. 읍락에는 호민이

---

28) 張傳璽, 1991, 『中國古代史綱』上, 北京大學出版社, 186~187쪽.
　　한편 『한서』권17, 경무소선원성공신표5에 의하면 왕겹이 1,480호, 한도(음)이 540호,
　　삼이 1,000호에 각각 봉해졌다. 이를 『한서』권16, 고혜고후문공신표4에서 왕조 개창의
　　최고 공신들인 조삼(曹參)의 10,600호, 장량(張良)의 10,000호, 소하(蕭何)의 8,000호, 번
　　쾌(樊噲)의 5,000호 등과 비교해보면, 한에 투항한 주화파가 받은 대우의 정도를 짐작할
　　수 있을 것이다.

있었으며, 下戶라 불리는 자는 모두 노복이 되었다. 諸加는 별도로 四出道를 주관하는데, 大者는 수천 가이며 小者는 수백 가이다. (『삼국지』권30, 위서30, 부여)

위만조선의 상이 지역명을 관칭한 데 대해 부여의 가는 가축명을 관칭한 점이 달랐다. 사출도를 관장하는 이들은 수백 가에서 수천 가에 이르는 재지 기반을 보유한 귀족세력으로서 '제가회의'를 구성했을 것이다. 그 대표자는 동북아시아에서 경제적 유용성으로 말미암아 가장 신성한 동물로 여겨진 말을[29] 관칭하고 가장 먼저 언급된 마가로 추측된다. 그러한 까닭에 마가는 말을 뜻하는 것이 아니라, 우두머리를 의미하는 '마리'의 한자 표기로 이해되기도 했다.[30] 이러한 부여의 귀족은 자신들의 우월적 지위를 과시하기 위해 비단옷에 갖옷을 겹쳐 입거나 금은으로 모자를 장식했으며,[31] 자신의 세력 기반을 지키려고 몸소 전쟁에 나아가 싸울 수밖에 없었다. 비록 대사 위거에게 적발되어 처단당하기는 했지만, 우가가 아들과 함께 권력을 독점하려고 반역을 도모한 사실은 귀족적 속성에서 연유하는 것이었다.[32]

고조선과 부여의 귀족세력은 살인, 상해, 절도 등에 관한 관습법을

---

29) 鄭璟喜, 1983, 「東明型說話와 古代社會」『歷史學報』98, 18~19쪽 참조.
30) 田鳳德, 1968, 『韓國法制史硏究』, 서울大出版部, 250쪽.
31) 『三國志』卷30, 魏書30, 夫餘.
32) 이처럼 위만조선과 부여의 상·가 계층을 대신·사자 계열의 관료와 성격이 다른 귀족으로 파악한 데 대해 회의적인 견해도 있다(송호정, 2003, 『한국고대사 속의 고조선사』, 푸른역사, 465~466쪽). 그러나 상·가가 독자적 기반을 바탕으로 정치권력을 독점하고 기득 신분의 세습에 기초하여 차별화된 문화를 향유한 점을 고려할 때, 그들이 갖는 배타적 속성으로 인해 관습법체제하의 '고대 귀족' 이외에 달리 규정하기 어렵다. 더구나 부여의 가는 동북아시아의 보편적인 고유신앙을 매개로 제천을 주관하고 형옥을 결단하는 주체이기도 했다.

통해 형벌권을 행사함으로써 노예를 재생산했으며, 많을 때에는 수백을 헤아리는 노예를 순장할[33] 수 있는 노예소유자였다. 이러한 귀족세력의 제반 이익을 보장하는 기구가 제상회의와 제가회의였으며, 그 대표자인 조선상과 마가는 권능에서 왕에 못지않은 존재일 수 있었다. 특히 고대국가에서 가장 중요한 정치적 사안인 왕위계승의 후보와 전쟁 수행의 여부를 결정하는 데서 그러했다. 여기에는 귀족세력의 첨예한 이해관계가 걸려 있었기 때문인데, 먼저 왕위계승의 후보를 결정하는 일이다.

> 옛 부여의 풍속에는 일기가 순조롭지 않아 五穀이 여물지 않으면, 그 허물을 왕에게 돌려 "마땅히 바꾸어야 한다"고 말하거나 "당연히 죽여야 한다"고 말하였다. 마여가 죽자 그의 아들로서 6세이던 依慮를 세워 왕으로 삼았다. (『삼국지』권30, 위서30, 부여)

부여의 풍속에서 자연재해로 흉년이 들면 그 책임을 왕에게 물어 교체하거나 죽이는 관습이 있었는데, 그 주체는 제가회의였을 것이다. 이와 같은 관습에 따라 마여는 죽임을 당한 것으로 보이며, 제가회의는 마여의 어린 아들 의려를 즉위시키고 있었다. 이것은 서자였던 마여가 제가회의의 추대로 즉위할 수 있었던 경우와 더불어 귀족세력이 왕의 폐위와 즉위 과정에 개입한 저간의 관행을 잘 보여주는 사례이다. 부여에서는 정치적으로 왕제가 성립되었더라도 귀족세력이 왕권에 비해 우세한 현실의 반영이었다.

다음은 전쟁 수행의 여부를 결정하는 일이다. 위만조선 말기에 우

---

33) 『漢書』卷28下, 地理志8下; 『三國志』卷30, 魏書30, 夫餘.

거는 한과의 갈등 상황에서 조선상 역계경의 진국 탈출과 조선상 노인을 비롯한 귀족세력의 투항을 제어할 수 없었다. 위만조선의 멸망은 한의 군사적 외압 속에서 기득권을 유지하려는 귀족세력의 속성에서 촉발된 내분과 무관하지 않았던 것이다. 우거가 한과 싸울 의지를 견지하고 있었더라도, 그것을 내부적으로 관철시킬 수 있을 만큼 강하지는 않았기 때문이다. 이러한 의미에서 전쟁 수행의 여부를 신탁을 통해 알아보는 부여의 우제점법(牛蹄占法)은 귀족세력에게 전쟁 회피의 수단으로 이용되었을지도 모른다.

결국 위만조선과 부여 왕권의 취약성은 고대국가에서 통치구조의 편제 방법, 즉 독자적 세력 기반을 가진 수장층의 재편이라는 특성에서 기인했다. 왕이 왕제에 입각하여 존재하고 있었더라도, 정치권력의 소재는 귀족회의에 있었을 가능성도 배제할 수 없기 때문이다. 더구나 왕의 지위를 정당화할 관료제와 성문법이 갖추어지지 않았을 뿐만 아니라 천손으로서 왕의 정통성을 보장하는 천신신앙은 수장 출신의 귀족세력도 공유하고 있었으므로,[34] 왕권을 배타적으로 강화하기에는 한계가 있었던 것이다. 이러한 현상은 위만조선과 부여의 국가형성과 동일한 과정을 거친 삼국시대의 통치구조에서 다시 나타나게 되었다.

---

34) 이러한 사실은 『삼국지』권30, 위서30, 한에서 소국의 국읍이 선출한 천군(天君)은 천신에 대한 제의를 주관했으며, 『삼국사기』권13, 동명성왕 즉위년에서 주몽이 비류국에 이르러 송양왕에게 천제(天帝)의 아들이라고 밝히자 말싸움 끝에 활쏘기로써 천손으로서의 능력을 입증하여 송양왕을 항복시킨 데서 알 수 있다. 그러나 중심부 소국이 주변부 소국의 병합을 통해 고대국가를 형성하고 발전하는 과정에서 천손으로서의 자부심과 천신에 대한 제의권은 왕에 의해 독점되어갔을 것이다.

2. 삼국의 형성과 귀족평의체제

1) 삼국시대의 왕제와 직무

삼국시대의 왕제에 관한 검토도 국가의 형성을 전제하며, 이런 경우 삼국에 선행한 소국에 관한 이해가 필요하다. 청동기문화의 확산과 양식생산 단계로의 전환은 원시공동체를 해체시키면서 무수한 소국의 분립을 촉진했다. 백제, 신라, 가야의 모체였던 삼한의 78개 소국은 성립의 선후와 규모의 대소에 따라 일률적인 규정이 어렵지만, 사회적 분화가 시작된 새로운 사회인 동시에 국가로 규정하기에는 미숙한 '소국공동체'일 따름이었다.[35]

이러한 소국의 규모는 평균 2천여 호로서 수장인 주수(主帥)와 하호의 분화 및 국읍과 읍락의 거주 구분은 있었으나, 국읍의 주수가 읍락의 하호와 섞여 살았으므로 잘 제어할 수 없는 실정이었다. 더구나 읍군(邑君) 또는 읍장(邑長)과 마찬가지로 중국 군현에 가서 의책과 인수를 빌려 착용하는 하호가 1천여 인일[36] 정도로 계급성은 미약했고, 소도가 도적의 도피처로 이용될 만큼 관습법마저 미비했던 것이다. 이러한 소국 가운데 백제국(伯濟國)과 사로국(斯盧國)이 선진지역의 졸본부여(卒本夫餘)와 더불어 주변의 소국을 병합함으로써 각각 고구려, 백제, 신라로 발전했다.

고대사회에서 전쟁 또는 교역은 국가형성에 필요한 영역적 기반을 확보하는 수단이었으며, 수장과 하호가 각각 왕과 귀족 및 민과 노예

---

35) 김영하, 2000, 「韓國 古代國家의 政治體制發展論」『韓國古代史硏究』17, 73~74쪽.
36)『三國志』卷30, 魏書30, 韓. "景初中 明帝密遣帶方太守劉昕‧樂浪太守鮮于嗣 越海定二郡 諸韓國臣智加賜邑君印綬 其次與邑長 其俗好衣幘 下戶詣郡朝謁 皆假衣幘 自服印綬 衣幘千有餘人."

로 재분화함으로써 계급관계를 성립시킬 수 있었다. 이러한 과정에서 현실적 능력을 갖춘 왕이 등장했고, 그에게 초월적 권위를 부여할 신화가 생성되었다. 삼국의 건국신화에 의하면, 삼국의 형성도 선진문화의 유이족이 후진문화의 토착족과 결합하여 새로운 정치적 사회를 성립시킨 일반적 경향에서 벗어나지 않았다.

삼국은 문헌 자료를 보면 교역보다는 주로 전쟁을 통해 국가형성의 기반을 마련하고 있었다. 고조선과 부여의 외곽지역에서 고구려는 동명왕대에 이미 비류국 송양왕(松讓王)의 복속을 시작으로 주변 소국을 정복함으로써 국가형성에 필요한 영역적 기반을 마련했다. 고조선의 준왕이 이주한 마한지역에서 백제가 국가를 형성하는 데서 살필 수 있는 특징은 주변 소국에 대한 병합 과정을 결여한 점이다. 온조왕이 마한의 국읍을 정벌한 사실만이 나타날 뿐인데, 백제가 마한 통합의 주체인 목지국(目支國)을 대신하여 마한의 소국들을 통제함으로써 국가형성의 기반을 확보한 사실의 반영일 것이다. 위만조선의 유민들이 이주해온 진한지역에서 신라는 파사왕대에 국가의 형성 단계에 이르렀는데, 역시 음즙벌국을 비롯한 주변 소국을 복속시킴으로써 영역적 기반을 마련할 수 있었다.[37]

이와 같이 한국고대사의 전개 과정에서 삼국의 형성시기를 소급하면, 위만조선과 삼국의 시간적 연속성을 확보할 뿐만 아니라 『삼국사기』의 초기 기록에 나타나는 왕의 통치 행위에 관한 일련의 사실들을 새롭게 인식할 수도 있을 것이다. 이것은 고대국가에 관한 인류학적 이론의 원용과 고고학적으로 확인되는 물질문화를 통해 인간이 영위한 시간, 즉 국가형성에 따른 통치구조의 성립 추이를 유추할 수 있는

---

37) 金瑛河, 앞의 책, 84~85 · 89~90 · 96~97쪽.

근거이기도 하다.

삼국시대의 왕제에 관한 연구는 일찍부터 왕위계승 및 왕비족과의 관계를 밝히는 데 집중했다. 신라에서 중고시기의 왕족 김씨와 왕비족 박씨의 존재[38] 및 내물왕 이후 왕위의 김씨 세습이[39] 주목된 이래, 고구려에서 고국천왕을 전후한 시기에 형제상속에서 부자상속으로 왕위계승의 전환과 연나부(椽那部) 명림씨(明臨氏)의 왕비족화[40] 및 백제에서 근초고왕 이후 형제상속에서 부자상속으로 왕위계승의 전환과 진씨(眞氏)의 왕비족화를 구명할 수 있었다.[41] 이러한 현상의 역사적 의미는 왕권의 전제화에 따른 고대국가로의 과도기라는 데에 있었다.

한편『삼국사기』의 초기 기록을 일정하게 인정하면서 왕의 지위와 통치 행위를 살핀 연구도 있었다. 고대국가에서 차지하는 왕의 중요성에 주목하여 왕자의 덕목으로서 특이한 골상과 장신 및 남다른 지혜와 재능 등을 언급하고,[42] 정치, 군사, 외교, 종교, 사법 등의 분야에서 최고 책임자로서 왕의 지배자적인 성격을 부각시킬 수 있었다.[43] 이것은 삼국시대의 왕을 천계와 인간사회의 조절자일 뿐만 아니라 강력한 지배자로 인식한 결과였다.

이와 같은 연구는 왕제의 변천과 왕의 정치적 성격은 밝힐 수 있었지만, 왕이 권력을 행사할 수 있는 기제와 내용의 검토에 관해서는 미흡한 바가 있었다. 고대국가에서 왕은 전쟁 또는 교역에서 발휘한 현실적 능력을 통해 배타적으로 등장하여 절대적 권위에 가탁함으로써

---

38) 末松保和, 1954,『新羅史の諸問題』, 東洋文庫, 204쪽.
39) 李丙燾, 앞의 책, 607쪽.
40) 李基白, 1959a,「高句麗王妃族考」『震檀學報』20, 88~92쪽.
41) 李基白, 1959b,「百濟王位繼承考」『歷史學報』11, 44쪽.
42) 申瀅植, 1984,『韓國古代史의 新研究』, 一潮閣, 87~89쪽.
43) 申瀅植, 1981,『三國史記研究』, 一潮閣, 163쪽.

지위를 정당화할 수 있었기 때문이다. 족장의 의미인 거서간(居西干)에서 최고 통치자인 대왕(大王)에 이르기까지 다양한 편차를 보이는 신라 왕호의 변천은 왕권의 배타화와 정당화의 점증 과정에 다름 아니었다.

사회적 지도자에서 정치적 지배자로 전환한 왕이 행사하는 권력의 근거는 정통성에 있었다. 그것은 신과 같은 절대적 존재로부터 부여받았으므로, 고대사회에서 왕이 천지신과 그것의 인격화로서 시조신에 대한 제사의례를 관행할 수밖에 없었던 이유였다. 고대 중국에서 최고 통치자가 수행해야 할 국가의 중대사는 제사와 전쟁이었는데,[44] 그것은 상제(上帝)와 교통할 뿐만 아니라 종족을 보호하는 일이었기 때문이다. 또한 고전적 국가기원론에서 언급한 제사는[45] 물론 공권력의 발생에 따른 군대, 사법, 조세 관련의 업무는[46] 기본적으로 왕의 직무로 귀결될 수밖에 없었다.

삼국의 왕이 수행한 통치 행위에도 역시 정당성이 부여되었는데, 그들은 천손으로 관념된 건국 시조의 후예로 인식되었기 때문이다. 삼국의 건국신화 또는 설화에 등장하는 인물들은 대체로 유이문화의 천신족과 토착문화의 지신족이 결합하여 성립시킨 새로운 정치적 사회의 시조로서 신성성을 띠고 있었다. 이러한 사실을 당대인들은 그대로 믿고 있었는데, 고등 종교로서 불교와 유학이 수용된 이후임에도 고구려에서 광개토왕의 계보를 고유의 천신과 지신신앙에 기초한 건국신화로 미화한[47] 데서 확인된다.

삼국의 왕은 각국의 사회경제적 조건에 부응한 왕자로서의 기본 덕

---

44) 『春秋左傳注疏』卷27, 成公 13年. "國之大事 在祀與戎 祀有執膰 戎有受脤 神之大節也."
45) 퓌스텔 드 쿨랑주, 김응종 옮김, 2000, 『고대도시』, 아카넷, 244~248쪽.
46) 프리드리히 엥겔스, 김대웅 옮김, 1985, 『가족의 기원』, 아침, 191~193쪽.
47) 〈廣開土大王碑〉, 世系와 略歷 참조.

목을 구비함으로써 천손의 후예임을 입증했다. 고구려에서 태조왕 궁(宮)을 닮아 위궁(位宮)으로 불린 동천왕은 우수한 신체에 말을 잘 타고 수렵을 잘하는 기마선사력을 갖추었고, 백제에서 동성왕도 역시 남다른 신체에 활을 쏘면 백발백중하는 선사력을 구비하고 있었다. 한편 신라에서 탈해왕 이후 석씨로서 처음 즉위한 벌휴왕은 풍운을 보고 점을 쳐서 수·한재와 한 해의 풍·흉년을 미리 알 수 있었다고 한다. 이러한 능력은 삼국사회의 수렵문화 또는 농업경제적 조건에서 필요한 왕자의 덕목이었으며, 특히 비정상적인 왕위계승이 이루어졌을 때 더욱 긴요한 정치적 권위의 원천이었다.[48]

따라서 삼국의 왕은 제의주재자로서의 직무를 수행함으로써 정통성을 천명했다. 고구려왕은 국내성과 평양성으로 천도한 이후에도 졸본으로 찾아가 시조묘에 제사했다. 백제왕은 온조왕대에 세운 동명묘를 배알하는 한편, 천지신에 대한 제사도 거행했다. 신라왕은 남해왕대에 세운 시조묘에 대대로 제사하고, 소지왕대부터는 신궁에 대해서도 제사했다. 즉위 초에 있었던 시조묘 제사와 동명묘 배알은 즉위의례의 성격을 띠었으며, 춘계와 같은 특정 계절에 주로 거행한 사실은 농경의례로서의 의미를 담고 있었기 때문이다.[49] 이러한 맥락에서 백제가 부흥운동을 벌일 때 복신이 도침을 죽이는 와중에도 부여풍(扶餘豊)은 실권 없이 제사만을 주관하고,[50] 신라가 망명해온 안승(安勝)에게 끊어진 고구려 왕실의 제사를 잇도록 조치한[51] 사실의 정치적 의미를 이해할 수 있을 것이다.

---

48) 金瑛河, 앞의 책, 28~29·56~57·66쪽.
49) 井上秀雄, 1978, 『古代朝鮮史序說』, 寧樂社, 51~53·108~109·130~131쪽 참조.
50) 『三國史記』卷28, 義慈王 20年.
51) 『三國史記』卷6, 文武王 10年.

시조묘에 대한 제의로 권위를 확보한 왕은 군사통수자로서의 능력을 발휘했다. 고구려왕은 수렵사회적 조건을 반영한 통치 관행인 전렵(田獵), 백제왕은 부여-고구려의 수렵문화를 계승한 전렵과 더불어 농업경제적 조건을 반영한 통치 관행인 열병(閱兵)을 실시했다. 한편 신라왕도 역시 농경사회적 조건에서 연유한 통치 관행으로서 열병을 실시했다. 왕에 의한 전렵과 열병은 군사 훈련과 통수의 일환이었으며, 이에 따른 군사력을 바탕으로 삼국은 각각 공격 지향, 공·방 편향, 방어 위주의 전쟁을 수행했던 것이다.[52] 전렵이 전쟁과 불가분의 관계에 있었던 사실은, 광개토왕이 패려(稗麗)를 정벌하고 돌아오는 길에 요동 지방에서 전렵을 실시한[53] 데서 확인된다.

전쟁을 통해 통치영역을 확장한 왕이 국내에서 수행하는 일은 크게 두 가지였다. 그 하나는 사법집행자로서의 직무였다. 고구려·신라왕과 백제왕은 각각 시조묘 제사와 동명묘 배알을 마친 뒤에 사면을 실시했으며,[54] 신라왕은 자연재해가 있을 때나 변경지방을 순수할 때에도 사면을 실시했다.[55] 이것은 인신의 속박과 방면을 골자로 하는 사법의 집행에서 차지하는 왕의 상징적 역할을 잘 보여주었다. 또한 지증왕은 교(敎)의 내용을 어길 경우 중죄로 다스릴 것을 밝혔으며,[56] 법흥왕은 노인법(奴人法)에 의거하여 위법자를 처벌하고 있었다.[57] 왕이

---

52) 金瑛河, 앞의 책, 83~101쪽 참조.
53) 〈廣開土大王碑〉, 永樂 5年.
54) 『三國史記』卷1, 儒理尼師今 2年; 『三國史記』卷2, 阿達羅尼師今 2年·伐休尼師今 2年·味鄒尼師今 2年; 『三國史記』卷17, 東川王 2年; 『三國史記』卷19, 平原王 2年; 『三國史記』卷25, 腆支王 2年.
55) 『三國史記』卷1, 婆娑尼師今 2年·祇摩尼師今 3年; 『三國史記』卷2, 奈解尼師今 6·15·31年·訖解尼師今 8年; 『三國史記』卷3, 訥祇麻立干 4年·照知麻立干 10年; 『三國史記』卷4, 眞興王 16年.
56) 〈迎日冷水里碑〉, 別敎 참조.

천지신에 대한 제의권을 독점하는 추세와 더불어 인민에 대한 형벌권도 〈울진봉평비〉(524)에서 대교법(大敎法) 및 〈단양적성비〉(551 이후)에서 국법(國法)과 같은 형식으로 왕에 의해 주도되어갔던 것이다.

다른 하나는 조세수취자로서의 직무인데, 이것은 국가의 공권력을 유지하는 물적 토대를 확보하는 일이었다. 고구려는 태조왕 때에 동옥저를 복속시킨 이후 맥포(貊布)·어물·소금을 비롯한 해산물을 공물로 수취했으며,[58] 신라왕은 복속된 소국이 복속의례의 일환으로 헌상하는 상징적 의미의 청우(靑牛), 일각록(一角鹿), 백치(白雉), 가화(嘉禾) 등을[59] 공물로 수취하고 있었다. 또한 광개토왕은 왕릉의 관리를 담당할 수묘인연호(守墓人烟戶)를 국연(國烟)과 간연(看烟)으로 구분하여 차정했으며,[60] 진흥왕과 진평왕 때에는 역역을 동원하여 각각 명활산성과 남산신성을 축조했다.[61] 이처럼 삼국의 왕이 행사한 권력은 역역동원의 결과인 거대한 왕릉의 규모와 권위의 상징인 다채로운 부장품에 잘 반영되어 있다.

2) 귀족세력의 출신과 기반

위만조선과 부여의 통치구조는 삼국에서 반복되고 있었는데, 그것은 국가의 형성 과정에서 소국의 수장층을 편제하는 방법이 유사했기

---

57) 〈蔚珍鳳坪碑〉, 別敎令 참조.

58) 『三國志』卷30, 魏書30, 東沃沮.

59) 『三國史記』卷1, 婆娑尼師今 5年; 『三國史記』卷2, 伐休尼師今 3年·助賁尼師今 13年; 『三國史記』卷3, 奈勿尼師今 21年·訥祇麻立干 25·36年.
사료에서는 군현이 공물을 헌상한 것으로 나오지만, 실제는 신라에 복속된 소국의 수장층이 헌상의 주체였을 것이다. 이러한 공납의 복속의례적 성격은 『삼국사기』권4, 지증왕 13년에 우산국이 신라에 귀의 복속하여 해마다 토산물을 바친 데서도 알 수 있다.

60) 〈廣開土大王碑〉, 守墓人烟戶와 規定 참조.

61) 〈慶州明活山城碑〉; 〈慶州南山新城碑〉.

때문이다. 삼국은 국가형성 이후 토지와 인민이 결합된 통치영역의 확장과 통치의 효율을 담보할 지배체제의 정비라는 두 방향의 발전을 추구했다. 이러한 과정에서 왕제가 성립되었더라도, 귀족세력이 군국정사를 평의하는 정치체제가 먼저 출현했다.

먼저 귀족세력의 출신과 사회경제적 기반에 관한 검토인데, 그 출신은 수장층과 왕족·전왕족·왕비족 등으로 나누어진다. 삼국의 모체인 졸본부여, 백제국, 사로국 등이 고대국가인 삼국으로 이행하기 위해서는 같은 조건에 있던 소국의 병합이 필수였다. 고구려는 동명왕대에 비류국, 백제는 온조왕대에 목지국, 신라는 파사왕대에 음즙벌국 등에 대한 복속을 시발로 고대국가로 이행하게 되었다.[62] 이와 같은 과정에서 재지 기반의 수장층이 왕경으로 진출하여 귀족세력으로 전화했던 것이다.

대무신왕 5년(22), 추 7월에 이에 (부여왕의 從弟가) 1만여 인과 함께 와서 항복하니, 왕은 그를 왕으로 봉하고 掾那部에 안치시켰다. 그의 등에 줄무늬가 있으므로 絡氏를 사성하였다. (『삼국사기』권14)

태조대왕 22년(74), 동 10월에 왕은 桓那部 沛者 薛儒를 보내 朱那를 정벌하고, 그 王子 乙音을 사로잡아 古鄒加로 삼았다. (『삼국사기』권15)

다루왕 7년(34), 춘 2월에 右輔 解婁가 죽으니, 나이가 90세였다. 동부의 屹于를 우보로 삼았다. (『삼국사기』권23)

다루왕 10년(37), 동 10월에 右輔 屹于를 左輔로 삼고, 북부의 眞會를 우보로 삼았다. (상동)

---

62) 金瑛河, 앞의 책, 102~112쪽 참조.

조분이사금 7년(236), 춘 2월에 骨伐國王 阿音夫가 무리를 이끌고 와
서 항복하므로, 第宅과 田莊을 주어서 안정시키고 그곳을 군으로 삼았다.
(『삼국사기』권2)

삼국은 하나같이 복속된 소국의 수장들을 왕경의 지배층으로 편제
하고 있었다. 고구려는 동명왕에서 대무신왕에 이르는 동안에 흡수한
수장층에게 사성하여[63] 지배세력으로 편제했다. 부여왕 대소(帶素)가
고구려와 싸우다가 피살된 뒤, 대무신왕은 소국의 평균 규모에 해당하
는 1만여 인을 이끌고 항복해온 대소의 종제를 제후로 삼아 연나부에
편입시켰다. 태조왕은 대소의 막내아우가 세운 갈사국의 왕손 도두가
나라를 들어 항복해왔을 때 우태(于台)로 삼았으며,[64] 환나로 하여금
주나를 정벌하고 왕자 을음을 사로잡아 고추가에 제수했다.

한편 백제의 다루왕은 말갈과의 전투에서 공을 세운 동부 출신의
흘우를[65] 우보로 삼았다가 곧 좌보로 옮기고, 그 후임에 북부 출신의
진회를 임명했다. 흘우와 진회는 모두 수장 출신으로 백제의 동부와
북부에 편제되었다가 나중에 중심부로 진출하게 되었던 것이다. 신라
에서는 파사왕대에 음즙벌국과 실직국, 압독국의 왕이 항복한 바 있었
으며,[66] 조분왕은 항복해온 골벌국왕 아음부에게 가택과 전장을 하사
함으로써 왕경에서의 생활을 보장해주었다.

이상의 내용은 모두 삼국 초기에 있었던 사실로서, 나라마다 서술
내용에 차이가 있어 성격을 일률적으로 규정하기에는 어려움이 있다.

---

63) 金賢淑, 1993,「高句麗 初期 那部의 分化와 貴族의 姓氏」『慶北史學』16, 16~18쪽 참조.
64) 『三國史記』卷14, 大武神王 5年;『三國史記』卷15, 太祖大王 16年.
65) 『三國史記』卷23, 多婁王 3年.
66) 『三國史記』卷1, 婆娑尼師今 23年.

그러나 소국 병합을 전제하는 고대국가의 형성 과정에서 수장들이 왕경의 지배층으로 전화하는 경향을 살필 수 있는 사례로서의 의미는 없지 않다. 다만 신라에서 골벌국왕 아음부의 경우는 경제적 반대급부만 있었을 뿐 그에 상응한 신분과 관등 제수에 관한 내용은 보이지 않으나,[67] 신라도 다른 나라와 다르지 않았다.

> 법흥왕 19년(532), 金官國主 金仇亥가 왕비 및 세 아들인 장남 奴宗, 중남 武德, 계남 武力과 함께 국고의 보물을 가지고 와서 항복하니, 왕이 예로써 이들을 대우하여 上等을 수여하고 본국을 食邑으로 삼았다. 아들 무력은 벼슬길에 나아가 角干에 이르렀다. (『삼국사기』권4)

법흥왕은 금관국주 김구해가 가족과 함께 항복해오자 왕경의 사량부에 편입시키고,[68] 진골 신분에 해당하는 상등의 관위를 제수하는 동시에 본국을 식읍으로 삼도록 조치했다. 더구나 셋째 아들 김무력이 각간까지 승진함으로써 금관가야계는 귀족사회의 일원으로 정착할 수 있었다. 삼국의 형성 과정에서 소국의 수장층이 왕경의 귀족세력으로 전화한 이외에 삼국의 발전 과정에서 왕실세력이 교체·분화한 결과로 또 다른 계열의 귀족세력이 파생되었다.

> 본래 五族이 있으니 涓(消)奴部, 絶奴部, 順奴部, 灌奴部, 桂婁部이다. 본디 소노부가 왕족이었으나, 점차 미약해져서 지금은 계루부가 그를 대

---

67) 이기백은 다른 소국의 지배자와 마찬가지로 왕경으로 이주하여 6부의 지배세력에 준하는 6두품의 대우를 받았을 것으로 추측했다(1975, 『韓國古代史論』, 探究堂, 50~53쪽 참조).

68) 김구해의 셋째 아들인 무력이 〈단양적성비〉의 왕교사에서 "沙喙部 武力智 阿干支"로 나오는 것으로 보아, 금관가야계가 왕경의 사량부에 편입된 사실을 알 수 있다.

신한다. (중략) 왕의 종족으로서 그 大加는 모두 古雛加를 칭한다. 소노부는 본래 國主로서 지금은 비록 왕이 될 수 없더라도, 適統大人은 고추가를 칭하고 종묘를 세울 수 있으며, 靈星과 사직에 제사도 지낸다. 절노부는 대대로 왕실과 혼인하였으므로 고추가의 칭호를 더한다. (『삼국지』권30, 위서30, 고구려)

고구려에서 계루부에 의해 교체된 소노부는 비류국 송양왕으로 비정되며,[69] 유리왕이 그의 딸을 왕비로 맞음으로써 왕비족이 출현하게 되었다.[70] 고추가는 왕족인 계루부의 대가와 전왕족인 소노부의 적통대인 및 왕비족인 절노부가 칭할 수 있는 관등이었다. 발기가 산상왕으로 즉위한 동생 이이모와의 왕위계승전에서 밀려나 요동으로 떠난 뒤에도, 고구려에 남았던 그의 아들 박위거(駁位居)는 왕족으로서 고추가일 수 있었던 것이다.[71] 절노부는 고국천왕에서 서천왕에 이르는 기간의 왕비족이었던 연나부의 명림씨로 추정된다.[72] 이들은 모두 고구려의 발전 과정에서 왕실의 분화와 교체, 그리고 왕비족의 등장에 따른 귀족세력이었다.

백제에서는 온조-초고계와 비류-고이계가 배타적으로 왕통을 교체하며 왕위계승에서 이원성을 보일 때에[73] 상대적인 귀족세력화가 일어났을 것이며, 한성시기에 해씨(解氏)와 진씨(眞氏)는 왕실과 번갈아

69) 李丙燾, 앞의 책, 359~360쪽.
70) 『三國史記』卷13, 琉璃明王 2年.
   김현숙은 이들이 대무신왕 때부터 송씨(松氏)로 인식되기 시작한 외척세력으로서 우보 송옥구(松屋句)와 같은 인물을 배출한 것으로 보았다(앞의 논문, 23쪽).
71) 『三國志』卷30, 魏書30, 高句麗.
72) 李基白, 1959a, 앞의 논문, 83~87쪽.
73) 千寬宇, 앞의 책, 325~334쪽 참조.

혼인한 왕비족이었다.[74] 여기에 더하여 웅진시기에 새로이 부상한 사씨(沙氏)·연씨(燕氏)·백씨(苩氏)와 더불어 례씨(荔氏)·국씨(國氏)·목씨(木氏) 등은 백제의 대성 8족으로[75] 알려졌으며, 이 밖에 중국계의 왕씨도[76] 귀족사회의 일원으로 자리를 잡았을 것이다.

신라에서는 석씨 왕계인 탈해왕대에 박씨의 귀척이 왕궁으로부터 밀려나와 6부에 편입되었고,[77] 왕족인 김씨 이외에 왕비족인 박씨는 귀족세력으로서 성이 없는 일반 민[78]과 구별되는 존재였다. 삼국의 귀족세력은 독자의 가문을 형성하고 자신들의 신분을 유지할 수 있는 제도적 장치를 강구했다. 이러한 경우에 가장 유효한 방법은 귀족 출신의 생득적 신분을 혈연으로 세습하는 것이었다.

광개토왕 때에 북부여수사(北夫餘守事) 모두루(牟頭婁)의 가문은 조상이 주몽의 건국을 도왔기 때문에 대대로 국가의 은혜를 입었으며, 대형 염모(冉牟)가 모용씨를 물리친 이후 대형의 관등을 세습한 집안이었다.[79] 고구려 말기에 당으로 망명한 고자(高慈)의 가문은 선조가 주몽을 따라 건국에 참여했고, 20대 조상 밀(密)이 모용씨와의 전쟁에

---

74) 李基白, 1959b, 앞의 논문, 40~41쪽 참조.
75) 『隋書』卷81, 列傳46, 百濟.
　　이 중에서 목=목례(木荔)씨에 대해서는 목지국의 신지(臣智)인 목라(木羅)=목례씨가 백제의 유력 귀족으로 편입된 이래, 목라근자(木羅斤資), 목=기각숙녜(木=紀角宿禰), 목만치(木滿致), 목금(沐衿), 목례만치(木荔滿致), 목간나(木干那) 등의 활동상이 검토된 바가 있다(盧重國, 1994, 「百濟의 貴族家門 硏究」『大丘史學』48).
76) 『수서』권81, 열전46, 백제에 의하면 백제에는 왜인은 물론 중국인도 살고 있었는데, 수와의 외교에 종사한 왕변나(王辯那), 왕효린(王孝鄰)과 같은 인물은 근초고왕 때에 일본에 유학을 전한 왕인과 더불어 중국의 군현 출신으로 일찍부터 백제사회에 토착했을 것으로 추측된다.
77) 李鍾旭, 1982, 『新羅國家形成史硏究』, 一潮閣, 182~183쪽 참조.
78) 『新唐書』卷220, 列傳145, 新羅. "王姓金 貴人姓朴 民無氏有名."
79) 〈牟頭婁墓誌〉.

서 공을 세워 고씨의 성과 식읍 3천 호를 하사받은 이래 30여 대의 708년 동안 대대로 공후장상을 배출할 수 있었다.[80] 4세기 무렵 선비 모용씨에 대한 전공을 계기로 성립한 두 가문의 시조 전승은 위로 올라가면 주몽의 건국 과정에 가탁하는 윤색이 있었지만,[81] 고자의 경우 아래로 내려오면 증조부 식(式)이 2품 막리지(莫離支)－조부 양(量)이 3품 책성도독 위두대형겸대상(柵城都督位頭大兄兼大相)－부 문(文)이 3품 위두대형겸장군(位頭大兄兼將軍)을 역임함으로써[82] 3대에 걸쳐 귀족 가문으로서의 지위는 변하지 않았다. 고구려에서 귀족세력이 세습을 통해 사회적 신분과 정치적 권력을 유지한 보다 구체적인 사례가 연개소문의 가문이다.

男生의 증조 子遊와 조 太祚는 모두 莫離支를 역임하였고, 부 蓋金은 太大對盧였다. (중략) 나이 9세에 先人, (중략) 15세에 中裏小兄, 18세에 中裏大兄을 제수하였으며, 23세에 다시 中裏位頭大兄으로 임용하여 24세에 장군을 겸하여 제수하니 나머지 관은 옛날과 같았다. 28세에 막리지에 임용하여 三軍大將軍을 겸하여 제수하였고, 32세에 태막리지를 더하니 군국을 총괄하는 阿衡元首였다. (《천남생묘지명》)

男産은 나이 15세〔年始志學〕에[83] 본국의 왕이 小兄, 18세에 大兄의 관위를 주니, 13등의 반차에 거듭 올라 승진함으로써 2천 리의 성지를 20세

---

80) 〈高慈墓誌銘〉.
81) 徐永大, 1995, 「高句麗 貴族家門의 族祖傳承」『韓國古代史硏究』8, 156~160쪽 참조.
82) 〈高慈墓誌銘〉.
83) 박한제는 〈천남산묘지명〉의 "年始志學"을 돌이 되자 비로소 학문에 뜻을 둔 것으로 해석했지만(1992, 『譯註 韓國古代金石文』I, 駕洛國史蹟開發硏究院, 533쪽), 지학(志學)은 역시『논어』권2, 위정에서 "子曰 吾十有五而志于學"의 용례에 따라 15세의 관용적 표현으로 보아야 남산의 경력에 관한 묘지 내용의 올바른 이해가 가능할 것 같다.

가 되지 않아 능히 다스렸다. (중략) 21세에 中裏大活을 더하였다. 23세에 位頭大兄으로 승진하였고, 여러 차례 옮겨서 中軍主活이 되었다. 30세에 태대막리지가 되었으니, 관직은 문벌로 승진하고 영예는 왕이 署置한 것이 아니었다. (《천남산묘지명》)

연개소문 가문은 자유(子遊)-태조(太祚)-개소문(蓋蘇文)-남생(男生)-헌성(獻誠)-현은(玄隱)-비(毖)에 이르는 7대의 가계가 금석문 자료에서 확인됨으로써 고구려 말기의 귀족제도 운영을 살필 수 있는 중요한 단서를 제공한다. 연개소문은 부를 이어 대대로에 취임함으로써[84] 권력 장악의 계기를 마련했다. 그의 대대로직 계승은 가문의 정치적 영향력이기에 앞서, 고구려 귀족사회의 관행으로서 제도적 여건이 마련되어 있었기 때문에 가능했다. 그러한 사실은 연개소문의 아들과 손자가 출사한 이후 승진하는 과정을 통해 유추할 수 있다. 남산의 묘지에도 언급되었듯이 고구려 후기의 13관등제는 형계(兄系)와 사자계(使者系)의 두 계통으로 구성되었는데, 남생과 남산이 형계의 관등을 승진하는 과정에서 일련의 경향성을 살필 수 있기 때문이다.

남생은 물론 아들 헌성도 9세에 선인에 제수되었으므로[85] 남산도 예외는 아니었을 것이다. 남생은 9세 선인-12세 제형(추정)-15세 소형-18세 대형의 단계를 3년마다 승진했으며, 18세 대형-23세 위두대형-28세 막리지의 단계를 5년마다 승진하여 각각 그에 상응하는 장군·삼군대장군과 같은 관직에 취임했다. 남생이 32세에 태막리지에 취임한 것은 665년에 연개소문이 사망했기 때문이고,[86] 남산이 30세

---

84) 『三國史記』卷49, 蓋蘇文.
85) 〈泉獻誠墓誌銘〉. "公卽襄公嫡子也 生於小貊之鄕 早有大成之用 地榮門寵 一國罕儔 九歲在本蕃 卽拜先人之職 敬上接下 遼右稱之."

이던 668년에 태대막리지로 승진한 것도 남생과 같은 과정을 거쳐[87] 28세에 막리지에 취임했었기 때문에 가능했을 것이다. 이때 막리지에 '태' 또는 '태대'와 같은 가호는 임시적인 것이 아니라 정변 이후 무력화된 대대로 대신에 막리지를 격상시키기 위한 제도적 장치였을 것이다.[88] 연개소문의 자손은 부조의 음덕과 문벌에 따라 9세에 선인에 나아가 일정한 기간을 경과하여 소정의 관등을 순차적으로 승진함으로써 귀족 신분을 유지할 수 있었던 셈이다. 백제에서도 역시 특정한 귀족 가문은 자신들의 신분을 세습하고 있었다.

> 黑齒常之의 선조는 扶餘氏로부터 나왔는데, 흑치에 봉해졌으므로 자손들이 이를 씨로 삼았다. 그 가문은 대대로 達率을 이었으니, 달솔의 직책은 지금의 兵部尙書와 같고 본국에서는 2품관이었다. 증조 文大, 조 德顯, 고 沙次는 모두 관이 달솔에 이르렀다. (중략) 20세가 안 되어 문벌에 따라 달솔에 제수되었다. (《흑치상지묘지명》)

왕족 부여씨로부터 분지한 흑치상지의 가문은[89] 증조 이래 4대가

---

86) 김영하, 2007, 『新羅中代社會硏究』, 일지사, 109쪽.
87) 무전행남(武田幸男)도 〈천남산묘지명〉의 '지학'을 15세의 관용적 표현으로 이해하지 못했기 때문에 남산이 소형에 제수된 나이를 미상으로 처리함으로써(1989, 『高句麗史と東アジア』, 岩波書店, 391~392쪽), 연개소문의 자제가 연령에 따라 일정하게 관등을 승진하는 과정을 추론할 수 없었는지도 모른다.
88) 이러한 경우 〈천남생묘지명〉에서 연개소문을 태막리지보다 상위의 태대대로(太大對盧)로 기록한 사실의 해석 문제가 제기될 수 있다. 이에 대해서는 정변 이전에 이미 취임한 바가 있었을 뿐만 아니라 고구려의 멸망 이전에 죽은 연개소문을 당시의 최고 관직인 대대로로써 현창하려는 데서 연유하거나, 고구려의 멸망 이후에 당에서 죽은 남생과 남산이 기왕에 각각 취임했던 바의 태막리지 및 태대막리지를 부자간에 상피하려는 데서 나온 것으로 추측된다.
89) 이문기는 흑치씨가 부여씨로부터 분지하여 달솔까지 승진 가능한 신분으로 강등되면서

달솔을 세습하고 있었다. 특히 흑치상지는 20세가 되지 않아 자신의 가문이 이를 수 있는 최고 관등인 달솔이 되어 당의 자사(刺史)와 같은 풍달군장(風達郡將)을 겸직했던 것이다.[90] 이것을 연개소문 가문의 경우에 비추어보면, 흑치상지도 어린 나이에 부조의 음덕으로 낮은 관등에서 출발하여 문벌에 따라 20세 이전에 달솔로 승진할 수 있었던 것으로 추측된다. 이러한 경우는 관등이 달솔에 이르렀던 계백(階伯)도[91] 마찬가지였을 것이다.

신라에서는 진덕왕 때에 국가의 대사를 결정하는 여섯 명의 대신이 있었다.[92] 이 중에서 임종공은 진지왕의 명으로 길달을 사자로 삼음으로써[93] 가문을 이었으며, 호림공의 아들로서 부모의 사후에 출가한 자장은 태보(台輔)의 자리가 비었을 때 문벌에 따라 천거되기도 했다.[94] 특히 금관가야계로서 증조 구해(仇亥)－조 무력(武力)－부 서현(舒鉉)으로 가문이 이어진 유신공은 대신의 지위에 올라 좌중을 압도하는 권위를 행사할 수 있었다.[95] 이로써 삼국시대 말기에 부조의 음덕과 문벌로 소정의 절차를 거쳐 특정 관등까지 오를 수 있는 귀족 가문의 실재를 확인했다. 이러한 현상은 삼국의 발전 과정에서 관행화되었을 것이

새로운 성씨를 취득한 것으로 보았다(1991, 「百濟 黑齒常之 父子 墓誌銘의 檢討」『韓國學報』64, 162~164쪽 참조).

90) 『新唐書』卷110, 列傳35, 黑齒常之.

91) 『三國史記』卷47, 階伯.
金正浩, 『大東地志』卷5, 扶餘 祠院에서 "階伯 名升 百濟同姓 官達率 義慈王二十年 戰亡"을 근거로 계백씨의 가문도 흑치씨의 가문과 마찬가지로 왕족이었지만, 부여씨에서 분지하여 계백씨를 별도로 칭한 것으로 보기도 한다(盧重國, 앞의 논문, 32~33쪽).

92) 『三國遺事』卷1, 眞德王. "王之代有閼川公 林宗公 述宗公 虎林公〔慈藏之父〕廉長公 庾信公 會于南山亏知巖 議國事."

93) 『三國遺事』卷1, 桃花女·鼻荊郎.

94) 『三國遺事』卷4, 慈藏定律.

95) 『三國遺事』卷1, 眞德王. "閼川公膂力如此 處於席首 然諸公皆服庾信之威."

며, 신라의 골품제에서 관등의 승진을 제한하는 상한 규정은 귀족세력의 배타성에서 기인하는 제도화에 지나지 않았다.

삼국의 귀족세력은 신라의 아음부와 김구해, 고구려의 고자 가문 등에서 보듯이 신분에 상응하는 경제적 기반을 보유했다. 그것은 전장과 식읍 등으로 표현되었지만, 고대 귀족은 기본적으로 대토지와 노예의 소유자였다. 고구려의 신대왕은 국상(國相) 명림답부(明臨荅夫)가 한군을 잘 막아낸 대가로 좌원과 질산을 식읍으로 하사했으며, 그가 죽은 뒤에는 질산에 장사지내고 수묘인 20가까지 배치함으로써[96] 기득권을 인정해주었다. 백제에서 근초고왕은 고구려와의 전쟁에서 사로잡은 5천여 명의 포로를 장사들에게 나누어주었는데,[97] 이와 같은 전리품의 분급은 신라에서도 마찬가지였다. 진흥왕대에 사다함은 대가야에 대한 전공으로 하사 받은 포로를 양인으로 해방시키고, 토지는 전사들에게 다시 나누어주었다. 이러한 사실을 국인들이 아름답게 여길[98] 만큼 다른 귀족세력은 전리품을 자신의 경제적 기반으로 삼았던 것이다.

이처럼 삼국의 귀족세력은 전쟁을 통해 자신의 경제적 기반을 확대했으며, 그들은 분급 받은 전쟁포로의 노동력으로 전장과 식읍을 경영했던 것이다. 당시 토지에 대한 지배 방법은 인간노동력의 수취에 목적을 둔[99] 고대적인 것으로서 귀족세력의 정치 활동을 담보하는 세력

---

96) 『三國史記』卷16, 新大王 8 · 15年.
97) 『三國史記』卷24, 近肖古王 24年.
98) 『三國史記』卷4, 眞興王 23年; 『三國史記』卷44, 斯多含.
　　당시 귀족의 전공에 따른 토지 사여는 왕기(王畿)를 중심으로 이루어졌을 것인데, 그런 사실은 사다함이 양전(良田)의 사여를 고사하고 알천 부근의 불모지를 요청한 사실로 유추할 수 있겠다.
99) 姜晉哲, 1969, 「新羅의 祿邑에 대하여」『李弘稙博士回甲紀念韓國史學論叢』, 88~89쪽 참조.

기반이었다. 이이모와의 왕위계승전을 벌인 발기는 전왕족인 소노부의 가(加)로부터 지원을 받았을 것으로 추측되는데, 그는 고구려의 유력한 귀족답게 하호 3만여 명을 헤아리는[100] 막대한 경제적 기반을 보유하고 있었다.

3) 귀족세력의 지위와 위상

삼국의 귀족세력은 신분을 세습함으로써 문벌을 형성하고 가문을 유지할 수 있었다. 그들은 귀족 신분에 상응하는 경제적 기반을 보유했는데, 고대 특유의 전쟁을 통해 확대한 대토지와 노예의 소유가 기본이었다. 이에 귀족세력은 정치적 지위를 확보하고, 그들의 이익을 보장받을 수 있는 제도적 장치를 마련했다. 다른 무엇보다 귀족의 신분을 서열화하는 관등과 그것을 가시화하는 공복이 중요했으므로, 삼국 모두에서 관등제와 공복제에 관한 사료가 남게 되었다.

먼저 고구려의 관등제와 공복제이다. 고구려에서는 3세기 말까지 상(相)[101] 아래에 지배자공동체를 구성하는 독자적 기반의 가(加)·대로(對盧)·패자(沛者)·고추가(古鄒加)와 관료적 성격의 주부(主簿)·우태

---

100) 『三國志』卷30, 魏書30, 高句麗. "拔奇怨爲兄而不得立 與涓奴加各將下戶三萬餘口 詣康降 還住沸流水."

101) 『三國志』卷30, 魏書30, 高句麗.
  여기에 나오는 고구려의 관등 상(相)과 가(加)에 대해서는 일반적으로 하나의 관등인 '상가'로 보고 있다. 그러나 위만조선의 상 및 부여의 가와 같은 두 계통을 계승했을 고구려에서 제가회의의 대표자가 위만조선의 조선상처럼 수석 관등에 해당하는 상에 국을 관칭한 국상(國相)인 점을 감안하면, '상'과 '가'는 별개의 관등일 수도 있겠다. 이러한 사실은 고구려의 관인 가운데 '가'를 칭한 경우는 있더라도, '상가'를 칭한 경우가 없는 사실로 반증할 수 있다. 더구나 『삼국사기』권17, 중천왕 3년에 왕이 당시 국상으로서의 상인 명림어수에게 내외의 병마사를 관장하도록 조치한 사실과, 서천왕 17년에 왕의 동생인 일우와 소발이 반란을 도모하자 왕이 그들에게 거짓으로 상을 제수한다고 불러들여 죽인 사실도 있었기 때문이다.

(優台)・승(丞)을 비롯하여[102] 사자(使者)・조의(皂衣)・선인(先人) 등 10 관등이 분화되어 있었다. 대가(大加)도 독자의 사자・조의・선인을 둘 수 있었지만, 왕실 소속의 사자・조의・선인과는 같은 자리에 앉거나 설 수 없었다고 한다.[103] 왕실과 대가에게 소속된 사자는 비록 처지가 달랐더라도, 모두 조세수취와 같은 실무를 담당하는 관료적 성격을 띠고 있었다.[104] 이때 대가와 주부는 머리에 책(幘)을 쓴 데 비해 소가는 절풍(折風)을 착용함으로써[105] 서로의 신분을 구분했다. 고구려의 관등은 『주서』와 『수서』에서 형계(兄系)와 사자계(使者系)로 구성된 12관등제를 거쳐, 말기에는 14관등제로 정리된 듯이 나오고 있다.

『고려기』에 이르기를, 그 나라의 관에는 9등이 있다. 그 첫째는 吐捽로서 1품이다. 옛 명칭은 大對盧로서 국사를 총지하니 3年 1代이다. (중략) 다음은 太大兄으로 2품인데, 일명 莫何何羅支이다. 다음은 鬱折로서 종2품인데, 중국의 主簿와 같다. 다음은 大夫(太大)使者로서 정3품인데, 또한 謂奢라고도 한다. 다음은 皂衣頭大兄으로 종3품인데, 일명 中裏皂衣頭大兄이다. 동이에서 대대로 전하는 이른바 皂衣先人이라는 것이다. 이상의 5관은 기밀을 관장하고 정사를 도모하며, 병사를 징발하고 관인을 선발하여 작위를 수여한다. 다음은 大使者로서 정4품인데, 일명 大奢이다. 다음은 大兄加로서 정5품인데, 일명 纈支이다. 다음은 拔位使者로서 종5품인데, 일명 儒奢이다. 다음은 上位使者로서 정6품인데, 일명 契達奢使者・乙奢이다. 다음은 小兄으로 정7품인데, 일명 失支이다. 다음

102) 武田幸男, 앞의 책, 372~374쪽 참조.
103) 『三國志』卷30, 魏書30, 高句麗.
104) 金哲埈, 앞의 책, 132~133쪽 참조.
105) 『三國志』卷30, 魏書30, 高句麗.

은 諸兄으로 종7품인데, 일명 翳屬·伊紹·何紹還이다. 다음은 過節로서 정8품이다. 다음은 不節로서 종8품이다. 다음은 先人으로 정9품인데, 일명 失元·庶人이다. (『한원』권30, 번이부, 고려)

위의 『고려기』는 641년에 고구려를 정탐하려고 파견되었던 직방낭중(職方郎中) 진대덕(陳大德)이 귀국하여 당 태종에게 복명한 『봉사고려기』로 추정된다.[106] 연개소문이 642년에 정변을 일으키기 이전의 고구려 사정을 전하는 사료로서 가치가 높다. 여기에 언급된 고구려 말기의 관등제는 기본적으로 형계와 사자계의 두 계통을 일원화한 것으로서, 조의두대형 이상은 국가의 기밀을 관장하고 정사를 도모할 뿐만 아니라 병사를 징발하고 관작을 수여할 수 있는 대신이었다. 2품 태대형/막하하라지와 종3품 조의두대형의 경우는 각각 고자의 증조 식의 2품 막리지와 조 양 및 부 문의 3품 위두대형에 대응함으로써,[107] 관등에 따른 고구려인 자신의 품계 구분은 나름의 의미를 지니고 있었던 것 같다.

이 중에서 형계는 선인-제형-소형-대형-위두대형-태대형/막리지의 순차로 승진한 사실을 남생과 남산의 경우에서 확인했다. 선인에서 대형까지 각 관등의 승진 연한이 3년인 데 비해 대형에서 태대형까지의 그것은 5년으로서, 대형이 하나의 계선을 이루고 있었다.[108] 위두

---

106) 吉田光男, 1977, 「『翰苑』註所引『高麗記』について」『朝鮮學報』85, 22~23쪽.
107) 무전행남은 막리지를 태대형의 별칭인 막하하라지의 다른 표기로 이해하고, 대대로로 비정하는 데 대해서는 의문을 표한 바가 있다(앞의 책, 381~382쪽).
108) 무전행남은 14관등체계 내의 과절과 부절을 인정하지 않았는데(앞의 책, 364쪽), 이에 따르면 선인에서 제형으로 승진한 것으로 보는 논지는 더욱 타당성을 지닐 수 있다. 또한 상위사자에 관한 "一名契達奢使者 一名乙奢"에서 계달사를 상위사자의 별명으로 보는 한편, 그 아래에 소사자(小使者)의 관등을 추가하여 을사를 그것의 이칭으로 파악함으로써 13관등체계의 복원을 시도했다(앞의 책, 359~360쪽). 이러한 경우 형계

대형은 남생과 고문의 예에서 보듯이 장군에 임명될 수 있는 관등이었다.[109] 이러한 관등에 따라 대신은 청라관(靑羅冠), 그 다음은 항라관(絳羅冠)에 두 개의 새 깃을 꽂고 금은으로 테를 두르며, 통소매 저고리와 통이 큰 바지에 백위대(白韋帶)를 착용하고 황혁리(黃革履)를 신음으로써 베옷에 고깔을 쓰는 서인과 구별되었다.[110] 다음은 백제의 관등제와 공복제이다.

> 관에는 16품이 있다. 佐平 5인은 1품·達率 30인은 2품·恩率 3품·德率 4품·扜率 5품·奈率 6품인데, 6품 이상은 冠飾이 銀華이다. 將德 7품은 紫帶이고, 施德 8품은 皂帶, 固德 9품은 赤帶, 季德 10품은 靑帶이다. 對德 11품·文督 12품은 모두 黃帶이며, 武督 13품·佐軍 14품·振武 15품·克虞 16품은 모두 白帶이다. (『주서』권49, 열전41, 백제)

> 고이왕 27년(260), 2월에 令을 내려 6품 이상은 紫服에 銀花로 관을 장식하고, 11품 이상은 緋服, 16품 이상은 靑服을 입도록 하였다. (『삼국사기』권24)

고이왕 27년의 16관등제와 공복에 관한 규정은 대체로 사비시기의

가 13 선인－12 제형－11 소형－7 대형－5 위두대형－2 태대형/막리지－1 대대로의 순서로 승진한 것처럼 사자계는 10 소사자－9 상위사자－8 발위사자－6 대사자－4 태대사자－3 울절/주부의 순차로 승진한 것으로 유추할 수도 있겠다. 다만 소사자~발위사자의 사자계는 실제의 업무를 담당했으므로, 연령상 15세 이하도 제수될 수 있는 선인~소형의 형계보다 관등이 훨씬 높게 설정되었을 것이다.

109) 장군의 취임 자격이 위두대형 이상인 사실은 『한원』권30, 번이부, 고려의 "其武官曰 大模達 比衛將軍 一名莫何邏繡支 一名大幢主 以皂衣頭大兄以上爲之 次末若 比中郎將 一名郡頭 以大兄以上爲之"에서 확인된다.

110) 『新唐書』卷220, 列傳145, 高麗.

사실을 소급·부회한 것이지만,[111] 공복은 좌평과 솔계의 자복, 덕계의 비복, 독계 이하의 청복으로 구분되었다. 6품 내솔 이상의 솔계는 은화식의 관을 쓰고 7품 장덕 이상은 자대를 띠었으며, 8품 시덕 이하는 각 관등에 상응하는 조대·적대·청대·황대·백대를 착용함으로써 공복과 관식 및 관대에서 구별되고 있었다. 이때 자복에 은화식의 관을 착용하고 자대를 띨 수 있었던 솔계 이상이 귀족이었다.

끝으로 신라의 관등제와 공복제이다. 신라가 처음으로 입전된 『양서』에서 자분한지(子賁旱支)·제한지(齊旱支)·알한지(謁旱支)·일고지(壹告支)·기패한지(奇貝旱支) 등의 관등 보유자는 유자례(遺子禮)라는 관을 쓰며,[112] 『남사』는 일고지를 일길지(一吉支)로 표기한 이외에 자분한지 아래에 일한지(壹旱支)를 더하여 6개의 관등을 기록했다.[113] 이에 반해 『삼국사기』에는 지증왕 이전의 상고시기에 이미 경위 17관등 가운데 8개의 관등이 분화한 것으로 나오는데, 그 범주는 이벌찬에서 나마까지였다. 다만 파진찬 위에 첨설될 잡찬을 비롯하여 아찬에서 재분화할 대아찬과 나마에서 재분화할 대나마는 아직 나타나지 않고 있었다.[114] 이러한 현상은 지증왕대 초기까지 변화가 없었지만, 여기에서 더욱 분화하여 법흥왕대의 율령반포와 더불어 골품제에 입각한 경위 17관등제가 확립되었을 것이다.

유리왕 9년에 17등을 두었다. 1 伊伐湌·2 伊尺湌·3 迊湌·4 波珍湌·5 大阿湌인데, 여기서부터 이벌찬까지는 오직 眞骨만이 받을 수 있

---

111) 盧重國, 앞의 책, 214~218쪽.
112) 『梁書』卷54, 列傳48, 新羅.
113) 『南史』卷79, 列傳69, 新羅.
114) 金瑛河, 앞의 책, 210~211쪽.

고 다른 신분은 안 된다. 6 阿湌인데, 重阿湌에서 4重阿湌까지 있다. 7 一吉湌·8 沙湌·9 級伐湌·10 大奈麻인데, 重大奈麻에서 9重大奈麻까지 있다. 11 奈麻로서 重奈麻에서 7重奈麻까지 있다. 12 大舍·13 舍知· 14 吉士·15 大烏·16 小烏·17 造位이다. (『삼국사기』권38, 직관 상)

법홍왕이 制하여 太大角干에서 大阿湌까지는 紫衣, 阿湌에서 級湌까지는 緋衣에 모두 牙笏을 잡고, 大奈麻와 奈麻는 靑衣, 大舍에서 先沮知까지는 黃衣를 입도록 하였다. (『삼국사기』권33, 색복)

유리왕 9년의 관등에 관한 기사도 역시 법홍왕대의 사실을 소급·부회한 것으로서, 간군(干群)과 비간군(非干群)으로 구성된 경위 17관등 가운데 1관등 이벌찬까지의 진골은 자의, 6관등 아찬까지의 6두품은 비의로서 모두 아홀을 잡을 수 있었다. 또한 10관등 대나마까지의 5두품은 청의, 12관등 대사까지의 4두품은 황의로 구분되었다. 여기에서 자의 또는 비의를 입고 아홀을 들었던 간군 관등의 보유자가 기본적으로 귀족이었다.

이러한 제도적 지위를 갖는 귀족세력은 자신들의 이익을 보장할 기구로서 귀족회의체를 구성했다. 귀족회의의 구성 원리는 세력 기반의 크기에 준거했을 터인데, 그것은 앞에서 보았듯이 관계조직에서 관등으로 표시되었다. 삼국의 발전 과정에서 분화한 왕족·전왕족·왕비족과 재지 기반의 수장층은 관등체계 내로 편제됨으로써 귀족세력으로서의 지위를 보장받았던 셈이다. 고구려의 '제가회의', 백제의 '제솔회의', 신라의 '남당회의' 등은[115] 귀족회의의 서로 다른 이름에 지나

---

115) 盧重國, 1979, 「高句麗國相考」上 『韓國學報』16, 20~24쪽; 盧重國, 앞의 책, 103~104

지 않았다. 이러한 의미에서 신라도 두 나라의 경우에 비추어 '제간회의'라 부를 수 있으며, 가야의 '제한기회의'도[116] 예외가 아닐 것이다.

국가의 주요 업무를 평의하여 결정하는 고구려와 백제의 귀족회의는 각각 가계(加系)와 솔계(率系)로 이루어졌고, 신라에서는 상고시기까지 분화된 8개의 관등 가운데 나마를 제외한 이벌찬·이찬·파진찬·아찬·일길찬·사찬·급찬과 같은 간군 관등의 보유자가 귀족회의의 구성원이었다. 신라의 관등은 왕이 임명하는 형식을 취하고 있지만, 당시의 발전 단계를 고려할 때 왕이 관등을 일률적으로 임명할 만큼 강화된 것으로 보기 어렵다. 관등이 임명직이 아닐 경우에 고려해볼 수 있는 것이 귀족회의 자체의 선출 가능성이다. 신라의 귀족회의는 신분 세습의 관행에 따라 특정 관등과 관련된 친족집단의 구성원을 관등 취임자로 선출하고, 승진과 강등까지도 아울러 관장했기 때문이다.[117] 이러한 현상은 고구려와 백제에서도 별반 다르지 않았을 것으로 추측된다.

귀족회의는 삼국의 발전과 더불어 귀족세력이 확대됨으로써 관등의 분화와 재편으로 인한 구성상의 변화도 없지 않았다. 그러나 구성

쪽; 李鍾旭, 1982, 앞의 책, 212~221쪽.
116) 백승충, 2000, 「가야의 정치구조」『韓國古代史硏究』17, 325~327쪽.
　　가야의 한기(旱岐) 계층에 관해서는 『일본서기』권19, 흠명천황 2년의 "夏四月 安羅次旱岐夷呑奚·大不孫·久取柔利 加羅上首位古殿奚 卒麻旱岐 散半奚旱岐兒 多羅下旱岐夷他 斯二岐旱岐兒 子他旱岐等 與任那日本府吉備臣 往赴百濟 俱聽詔書 百濟聖明王謂 任那旱岐等言 日本天皇所詔者 全以復建任那 今用何策 起建任那 盍各盡忠 奉展聖懷"에서 차한기, 하한기, 한기 등이 확인된다. 귀두청명(鬼頭淸明)은 가야의 한기 계층이 족적 유대에 기초한 아시아적 공동체의 수장과 같은 존재로서 원시사회에서 정치사회로 이행하면서 상하의 분화가 일어났으며, 이들은 사료에서 보는 바와 같이 공동으로 백제와 외교 문제를 교섭·결정하는 합의기관으로서의 성격을 띤 것으로 이해했다(1976, 『日本古代國家の形成と東アジア』, 校倉書房, 208~211쪽).
117) 金瑛河, 앞의 책, 217~222쪽.

원이 관등으로 서열화된 사실을 삼국 공통의 관등제에서 확인했다. 율령수용 이전에 귀족세력은 관직이 아닌 관등만을 지닌 채 무임소 상태에서 직능에 따라 국사에 종사하는 귀족 중심의 관등체제를 운영했다. 고구려의 국상(國相), 백제의 좌평(佐平), 신라의 이찬(伊湌) 또는 이벌찬(伊伐湌) 등과 같은 수석 관등의 보유자가 귀족회의의 대표이며,[118] 여기에 수장 자신이 부족회의의 대표였던 소국과의 차이점이 있을 것이다. 이 중에서 국상 및 중국의 상국(相國)과 같이 존귀한 존재로 인식된 이벌찬은[119] 귀족회의에서 선출되어 왕으로부터 형식상의 임명을 받았으며, 기본적으로 종신직이거나 적어도 한시직이 아님으로써 그 권능은 왕에 못지않았을 것이다.

이러한 귀족회의와 왕의 권력관계를 검토함으로써 당시 귀족세력의 정치적 위상을 가늠할 수 있을 것이다. 주요 국사의 결정 과정에서 어느 편의 의사가 관철되는가를 검증하는 것도 하나의 방법이다. 귀족회의의 대표자는 고대국가의 핵심적인 직임인 군국정사의 총괄자로서 주요 업무를 귀족세력의 평의를 통해 결정했다. 위만조선과 부여에서 이미 보았듯이 고대국가에서 주요한 정치적 사안의 하나는 대내적으로 왕위계승의 후보를 결정하는 일이었다.

고구려에서는 민중왕·태조왕·신대왕·미천왕과 백제에서는 비류왕 등이 귀족회의의 추대를 거쳐 즉위했다.[120] 그것이 갖는 정치적 의

---

118) 盧重國, 1979, 앞의 논문, 24~28쪽; 盧重國, 앞의 책 105~106쪽; 金瑛河, 앞의 책, 237쪽. 한편 고구려 국상의 관료적 성격에 유의한 견해도 있지만(李鍾旭, 1979, 「高句麗初期의 左·右輔와 國相」『全海宗博士華甲紀念史學論叢』, 507쪽 참조; 余昊奎, 1997, 『1~4세기 고구려 政治體制 연구』, 서울大博士學位論文, 95~98쪽), 『삼국사기』권17, 동천왕 4년에 최초의 국상이었던 명림답부와 같은 연나부 출신의 명림어수가 국상에 임명되는 혈연적 속성과, 서천왕 2년에 국상인 음우가 죽자 아들 상루가 다시 국상에 임명되는 세습적 성격을 감안할 때 역시 귀족적 성격에 주목하지 않을 수 없다.

119) 『隋書』卷81, 列傳46, 新羅.

미를 신라에서 보면 벌휴왕·미추왕·홀해왕 등은 전왕이 적자가 없이 죽었고, 파사왕·실성왕은 전왕의 적자가 똑똑하지 못하거나 어렸기 때문에 각각 추대를 받아 즉위했다. 이들을 추대한 사료상의 신료, 국인, 군신 등은 모두 귀족회의의 구성원이었으며, 그들의 합의로 왕을 추대할 수 있는 관행이 마련되어 있었던 것이다. 이 밖에 지마왕의 자식이 없어서 즉위한 일성왕과 태손이 어린 이유로 대신 즉위한 내해왕은 비록 추대에 관한 내용은 없지만, 귀족회의의 추대라는 형식이 의당 뒤따랐을 것이다. 결국 왕위계승에서 비정상적인 상황이 야기되었을 때, 귀족회의는 개입하여 자신들의 이익을 담보할 수 있는 입지를 마련하고 있었다.[121]

다른 하나는 대외적으로 전쟁 수행의 여부를 결정하는 일이었다. 고구려의 대무신왕대에 한군의 방어에서 좌보와 우보의 건의가 받아들여졌고, 신대왕대에 한군의 방어를 논의할 때에도 국상 명림답부의 의견이 관철되었다.[122] 신라에서 일성왕대에 말갈의 정벌과 유례왕대에 왜의 정벌에 대한 왕의 적극적인 입장과 달리 이찬 웅선과 서불한 홍권의 반대가 있었으며, 홀해왕대에 왜의 방어에 관한 이벌찬 강세와 실성왕대에 왜의 공격에 대한 서불한 미사품의 소극적 대책 등이 모두 왕에 의해 수용되었다. 말갈과 왜를 상대한 전쟁에서 귀족세력은 전리품을 기대하기 어려웠으므로 소극적이었을 것이다.[123] 이러한 상황에서 눌지왕이 좌우의 반대를 무릅쓰고 왜적을 추격하다가 패한[124] 일은

---

120) 『三國史記』卷14, 閔中王 卽位年; 『三國史記』卷15, 太祖大王 卽位年; 『三國史記』卷16, 新大王 卽位年; 『三國史記』卷17, 美川王 卽位年; 『三國史記』卷24, 比流王 卽位年.
121) 金瑛河, 앞의 책, 238~239쪽.
122) 『三國史記』卷14, 大武神王 11年; 『三國史記』卷16, 新大王 8年.
123) 金瑛河, 앞의 책, 239~240쪽.
124) 『三國史記』卷3, 訥祇麻立干 28年.

오히려 귀족세력의 입지를 강화시켰을 수도 있다. 이러한 현상은 전쟁 수행의 형식으로서 왕이 직접 지휘하는 친솔형보다 귀족세력이 주도하는 이른바 교견형이 주류를 이루는 현상과 무관하지 않았다.[125]

특히 신라에서 불교공인 이전의 〈포항중성리비〉(441 또는 501)에서는 탁부의 부습지(部習智) 아간지와 사탁부의 사덕지(斯德智) 아간지의 2인, 〈영일냉수리비〉(503)에서는 사탁부의 지도로(至都盧) 갈문왕을 비롯한 7왕, 〈울진봉평비〉에서는 탁부의 모즉지매금왕(牟卽智寐錦王)과 사탁부의 사부지(徙夫智) 갈문왕을 비롯한 14인이 교(敎)를 내리는 주체로 나오고 있다. 이와 같이 왕경의 주요한 부의 출신이 공론하여 국사를 결정하는 것은 귀족평의체제의 모습을 잘 보여주며,[126] 그 후신이 법흥왕대 이후에 나마 이상의 진골 귀족으로 구성된 '대등회의'였다.[127] 또한 결정 사항은 실무 담당의 군주(軍主) 및 도사(道使)와 전사인(典事人) 및 사대인(事大人) 등에 의해 집행되었는데, 이 중에서 후자가 문헌 자료에 나오는 나마 이하의 소사(所司) 또는 유사(有司)와 같은 존재였을 것이다.[128]

이러한 귀족세력의 동향은 사회적 신분을 유지하고, 경제적 기반을 확대하려는 데서 연유한 것으로 왕권과 갈등을 일으킬 수도 있었다. 그러나 귀족세력은 자신들의 이해관계와 관련된 사안만큼은 귀족회의를 통해 관철시킴으로써 정치적 위상은 물론 세력 기반을 유지할 수

---

125) 김영하, 2001, 「『三國史記』 전쟁기사의 분석」『史林』16, 276~277쪽.
126) 金瑛河, 앞의 책, 234~235쪽 참조.
127) 중고시기에 귀족회의의 구성원인 대등의 신분에 관해 이기백은 기본적으로 진골로 보았으나(1974, 『新羅政治社會史研究』, 一潮閣, 84~86쪽), 주보돈은 6두품 이상일 것으로 파악했다(1992, 「三國時代의 貴族과 身分制」『韓國社會發展史論』, 一潮閣, 35~39쪽).
128) 金瑛河, 앞의 책, 232~234쪽.

있었던 것이다. 이와 같은 통치구조하에서 왕은 아직 자신의 권력을 통치영역에 전면적으로 침투시킬 수가 없었다. 중심부에 대해 집단적 예속민의 상태로 복속된 주변부는 간접적인 공납에 의해 통제되었고, 지방에 대한 통치체제가 미비한 상태에서 고구려와 신라의 왕들은 복속관계로부터의 이탈을 방지하기 위해 순수와 순행을 실시하지 않을 수 없었던 것이다.[129]

3. 삼국의 정립과 대왕전제체제

1) 대왕 출현과 정치체제 전환

삼국의 발전은 강인하게 잔존하고 있던 소국의 공동체적 유제를 탈각하는 과정이었다. 통치영역과 지배체제의 두 방향에서 발전한 삼국은 정립하는 형세를 이루고 삼국 간의 주도권을 장악하기 위한 세력각축전을 전개했다. 이처럼 변화한 상황 속에서 국가 차원의 목적을 달성하기 위해서는 기왕의 귀족평의체제가 내포한 한계를 극복하고 국가운영의 효율성을 제고할 필요가 있었다. 그것은 대왕이 군국정사를 전제하는 정치체제로의 전환이었는데, 기왕의 소국적 질서를 극복할 새로운 통치규범과 이념인 율령과 불교의 수용으로 나타났다.

율령반포는 귀족 평의의 전통이 온존된 관습법체제로부터 대왕 전제를 뒷받침할 성문법체제로의 전환을 의미했다. 불교공인은 분절적인 고유신앙을 극복하고 고등 종교의 수용을 통한 통치이념의 일원화였다. 양자는 귀족과 주변부의 상대적 독자성을 현실과 이념의 두 측

---

129) 金瑛河, 앞의 책, 154~165 · 190~198쪽.

면에서 약화시키는 수단이었다. 고구려의 소수림왕, 백제의 침류왕, 신라의 법흥왕 때에 일련의 조치가 취해졌는데, 이것을 통해 귀족세력에 대한 왕의 위상은 대왕으로 격상될 수 있었다.

〈광개토대왕비〉(414)에서 광개토왕의 생전 호칭은 영락태왕(永樂太王)이고, 사후의 시호는 국강상광개토경평안호태왕(國岡上廣開土境平安好太王)이었으며,[130] 〈중원고구려비〉(475~481)에서 장수왕은 고려태왕(高麗太王)이었다. 백제에서는 개로왕 때에 성립된 대왕제의[131] 전제로서 근초고왕 때에 후왕(侯王)의 개념이 발생했으며,[132] 〈미륵사지서탑사리봉안기〉(639)에서 무왕은 '대왕'으로 불리고 있었다. 또한 〈울진봉평비〉에서 모즉지매금왕이었던 법흥왕의 호칭은 불교수용 이후인 〈울주천전리서석〉의 을묘명(535)과 추명(539)에서 각각 성법흥대왕(聖法興大王)과 모즉지태왕(另卽知太王)으로 바뀌었다. 그러한 까닭에 대왕의 칭호는 〈진흥대왕순수비〉에서 진흥태왕(眞興太王)으로 관행될 수 있었다. 〈단양적성비〉에서 진흥왕이 5인의 대중등(大衆等), 즉 대등을 비롯한 2인의 군주와 2인의 당주(幢主)에게 직접 교를 내리는 것은 귀족 평의에서 대왕 전제로 전환한 정치체제의 추이를 반영한 것이었다.

---

130) 〈廣開土大王碑〉, 世系와 略歷 참조.
　　〈모두루묘지〉에는 시조 주몽의 추모성왕(鄒牟聖王), 광개토왕의 국강상□개토지호태성왕(國岡上□開土地好太聖王)과 함께 □강상성태왕(□岡上聖太王)이 기록되어 있는데, 〈광개토대왕비〉의 추모왕과 국강상광개토경평안호태왕과의 비교에서 성(聖)자를 부가한 점이 주목된다. 여기의 □강상성태왕은 모두루의 가문을 중흥시킨 염모의 활동시기와 관련하여 고국원왕으로 비정되기 때문에(武田幸男, 앞의 책, 257~258쪽), 고구려에서 대왕 호칭이 사용된 시기를 고국원왕대로 소급시키기도 한다. 물론 그럴 가능성이 없는 것은 아니지만, 모두루의 묘지가 작성된 장수왕대의 대왕의식을 바탕으로 모두루와 그의 조상들이 노객으로 복무했던 시기의 고구려왕들에 대한 신성관념을 드러낸 것일 수도 있다.
131) 坂元義種, 1978, 『古代東アジアの日本と朝鮮』, 吉川弘文館, 143~144쪽.
132) 梁起錫, 1984, 「五世紀 百濟의 '王'・'侯'・'太守制'에 對하여」, 『史學硏究』38, 61~63쪽 참조.

귀족세력에 비해 격상된 삼국의 왕권은 배타적 영역 발전의 동인으로 작용했다. 고구려의 광개토왕이 북부여수사 모두루는 물론 신라 내물왕과 백제의 아신왕에 대해 각각 대왕(大王)-노객(奴客)의 관계를[133] 매개로 일원적인 지배질서를 추구한 것은 현저한 사례에 지나지 않았다. 정치적 위상이 높아진 왕은 정복전쟁을 통해 그에 상응하는 통치 영역의 확대를 더욱 적극적으로 추진했던 것이다. 그러한 결과 고대국가의 완성을 알리는 역사·영토·대왕의 세 지표의식은 〈광개토대왕비〉와 〈진흥대왕순수비〉에 집약되었고, 백제에서도 근초고왕대에 고구려로부터 빼앗은 수곡성 서북에 돌을 쌓아 경계를 표시하는 영토의식이 표출되고 있었다.[134]

이와 같은 대왕의 전제화를 위해서는 무엇보다 안정적인 왕위계승이 긴요했다. 삼국의 발전 과정에서 왕위계승의 원칙은 부자상속 또는 장자 우선의 방향으로 확립되었다. 고구려에서 고국천왕 때에 부자상속으로 전환한 이후 왕의 동생들이 반란을 일으키기도 했지만, 미천왕 이후에는 부자상속제가 확립되었다.[135] 백제에서는 근초고왕 이후 형제상속에서 부자상속으로의 과도기를 거쳐 전지왕 이후에는 역시 부자상속제가 성립되었다.[136] 3성이 교립하던 신라에서도 내물왕대에 김씨 왕계가 고정되었고, 눌지왕대에 장자 세습에 의한 부자상속제가 확

---

133) 〈牟豆婁墓誌〉; 〈廣開土大王碑〉, 永樂 6·9年.
　　한국 고대사회의 지배질서는 개인, 집단, 국가 간의 주노관계(主奴關係)를 기본으로 중층적으로 구성되었을 것으로 상정된다. 광개토왕이 세력권 내의 모두루는 물론 고구려에 복속된 내물왕 및 아신왕과의 관계를 대왕-노객으로 설정한 점은, 그와 같은 주노적 지배질서가 국제관계까지 규정하고 있는 최고 수준의 단계를 보여주는 것으로 파악된다.

134) 『三國史記』卷24, 近仇首王 卽位年.

135) 李基白, 1959a, 앞의 논문, 92~93쪽.

136) 李基白, 1959b, 앞의 논문, 22~23쪽.

립되었다.[137] 특히 중고시기에는 지증왕계에 속한 3대가계 내의 성골 신분이 왕위계승을 독점했고,[138] 진흥왕은 동륜(銅輪)을 태자로 임명함으로써 태자제를 성립시켰다.[139]

이처럼 삼국의 왕권이 전제화된 데 따라 군국정사를 총괄하던 귀족 회의의 기능과 의장의 권능은 약화되었다. 삼국의 발전 과정에서 왕의 제도적 위상이 제고되었을 때, 통치구조도 일정하게 개편될 수밖에 없었기 때문이다.

『고려기』에 이르기를, 그 나라의 관에는 9등이 있다. 그 첫째는 吐捽이니 1품에 해당하며, 옛 이름은 大對盧로서 國事를 총지하니 3年 1代이다. 만약 직임에 적합한 자라면 연한에 구애를 받지 않았다. 교체하는 날에는 간혹 서로 삼가 복종하지 않고 모두 병사를 이끌고 서로 공격하여 이긴 자를 토졸로 삼았다. 왕은 다만 궁문을 닫고 스스로 지킬 뿐 능히 제어할 수 없었다. (『한원』권30, 번이부, 고려)

전지왕 4년(408), 춘 정월에 餘信을 上佐平으로 삼고 軍國政事를 위임하였다. 상좌평의 직이 이로부터 시작되었으니, 지금의 冢宰와 같다. (『삼국사기』권25)

---

137) 李基白, 1974, 앞의 책, 22쪽.
138) 李鍾旭, 1980, 「新羅中古時代의 聖骨」, 『震檀學報』50, 9~10쪽.
139) 『三國史記』卷4, 眞興王 27年.
　　이에 대해 최재석은 진흥왕대에 차기의 왕위계승을 전제한 태자제가 도입되었더라도, 그것은 형식적인 모방일 뿐 실제적인 기능을 수행하지 못한 것으로 파악했다(1987, 『韓國古代社會史研究』, 一志社, 180~181쪽). 그러나 진흥왕 이후의 왕들이 폐위, 무자, 여왕 등의 이유로 태자제를 운용할 수 없는 조건에 있었을 뿐, 신라의 발전 과정에서 태자제를 시행할 수 없는 단계는 아니었다.

법흥왕 18년(531), 하 4월에 伊湌 哲夫를 上大等으로 삼아 國事를 총
지하도록 하였다. 상대등의 관이 여기에서 비롯되었으니, 지금의 宰相과
같다. (『삼국사기』권4)

장수왕대 이전에 설치된 이후 고구려 말기에 토졸로 명칭이 바뀐
대대로는 원칙상 3년마다 한 번 교체되는 한시직이었으며,[140] 백제의
상좌평과 신라의 상대등은 고려시대에 각각 총재와 재상으로 인식될
만큼 행정적 성격이 강화되었다. 첫 상좌평에 전지왕의 동생 여신이
임명된 이래 개로왕대에 이르러 왕자 문주와 같은 왕의 측근 인물이
임명되거나,[141] 상좌평 임명에 관한 정사암 고사에서 보듯이 3~4인의
후보자 중에서 왕의 의중에 맞는 인물이 임명됨으로써 왕에 대한 견제
력은 약화되었을 것이다. 한편 상대등은 군국의 정사 가운데 국정만을
주관하게 되었는데, 그것은 먼저 분리된 병부령이 이미 군정을 관장하
고 있었기 때문이다. 더구나 왕권이 전제화된 진평왕대 후반에는 상대
등이 없을 때도 있었는데, 이런 현상은 상대등이 임명직이었을 가능성
을 시사하는 부분이다.[142]

따라서 대왕전제체제의 운영에는 관직의 분리에 수반한 귀족세력
의 관료화가 불가피했다. 고구려에서는 광개토왕 때에 장사(長史)·사
마(司馬)·참군(參軍)과 같은 관직이 비로소 설치되기 시작했다.[143] 백
제의 사비시기에 22부사를 관장하던 장리(長吏)는 3년에 한 번 교대되
는[144] 관료적 성격을 띠었는데, 교체하는 주체는 왕이었을 것이다. 신

---

140) 金瑛河, 앞의 책, 315쪽.
141) 李鍾旭, 1978, 「百濟의 佐平」『震檀學報』45, 43쪽 참조.
142) 金瑛河, 앞의 책, 252쪽.
143) 『梁書』卷54, 列傳48, 高句驪.

라의 중고시기에는 군국정사의 핵심인 군정, 국정, 재정에 관한 권한이 각각 병부령, 상대등, 품주(稟主) 전대등(典大等)에게 차례로 분산된[145] 이래, 다시 상급 행정관부 및 소속 관서의 설치라는 분업화와 영—경—대사—사를 기본으로 삼는 관직체계의 조직화가 뒤따랐다. 종래 관등을 매개로 무임소 상태에서 국무를 분장하던 귀족을 관직에 임명한 결과였다. 이로써 왕은 국무의 분장기관인 행정관부를 일원적으로 통제하는 대왕 중심의 관등—관직체제를 성립시킬 수 있었던 것이다.

이러한 대왕전제체제는 전쟁 수행의 형식도 변화시켰는데, 장군을 파견하는 교견형보다 왕이 지휘하는 친솔형이 상대적으로 증가했다. 전쟁의 성격이 종래 귀족세력의 이익에 기여하던 데서 대왕을 위한 왕토의 확장과 왕민의 확보로 바뀌었기 때문이다. 따라서 군사조직의 정비에 따른 대규모의 동원으로 전쟁 수행의 내용도 달라졌다. 왕이 친솔하여 상대의 왕도를 함락시키거나 왕까지 살해하는 치열한 세력각축전이었으며, 전리품의 노획보다 대량 살육이 수반되었다.[146] 신라가 554년의 관산성 전투에서 백제의 성왕과 좌평 4인, 사졸 29,600인을 죽인 것은 대표적인 사례이다.

이제 대왕은 확장된 왕토[147] 내의 왕민에 대해 조세를 부과하는 직

---

144) 『北史』卷94, 列傳82, 百濟.
    김철준은 백제에서 각 부사의 장인 장리, 즉 장사(長史)가 3년마다 한 번 교대된 것을 고구려의 대대로와 함께 족장 선거의 유제로 이해했지만(앞의 책, 66쪽), 임기가 정해져 있었던 것으로 보아 귀족회의의 선출직이기보다 왕으로부터의 임명직일 가능성이 크다.

145) 金瑛河, 앞의 책, 243~245쪽.

146) 金瑛河, 2001, 앞의 논문, 279~282쪽.

147) 〈중원고구려비〉에 나오는 "□王國土"를 대왕국토(大王國土)로 읽을 수 있다면 대왕이 지배하는 국가의 토지로서 왕토 개념에 잘 부합하는 당시의 표현이며, 이런 경우 『삼국사기』권4, 진평왕 30년에서 원광이 언급한 "貧道在大王之土地 食大王之水草"의 대왕 토지도 같은 맥락에서 이해될 수 있을 것이다.

접 지배를 시도했다. 고구려에서 견(絹)·포(布)와 속(粟)을 소유와 빈부의 차등에 따라 수취하고, 백제에서 한 해의 풍흉를 헤아려 포·견·사(絲)·마(麻)와 미(米)를 차등 있게 부과한[148] 데는 일정한 호구 파악이 전제되어 있었을 것이다. 한편 신라에서는 진평왕 때에 국가의 재정 업무를 총괄하던 품주 전대등에서 조부(調府)를 분리시켜 공부의 수납을 전담하도록 조치했다.[149] 이제 왕은 철제 농구의 보급과 우경 농법의 확대에 따른 촌락공동체의 해체로 출현한 호민 출신의 사인(使人)을[150] 매개로 지방에 권력을 침투시킴으로써 종래와 다른 차원의 왕권을 지향했던 것이다.

진흥왕이 나라를 위해 정성을 다하고 죽은 적성지방의 야이차(也尒次) 가족을 포상하고, 충신하고 정성스러울 뿐만 아니라 공이 있는 옥저지방의 복속민에 대한 포상 약속은[151] 저간에 변화한 사정을 전하고 있다. 그러나 중앙의 지방에 대한 중앙집권적인 통치체제가 전면적으로 실현되기 위해서는 다음 시기를 기다리지 않으면 안 되었다.

2) 삼국 말기의 귀족세력 변화

삼국의 왕권이 전제화한 이후에 나타난 현상의 하나는 귀족세력과의 갈등으로서 고대국가가 내포한 대내적 모순이었다. 삼국의 발전 과정에서 대외전쟁을 통해 자신의 세력 기반을 확대한 귀족세력은 점차

---

148) 『周書』卷49, 列傳41, 高麗·百濟.
149) 李基白, 1974, 앞의 책, 141~142쪽.
150) 〈영일냉수리비〉에서 지방행정의 말단 단위로 편제된 초기의 촌주도 호민 출신이겠지만, 〈포항중성리비〉, 〈울진봉평비〉, 〈단양적성비〉 등에서 자신들에게 긴박되어 있었을 현지 촌락의 촌민들을 상대로 왕명을 수행하거나 특정 사건과 관련하여 처벌을 받는 사인과 촌주의 행정적 관계에 관해서는 앞으로 검토를 요한다.
151) 〈丹陽赤城碑〉; 〈眞興大王巡狩碑〉.

그 범위가 확대되었다. 그러나 삼국이 고대국가를 완성함으로써 드러난 왕권의 전제화와 전쟁의 성격 변화는 확대된 귀족세력으로 하여금 정치적 이해관계에 따라 분열과 대립하는 사태를 초래했다.

구귀족세력은 귀족 평의의 전통을 온존시킴으로써 기득권을 유지하고자 도모했고, 신귀족세력은 대왕 전제의 추세에 편승함으로써 세력 기반의 확대를 기도했다. 전쟁이 아니라 정치권력의 장악이 경제적 이익을 독점할 수 있는 시대로 바뀌었기 때문이다. 귀족세력은 왕위계승에서 취약성이 노정될 때, 그들의 이해관계가 첨예하게 걸린 왕위쟁탈전을 벌였다. 이것은 과거에 귀족회의의 합의로 왕을 추대하던 관행과는 자못 달라진 현상이었다.

고구려의 장수왕은 귀족세력에 대한 대규모의 숙청과 평양 천도를 단행함으로써 왕권을 전제화했다. 그러나 문자왕 말기에 국내성의 귀족세력이 다시 정계의 변수로 등장함으로써 심각한 권력투쟁이 시작되었다.

『백제본기』에 이르기를, 12월 갑오에 고려국의 細群과 麤群이 궁문에서 싸웠다. 북을 치며 싸워서 세군이 패하였으나 병사를 사흘 동안 해산시키지 않았다. 세군의 자손을 모두 잡아 죽였다. 무술에 狛國 香岡上王이 죽었다고 한다. (『일본서기』권19, 흠명천황 6년)

여기의 향강상왕은 모종의 음모로 희생되었을 것으로 추측되는 안장왕을 이어 즉위한 안원왕이다.[152] 안원왕도 세군과 추군이 싸우는 권력투쟁의 와중에서 죽고, 정부인(正夫人)이 자식이 없었으므로 둘째 부

---

152) 李弘稙, 1971, 『韓國古代史의 硏究』, 新丘文化社, 157~158쪽.

인의 외척인 추군이 셋째 부인의 외척인 세군을 제압함으로써[153] 양원왕이 즉위할 수 있었다. 고구려의 승려 혜량이 551년에 거칠부를 만나 정치적 혼란으로 인한 고구려의 멸망을 예언하면서[154] 신라로 귀순한 배경이었다.

추군은 평양계의 신귀족세력이고, 세군은 국내계의 구귀족세력으로 파악되고 있다. 결국 안장왕도 국내계와 정치적 타협을 모색하던 중에 평양계에게 피살되었으며, 양원왕은 평양계인 추군의 지원에 힘입어 즉위한 것으로 추측된다.[155] 두 세력의 대립으로 고구려 말기의 정치와 외교가 좌우되는 가운데 신귀족 출신의 연개소문이 정변을 일으켜 집권했다. 그의 정변은 대왕전제체제하에서 야기된 귀족세력 간의 권력투쟁으로 한시직 본래의 기능이 변질된 대대로 중심의 정국운영을 종식시키고, 막리지 중심의 새로운 권력구조를 모색한 것이었다.[156]

백제에서 근초고왕은 왕비족인 진씨세력과의 연합을 통해 왕권을 전제화할 수 있었을 것이다. 그러나 왕위계승을 둘러싼 귀족세력 간의 권력투쟁은 침류왕이 죽은 뒤에 곧바로 본격화되었다.

진사왕, 近仇首王의 둘째 아들이고 枕流王의 동생이다. 사람됨이 강용하고 총명하며 지략이 많았다. 침류왕이 죽고 태자가 어렸으므로, 숙부 진사가 즉위하였다. (『삼국사기』권25)

---

153) 『日本書紀』卷19, 欽明天皇 7年.
154) 『三國史記』卷44, 居柒夫.
155) 林起煥, 1992, 「6·7세기 高句麗 政治勢力의 동향」 『韓國古代史研究』5, 7~12쪽 참조.
156) 李成市, 1993, 「高句麗泉蓋蘇文の政變について」 『朝鮮史研究會論文集』31, 196~199쪽 참조.

당시 진사왕은 왕위계승의 부자상속제가 확립되었음에도 불구하고 태자 아신(阿莘)의 어린 나이를 명분으로 왕위를 찬탈했던 것이다.[157] 진사왕이 구원의 행궁에서 의문의 죽음을 당한 뒤 비로소 아신왕이 즉위할 수 있었다. 두 왕의 석연치 않은 왕위계승 과정에는 아마도 진씨세력의 개입이 있었을 것으로 추측된다. 아신왕이 죽은 다음 동생 설례(碟禮)를 지지하는 진씨세력과 아들 전지(腆支)를 지원하는 해씨세력 사이의 권력투쟁이 있었으나 해씨세력의 승리로 전지왕이 즉위했다.[158] 진씨와 해씨는 한성시기의 구귀족세력으로서 웅진 천도의 초기에도 여전히 정치를 좌우한 실세였다. 그러나 진씨세력의 도움으로 왕위에 오른 동성왕은[159] 신라와의 혼인을 통해 왕비족의 간섭을 배제하는 한편, 새로이 사씨·연씨·백씨 등을 등용함으로써 왕권의 안정을 도모했다.

이처럼 왕비족 중심의 귀족세력을 배제하는 왕권 강화의 기본 방향은 백제 말기까지 지속되었다. 익산지방의 귀족세력을 모계로[160] 즉위한 무왕이 말년에 방탕한 생활에 탐닉한 점이 눈에 띄는데,[161] 이런 현

---

157) 『日本書紀』卷9, 神功皇后 攝政 65年.
158) 盧重國, 앞의 책, 135~136쪽.
　　　광개토왕은 〈광개토대왕비〉의 영락 6년에서 백제에 대한 친정을 단행하여 아신왕으로부터 항복을 받고, 아신왕의 동생과 대신 10인을 인질로 데리고 환도한 바가 있었다. 이때 볼모로 잡혀간 아신왕의 동생은 막내 설례로 추측되는데, 그는 고구려의 후원으로 귀국하여 아신왕의 사후에 왜로부터 전지의 귀국을 기다리며 섭정하던 형 훈해(訓解)를 죽이고 스스로 왕이 되었다가 해충(解忠)을 비롯한 국인세력에게 피살됨으로써 전지가 즉위할 수 있었다(김영하, 2012, 「廣開土大王陵碑의 정복기사해석」『韓國古代史研究』66, 239·243쪽). 이로써 보면 설례를 지원한 진씨세력은 친고구려적이었고, 전지를 추대한 해씨세력은 친왜적인 성향을 띠었을 가능성이 있다.
159) 盧重國, 앞의 책, 151~152쪽.
160) 金壽泰, 1999, 「百濟 武王代의 政治勢力」『馬韓百濟文化』14, 123~124쪽.
161) 『三國史記』卷27, 武王 35·37·39年.
　　　특히 무왕 39년(638)에는 35년(634)에 축조한 궁성 남쪽의 큰 못에서 후궁들과 배를

상은 왕경 출신의 왕비족이 다시 득세한 사실과 무관하지 않았을 것이다. 무왕 40년(639)에 조성된 〈미륵사지서탑사리봉안기〉에 의하면, 가람 조영과 사리 봉안의 주체는 무왕의 왕비로서 좌평 사탁적덕(沙乇積德)의 딸이었다. 이처럼 사(택)씨가 사비시기에 다시 왕비족으로서 왕권을 약화시켰으므로, 의자왕은 즉위한 다음 해에 왕모족을 비롯한 40여 인의 귀족세력을 추방하는[162] 친위적 정변을 단행했다. 대좌평 사택지적(沙宅智積)이 〈사택지적비〉(654)에서 내비친 비감 어린 만년의 발원은[163] 기실 의자왕에 의해 추방된 뒤의 적막해진 생활을 반영한 것으로 추측된다.

한편 신라에서는 대왕의 전제화를 추진한 법흥왕과 진흥왕 이후에 왕위계승을 둘러싸고 귀족세력의 분열이 일어났다. 진흥왕의 태자 동륜이 즉위하지 못한 채 죽음으로써 야기된 귀족세력 간의 권력투쟁은 차자 사륜(舍輪)이 조카 백정(白淨)을 배제시키고 즉위한 데서 비롯되었다. 귀족평의체제를 회복하려는 거칠부의 지원으로 즉위한 진지왕이 국인에 의해 폐위되자, 대왕전제체제를 지지하는 노리부와 수을부 등이 동륜계의 백정을 즉위시켰던 것이다.

그러나 진평왕이 말년까지 아들을 두지 못함으로써, 성골 출신의 남성 왕위계승자가 없는 상황이 초래되었다. 진평왕은 딸 덕만(德曼)을 즉위시키기 위해 권력구조를 개편했는데, 그는 44년(622)에 자신의 딸 천명과 혼인한 이외에 권력으로부터 소외되었던 사륜계의 김용춘을 왕실행정을 총괄하기 위해 신설한 내성(內省)의 사신(私臣)에 임명했던

띄우고 놀았는데, 이러한 현상은 무왕의 왕비족에 대한 기피를 암시하는 것으로 추측된다.

162) 『日本書紀』卷24, 皇極天皇 元年.

163) 李弘稙, 앞의 책, 336~337쪽.

것이다. 이로써 왕위계승을 둘러싼 귀족세력 간의 갈등은 사륜계와 금관가야계의 신귀족세력에 대한 범내물왕계의 구귀족세력인 이찬 칠숙과 아찬 석품의 모반으로 노정되었다.[164] 두 귀족세력의 균형 위에서 덕만이 즉위할 수 있었지만, 선덕왕 말년에 구귀족 출신인 상대등 비담(毗曇)의 반란은 그 균형을 깨뜨렸다.

---

164) 金瑛河, 앞의 책, 255~259쪽.
이처럼 사회학의 갈등이론으로 중고시기의 정치 과정을 법흥왕 이후의 대왕전제체제 하에서 귀족평의체제를 회복하려는 범내물왕계와 김용춘의 내성사신 취임을 계기로 중앙집권체제를 지향하는 사륜계·금관가야계의 분열과 대립으로 파악한 데 대해 동의하지 않는 견해도 있다. 그 하나는 동륜계와 사륜계의 갈등을 입증할 어떠한 편린도 찾을 수 없으므로, 두 세력의 갈등으로 파악한 중고 후기의 정치사에 대한 이해는 명백한 착오라고 비판한다(朱甫暾, 2007,「金庾信의 政治志向」『新羅史學報』11, 14~15 쪽). 그러나 진흥왕 사후에 동륜계의 백정을 제치고 왕위에 올라 정란황음을 이유로 쫓겨난 사륜계 진지왕의 즉위와 폐위 자체가 이미 그것을 둘러싼 귀족세력 간의 갈등 이상의 것을 암시한다. 다른 하나는 태자 동륜의 사후에 사륜이 백정보다 진흥왕으로부 터 전륜성왕의 이념을 실현할 차기 왕위계승자로 촉망되었을 것이라는 전제 위에서 범내물왕계는 귀족평의체제의 회복을 시도하지 않았으며, 파진찬으로서 대등이었던 김용춘이 진평왕 33년(611) 무렵에 이찬으로서 병부령에 임명된 것으로 추정한 다음 다시 내성사신을 겸임했을 것으로 추단함으로써 권력으로부터 소외되지 않았다고 비판 한다. 이러한 논지를 입증하기 위해 김용춘과 김서현이 대장군으로서 참전했던 진평왕 51년(629)의 낭비성 전투를『삼국사기』권41, 김유신 상에서 건복 46년의 내용에 따라 파진찬으로서 김용춘이 내성사신에 임명되기 이전의 사실로 억단하고 있다(金德原, 2007,『新羅中古政治史研究』, 景仁文化社, 47~52·108~113쪽). 그러나 법흥왕대에 군정과 국정에 관한 권한이 분리됨으로써 거칠부는 진지왕에 의해 상대등에 임명되어 국사만을 위임받았지만,『삼국사기』권44, 거칠부에서 그는 오히려 군국정사를 총괄한 상고시기의 이벌찬과 같이 군국사무를 '자임'함으로써 범내물왕계의 정치적 지향을 잘 드러내고 있었다. 또한 병부령이 재상과 사신을 겸직할 수 있다는『삼국사기』권38, 직관 상의 규정은 반드시 겸임한다는 의미가 아닐 뿐만 아니라, 내성이 설치된 이후에 마련되었을 병부령의 사신 겸직에 관한 규정을 최초의 내성사신인 김용춘에게 소급·적용하여 겸임한 것처럼 해석할 수 있는지는 의문이다. 이와 같은 반론은 기본적으로 진평왕 말년에 칠숙과 석품의 모반, 선덕왕 말년에 비담과 염종의 반란, 진덕왕 사후에 알천의 섭정 양보와 같이 중고시기의 정치 과정에서 중요한 의미를 지니는 사건은 성장하는 신귀족세력에 반해, 소외되는 구귀족세력의 갈등과 좌절이라는 권력의 추이 를 고려하지 않고서는 실상 파악이 어렵다는 데 근거한다.

선덕왕 16년(647), 춘 정월에 毗曇과 廉宗 등이, 女主가 정치를 잘하지 못한다고 말하고 반란을 도모하여 군사를 일으켰으나 이기지 못하였다. 8일에 왕이 죽으니 시호를 善德이라 하고 낭산에 장사지냈다. (『삼국사기』권5)

비담의 반란을 이해하는 시각은 다양하지만, 구귀족세력이 신귀족 세력을 제거하고 선덕왕 이후의 왕위계승권을 장악하려는 데 근본 목적이 있었을 것이다.[165] 그러나 반란은 금관가야계의 김유신에 의해 진압되고, 신귀족세력의 일방적인 지원 속에 승만(勝曼)이 마지막 성골 신분으로 왕위에 올랐다. 진덕왕대에 신귀족세력은 집사부(執事部)와 좌이방부(左理方府)의 설치로 상징되는 내정개혁을 추진함으로써 다음의 왕위계승을 전망할 수 있는 정지작업을 마쳤다. 진덕왕 사후에 사륜계의 김춘추는 상대등 알천(閼川)을 섭정으로 추대한 귀족회의의 결정을 번복시키고, 진골 출신으로는 처음 왕위에 오름으로써 신라는 중대로 넘어가게 되었다.

결국 삼국의 왕권이 전제화됨으로써 드러날 수밖에 없었던 귀족세력의 분열과 왕위계승을 둘러싼 대립은 삼국의 통치구조가 변동한 결과였다. 신귀족세력의 동향과 관련한 연개소문의 집권, 의자왕의 권력 강화, 김춘추의 집권과 즉위는 새로운 사회로 이행하기 위한 국내적 조건이었다. 이처럼 삼국에서 서로 다른 양상으로 권력 집중이 이루어졌더라도, 그것은 본질적으로 고대의 통치구조가 변동한 데서 파생된 정도의 차이에 지나지 않았다.

이러한 정치적 현상은 배타적 영역 발전을 도모하는 삼국 간의 세력각축전과 맞물려 있었다. 삼국이 문화적 동질성을 갖추었음에도 불

---

165) 金瑛河, 앞의 책, 263~265쪽.

구하고, 영토적 통일성의 결여로 인한 상호 전쟁은 고대국가 자체의 발전 과정이기도 했다. 당시 전쟁의 본질은 대왕을 위한 것이었으므로, 귀족세력의 대외인식에도 영향을 미쳤다. 소극적인 구귀족에 비해 신귀족은 적극적일 수밖에 없었는데, 신귀족세력과 연결된 연개소문, 의자왕, 김춘추는 하나같이 적극적인 대외정책을 추구했다. 여기에 더하여 중국을 통일한 수를 이은 당의 출현은 삼국 간의 정세를 변화시킨 국제적 조건이었다.

나·당연합과 여·제연병의 두 진영을 중심으로 전개된 7세기 동아시아의 국제전은 마침내 신라의 백제 통합과 고구려 고지에서 발해 건국이라는 남북국의 성립으로 귀결되었다. 남북국에서 기존의 고대적 모순은 일정하게 해소될 수밖에 없었으며, 특히 신라에서는 골품귀족의 관료화와 중앙의 지방 지배를 통한 새로운 차원의 '중앙집권적 귀족관료체제'를 지향함으로써 삼국의 통치구조와 질적 차이를 보이게 되었다.

(「三國時代의 王과 權力構造」『韓國史學報』12, 2002;「古代 貴族의 존재 양태와 변화」『강좌 한국고대사』2, 가락국사적개발연구원, 2003)

제 2 편

한국고대사의 해석 논리

I

광개토대왕비의 정복기사해석

머리말

광개토왕은 고구려의 19대 왕으로서 신묘년(391)에 즉위하여 임자년(412)에 죽었다. 아들 장수왕은 갑인년(414)에 산릉을 조성하고 방형석주의 거대한 훈적비를 세웠다. 생전의 호칭은 영락태왕(永樂太王)이고, 사후의 시호는 국강상광개토경평안호태왕(國岡上廣開土境平安好太王)이었다. 재위하는 동안 영토를 널리 개척하고 나라를 평안하게 다스린 왕 중의 왕으로서 나라의 언덕 위에 묻혔다는 의미였다. 호태왕이라는 미칭으로 불리기도 하지만, 『삼국사기』에서 줄인 광개토왕이 일반적인 호칭이다.

〈광개토대왕비〉의 비문은 크게 세 부분으로 구성되었는데, 왕의 세계(世系)와 약력, 영락 기년의 정복 활동, 수묘인의 차정과 규정이 그것이다. 그 내용은 광개토왕에 의해 실현될 수밖에 없었던 고구려인의 이상세계를 기술하고 있었다. 이 중에서 정복 활동은 『삼국사기』의 기사와 겹치지 않을 뿐만 아니라 당시 고구려의 세력 판도를 전하고 있어서 중요하다. 영락 5년(395)과 6년(396) 사이에서 당시의 국제관계가 언급된 "百殘新羅舊是屬民由來朝貢而倭以辛卯年來渡□破百殘□□□羅以爲臣民"의 신묘년기사도 예외가 아니다.

비문은 일본 육군 참모본부의 요원으로 중국의 동북지방을 정탐하던 포병 중위 주내경신(酒勾景信)이 1883년에 이른바 쌍구본(雙鉤本)을 가지고 돌아옴으로써 세간의 주목을 끌게 되었다. 참모본부의 주도로 비문의 판독과 해석이 이루어졌고, 신묘년기사는 타자의 기록으로『일본서기』의 내용을 입증할 부동의 사료로 인식되었다. 왜가 신묘년에 바다를 건너와 백제와 신라를 쳐서 신민으로 삼았다고 해석함으로써 신공황후의 삼한정벌설 또는 대화조정의 임나일본부설에 이용되었던 것이다.

그러나 일제의 식민사학을 정당화하는 비문 연구에는 몇 가지 문제점이 있었다. 신묘년기사에서 바다를 건넌 주어는 왜가 아니라 고구려라는 고구려주어설,[1] 참모본부가 쌍구본의 재래는 물론 해독과 해석을 주도했다는 군부주도설,[2] 주내경신이 쌍구본을 작성할 때에 이미 일부 글자를 바꾸었다는 비문변조설과 참모본부의 석회도부설[3] 등이 제기되었던 것이다. 고대의 한·일관계에 대한 인식 방향과 일본 근대사학의 연구 체질에 대한 근본적인 문제 제기는 일본학계에서 큰 반향을 불러일으켰다.[4] 그러한 여파로 한국학계에서도 바다를 건넌 의미상의

1) 김석형, 1988,『고대한일관계사』번각본, 한마당, 400쪽; 박시형, 1966,『광개토왕릉비』, 사회과학원출판사, 163쪽.
2) 中塚明, 1971,「近代日本史學史における朝鮮問題」『思想』561, 71~72쪽.
3) 李進熙, 1972,『廣開土王陵碑の硏究』, 吉川弘文館, 163~164·200~202쪽.
4) 旗田巍, 1974,「廣開土王陵碑文の諸問題」『古代朝鮮と日本』, 龍溪書舍, 10~13쪽.

주어를 고구려로 보고, 신민의 주체를 고구려 또는 백제로 파악하는 연구가 시작되었다.

신묘년기사에 관한 연구는 여하한 논증 경로를 거치더라도 결자 보입에 따른 해석으로 귀결되었다. 여기에서는 광개토왕이 추구한 지배질서와 신묘년기사의 관계를 검토하기 위해 다음 문제를 살펴보려고 한다. 첫째, 신묘년기사에 반영된 국가들의 상호관계를 소묘함으로써 기사 이해의 방향을 모색한다. 둘째, 신묘년기사의 결자 부분에 대한 보입 방법의 자의성을 확인한 다음 새로운 보입을 시론한다. 셋째, 이러한 신묘년기사의 이해가 정복 활동의 결과로 편제된 지배질서와 부합하는가를 검증한다.

결국 비문 자체의 구조적 분석을 통한 찬술 의도의 구명보다 정복내용의 역사적 해석에 따른 사실의 의미 파악에 주목하려는 것이다. 필자는 일찍이 신묘년기사의 결자 보입과 정복 활동에 관한 미숙한 소견을 발표한 바 있었다.[5] 이제 재검토하는 이유는 달라진 비문 연구의 환경 속에서 정복기사를 다시 한 번 해석해볼 필요를 느꼈기 때문이다.

1. 신묘년기사의 국제관계

비문에는 광개토왕의 정복 활동과 관련된 다수의 종족과 나라가 기록되어 있다. 패려(稗麗) · 백제(百濟) · 신라(新羅) · 왜(倭) · 백신(帛愼) · 임나가라(任那加羅) · 후연(後燕) · 동부여(東夫餘) 등이 그것이다. 신묘년

---

5) 金瑛河, 1984,「廣開土大王碑와 倭」『弘益史學』1.

기사에는 백제·신라·왜·□□□라가 언급되었는데, 고구려의 남방에 위치한 나라는 모두 등장하는 셈이다. 이러한 국가들의 상호관계를 문헌 자료를 통해 정리함으로써 신묘년기사의 이해 시각을 얻고자 한다. 금석문이 갖는 사료적 가치는 물론 후대의 편찬물에 우선하지만, 문헌이 기록한 국제관계도 신묘년기사가 전하려던 당시의 국제 정세와 크게 어긋나지 않을 것이기 때문이다.

우선 백제와 신라가 본래 고구려의 속민으로서 조공했다는 "百殘新羅舊是屬民由來朝貢"에서 고구려와 백제·신라의 관계이다. 미천왕이 313년에 낙랑군과 314년에 대방군을 축출한 이후, 고구려는 경계를 접한 백제와 치열한 공방을 벌이게 되었다. 근초고왕은 371년에 평양성으로 쳐들어가 고국원왕을 전사시키는 전과를 거두기도 했는데, 비문에서 고구려가 백제를 멸시하는 의미의 백잔(百殘)으로 비칭한 배경이었다. 두 나라의 적대관계는 소수림왕대와 고국양왕대를 이어 광개토왕대에도 지속되었다.

광개토왕은 즉위한 이후 잇달아 백제와 2회의 공격전 및 3회의 방어전을 치렀다.[6] 고구려는 대방지방을 둘러싼 각축에서 우세를 보였지만, 광개토왕은 393년에 남방에 7성을 축조하여 백제의 침입에 대비하지 않을 수 없었다. 양국의 긴장관계가 계속되는 가운데 광개토왕은 영락 6년에 백제에 대한 친정을 단행했으며, 아신왕으로부터 항복을 받은 다음에도 적대관계는 여전했다.

그러한 반면 고구려는 신라에 대해 전진(前秦)과의 통교를 주선한 것으로 추측될[7] 만큼 우호적이었으며, 내물왕은 위두(衛頭)를 전진에

---

6) 『三國史記』卷18, 廣開土王 卽位·2·3·4年; 『三國史記』卷25, 辰斯王 8年·阿莘王 2·3·4年.

7) 『資治通鑑』卷104, 晉紀26, 孝武帝 太元 2年. "春 高句麗·新羅·西南夷 皆遣使入貢于秦."

파견하여 신라의 변화상을 알리는[8] 한편 전진-고구려의 진영에 참여하게 되었다. 이에 내물왕은 광개토왕이 즉위한 다음 해에 고구려의 강성을 이유로 실성(實聖)을 볼모로 보냈고,[9] 401년에 귀국하여 402년에 고구려의 지원으로 내물왕을 제거하고 즉위한 실성왕도[10] 또한 내물왕의 아들 복호(卜好)를 볼모로 보냈다.[11] 더구나 실성왕은 고구려인을 불러들여 내물왕의 왕자 눌지(訥祇)를 제거하려다가 도리어 피살당한 일도 있었다.[12] 고구려에게 내정까지 간섭받는 상황에서 신라는 백제와 왜를 상대하기 위해 더욱 종속적 입장을 취하지 않을 수 없었을 것이다. 경주의 호우총에서 출토된 415년 제작의 "乙卯年國岡上廣開土地好太王壺杅十"의 명문 호우가 저간의 사정을 전하고 있다.

다음으로 신민의 주체가 왜·백제·고구려 등으로 달리 파악되는 "而倭以辛卯年來渡□破百殘□□□羅以爲臣民"에 반영되었을 백제·신라·왜의 상호관계이다. 고구려와 적대적이었던 근초고왕은 후방 안정을 위한 포석으로서 일련의 조치를 취했다. 주변 소국의 병합을 통해 괄목할 만큼 성장한 신라에 사신을 파견하거나 좋은 말 2필을 보냄으로써[13] 우호관계를 성립시키고, 영산강유역의 마한을 복속시킨[14] 다음 동진(東晉)과도 통교하기 시작했다.[15] 그러나 형제를 표방할 정도

---

8) 『三國史記』卷3, 奈勿尼師今 26年.
   이것은 『자치통감』권104, 진기26, 효무제 태원 6년에서 동이와 서역의 62국이 전진에 조공했을 때의 사실로 추측된다.
9) 『三國史記』卷3, 奈勿尼師今 37年; 『三國記』卷18, 故國壤王 9年.
10) 李弘稙, 1971, 『韓國古代史의 研究』, 新丘文化社, 445~446쪽.
11) 『三國史記』卷3, 實聖尼師今 11年.
12) 『三國史記』卷3, 訥祇麻立干 元年; 『三國遺事』卷1, 紀異1, 第十八 實聖王.
13) 『三國史記』卷24, 近肖古王 21·23年; 『三國史記』卷3, 奈勿尼師今 11·13年.
14) 李丙燾, 1976, 『韓國古代史研究』, 博英社, 511~514쪽.
15) 『三國史記』卷24, 近肖古王 27·28年.

였던 신라와의 관계는 신라가 투항한 독산성주의 송환을 거부함으로써 틀어졌다.[16] 이러한 정세 변화 속에서 고구려가 신라의 전진 통교에 개입하여 고구려와의 우호로 선회시킨 것은 백제를 견제하려는 전략의 일환일 수 있었다.

이에 대해 백제는 동진에 조공하는 한편 왜와 통교함으로써 동진-왜와의 연대를 모색했다. 백제는 왜에 대해 선진문물을 공여했으며, 왜도 백제 일방으로부터 수용하는 입장이었다. 두 나라의 관계는 칠지도(七支刀)의 수수로 상징되는데, 칠지도와 칠자경(七子鏡)의 공여 사실을 전하는 신공황후 52년조(372)와 관련하여 백제왕=근초고왕의 세자 기생(奇生)=구수(仇首)가 태□(泰□) 4년(369)에 후왕(侯王)=왜왕을 위해 만들어 보낸 것으로 추측된다.[17] 의례용 무기로서 칠지도는 양국의 군사외교를 매개하는 상징물로서 손색이 없었을 것이기 때문이다. 또한 고구려의 침입에 대비하여 구원(狗原)에서 군사 훈련으로서 전렵(田獵)을 실시하던 진사왕이 죽은 뒤,[18] 왕위에 오른 아신왕은 왜와의 전통적인 우호관계 위에서 태자 전지(腆支)를 볼모로 보냈다.[19] 광개토왕의 친정으로 단절되었던 왜와의 우호 재개는 난국 극복에 필요한 후원을 담보하려는 것이었다.

한편 신라와 왜의 관계는 백제와 연합하여 왜를 치려던 신라의 계획이 백제에 대한 의심 때문에 중지된[20] 데서 보듯이 백제가 변수였다. 교빙과 혼인을 통해 우호를 유지하던 양국은 흘해왕대에 신라의

---

16) 『三國史記』卷3, 奈勿尼師今 18年.
17) 李丙燾, 앞의 책, 527~529쪽.
18) 金英河, 2002, 『韓國古代社會의 軍事와 政治』, 高麗大民族文化硏究院, 36~39쪽.
19) 『三國史記』卷25, 阿莘王 6年; 『日本書紀』卷10, 應神天皇 8年.
20) 『三國史記』卷2, 儒禮尼師今 12年.

청혼 거부와 왜의 절교 통첩으로[21] 적대관계로 전환했다. 왜가 신라의 왕성까지 침입했으며,[22] 실성왕은 내물왕의 왕자 미사흔(未斯欣)을 볼모로 보냈다.[23] 내물왕계를 견제하려는 정치적 의도도 없지 않았겠지만, 오히려 왜의 신라 침입은 더욱 잦아졌다. 광개토왕에게 항복했던 아신왕이 왜와 우호를 재개하여 신라를 견제한 결과였다. 아신왕이 402년에 왜에 사신을 보내고 403년에 왜의 사신을 맞아 후대한 다음 곧바로 신라의 변경을 침략한 이후, 비유왕이 433년에 고구려의 남진에 대처하기 위해 다시 화해를 요청할 때까지의 30년간 백제와 긴밀한 관계를 유지하던[24] 왜만이 신라를 침입한[25] 사실은 반증일 수 있다.

이처럼 신라와 왜의 관계가 가변적이었더라도, 왜와 백제의 우호로 인해 기본적으로는 적대관계였다. 이와 관련하여 비문에 나오는 왜의 실체에 대한 견해는 크게 두 가지로 나누어진다. 그 하나는 왜의 최고 수장으로 추대된 기내지방의 야마대국왕(邪馬台國王)이 지휘하는 호족 연합군으로서, 왜는 당시 고구려와 독자적으로 대립한 주적이었던 것으로 이해한다.[26] 다른 하나는 일찍이 북구주로 진출하여 왜 왕국을 세운 백제계와 가야계로서, 백제계의 왜는 고국 백제에 예속된 부용세력이었던 것으로 파악한다.[27]

기실 왜가 고대 일본의 통일세력이 아닌 호족연합군에 불과했다면,

---

21) 『三國史記』卷2, 訖解尼師今 35·36年.
22) 『三國史記』卷3, 奈勿尼師今 38年.
23) 『三國史記』卷3, 實聖尼師今 元年.
24) 『三國史記』卷25, 腆支王 5·14年; 毗有王 2年.
25) 『三國史記』卷3, 實聖尼師今 4·6·14年; 訥祗麻立干 15年.
26) 吉村武彦, 1993, 「倭國と大和王權」『岩波講座 日本通史』2, 岩波書店, 200쪽; 鈴木靖民, 1993, 「四·五世紀の高句麗と倭」『廣開土王碑と古代日本』, 學生社, 123·187쪽 참조.
27) 김석형, 앞의 책, 318·376쪽 참조.

백제계의 왜도 호족연합군의 일원으로 참여할 수 있었을 것이다. 설혹 백제가 기내의 대화조정과 직접 교섭한 결과로 바다를 건넜더라도, 고구려에게 왜는 정벌의 대상일 뿐 출신지역은 관심 밖일 수 있었다. 다만 실성왕은 왜가 대마도에 군영을 두고 신라를 치려 한다는 계획을 듣고 기습을 꾀한 일이 있었다.[28] 이러한 사실은 백제의 사주로 동원된 북구주 왜의 주도적 참여 없이는 신라 침략이 어려웠을 당시의 사정을 암시한다. 왜는 백제와 연합하여 한반도 남부의 정세 변화에 변수로 작용하고 있었지만, 고구려와 군사적으로 대적하는 주체일 수는 없었던 것이다.

결국 고구려의 남부 방면에 대한 국제관계는 고구려와 백제의 적대관계 및 고구려와 신라의 우호관계를 기본으로 백제와 신라, 신라와 왜의 관계가 연동하고 있었다. 백제는 신라와 일시 우호적이었더라도, 신라가 전진과의 통교를 계기로 고구려에 대해 종속적 입장으로 선회함으로써 다시 적대관계로 바뀌었다. 한편 신라와 왜는 우호적일 때도 있었지만, 백제가 고구려와 대적하기 위해 왜를 동원하여 신라를 견제함으로써 적대관계로 전환했다.

이와 같이 문헌 자료에 나타난 국제 정세를 정리할 때, 신묘년기사에 언급된 국가 간의 관계도 다음과 같은 방향으로 이해할 수 있을 것이다. 첫째, 고구려는 백제와 적대적이었으므로 공격하여 신민으로 삼을 수 있지만, 이미 종속적 입장에 있던 신라에 대해서는 새삼 신민으로 삼을 이유가 없었다. 둘째, 백제는 신라와 적대적이었으므로 신라를 공격하여 신민으로 삼을 수 있더라도, 고구려와 신라가 우호관계에 있었으므로 실현되기 어려운 상황이었다. 셋째, 왜는 백제에 의해 동

---

28) 『三國史記』卷3, 實聖尼師今 7年.

원되었을 따름이며, 백제와 신라를 신민으로 삼고 고구려와 대립하는 주적은 아니었던 것이다.

당시의 정세를 고려하면서 남은 과제는 '□□□羅'의 결자 부분에 해당할 나라의 비정이다. 이러한 경우 광개토왕이 영락 10년(400)에 신라를 구원한 다음 임나가라(任那加羅)를 귀복시킨 사실을 주목할 필요가 있다. 김해지방의 가야는 낙랑군과 대방군의 축출 이후 백제와 교역을 계속했고, 중국 군현의 역할을 대신한 백제는 낙랑-가야-왜로 연결된 기왕의 교역망을 온존시킴으로써 가야와 우호관계에 있었다. 특히 백제는 4세기 후반에 동진으로부터 들여온 선진문물을 매개로 한반도의 서남지역과 일본열도를 연결하는 교역로를 장악함으로써 신라를 견제했다.[29] 광개토왕이 우호관계에 있던 신라를 구원하기 위해 파견한 고구려군이 임나가라까지 진출한 배경일 수 있었다. 이와 같은 남부 방면에서의 국제 정세를 감안하면, 결자 부분에 해당하는 나라는 임나가라였을 것이다.

2. 신묘년기사의 해석 논리

1) 일본학계의 결자 보입

육군 참모본부는 주내경신이 가져온 쌍구본에서 신묘년기사의 결자 부분을 '來渡海破'와 '□□斤羅'로 판독했다.[30] 참모본부 편찬과원 겸 육군대학 교수였던 횡정충직(橫井忠直)은 쌍구본의 '斤'방에 유의하

---

29) 金泰植, 1993,『加耶聯盟史』, 一潮閣, 84~85쪽.
30) 亞細亞協會 編, 1889, 「高句麗古碑釋文」『會餘錄』5.

여 처음으로 '□□新羅'로 판독하고, 왜가 신묘년에 바다를 건너와 백제와 신라를 쳐서 신민으로 삼은 사실을 고구려인이 기록하여 오늘에 전하는 공이 크다고 언급했다.[31]

이러한 해석에는 고증학파와의 기년 논쟁에서 입비 연대인 갑인년을 기왕의 웅략천황 18년(474)에서 신공황후 34년(234) 또는 웅신천황 25년(294)으로 다시 비정함으로써, 『일본서기』의 기년에 비문의 연대를 부회하여 신공황후의 삼한 정벌과 관련시키려는 의도가 전제되어 있었다.[32] 그러나 실제 연구는 비문의 연대에 『일본서기』의 기년을 간지(干支) 2운(120)을 내려서 일치시키려는 방향으로 전개되었다. '來渡海'의 주어는 물론 '以爲臣民'의 주체를 왜로 파악하는 구두는 다음과 같다.

百殘新羅舊是屬民, 由來朝貢, 而倭以辛卯年來渡海, 破百殘□□新羅, 以爲臣民.

이 중에서 한국과 일본학계가 첨예하게 대립하는 부분은 접속사 '而' 이후의 내용이다. 일본학계는 기본적으로 왜가 신묘년에 바다를 건너온 주어일 뿐만 아니라 백제와 신라를 쳐서 신민으로 삼은 주체라는 입장이었다. 향후 대화조정에 의한 4세기 후반의 일본통일설과 남한경영론이 국민적 상식으로 자리를 잡게 되는 사료적 근거였다.[33] 이러한 맥락에서 2자의 결자를 보입했는데, 먼저 왜를 주어·주체로 파악하는 부사·동사의 보입이다.

---

31) 橫井忠直, 1889, 「高句麗古碑考」『會餘錄』5.
32) 佐伯有淸, 1976, 『廣開土王碑と參謀本部』, 吉川弘文館, 118~120쪽 참조.
33) 中塚明, 앞의 논문, 65~68쪽.

A 1) 관정우(菅政友); 破百殘'□擊'新羅, 以爲臣民.[34]

   2) 삼택미길(三宅米吉); 破百殘'更討'新羅, 以爲臣民.[35]

   3) 팔목장삼랑(八木奘三郎); 破百殘'又敗'新羅, 以爲臣民.[36]

   4) 대원이무(大原利武); 破百殘'又伐'新羅, 以爲臣民.[37]

   5) 교본증길(橋本增吉); 破百殘'又服'新羅, 以爲臣民.[38]

A에서 보다시피 부사·동사를 보입하는 방법은 유사한 내용으로 다양하게 이루어졌다. A1)은 입비 연대인 갑인년을 윤공천황 3년(414)으로 옳게 비정하고, 신라 앞의 1자 결자에 처음으로 동사를 보입하여 왜가 백제를 깨뜨리고 신라를 공격한 것으로 해석했다. A2)는 백잔 다음의 1자 결자마저 부사를 보입하여 다시 신라를 토벌한 뜻으로 해석함으로써 부사·동사 보입의 전형을 마련했다. A3)·4)·5)에서 신라를 다시 궤패·정벌·복속한 의미의 보입은 아류에 지나지 않았을 것인데, 부사·동사의 보입과 해석에서는 같은 의미의 문자 조합에 의한 자의성이 드러나고 있었다.

더구나 동사의 보입에서는 권등성경(權藤成卿)이 1922년에 위조한 『남연서』에서 신라를 위협하여 항복시킨 뜻의 '脅降新羅'로 날조한 석문을 믿고, 고대 일본이 백제와 신라를 아울러 친 것으로 이해한 경우도 있었다.[39] 여기에서 일본의 근대사학이 신묘년기사를 바탕으

---

34) 菅政友, 1891, 「高麗好太王碑銘考」『史學會雜誌』22, 32·37쪽.

35) 三宅米吉, 1898, 「高麗古碑考」『考古學會雜誌』2-2, 45쪽.

36) 八木奘三郎, 1930, 「鴨綠江畔の好太王碑と將軍塚」2『亞東』7-2, 2쪽.

37) 大原利武, 1934, 「任那加耶考」『小田先生頌壽記念朝鮮論集』, 大阪屋號書店, 173쪽.

38) 橋本增吉, 1956, 『東洋史上より見たる日本上古史』, 東洋文庫, 629쪽.

39) 島田好, 1931, 「高句麗好太王碑考」中『滿蒙』2, 70쪽; 1931, 「高句麗好太王碑考」下-2『滿蒙』7, 66~67쪽.

로 고대 일본의 남한경영론을 입증하려던 강박증의 일단을 엿볼 수 있다. 다음은 왜를 주어·주체로 파악하는 고유명사의 보입이다.

　B 1) 아부홍장(阿部弘藏); 破百殘'任那'新羅, 以爲臣民.[40]

　　2) 나가통세(那珂通世); 破百殘'任那/加羅'新羅, 以爲臣民.[41]

　　3) 구미방무(久米邦武); 破百殘'加羅/安羅'新羅, 以爲臣民.[42]

　　4) 말송보화(末松保和); 破百殘'任那/加羅'新羅, 以爲臣民.[43]

　　5) 정상광정(井上光貞); 破百殘'加羅'新羅, 以爲臣民.[44]

　B에서 보는 바와 같이 고유명사를 보입하는 방법은 임나 또는 가라와 안라를 상정했다. B1)은 왜를 북구주의 축자인(筑紫人)으로 보고, 백잔 다음의 2자 결자에 고유명사인 임나를 보입함으로써 왜가 백제·임나·신라를 깨뜨리고 신민으로 삼은 것으로 해석할 단서를 열었다. 가라 혹은 안라를 보입한 B3)에 대해 B2)·4)는 임나 또는 가라를 보입했다. 이러한 보입은 고대 일본이 한반도 남부로 진출하여 고구려와의 종속관계를 타파하고 새로이 왜에 신속시켰다는 임나일본부설의 토대가 되었으며, B5)도 같은 취지에서 가라의 보입을 추정했다.

　이와 같이 보입 내용은 다소 달랐더라도, 신묘년기사를 문헌 자료와 결부시킴으로써 임나일본부설은 역사적 사실로 인식되었다. 그 하

---

40) 阿部弘藏, 1888,「征韓考」『文』1-11, 157쪽.

41) 那珂通世, 1893,「高麗古碑考」『史學雜誌』49, 24쪽.

42) 久米邦武, 1905,『日本古代史』, 早稻田大學出版部, 555쪽.

43) 末松保和, 1956,『任那興亡史』, 吉川弘文館, 37~38쪽.
　　그는 나중에 백잔 다음의 2자 결자는 비석 자체의 손상으로 본래 글자가 없었을 것이므로, '破百殘新羅'로의 판독을 제안한 바도 있었다(1978,「好太王碑と私」『古代東アジア史論集』上, 吉川弘文館, 15쪽).

44) 井上光貞, 1960,『日本國家の起源』, 岩波書店, 104쪽.

나는『일본서기』의 응신천황 3년조(392)에서 기각숙녜(紀角宿禰) 등이 왜에 대한 무례로 문책을 받고 백제인에 의해 살해당한 진사왕을 대신하여 아신왕을 즉위시키고 귀국한 사실과 부합하는 것으로 이해했다.[45] 다른 하나는 위의 기사를『삼국사기』가 진사왕 8년조(392)에서 진사왕이 전렵하던 구원의 행궁에서 죽은 뒤, 아신왕이 무난히 즉위할 수 있었던 듯이 은폐한 이면의 진상으로 파악했던 것이다.[46]

이러한 해석 경향은 왜의 활동과 일제의 대륙정책을 일치시키려는 역사인식과 무관하지 않았다. 1910년 이전에는 비문에서 왜가 고구려에 패함으로써 세력을 떨치지 못한 사실이, 지금 러시아와의 전쟁에서 일본이 지면 대륙으로의 진출도 용이하지 않을 것이라는 역사적 교훈으로 거론되는 실정이었다. 또한 1910년 이후에는 비문을 통해 고대 일본이 한반도의 속령(屬領)을 엄호하기 위해 진력한 사실과, 한반도 남부의 국가들이 일본의 원조로 고구려의 정복을 면한 사실을 강조함으로써 한·일병합을 정당화하는 역사적 근거로 삼았던 것이다.[47]

결국 부사·동사보다 임나 또는 가라를 상정한 고유명사의 보입이 통설로 정착되었다. 신묘년기사와 응신천황 3년조 사이에서 발생한 1년의 시차는 사건의 시작과 결말을 가리키는 바, 두 기사에 언급된 왜와 백제의 관계는 신공황후 49년(369)에 성립된 임나일본부의 발전 과정에서 파생된 것으로 보았다.[48] 임나가라를 영유한 대화조정이 신라

---

45) 菅政友, 앞의 논문, 37~38쪽.
46) 那珂通世, 앞의 논문, 25~26쪽.
47) 佐伯有淸, 1974,『硏究史 廣開土王碑』, 吉川弘文館, 145·188쪽 참조.
48) 末松保和, 앞의 책, 59·69~70쪽 참조.
　　그는 기왕에 신묘년을 331년으로 비정한 흑판승미(黑板勝美)의 견해를 받아들인 다음, 왜에 의해 백제와 신라의 건국은 물론 임나의 여러 나라도 존립할 수 있었던 것으로 추측한 바 있었다(1935,「好太王碑の辛卯年について」『史學雜誌』46-1, 106·110~112 쪽).

와 백제를 복속시킨 다음 고구려와 대치했다는 임나일본부설을 확립했던 것이다. 이러한 관점으로 B5)에서 가라의 보입을 추정했던 정상광정이 아예 식별 불능의 신라 앞의 1자마저 '羅' 자로 판독한 자의성은 신랄한 비판을 받았다.[49] 그러나 지금도 수정되지 않음으로써 임나일본부설의 저변화에 기여하고 있다.[50]

그러나 1960년대 후반 이후 기존 연구에 대한 근본적인 문제 제기로 보입 방법에 변화가 일어났다. 한국학계에서 '渡海破'의 주어는 고구려이며, 왜는 백제에 의해 동원된 존재일 따름이라는 비판이 제기되었던 것이다. 이로써 주내경신이 가져온 쌍구본의 해독과 해석에 미친 군부의 영향과 명치유신 이래 한국 경시의 연구 풍조에 대한 통절한 반성이 촉구되었다.[51] 또한 주내경신이 변조한 '來渡海'의 3자는 물론 '破' 자도 의심스럽고, 참모본부가 변조된 비문을 보강하기 위해 1900년 전후에 석회를 칠했다는 견해가 제출되었다.[52]

그러한 변화는 우선 '□□□羅'에서 마지막 1자의 결자에 대한 새로운 보입으로 나타났다. '□□新'羅로 판독한 통설에 대해 '新羅加'羅처럼 신라와 가라의 위치를 바꾸거나,[53] '新' 자의 판독은 매우 불안하므로 '任那加'羅와 같이 임나와 가라의 보입을 추정했던 것이다.[54] 다음

---

49) 中塚明, 앞의 논문, 78쪽.
50) 井上光貞, 2005, 『日本の歷史』1, 中央公論新社, 391쪽.
   이 책의 말미에 실린 신장판 간행에 따른 안내문에 의하면, 1965년에 초판이 간행된 이래 매우 양호한 개설서로서 호평을 받으며 수십 판을 거듭했다고 한다. 따라서 저자가 1983년에 죽기 이전에도 고칠 기회가 있었을 것이지만, 수정은 여전히 이루어지지 않은 채 오늘에 이르고 있다. 이러한 지적은 독자의 요망에 호응하여 최근에 복간된 같은 저자의 『日本國家の起源』에도 해당된다.
51) 中塚明, 앞의 논문, 76 · 79쪽.
52) 李進熙, 앞의 책, 163~164 · 200~202쪽.
53) 笠井倭人, 1970, 「對外關係と日本文化の形成」『日本のあけぼの』, 創元社, 83쪽.
54) 前澤和之, 1972, 「廣開土王陵碑文をめぐる二·三問題」『續日本紀研究』159, 20~21쪽.

으로 백잔 다음의 2자 결자에 임나 또는 가라를 보입하는 통설을 따르지 않을 뿐만 아니라 '渡海破'의 주어와 '以爲臣民'의 주체도 고구려로 파악하기 시작했다.

    C 1) 고전무언(古田武彦); 而倭以辛卯年來, 渡海破百殘, '更討'新羅以爲臣民.[55]

      2) 좌백유청(佐伯有淸); 而倭以辛卯年來, 渡海破百殘, '□□'新羅以爲臣民.[56]

    C1)은 왜를 북구주의 왜 왕조로 파악하는 입장에서 왜가 신묘년부터 영락 5년까지 왔으므로, 광개토왕이 바다를 건너가 왜에게 제압되었던 백제를 격파하고 다시 신라를 토벌하여 신민으로 삼은 것으로 해석했다. C2)는 왜가 신묘년에 왔기 때문에 고구려가 백제를 친 것으로 보았으며, 보입을 유보한 2자 결자도 C1)과 같이 해석될 여지를 남기고 있었다. 이에 대해 백잔 다음의 1자 결자에 '王□新羅' 또는 '故□新羅'의 보입을 추정하고, 왜가 백제를 쳐서 동맹을 성립한 사실과 광개토왕이 신라를 복속시켜 동맹을 결성한 사실을 기술했을 것으로 절충하는 견해도 나왔다.[57]

    이러한 보입과 해석의 변화에 대응하여 왜주어·주체설도 기왕의 논리를 보완했다. 그 하나는 부사·동사의 보입인 '還討新'羅로 환원하더라도, 신묘년기사는 왜의 침입을 언급함으로써 오히려 광개토왕의 훈적을 부각시키려는 비문 찬자의 수사로 파악했다.[58] 다른 하나는

55) 古田武彦, 1973, 『失われた九州王朝』, 朝日新聞社, 247~248쪽.
56) 佐伯有淸, 1976, 앞의 책, 166~167쪽.
57) 林屋辰三郎, 1978, 「古代の日本と朝鮮」『日本文化と朝鮮』, 新人物往來社, 56~61쪽.

C1)과 같이 '來, 渡海破'에서 '來'는 시간의 경과를 의미하는 조사로서 '以~來'의 용법에 따라 왜가 신묘년부터 영락 5년까지 계속 침입한 것으로 이해하더라도, 바다를 건넌 주어와 백제 및 신라를 신민으로 삼은 주체는 왜로 보았다.[59] 결국 왜주어·주체설의 입증보다 고구려 주어·주체설을 비판하는 입장에서 신묘년기사를 다시 검토하는 데로 돌아갔던 것이다.[60]

2) 한국학계의 결자 보입

한국에서도 〈광개토대왕비〉의 존재는 일찍이 『황성신문』의 보도, 『증보문헌비고』의 수록, 『서북학회월보』의 해설 등을 통해 알려졌다.[61] 그러나 북한학계가 신묘년기사의 주어를 고구려로 파악하기 이전까지 비문은 물론 임나일본부설에 관한 연구도 부진을 면치 못하고 있었다. 신묘년기사의 연구에서 획기적 의미를 지니는 정인보의 연구는 전간공작(前間恭作)에 의해 제공된 탁본과 판독을 이용하여 1930년대 중엽에 이루어졌다.[62] 그가 납북된 뒤에 비로소 공간된[63] 구두와

---

58) 濱田耕策, 1973, 「高句麗廣開土王陵碑文の虛像と實像」『日本歷史』304, 93~94쪽.
   다만 그는 나가통세와 말송보화가 '任那加'羅로 보입한 것으로 보았으나, 실제는 신라의 보입을 전제로 백잔 다음의 2자 결자에 임나 또는 가라를 추정한 것이었다.

59) 西嶋定生, 1974, 「廣開土王碑辛卯年條の讀法について」『圖說 日本の歷史』3 月報, 集英社, 3~4쪽; 1985, 「廣開土王碑文辛卯年條の讀み方について」『三上次男博士壽記念論文集』歷史編, 平凡社, 202~203쪽.

60) 武田幸男, 1978a, 「廣開土王碑文辛卯年條の再吟味」『古代史論叢』上, 吉川弘文館.

61) 李亨求·朴魯姬, 1981, 「廣開土大王陵碑文의 所謂辛卯年記事에 對하여」『東方學志』29, 10쪽; 金永萬, 1981, 「增補文獻備考本 廣開土王碑銘에 대하여」『新羅伽倻文化』12, 146~147쪽.

62) 閔泳珪, 1985, 「鄭舊園廣開土境平安好太王陵碑文釋略校錄幷序」『東方學志』46·47·48, 16~17쪽.

63) 鄭寅普, 1955, 「廣開土境平安好太王陵碑文釋略」『庸齋白樂濬博士還甲記念國學論叢』.

결자 보입은 다음과 같다.

　百殘新羅舊是屬民由來朝貢, 而倭以辛卯年來, 渡海破, 百殘‘聯侵新’
羅, 以爲臣民.

　이러한 해석 방향은 ‘來渡海’에서 왜가 와서 다시 바다를 건넜다면,
왜는 어디로 갔는가라는 동사의 중복 사용에 대한 의문에서 출발했다.
따라서 바다를 건넌 주어를 고구려로 보는 구두는 ‘來, 渡海破’이며,
‘□□□羅’의 3자 결자에 백제가 왜와 함께 신라를 치려는 동사를 보
입한 결과였다. 왜가 일찍이 침입해오자 고구려도 역시 바다를 건너가
왜를 격파했고, 백제가 왜와 연통함으로써 신라에 불리해졌기 때문에
광개토왕은 자신의 신민으로 여긴 신라에 대해 어찌 감히 이럴 수 있
는가의 뜻으로 해석했다.[64]
　왜가 고구려의 속민인 백제와 신라를 신민으로 삼았다면, 광개토왕
은 문맥상 왜를 토벌해야 마땅했다. 그러나 광개토왕은 영락 6년에
백제를 친정했으므로, 그런 이유를 밝힌 신묘년기사에서 신민의 주체
는 왜가 될 수 없다는 관점이었다. 이러한 보입은 집안의 탁공 초균덕
(初均德)의 초본에서 ‘東□新羅’[65]의 ‘東’ 자는 ‘連’ 자를 잘못 필사한
것으로 보고, ‘聯侵’과 같은 의미인 ‘連侵’新羅로 추정함으로써 지지

---

64) 鄭寅普, 앞의 논문, 673~675쪽.
　여기에서 광개토왕이 신민으로 여긴 대상을 백제로 보는 견해(鄭杜熙, 1979,「廣開土王
　陵碑文 辛卯年記事의 再檢討」『歷史學報』82, 203쪽), 신라로 보는 견해(王健群, 1984,
　『好太王碑の硏究』, 雄渾社, 175쪽), 백제와 신라로 보는 견해(武田幸男, 2009,『廣開土王
　碑墨本の硏究』, 吉川弘文館, 54쪽) 등으로 나누어지고 있다. 한편 민영규는 이 부분에
　관한 정인보의 논지를 백제가 왜와 연합하여 신라를 침략하고 신민으로 삼은 의미로
　해석했다(앞의 논문, 7쪽).
65) 王健群, 앞의 책, 40쪽 도판 참조.

되었다.[66]

고구려주어설은 일본학계에서 탁발한 발상으로 평가받았고,[67] 북한
과 남한학계에서는 신민의 주체 파악에 차이를 보이면서 받아들여졌
다. 북한학계는 1963년에 광개토왕비에 대한 현지조사를 실시하고 신
묘년기사에 대한 새로운 해석을 시도했다. 이러한 과정에서 신민의 주
체 파악은 백제와 고구려로 분화되었는데, 먼저 신민의 주체를 백제로
파악하는 경우이다.

> **D** 1) 박시형; 而倭以辛卯年來, 渡海破, 百殘'招倭侵'羅, 以爲臣民.[68]
>
> 　　2) 김재붕; 而倭以辛卯年來, 渡海破, 百殘'倭破新'羅, 以爲臣民.[69]
>
> **E** 1) 천관우; 而倭以辛卯年來渡海, '故'百殘'將侵/欲取'新羅以爲臣民.[70]
>
> 　　2) 연민수; 而倭以辛卯年來渡海, '助'百殘'欲侵'新羅以爲臣民.[71]

D와 E는 백제가 신민의 주체이더라도, '來渡海破'의 구두와 주어
파악에서는 나누어졌다. D는 '來渡海'에서 동사의 중복은 어색하므로
'渡海破'의 주어를 고구려로 보고, '□□新羅'의 결자 부분에는 고유
명사·동사를 보입했다. D1)은 왜가 신묘년에 침입해왔으므로 고구려

---

66) 閔泳珪, 앞의 논문, 7~8쪽.
67) 旗田巍, 앞의 논문, 11쪽.
68) 박시형, 앞의 책, 163~166쪽.
69) 金在鵬, 1973,「好太王碑文叙法考」『朝鮮學報』66, 62~63쪽.
70) 千寬宇, 1979,「廣開土王陵碑文再論」『全海宗博士華甲紀念史學論叢』, 532~534쪽.
　　그는 기왕에 신묘년기사를 영락 5년의 패려 정벌에 이어진 사실로 보고, '□□□羅'의
　　결자 부분에는 임나가라(任那加羅) 또는 왜(倭)와 가라(加羅)의 보입을 상정한 바 있었
　　다(1977,「復元 加耶史」中『文學과 知性』29). 그러나 비문에 관해 다시 전론하는 과정에
　　서 신묘년기사의 결자 보입과 해석을 수정했던 것이다.
71) 延敏洙, 1987,「廣開土王碑文에 보이는 倭關係記事의 檢討」『東國史學』21, 14~15쪽.

가 바다를 건너가 왜를 격파했는데, 백제가 왜를 끌어들여 신라를 쳐서 자신의 신민으로 삼은 것으로 해석했다. D2)도 같은 맥락에서 백제와 왜가 함께 신라를 깨뜨리고 신민으로 삼은 것으로 보았다.

E는 '渡海'의 주어를 왜로 보고, '□□新羅'의 결자 부분에는 의도의 의미인 동사를 보입했다. 여기에서 주목되는 사실의 하나는 '來渡海'에서 '來'를 '以~來'의 의미로 읽은 견해의 수용이고, 다른 하나는 비문변조설에서 의문을 제기한 '破' 자에 한해 한정 수정을 시도한 점이다. E1)은 '來渡海, 故'로 판독하고, 왜가 신묘년 이래로 바다를 건너온 까닭에 왜와 연계한 백제는 신라를 공격하여 신민으로 삼으려고 의도한 것으로 해석했다. E2)도 '來渡海, 助'로 판독한 다음, 왜가 신묘년 이래로 바다를 건너와서 백제를 도와 신라를 침입하여 신민으로 삼으려고 시도한 것으로 보았다.

한국학계의 보입 방법에서는 백제가 연합의 대상으로 끌어들인 왜는 신묘년에 오거나 혹은 신묘년 이래로 바다를 건넌 주어일 수는 있더라도, 왜가 백제와 신라를 깨뜨리고 신민으로 삼은 주체는 아닌 것으로 파악되었다. 이러한 해석이 임나일본부설을 비판하려는 한국학계의 기본 입장이었는데, 다음은 신민의 주체를 고구려로 이해하는 경우이다.

F 1) 김석형; 而倭以辛卯年來, 渡海破百殘'□□'新羅, 以爲臣民.[72]

2) 손영종; 而倭以辛卯年來, 渡□破百殘'東□'新羅, 以爲臣民.[73]

G 1) 김영만; 由'未'朝貢, 而倭以辛卯年來'侵', '盪'破百殘'倭寇/倭服'新

---

72) 김석형, 앞의 책, 400~401쪽.

73) 손영종, 1988, 「광개토왕릉비 왜관계기사의 옳바른 해석을 위하여」, 『력사과학』1988-2, 30~33쪽.

羅, 以爲臣民.[74]

　2) 서영수; 由'未'朝貢, 而倭以辛卯年來渡, '王'破百殘'倭降/倭服'新羅,
以爲臣民.[75]

　F와 G는 고구려가 신민의 주체이지만, '來渡海破'의 구두와 주어
파악에서는 갈라졌다. F는 '渡海破'의 주어를 고구려로 보고, 백잔 다
음의 2자 결자는 동사의 의미일 것으로 추정했다. F1)은 백제가 고구
려에 도전하기 위해 동원한 왜가 신묘년에 왔으므로, 고구려는 수군으
로 바다를 건너가 왜를 동원한 백제를 격파하고 신라와도 접촉해서 신
민으로 삼은 것으로 해석했다. 이러한 견해는 F2)가 초균덕의 초본을
따라 '東□新羅'로 판독하고, 고구려가 패수를 건너가서 왜를 동원한
백제를 깨뜨렸을 뿐만 아니라 동쪽으로 신라를 초유하여 신민으로 삼
은 의미로 해석함으로써 보완되었다.

　G는 '來渡'의 주어는 왜이지만, 백잔 다음의 2자 결자는 광개토왕
이 왜를 치고 신라도 복속시키는 고유명사·동사의 보입을 상정했다.
여기에서 주목되는 사실은 종래 이견이 없던 '由來朝貢'의 '來' 자를
'未' 자로 판독하고, '來渡海破'를 각각 '來侵, 盪破'와 '來渡, 王破'로
판독하는 확대 수정을 시도한 점이다. 이러한 수정과 보입에 따라 G1)
은 백제와 신라가 조공하지 않았고, 왜가 신묘년부터 침입해오자 고구
려는 백제와 왜구를 휩쓸어 격파하고 신라도 복속시킴으로써 신민을
위한 것으로 해석했다. G2)도 같은 조건에서 왜가 신묘년부터 건너오
므로, 광개토왕은 백제와 왜를 공파하고 신라도 복속시켜 신민으로 삼

---

74) 金永萬, 1980, 「廣開土王碑文의 新研究」Ⅰ 『新羅伽倻文化』11, 44~46쪽.
75) 徐榮洙, 1996, 「'辛卯年記事'의 변상과 원상」『廣開土好太王碑研究100年』, 학연문화사,
　　424~428쪽.

은 것으로 보았다.

이 밖에도 '而倭'와 '來渡海'를 각각 '而後'와 '不貢, 因'으로 확대 수정하고, 백잔 다음의 2자 결자를 '倭寇'로 보입하는 경우가 있었다. 그런데 후에 백제와 신라가 신묘년부터 조공하지 않았으므로, 광개토왕이 백제·왜구·신라를 쳐서 신민으로 삼은 뜻으로 해석했다.[76] 신민의 주체를 고구려로 파악하는 고유명사의 보입에 해당할 수 있었다. 또한 '來渡, 每破, 百殘'으로 한정 수정하고, 백잔 다음의 2자 결자를 '叛侵'으로 보입한 경우도 있었다. 신묘년 이래로 건너온 왜를 고구려가 매번 격파하자, 고구려를 배반한 백제가 신라를 침략해서 신민으로 삼은 것으로 해석했다.[77] 신민의 주체를 백제로 파악하는 동사의 보입에 해당할 수 있겠다.

비문변조설의 영향으로 D에서 분화한 한정 수정의 경우는 기본적으로 동사와 신라의 보입을 전제하고, 왜와 연합한 백제가 신라를 신민으로 삼은 주체로 파악되었다. F에서 분화한 확대 수정의 경우는 기본적으로 왜 또는 왜구와 신라의 보입을 전제하고, 광개토왕이 백제와 왜 또는 왜구는 물론 신라까지 신민으로 삼은 주체로 파악되었다. 바다를 건넌 주어를 고구려로 보거나, 신민의 주체를 백제 또는 고구려로 파악하는 한국학계의 해석은 대화조정의 임나일본부설에 대한 비판에서 비롯된 것이었다.

사실 일제 식민사학의 타율성론은 한반도 북부 및 만주에 대한 동양사학자의 만선사관(滿鮮史觀)과 한반도 남부에 대한 일본사학자의 일선동조론(日鮮同祖論)이라는 두 개의 논리를 기본으로 구성되었다. 그

---

76) 李亨求·朴魯姬, 앞의 논문, 41쪽.
77) 이도학, 2006, 『고구려광개토왕릉비문연구』, 서경문화사, 238~239쪽.

러나 문헌과 금석문에 대한 사료 비판에서는 실증사학을 표방하면서도 동양사학자들이 『삼국사기』를 근거로 〈진흥대왕순수비〉의 황초령비와 마운령비에 대해 위작설(僞作說)과 이치설(移置說)을 주장했던[78] 반면, 일본사학자들은 『일본서기』에만 나오는 임나일본부를 〈광개토대왕비〉의 신묘년기사로 입증하려는 편의성을 보이고 있었다.

이러한 식민사학의 논리에 대한 고구려주어·주체설의 당위성을 인정하더라도, 그것의 문법적 합리성이 담보되지 않으면 안 된다. 비문에서 광개토왕의 훈적을 기릴 때마다 빠뜨리지 않았던 왕 또는 태왕과 같은 주어가 유독 신묘년기사에서 생략된 사실을 납득하기 어렵기 때문이다. 여기에 더하여 비문변조설에서 기인한 수정 판독의 자의성만큼은 경계하지 않을 수 없다. 판독의 시비 여부를 떠나 최소한의 사실조차 공유하지 않은 해석과 논쟁은 공허하기 때문이다.

3) '王'과 '任那加'羅의 시론

신묘년기사의 해석은 주어와 주체 파악, 동사 또는 고유명사의 보입에 따라 다기한 분화를 보이고 있었다. 일본학계가 왜주어설을 불식하지 못한 반면, 한국학계는 백제 혹은 고구려주체설에 집착했다. 여기에서는 '來渡□破'와 '□□□羅'의 결자 부분에 각각 '王'과 '任那加'羅의 보입을 시론하고자 한다. 이것은 '海' 자와 '新' 자의 판독을 전제로 이루어진 신묘년기사의 보입과 해석에 대한 비판인 셈이다.

첫째, 금석학의 입장에서 탁본의 검토이다. 먼저 쌍구본에 나오는 '來渡海破'의 쌍구에 관한 정확성 여부이다. 왜가 와서 다시 바다를 건넌 동사의 중복 문제가 있음에도 불구하고, 일본학계에서는 통설로 받

---

78) 김영하, 2008, 「일제시기의 진흥왕순수비론」, 『韓國古代史硏究』52.

124 제2편 한국고대사의 해석 논리

아들여졌기 때문이다. 그러나 수곡제이랑(水谷悌二郞)이 '海' 자는 쌍구본과 후기 탁본에서 나타나고, 자신이 소장한 원석 탁본에서는 식별하기 어렵다는 사실을 처음으로 지적했다.[79] '來渡□破'의 1자 결자를 다른 문자로 판독할 수 있다면, 신묘년기사의 해석이 바뀔 수 있는 단서였다.

쌍구본에 대한 의문 제기는 비문 변조와 석회 도부의 가능성을 유발했다. 원래의 비면에서 '來渡海'의 3자는 마멸 또는 박락으로 이미 판독할 수 없는 상태였으나, 주내경신이 석회를 도부하고 별도의 문자를 써 넣은 다음에 쌍구한 것으로 보았던 것이다.[80] 비문변조설의 충격 속에 탁본의 편년체계와 비문 변조의 논리적 관련에 대한 연구의 필요성이 제기되었다.[81] 그러한 결과 원석 탁본의 검토를 통해 '來渡□破'로 석문하기도 했지만, 다시 '海' 자를 추정하여 '來渡海破'로 환원하고 있었다.[82] 이러한 사실은 '海' 자의 판독이 추정일 뿐 반드시 '海' 자일 수 없음을 반증한다.

다음은 쌍구본의 '斤' 방에 기초한 '□□新羅'의 판독에 대한 타당성 여부이다. 이와 같은 판독을 전제로 2자의 결자에 대해 부사·동사 또는 고유명사의 다양한 보입이 이루어졌기 때문이다. 그러나 삼택미길(三宅米吉)이 소송궁(小松宮) 소장의 탁본에 근거하여 '□□□羅'로 석문함으로써,[83] '新' 자의 판독이 옳지 않을 수 있음을 처음으로 제기했다. 이러한 사실은 1913년에 비문을 실사했던 금서룡(今西龍)이 '□

79) 水谷悌二郞, 1959,「好太王碑考」『書品』100, 124·132쪽.
80) 李進熙, 앞의 책, 201~202쪽.
81) 旗田巍, 앞의 논문, 21쪽.
82) 武田幸男, 1988,「廣開土王碑文試釋」『廣開土王碑原石拓本集成』付錄1, 東京大學出版會, 258쪽; 2009, 앞의 책, 383쪽.
83) 三宅米吉, 1898,「高麗古碑考追加」『考古學會雜誌』2-5, 187쪽.

□□羅'로 판독함으로써 확인되었다.[84] 그는 나중에 비면의 어떤 부분은 석회를 벗겨내면서 조사한 결과, 유포된 탁본에서 문자의 참모습을 잃은 것이 적지 않은 점에 대해 언급했다.[85] 최근에도 원석 탁본의 검토를 통해 '新' 자는 자획의 일부가 합치한다는 이유로 추정했다가, 다시 '東' 자의 추정과 '新' 자의 확정을 통해 '東□新羅'로 석문을 수정하고 있었다.[86] 이러한 판독과 석문 과정은 '新' 자가 역시 추정에 그칠 수밖에 없음을 알려준다.

결국 일본학계에서 '海' 자와 '新' 자로 판독할 수 있었던 근거는 주내경신의 쌍구본이었다. 비면에서 직접 쌍구하거나 탁본을 바탕으로 간접 쌍구한 쌍구본은 다시 쌍구곽전본(雙鉤廓塡本)과 묵수곽전본(墨水廓塡本)으로 나누어진다. 주내경신의 쌍구본은 간접 쌍구한 것으로서 일부 문자는 쌍구하고 가묵했지만, 대부분의 문자는 쌍구를 생략하고 묵수로 곽전한 것이었다.[87] 그런데 최근 중국에서 회인현의 초대 지현이었던 장월(章樾)이 1881년에 이초경(李超瓊)에게 증정했던 쌍구곽전본이 발견되었다. 주내경신이 1883년 겨울에 가져온 쌍구본도, 실은

---

84) 今西龍, 1915,「廣開土境好太王陵碑に就て」『大日本時代史』古代 下 附錄, 早稻田大學出版部, 493쪽.

85) 今西龍, 1970,『百濟史硏究』復刻本, 國書刊行會, 92쪽.
여기에서 그는 마음이 내키지 않은 상태에서 석문을 작성한 뒤 구체적인 연구를 유보한 심경의 일단을 토로하고 있었다. 그것은 사료로 이용하는 데서 광개토왕의 훈적 칭송이 목적인 비문의 성격을 충분히 고려하지 않고, 고대의 임나일본부를 근세의 조선통감부와 유사한 것으로 해석하는(앞의 책, 85쪽) 일련의 연구 경향에 동조하지 않았기 때문인지도 모른다.

86) 武田幸男, 1988, 앞의 책, 258쪽; 武田幸男, 2009, 앞의 책, 383쪽.
이러한 변화는 원석 탁본을 검토하고 작성한 석문에서는 반영하지 않았던 초균덕의 초본과 이에 기초한 손영종의 판독으로부터 영향을 받았기 때문인데(2009, 앞의 책, 63쪽), 정작 초본을 소개한 왕건군은 '□□新羅'로 판독하면서도 '新' 자는 추정하고 있었다(앞의 책, 160쪽).

87) 末松保和, 1978, 앞의 논문, 31~32쪽.

1880년에 발견된 비석의 원석 탁본을 바탕으로 중국인 탁공이 1881년 이후에 모사한 묵수곽전본의 하나였던 셈이다.[88]

한편 원석 탁본은 1887년 이후부터 비면을 가공한 석회 탁본이 제작되는 1890년대 초엽 이전에 본격적으로 제작되었다. 묵수곽전본과 원석 탁본은 시간적으로 병존했으며, 비면은 발견 당시와 크게 변함이 없는 상태였다고 한다.[89] 이러한 경우 주내경신의 쌍구본에 분명하게 묘출된 '海' 자와 '斤' 방이 원석 탁본인 수곡제이랑의 소장본에서 식별 불능으로 탁출된 현상은 이해하기 어렵다. 묵수곽전본의 제작 과정에서 우발적이거나 개성적인 서사와 곽전이 더해졌을 가능성을[90] 배제할 수 없기 때문에 더욱 그러하다.

주내경신의 쌍구본을 이초경의 수장본과 비교해보면 '海' 자는 종선의 왼쪽으로 치우치고 횡선의 아래로 처져서 상당히 다르게 모사되었고, '斤' 방은 제 위치에서 약간 다르게 모사된 것을 알 수 있다.[91] 더구나 원석 탁본에서 식별 불능인 '海' 자는 석회 탁본에서 다시 탁출되는 데 반해, 묵수곽전본에 묘출되었던 '斤' 방은 석회 탁본에서조차 탁출되지 않고 있었다.[92] 이러한 탁본의 제작과 변천 과정을 고려할 때, 묘출되거나 탁출된 '海' 자와 묘출만 되었던 '斤' 방은 의심의 여지

---

88) 武田幸男, 2009, 앞의 책, 51~52 · 241~242쪽 참조.

89) 武田幸男, 2009, 앞의 책, 30~37쪽.

90) 武田幸男, 2009, 앞의 책, 226쪽.

91) 武田幸男, 2009, 앞의 책, 245쪽 도판 참조.

92) 무전행남이 원석 탁본으로 분류한 수곡제이랑(水谷悌二郎) 구장본(舊藏本), 부사년(傅斯年) 구장본, 금자구정본(金子鷗亭本)에서 '海' 자는 판독 불능이고, '斤' 방은 식별하기 어려운 탁흔을 보이고 있다(武田幸男, 1988, 앞의 책, 原石拓本集成編 참조). 한편 무전행남에 의해 석회 탁본으로 분류된 내등호차랑(內藤虎次郎) 구장본, 샤반느본, 조선총독부본(朝鮮總督府本)에서는 '斤' 방을 확인할 수 없고, '海' 자는 이초경의 수장본에 가까운 자형으로 탁출되고 있다(李進熙, 앞의 책, 資料編 참조). 이에 대해서는 실제 비면과 원석 탁본의 정밀조사에 기초한 새로운 판독을 기대한다.

가 없지 않다.

둘째, 한문법의 관점에서 문맥의 검토이다. "百殘新羅舊是屬民, 由來朝貢"은 접속사 '而' 이후의 내용을 서술하기 위한 조건으로서 기능하고 있다. 백제와 신라를 옛날부터의 속민으로 인식하는 용법은 영락 20년(410)의 동부여에 대한 속민인식과 더불어 사실을 과장하거나 왜곡한 자존의식의 표출이었다. 다만 비문 찬자는 조건의 제시를 위해 396년을 기점으로 광개토왕의 친정에 의해 복속되는 백제에 대해서는 기정의 사실로, 391년의 시점에서 이미 고구려에 복속되어 있던 신라에 대해서는 기왕의 사실로 인식했을 수도 있다. 한국학계에서 확대수정을 통해 달리 해석한 경우를 제외하면, 백제와 신라는 본래 고구려의 속민이었으므로 조공했다는 뜻으로서 석문과 해석에 별다른 이견이 없다.

그러나 "而倭以辛卯年來渡□破百殘□□□羅, 以爲臣民"은 '來渡□破'에 대한 구두의 차이와, '破'의 주어를 왜 또는 고구려로 파악함으로써 해석은 크게 달라졌다. 이러한 경우 '來'는 '以~來'의 용법에 따라 왜가 신묘년 이래 '渡'한 것으로 이해하면, 동사 중복의 문제는 해소될 수 있다. 또한 백잔 이후를 '破'하여 신민으로 삼는 주체를 광개토왕으로 파악하면, 해당 문장도 자연스럽게 읽힐 수 있다. 따라서 구두는 '來渡海, 破' 및 '來, 渡海破'와 달리 '來渡, □破'가 될 것이다.

이와 같은 문법적 이해를 따르면, 1자의 결자는 '破'의 주어로서 명사를 보입하지 않을 수 없다. 종래 한국학계에서는 '來渡□破'의 결자 부분을 대부분 '海' 자로 판독하고, 의미상의 주어인 고구려 혹은 광개토왕이 생략된 것으로 보았다. 그러나 탁본의 검토에서 살펴보았듯이 '海' 자의 판독은 의심의 여지가 있고, 비문에서 가장 중요한 주어인 광개토왕이 생략된 것으로 보기도 어렵다.

비문에서는 실제로 고구려의 왕과 관련된 다양한 문법적 용례를 구사하고 있었다. 고유명사로서 추모왕(鄒牟王), 유류왕(儒留王), 대주류왕(大朱留王), 국강상광개토경평안호태왕, 영락태왕과 일반명사로서 조왕(祖王), 선왕(先王) 등이 사용되었다. 특히 정복 활동에서 광개토왕이 친정하거나 시혜를 베풀 경우에 주어로서 4회의 왕과 3회의 태왕을 빠짐없이 명기했으며, 왕위(王威)·왕당(王幢)·왕은(王恩)과 같은 관형어와 궤왕(跪王)·백왕(白王)·귀왕(歸王)과 같은 부사어로 사용될 경우에도 생략하지 않았다. 따라서 신묘년기사의 독해에서 주어인 왕이 생략되었다는 관점은 정곡에서 벗어난 이해일 수 있었다.

그러한 까닭에 왜주어·주체설에서는 설혹 왕 또는 태왕을 생략할 수 있다고 하더라도, 비문에서는 가(駕)·교(敎)·제(制) 등 군주의 행위를 의미하는 용어로 대체하고 있으므로 주어인 광개토왕의 생략은 불가능하다는 입장이었다.[93] 이것은 고구려주어·주체설에서 왕 또는 태왕을 생략하고서는 신묘년기사의 정확한 독해가 어렵다는 비판에 다름 아니었다. 이러한 지적을 감안하면서 '來渡, □破'의 결자 부분에 '王' 자를 보입하면, 문법상 자연스러운 이해가 가능하다.

이제 "王破百殘□□□羅, 以爲臣民"에서 3자의 결자를 보입할 일이 과제로 남았다. 이러한 경우 비문에서 용례가 있는 '任那加'羅로 보입하면, 광개토왕이 백제와 임나가라를 깨뜨리고 신민으로 삼았다는 뜻으로서 문법상의 문제도 없다. 광개토왕은 이미 복속되어 있던 신라를 신민으로 삼을 이유가 없었고, 임나와 가라는 비문에서 하나의 나라인 임나가라로 파악되기 때문이다. 일본학계에서 임나가라의 보입도 가능하지만, 결자 부분에서 4자를 보입할 여지가 없다는 토로

---

93) 武田幸男, 앞의 논문, 57~58쪽.

는[94] '□□新羅'로의 판독에 구애된 데서 연유했을 것이다.

이상에서 식별 불능으로 확인된 '來渡, □破'에 '王' 자를 보입하고, '□□新'羅로 판독한 통설 대신에 '任那加'羅를 보입할 수 있는 가능성을 금석학과 한문법의 측면에서 검토했다. 결국 '而倭以~來渡'의 주어는 왜이더라도, '□破~以爲臣民'의 주체를 광개토왕으로 파악하는 신묘년기사의 구두와 결자 보입은 다음과 같다.

> 百殘新羅舊是屬民, 由來朝貢, 而倭以辛卯年來渡, '王'破百殘'任那加'羅, 以爲臣民.

이와 같은 정리에 따라 신묘년기사를 해석하면, 백제와 신라는 예로부터 고구려의 속민이었으므로 조공을 바쳐왔다는 자존의식의 표출이었다. 그런데 왜가 신묘년 이래로 건너와서 백제와 연합하거나 임나가라를 거점으로 신라를 공략했다. 이에 광개토왕은 백제와 임나가라를 깨뜨리고 신민으로 삼게 되었던 것이다. 이러한 이해가 다음 장에서 당시의 국제관계에 비추어 합당할 뿐만 아니라 정복의 결과로 편제된 고구려의 지배질서에 의해 검증될 때 역사학적으로 옳은 해석이 될 터이다.

3. 정복과 지배질서의 편제

비문에는 광개토왕이 수행한 영락 5・6・8・10・14・17・20년의 정복과 영락 9년의 순수에 관한 기사가 있다. 5・6・14・20년조는 왕

---

94) 佐伯有淸, 1976, 앞의 책, 147~148쪽.

이 친정하는 궁솔이었고, 8·10·17년조는 군대를 파견하는 교견이었다. 신묘년기사는 5년의 패려 정벌과 6년의 백제 정복 사이에 간지 기년으로 개재했으므로, 다른 정복 관련의 기사와 성격이 다를 수밖에 없었다. 이러한 까닭에 비문 연구에 대해 근본적인 문제가 제기된 이후, 신묘년기사의 성격에 관한 다양한 논의가 있었다. 신묘년기사는 기본적으로 17년까지를 포함하는 삽입문(揷入文)이지만, 왜가 신묘년에 한반도로 진출한 사료로서의 신빙성을 의심하는 견해의 제출이 계기였다.[95]

일본학계에서는 신묘년기사를 고구려에 불리한 정황 서술로서의 전치문(前置文)과 광개토왕의 적극적 친정이라는 궁솔형을 묶어서 이해하는 비문의 구조 분석이 주류를 이루었다. 이러한 관점에서 신묘년기사는 6년에 대한 소전치문인 동시에 17년까지를 수렴하는 대전치문으로서 이중적 기능이 있더라도,[96] 그것은 역사적 사실과 부합하지 않는 허구로 이해했다.[97] 한편 한국학계에서는 6년에 대한 도론(導論),[98] 8년을 제외한 14년까지의 요약문,[99] 8년까지의 전제문(前提文)인 동시에 17년까지의 집약문[100] 등으로 파악했다. 이러한 현상은 신묘년기사의 결자

---

95) 前澤和之, 앞의 논문, 16~17·22쪽.
96) 濱田耕策, 1974, 「高句麗廣開土王陵碑文の硏究」『朝鮮史硏究會論文集』11, 16~17쪽; 武田幸男, 앞의 논문, 77~78쪽 참조.
　　다만 빈전경책은 8년조의 정복 대상을 예(穢)로 보았으므로 대전치문의 수렴 범위에 포함시켰지만, 무전행남은 숙신(肅愼)으로 보았기 때문에 8년조를 포함시키지 않았다.
97) 濱田耕策, 1974, 앞의 논문, 24~25쪽.
98) 千寬宇, 앞의 논문, 531~532쪽.
99) 金永萬, 앞의 논문, 1980, 30~31쪽.
100) 徐榮洙, 앞의 논문, 405~409쪽.
　　이러한 성격 규정은 5년과 20년의 북방 경략에 관한 기사를 제외한 남진 정복의 기사 중에서 8년의 복속 대상을 신라로 보고, 신묘년기사를 6년의 백제 정복과 8년의 신라 복속에 대한 명분으로 파악한 데서 나왔다.

부분에 신라의 보입을 전제하고, 8년조의 정복 대상에 대한 비정과 비문에서 차지하는 왜의 역할에 대한 해석 차이에서 기인했다.

여기에서는 결자 부분에 '王'과 '任那加'羅를 보입했으므로 6년의 백제와 10년의 임나가라 정복까지를 총괄하는 도론으로 이해하고자 한다. 이와 같은 도론은 왜의 활동이 5년의 패려 정벌 이전부터 있었을 뿐만 아니라, 8년의 백신에 대한 정복과 9년의 평양 순수에서 신라의 구원 요청으로 10년에 임나가라의 정복이 이루어진 복잡한 상황을 압축적으로 제시할 필요가 있었기 때문이다. 이러한 해석 방법은 정복 활동의 역사적 의미를 포착하기 위한 전제로서, 비문의 구조적 분석을 기초로 신묘년기사를 이해한 일련의 연구 경향과는 다를 수밖에 없다. 광개토왕의 정복은 거란 정벌에서 시작되었다.

영락 5년(395) 을미에 왕은 稗麗가 사람을 □□하지 않았기 때문에 궁솔하고 가서 토벌하였다. 富山과 負山을 지나 鹽水 상류에 이르러 그 세 부락의 6·7백 영을 깨뜨리고, 노획한 우마와 양떼는 헤아릴 수 없었다. 이에 御駕를 돌려 襄平道를 지나 동쪽으로 □城, 力城, 北豊, 五備□로 오면서 영토를 둘러보고 田獵을 행하면서 돌아왔다.[101]

패려는 거란 8부의 하나로서 시라무렌하의 유역에 산재하던 필혈부(匹絜部)로 추정된다.[102] 거란은 일찍이 고구려의 북변을 침범해서 여

---

101) 〈廣開土大王碑〉. "永樂五年歲在乙未 王以稗麗不□□人 躬率往討 過富山負山 至鹽水上 破其三部洛六七百營 牛馬群羊不可稱數 於是旋駕 因過襄平道 東來□城 力城 北豊 五備□ 遊觀土境 田獵而還."
　　이하에서 인용하는 비문은 다음의 석문을 이용한 것이다(盧泰敦, 1992, 「廣開土王陵碑」『譯註韓國古代金石文』I, 駕洛國史蹟開發研究院).

102) 박시형, 앞의 책, 154쪽 참조.

덮 부락을 함락시킨 바가 있었다.[103) 이에 대해 광개토왕은 거란을 정벌하여 남녀 5백 명을 사로잡았으며, 그들에게 잡혀간 고구려인 1만 명을 데리고 돌아온 일도 있었다.[104) 이로써 보면 정벌 이유는 패려가 고구려인에 대한 노략을 그치지 않았던 데 있었을 것이다. 이때 유목 사회의 집락인 부락-영을 깨뜨리고 무수한 목축물을 전리품으로 획득했다.

또한 광개토왕은 귀환하는 길에 요동지방의 영토를 둘러봄으로써 〔遊觀〕 영역을 통제하고 군사 훈련으로서 전렵을 실시했다. 이것은 정치와 군사 활동을 수반한 고구려왕의 전형적인 순수를 보여줄 뿐만 아니라 요동지방이 고구려의 관할하에 있었던 사실을 알려준다.[105) 다음의 정복 대상은 연래의 숙적인 백제였다.

그러므로〔以〕 6년(396) 병신에 왕은 □軍을 궁솔하고 殘國을 토벌하였

---

103) 『三國史記』卷18, 小獸林王 8年.
104) 『三國史記』卷6, 廣開土王 卽位年.
105) 金瑛河, 앞의 책, 157~158쪽.
　　　이에 대해 후연(後燕)이 385년에 고구려로부터 빼앗은 현토군과 요동군을 390년대 중반까지 안정적으로 지배했으므로 광개토왕의 요동 순수는 불가능한 것으로 보는 한편, 비문의 찬자가 400년에서 402년 사이에 이루어진 고구려의 요동 진출을 광개토왕의 패려 정벌에 이은 요동 순수로 둔갑시켜 서술한 것으로 이해하기도 한다(여호규, 2005, 「〈광개토왕릉비〉에 나타난 고구려의 對中認識과 대외정책」, 『역사와 현실』55). 그러나 후연이 『자치통감』권111, 진기33, 안제 융안 4년에서 요하 이동의 신성(新城) 과 남소성(南蘇城)을 공취하고 700여 리를 개척한 사실은 후연의 요동 지배가 불안정했을 뿐만 아니라 고구려가 400년 이전부터 요동지방을 관할하고 있었을 가능성을 시사한다. 이러한 경우 패려를 정벌할 때 이미 요동 공략의 전략도 수립되어 있었기 때문에 군마와 군량으로 전용하기 위해 막대한 양의 우마와 양떼를 노획했을 것이며, 광개토왕은 패려 정벌에 동원되었던 군대를 재정비하여 돌아오면서 전투의 기능을 내포한 전렵을 통해 요동지방을 다시 차지했을 수도 있다. 『삼국사기』권13, 동명성왕 즉위년에 의하면 주몽은 전렵의 형식을 빌려서 비류국(沸流國)을 정벌한 일도 있었기 때문이다.

다. (중략) 그리하여 殘主가 곤핍해져 남녀 生口 1천 인과 細布 천 필을 바치고, 왕에게 무릎을 꿇고 스스로 지금부터 길이 奴客이 될 것을 맹서하였다. 太王은 과거의 미혹했던 잘못을 은혜로써 용서하고, 향후 순종할 성의를 마음에 새겼다. 이때 58성과 7백 촌을 획득하고 殘主의 동생과 대신 10인을 데리고 군대를 돌려 환도하였다.[106]

여기에서 순접의 접속사 '以'는 잔국(殘國), 즉 백제가 왜와 연합하여 고구려에 도전한 정복 이유로서 신묘년기사를 가리킨다. 잔주인 백제의 아신왕은 공물을 헌상하고 광개토왕의 노객이 될 것을 맹서함으로써 신민이 되었으며, 광개토왕이 용서한 주요 내용에는 왜와의 관계 단절도 포함되었을 것이다. 이때 광개토왕은 농경지대의 거점과 집락인 성-촌을 획득하는 전과를 올렸으며, 볼모로 데려간 백제왕의 동생은 아신왕의 사후에 일어난 정변으로 미루어 막내아우인 설례(䃟禮)로 짐작된다.

고대사회의 기본 질서인 주노관계(主奴關係)에서 주체의 상대 개념인 노객은 주인에 대한 노예와 왕에 대한 신민을 가리키는 이중의 의미를 내포한다. 노객을 매개한 고구려의 지배질서는 세력권 내의 북부여수사(北夫餘守事) 모두루(牟豆婁)는[107] 물론 복속되어 있던 신라에 이르기까지 중층적으로 구축되어 있었다. 주노관계의 이념적 근거는 유교적인 천명보다 고유신앙에 기초한 고구려 왕실의 천손의식이었을 것이다. 이러한 노객의 개념이 백제의 아신왕에게도 적용됨으로써, 대

---

106) 〈廣開土大王碑〉. "以六年丙申 王躬率□軍 討伐殘國 (中略) 而殘主困逼 獻出男女生口 一千人 細布千匹 跪王自誓 從今以後 永爲奴客 太王恩赦□迷之愆 錄其後順之誠 於是 得五十八城村七百 將殘主弟幷大臣十人 旋師還都."
107) 〈牟豆婁墓誌〉.

왕—노객의 개인적인 주노관계하에서 국가적 복속관계의 속민으로 간주된 백제인은 노예로 잡혀가거나 공납을 부담하지 않을 수 없었다. 서남 방면에서 백제를 복속시킨 광개토왕은 교차적으로 동남 방면의 백신에 대해 복속 내용을 갱신했다.

> 8년(398) 무술에 偏師를 교견하여 帛愼土谷을 살펴보았다. 이로 인해 莫□羅城과 加太羅谷의 남녀 3백여 인을 초략했는데, 이로부터 조공하고 論事하게 되었다.[108]

백신(帛愼)은 식신(息愼)으로 판독하고 숙신(肅愼)으로 비정하지만, 또 다른 판독인 백신에 근거하여 정복 대상을 달리 파악하고자 한다. 이러한 경우 수묘인으로 차정되었던 한(韓)·예(穢) 중에서 예인 동예 지방일 수도 있다.[109] 낙랑군과 대방군이 물러난 뒤 동예는 다시 고구려의 영향 아래 놓이게 되었는데, 여기에서 '토곡'은 동예의 남쪽 경계로서 평강과 안변을 잇는[110] 남북의 자연 경계인 추가령구조곡을 가리키는지도 모른다. 따라서 광개토왕이 소규모의 편사를 보내 백신토곡을 살펴본[觀] 것은 엄밀한 의미의 정복 활동이 아니며, 요동지방에 대한 순수처럼 복속지역에 대한 영역 확인으로서 고구려왕의 순수를 대신한 것이었다.

순수는 천자가 제후를 찾아가서 맡긴 바의 소수(所守)를 살피는 것이고, 술직은 제후가 천자에게 조회하고 맡은 바의 소직(所職)을 아뢰

---

108) 〈廣開土大王碑〉. "八年戊戌 敎遣偏師 觀帛愼土谷 因便抄得莫□羅城加太羅谷男女三百餘人 自此以來 朝貢論事."
109) 濱田耕策, 1974, 앞의 논문, 11~12쪽.
110) 李丙燾, 앞의 책, 230쪽 참조.

는 의미이다.[111] 이러한 개념에 따르면 고구려의 지방관명에 보이는 수사(守事)는 왕으로부터 특정 지역을 위임받아 다스린 소수에서 연유했고, 수사가 왕에게 조공하고 맡은 바의 소직을 보고하는 데서 논사(論事)가 파생되었을 것이다. 광개토왕이 추구한 고구려 중심의 지배질서를 고려할 때, 먼저 직속의 편사를 파견하여 복속되어 있던 영역을 확인한 다음 조공·논사하도록 조치한 조건에 맞는 대상은 동예일 수 있었다. 이처럼 백신에 대해서는 조공하고 정사를 보고하는[論事] 관계로 전환함으로써 복속 내용을 강화했다. 한편 고구려에 복속한 백제가 왜와의 관계를 재개함으로써 남부 방면에서 정세 변화가 일어났다.

　9년(399) 기해에 百殘이 맹서를 어기고 倭와 화통했으므로, 왕은 평양으로 巡守하여 내려갔다. 그런데 新羅가 사신을 보내 왕에게 사뢰기를, 倭人이 국경에 가득 차서 城池를 허물어뜨리므로 奴客으로서 民이 되어 귀왕하고 왕명을 요청한다고 말하였다. 太王의 은혜는 자애롭게도 그 충성을 가상하게 여기고, 사신을 보내 돌아가서 □計를 알렸다.[112]

이것 역시 구체적인 정복 활동은 아니며, 백제가 맹서를 어기고 왜와 화통한 데 대한 군사 활동으로서의 순수였다. 고구려의 순수에서 왕들은 순수지에 2~7개월을 머물면서 군국의 정사를 처리하고 있었다.[113] 이러한 사실로 미루어 광개토왕도 평양에 장기간 체류하면서 백

---

111) 『孟子』卷2, 梁惠王章句 下. "天子適諸侯曰巡狩 巡狩者巡所守也 諸侯朝於天子曰述職 述職者述所職也."
112) 〈廣開土大王碑〉. "九年己亥 百殘違誓與倭和通 王巡下平穰 而新羅遣使白王云 倭人滿 其國境 潰破城池 以奴客爲民 歸王請命 太王恩慈 矜其忠誠 □遣使還告以□計."
113) 金瑛河, 앞의 책, 140~143쪽.

제 압박, 신라 구원, 임나가라 복속 등을 지휘했을 것이다. 이때 신라의 내물왕은 광개토왕의 노객으로서 신민이라는 입장에서[114] 왕에게 귀의하여 구원을 요청했다. 광개토왕은 신라와의 복속관계를 존속시키기 위해 원병을 허락했다.

10년(400) 경자에 보병과 기병 5만을 교견하여 신라로 가서 구원하였다. 男居城에서 新羅城에 이르니, 倭가 그곳에 가득하였다. 관군이 도착하자마자 왜적은 물러났다. (중략) 뒤를 급히 추격하여 任那加羅에 이르러 성을 공략함에 따라 성은 곧 귀복하였다.[115]

백제와 다시 화통한 왜가 임나가라를 근거로 신라를 침입했으므로, 광개토왕은 신라에게 알려준 계책대로 대규모의 군대를 파견했다. 고구려의 관군은 신라의 왕성을 구원했을 뿐만 아니라 임나가라의 왕성을 공략하여 귀왕 복속시킴으로써, 김해지방의 임나가라와도 일시적이나마 복속관계를 맺기에 이르렀다.

한편 신라왕은 과거에 몸소 고구려로 가서 정사를 보고하지〔論事〕 않았지만, 구원에 대한 감사의 표시로 친히 조공과 아울러 논사한 것

---

114) 박시형, 앞의 책, 187쪽 참조.
    이에 대해 빈전경책은 고구려의 노객인 신라인을 약탈해서 왜의 민으로 삼은 것으로 해석했고(1974, 앞의 논문, 20쪽), 무전행남은 고구려의 노객이던 백제를 왜의 민으로 삼은 것으로 보았다(1978b, 「高句麗好太王碑文にみえる歸王について」『古代東アジア史論集』上, 吉川弘文館, 91~92쪽).
115) 〈廣開土大王碑〉. "十年庚子 敎遣步騎五萬 往救新羅 從南居城 至新羅城 倭滿其中 官軍方至 倭賊退 (中略) □□背急追至任那加羅 從拔城 城卽歸服."
    여기에서 '從拔城'은 일반적으로 성의 이름으로 해석하나, 왕성에 대한 공략 행위가 없이 귀복한 것으로 보기 어렵기 때문에 성을 공략함에 따라서의 뜻으로 읽는다. 한편 이형구는 이때 공파한 대상을 임나가라로 보지 않고 왜적으로 보았는데(앞의 논문, 40쪽), 결자 부분에 왜구를 보입한 데서 나올 수밖에 없는 해석이었다.

으로 추측된다.[116] 이에 대해 신라는 신묘년 이전에 고구려에 조공하는 속민이었고 그 이후에는 왜의 신민이었으나, 신라가 399년 이후 광개토왕에게 귀왕했으므로 400년에 고구려에 대해 조공한 것으로 이해하기도 한다.[117] 그러나 내물왕이 구원을 계기로 고구려에 친조함으로써, 복속 내용은 기왕의 복속관계에서 조공관계로 더욱 강화되었던 것이다. 이제 신묘년기사가 총괄한 정복 활동은 끝났으나 광개토왕은 새로운 상황에 직면했다.

14년(404) 갑진에 그런데도〔而〕 왜가 不軌하게도 帶方界로 침입하였다. 왕은 □□을 궁솔하고 평양으로부터 나아가 교전하게 되었다. 왕의 군대가 크게 무찌르니, 왜구가 궤패하므로 무수히 참살하였다.[118]

여기에서 역접의 접속사 '而'는 왜가 이미 396년과 400년에 걸쳐 두 차례나 패퇴했음에도 불구하고를 의미한다. 또한 신묘년기사로 직접 수렴되지 않는 정복 활동이었으므로, 정벌 이유로서 상궤를 벗어난 의미의 '불궤'가 다시 제시될 수밖에 없었다. 이번 정벌은 왜와의 우호관계를 재개했던 아신왕이 이 해에 죽음으로써 야기된 정변과 무관하지 않았다. 아신왕의 계제(季弟) 설례(碟禮)가 태자 전지의 귀국을 기다리며 섭정하던 중제(仲弟) 훈해(訓解)를 죽이고 왕위를 찬탈했던 것이다.[119]

---

116) 〈廣開土大王碑〉. "十年庚子 (前略) 昔新羅寐錦未有身來論事 □國岡上廣開土境好太王 □□□□寐錦□□僕句□□□□朝貢."

117) 武田幸男, 1978b, 앞의 논문, 77~78쪽.

118) 〈廣開土大王碑〉. "十四年甲辰 而倭不軌侵入帶方界 (中略) 王躬率□□ 從平穰□□□ 鋒相遇 王幢要截盪刺 倭寇潰敗 斬殺無數."

119) 『三國史記』卷25, 腆支王 卽位年; 『日本書紀』卷10, 應神天皇 16年.

인질을 매개로 복속관계를 유지하려는 고구려가 2년 전에 신라의 실성왕을 지원했던 것처럼 설례를 귀국시킨 다음 그의 찬탈을 후원했을 것으로 추측된다. 그러나 해충(解忠)이 친왜 성향의 훈해파와 더불어 친고구려 성향의 설례파를 제거하자, 전지를 호위하며 섬에 머물던 왜군이 백제와 함께 그의 즉위를 보장하기 위해 대방지방으로 침입했을 수 있다. 이에 광개토왕은 설례의 피살에 대한 응징으로 왜구를 참살하고 백제를 다시 압박했겠지만, 전지왕이 동진 및 왜와의 우호를 추구함으로써[120] 고구려에 대한 복속관계는 지속될 수 없었다. 고구려가 나중에 복속-공납보다 점령-지배를 위해 평양으로 천도한 이후 백제와 신라에 대해 다시 교차적 남진을 추진할 수밖에 없었던 배경이었다. 이러한 고구려의 남진은 요동을 둘러싼 후연과의 갈등으로 말미암아 또 다른 난관에 봉착했다.

17년(407) 정미에 보병과 기병 5만을 교견하여 合戰하고 모두 휩쓸어 죽였다. 노획한 鎧鉀이 1만여 벌이고, 군수 물자와 기계도 헤아릴 수 없었다. 돌아와서 沙溝城, 婁城, □住城, □城, □□□□□城을 공파하였다.[121]

여기에서 정벌 대상은 비문의 마멸로 알 수 없다. 후연(後燕) 또는 백제로 추정하지만, 후연을 정벌하고 돌아와서 다시 백제의 사구성을 비롯한 여러 성을 공파했을 것이다.[122] 전진에 의해 일시 통일되었던

---

120) 『三國史記』卷25, 腆支王 5·12·14年.
121) 〈廣開土大王碑〉. "十七年丁未 教遣步騎五萬 □□□□□□□□□師□□合戰 斬煞蕩盡 所獲鎧鉀一萬餘領 軍資機械不可稱數 還破沙溝城 婁城 □住城 □城 □□□□□城."
122) 姜在光, 2009, 「高句麗 廣開土王의 遼東確保에 관한 新考察」『韓國古代史探究』2, 38~39쪽.

북중국이 다시 분열했을 때, 모용수(慕容垂)가 384년에 전연을 이어 후연을 세웠다. 광개토왕은 요동지방을 순수한 이후 후연에 조공한 바도 있었지만, 후연과는 신성, 남소성, 숙군성, 요동성, 목저성 등지에서 공격전 2회와 방어전 3회로[123] 각축을 벌이는 긴장관계의 연속이었다.

고구려가 대규모의 군대를 파견하여 막대한 전리품만을 획득했을 뿐 복속관계를 맺지 않은 점은 후연에 대한 정벌의 반증일 수 있다.[124] 그러한 다음 백제를 다시 공격한 목적은 복속관계의 회복에 있었을 것이다. 그러나 광개토왕이 백제와의 관계를 고려하여 남부 방면으로 순수하고,[125] 전지왕이 고구려의 남침에 대비하여 동북 변경에 사구성(沙口城)을 축조한[126] 데서 보듯이 여의치 못했다. 이러한 상황에서 광개토왕은 자신의 정복 활동을 부각시킬 대상이 필요했다.

> 20년(410) 경술에 東夫餘는 옛날부터 鄒牟王의 屬民이었다. 중도에 배반하고 조공하지 않으므로, 왕이 궁솔하고 가서 토벌하였다. 군대가 東夫餘城에 이르자, 온 나라가 놀랐다. (중략) 왕의 은덕은 널리 미쳤으며, 이에 御駕를 돌려 왕도로 돌아왔다.[127]

---

123) 『三國史記』卷18, 廣開土王 9 · 11 · 13 · 14 · 15年.
124) 더구나 영락 17년의 정복 내용 가운데 '□師□□合戰'의 결자 부분을 '王師四方合戰'으로 판독할 수 있다면(王健群, 앞의 책, 154쪽), 이 전투는 야전에서 유목사회의 중무장한 군대로 이루어진 후연의 방진(方陣)을 상대로 치러졌을 가능성을 시사한다. 이와 같은 사실은 전투 결과로 노획한 개 · 갑과 군수 물자 및 기계의 성격은 물론,『삼국사기』권17, 동천왕 20년에 위의 유주자사 관구검이 위기 상황에서 방진으로 고구려군 18,000여 인을 죽인 사실로도 방증할 수 있다.
125) 『三國史記』卷18, 廣開土王 18年.
126) 『三國史記』卷25, 腆支王 13年.
127) 〈廣開土大王碑〉. "廿年庚戌 東夫餘舊是鄒牟王屬民 中叛不貢 王躬率往討 軍到餘城 而餘□國駭□□□□□□□□□ 王恩普覆 於是旋還."

동부여는 285년에 모용외(慕容廆)의 공습으로 자살한 부여왕 의려 (依慮)의 자제 일파가 옥저로 피난하여 세운 나라인데, 북옥저의 고지 인 간도지방이 중심지였을 것으로 추정된다. 시조 주몽 때부터의 속민 이라는 사실 왜곡은 동부여가 고구려의 세력권 내에서 재건한 부용세 력이라는 현실에 기초했을 것이다. 따라서 고구려의 동부여에 대한 지 배 방법은 광개토왕의 노객으로서 선조가 주몽을 따라온 것으로 인식 된 북부여수사 모두루와 마찬가지로 광개토왕의 노객인 '동부여수사' 에게 위임되었을 것이다. 이에 광개토왕은 순수에 준하는 군사 활동을 통해 조공하지 않은 동부여수사에 대해 은덕을 베풀어 조공관계를 회 복시켰다. 서천왕이 288년에 신성, 즉 이곳의 책성으로 가서 해곡태수 (海谷太守)로부터 고래의 눈을 헌상받았던 영역 통제로서의 순수와 크 게 다르지 않았을 것이다.[128]

이상에서 검토한 바와 같이 광개토왕의 정복 활동은 대상의 비중, 명분의 유무, 동원의 규모, 그리고 정복 후의 조치 등 상황에 따라 적 의하게 이루어지고 있었다. 정복 방법은 패려·백제·왜·동부여에 대 해서는 명분에 따른 궁솔형이었고, 백신·신라·임나가라·후연에 대 해서는 군대를 파견한 교견형이었다. 이러한 형식이 정복 결과로서 백 제·임나가라에 대한 신민·복속관계의 성립, 백신·신라·동부여에 대한 조공·논사관계로의 전환, 패려·왜·후연에 대한 전과만의 획득 과 상관관계에 있는 것은 아니었다. 신묘년기사의 주어가 왜일 수밖에 없다는 관점으로 정복 방법에 관한 영락 6·9·10·14·17년조의 분 석에서 대전치문설의 유효성을 강조하고 있지만,[129] 여기에서 광개토

---

128) 金瑛河, 앞의 책, 151~152·156쪽.
129) 武田幸男, 2009, 앞의 책, 57~60쪽.

왕의 정복 결과로서 지배질서로의 편입 여부와 그 내용에 관한 역사적 의미를 검토하지 않을 수 없었던 이유이다.

백제·임나가라는 왜와 연합하여 고구려의 지배질서에 도전했기 때문에, 광개토왕은 정복을 통해 새로이 복속관계를 맺었다. 백신·신라·동부여는 이미 고구려에 복속되어 있었으므로, 광개토왕은 순수 또는 그에 준하는 군사 활동을 통해 조공관계로 내용을 강화했다. 다만 유목사회의 패려·후연, 백제와 연합한 바다 건너의 왜는 고구려의 지배질서로 편입될 수 없는 속성 때문에 정벌에 따른 전과 획득의 대상일 뿐이었다. 이러한 입장에서 볼 때, 신묘년기사의 결자 부분에 고구려가 신민으로 삼는 대상으로 신라와 왜 또는 왜구를 상정한 보입은 당시의 국제관계 및 고구려의 지배질서와 맞지 않았다.

맺음말

신묘년기사는 〈광개토대왕비〉의 전체 비문에 비추어 극히 일부에 지나지 않았다. 다만 근대 이후 일본과 한국이 경험한 역사의 암영이 짙게 드리움으로써, 신묘년기사가 전하려던 실상 파악에 장애가 있었을 따름이다. 이러한 의미에서 신묘년기사의 보입과 해석은 역사학자에게 객관성의 의미를 묻는 일종의 시금석이었다. 여기에서는 광개토왕의 정복 결과로 편제된 고구려의 지배질서와 관련하여 새로운 해석을 시도했다. 역시 보입과 해석의 자의성으로부터 자유로운 것은 아니지만, 검토했던 바의 내용은 다음과 같다.

신묘년기사의 국제관계는 고구려와 백제의 적대관계 및 고구려와 신라의 우호관계를 기본으로 백제와 신라, 신라와 왜의 관계가 연동하고 있었다. 신라가 전진과의 통교를 계기로 고구려에 대한 종속적인 입장으로 선회함으로써, 신라와 백제는 적대관계로 바뀌었다. 백제가 고구려와 대적하기 위해 왜를 동원하여 신라를 견제함으로써, 신라와 왜는 적대관계로 전환했다. 한편 백제와 연합한 왜는 한반도 남부의 정세 변화에 변수로 작용했을 뿐이다.

일본학계는 신묘년기사의 결자 부분에 신라의 보입을 전제로 부사·동사를 보입하거나, 고유명사인 임나 또는 가라를 보입했다. 고대 일본이 백제·임나·신라를 복속시키고 고구려와 대적했다는 임나일본부설의 근거였다. 보입의 자의성이 농후했던 신묘년기사의 연구에 대한 근본적인 문제 제기로 왜주어·주체설에 대한 비판이 제기되었지만, 고대의 한·일관계를 파악하는 인식 방향은 쉽게 바뀌지 않았다.

한편 비문변조설에 자극된 한국학계에서는 임나일본부설을 비판하려는 고구려주어설이 주류를 이루었다. 신민의 주체 파악에서는 백제와 고구려로 나누어졌고 다양한 결자 보입이 시도되었다. 신묘년기사에 대한 수정 판독이 이루어졌으며, 결자 부분에는 신민의 대상으로서 왜 또는 왜구를 보입하는 경우도 있었다. 특히 확대 수정의 경우에는 신묘년기사의 검토에서 최소한의 사실조차 공유하지 못할 우려가 없지 않았다.

묵수곽전본과 달리 원석 탁본에서 '海' 자는 물론 '斤' 방도 식별하기 어려웠다. '海' 자와 '新' 자의 판독에 기초한 신묘년기사의 해석을 재검토할 수밖에 없는 금석학적 조건이었다. 비문의 정복 활동에서는 주어로서 왕과 태왕을 빠짐없이 명기하고 있었다. 신묘년기사의 독해에서 주어인 광개토왕이 생략된 것으로 볼 수 없는 논지에 대한 한문법적 방증이었다. 이에 '來渡□破'의 1자 결자와 '□□□羅'의 3자 결자에 각각 '王' 자와 '任那加'羅의 보입을 시론했다. 광개토왕은 이미 복속되어 있던 신라를 새삼 정복할 이유가 없었던 데 반해, 왜와 연합한 백제 및 임나가라가 새로이 고구려에 복속되었기 때문이다.

이러한 관점에서 신묘년기사는 6년의 백제 항복부터 10년의 임나가라 귀복까지를 총괄하는 도론이었다. 정복 활동의 해석에서는 비문의 구조 분석보다 역사적 의미 파악에 주목했다. 광개토왕은 정복하여 고구려 중심의 지배질서 내로 편제하거나 정벌하여 전과만을 획득할 대상으로 구분하고 있었다. 백제·임나가라에 대해서는 정복-복속관계를 맺었고, 백신·신라·동부여에 대해서는 순수-조공관계로 강화했다. 한편 고구려의 지배질서에 포함될 수 없는 패려·왜·후연은 정벌-전과 획득의 대상일 따름이었다.

비문의 전체 내용은 천·지·인에 관한 고구려 고유의 신앙을 유교적 관념인 황천에 미친 은택, 사해에 떨친 위무, 서민의 안정된 생활로 분식하여 부강한 나라와 유족한 백성의 이상을 구현한 광개토왕의 시호로 집약되었다. 이처럼 역사·영토·대왕의식을 응축하여 왕도에 세운 〈광개토대왕비〉는, 고구려에 대한 신라의 발전 시차에 따라 진흥왕이 동일한 맥락에서 560년대에 변경에 세운 〈진흥대왕순수비〉와 더불어 대왕전제체제의 단계를 웅변하고 있었다.

(「廣開土大王陵碑의 정복기사해석」『韓國古代史研究』66, 2012)

II

일제시기의 진흥대왕순수비론

머리말

역사연구에서 같은 주제를 실증하면서도 다른 결론이 도출되는 경우가 적지 않다. 이것은 사실과 해석에 관한 근본적인 문제로서 근대에 이루어진 고대사 연구에서 흔히 나타난다. 사료가 부족한 고대와 근대의 시간적 거리가 먼 까닭도 있지만, 근대에 이르러 주목되기 시작한 고대의 인식에서 상이한 입장들이 존재했기 때문이다. 일제시기의 〈진흥대왕순수비〉에 대한 연구도 예외가 아니며, 오히려 한국 고대의 금석문에 대한 일제 식민사학의 논리가 잘 드러나는 사례이다.

〈진흥대왕순수비〉를 구성하는 제기(題記), 기사(紀事), 수가인명(隨駕人名)의 세 부분은 한국고대사에 관한 많은 정보를 제공한다. 조선시대에 그 존재가 이미 알려졌던 북한산비와 황초령비에 더하여, 1914년에 창녕비와 1929년에 마운령비가 추가로 발견되었다. 이 중에서 황초령비와 마운령비는 『삼국사기』가 진흥왕대의 동북경으로 기록한 비열홀

(比列忽)보다 더욱 북방에 건립됨으로써 당시의 영역 발전에 관한 사실을 실물로 알려주고 있다.

따라서 조선시대에 한백겸(韓百謙)이 『동국지리지』에서 황초령비와 마운령비를 근거로 신라가 동옥저지방을 영유했던 사실을 언급한 이래, 이후 존재가 불명해진 마운령비를 제외한 황초령비에 대해서는 대체로 정계비로 파악함으로써[1] 진흥왕대의 동북경을 인식하는 사료로 적극 활용했다. 김정희(金正喜)가 신라의 동북경을 연구하는 데 문헌보다 금석문 자료로서 황초령비의 중요성을 강조했던 이유이다.[2]

그러나 일제시기에 만주와 조선의 역사를 주로 연구한 동양사학자들이[3] 황초령비와 마운령비에 대해 위작설(僞作說)과 이치설(移置說)을 제기했다. 이러한 견해는 고대 일본에서 진흥왕의 순수비와 같은 성격의 사료 부재에서 기인하거나, 고대에서 한국과 만주의 경역을 획정하려는 식민사학으로서의 만선사관(滿鮮史觀)에서 연유했을 수 있다. 여기에서는 전자와 같이 비교 가능한 사료 부재의 영향이 없지 않았을지라도, 역시 후자가 부정적인 논의를 촉발시킨 배경이었을 가능성을 확

---

1) 〈진흥대왕순수비〉를 정계비의 관점에서 고찰한 조선시대 문헌의 내용 검토는 다음 논문이 참고가 된다(崔南善, 1930, 「新羅眞興王の在來三碑と新出現の磨雲嶺碑」『靑丘學叢』2, 69~75쪽 참조). 여기에 인용된 문헌 이외에 丁若鏞, 『與猶堂全書』6集, 疆域考2, 沃沮考에서도 "又按 東史云眞興王十六年巡狩北道 與句麗定界 其碑在咸興府北岬黃嶺下 若然咸興永興亦嘗爲新羅所得 然正史無文 未可詳也"라고 하여 함흥 북방의 황초령비를 신라와 고구려 사이의 정계비로 인식하고 있었다.

2) 金正喜, 『阮堂集』卷1, 新羅管境碑. "大槩此碑 非徒爲我東金石之祖 新羅封疆 以國乘攷之 纔及於比列忽－卽安邊－ 不因此碑 何以更知其遠及於黃草嶺耶 金石之有勝於史乘如是 古人所以寶重金石 豈止於一古物而已耶."

3) 나가통세(那珂通世)와 백조고길(白鳥庫吉)이 개척하고 지내굉(池內宏), 진전좌우길(津田左右吉), 도엽암길(稻葉岩吉) 등에 의해 발전된 일본의 동양사학은 일본사학의 일선동조론에 대해 비판적이었으며, 러‧일전쟁의 승리로 대두된 현실의 만한경영을 역사학의 측면에서 실행하기 위해 주로 만선사의 연구에 종사하고 있었다(旗田巍, 李基東 譯, 1983, 『日本人의 韓國觀』, 一潮閣, 143~147쪽).

인하고자 한다.

이에 황초령비와 마운령비의 위작설 및 이치설의 부당성 비판은 물론, 부정적인 논의가 제기된 사회적 여건과의 관련성에 주목하려는 것이다. 우선 진흥왕대의 북방 개척에 관한 기본 사료의 정리를 통해 문헌과 금석문 자료에서 사실의 괴리를 확인한 다음, 이와 관련하여 일제시기에 전개된 진흥왕의 순수비에 관한 논의를 위작설과 이치설을 중심으로 살펴보기로 한다. 마지막으로 이러한 부정적인 논의와 만선사관의 상호 관련성을 검토함으로써, 그것이 갖는 사학사적 의미를 파악하고자 한다.

만선사관은 타율성의 논리에 입각하여 시공적으로 왜곡된 한국의 역사상을 구축하려고 노력했다. 이에 따른 만선사관의 연구 경향에 관한 포괄적인 검토와 비판은 있었지만,[4] 구체적인 연구 사례에 대한 비판적 검토는 소홀한 바가 없지 않았다. 만선사관에서 신라의 삼국 통일에 대한 강조가 한국사에서 발해의 역사를 배제하려는 논리였던 것처럼,[5] 진흥왕의 순수비에 관한 부정적 논의는 한국과 만주의 경역을 역사적으로 획정하려는 데서 파생된 또 다른 실례에 해당할 것이다.

1. 진흥왕대의 동북경 개척

신라는 진흥왕대에 활발한 정복 활동을 벌여 세력 판도를 크게 확장할 수 있었다. 진흥왕은 정복지역을 순수하고 통치영역을 확인하는

---

4) 旗田巍, 李基東 譯, 앞의 책, 139~153쪽 참조.
5) 김영하, 2007, 『新羅中代社會研究』, 일지사, 69~75쪽 참조.

기념비를 세웠는데, 그것은 고대국가의 완성을 알리는 역사·영토·대왕의식의 집약적 표출이었다. 진흥왕의 순수비 가운데 특히 황초령비와 마운령비는 진흥왕대의 동북경에 관한 『삼국사기』의 내용과 맞지 않았다. 금석문과 문헌 자료가 언제나 일치하는 것은 아니지만, 일제시기에 두 비에 대해 부정적인 논의가 일어난 배경이었다.

이러한 논의 자체와 그것이 갖는 함의를 살펴보기에 앞서 논의와 관련된 기본 사료를 정리해볼 필요가 있다. 신라가 진흥왕대에 동북경은 물론 북방을 개척하던 저간의 사정을 『삼국사기』는 다음과 같이 전하고 있다.

> A 1) 진흥왕 12년(551), 3월에 왕이 순수하여 娘城에 이르렀다. (중략) 왕이 居柒夫 등에게 명하여 고구려를 치고 이긴 틈을 타서 十郡을 공취하였다. (『삼국사기』권4)
>
> 2) 진흥대왕 12년 신미에 왕이 居柒夫 (중략) 등 여덟 장군에게 명하여 백제와 함께 고구려를 쳤다. 백제인이 먼저 平壤을 공파하고, 거칠부 등은 이긴 틈을 타서 竹嶺 이외 高峴 이내의 十郡을 공취하였다. (『삼국사기』권44, 거칠부)
>
> 3) 진흥왕 14년(553), 추 7월에 백제의 동북지방을 탈취하여 新州를 설치하고 阿湌 武力을 軍主로 삼았다. (『삼국사기』권4)

진흥왕은 11년(550)에 고구려와 백제가 서로 공방을 벌이던 도살성과 금현성을 차지함으로써[6] 한강유역으로 진출할 수 있는 거점을 확보했다. 그러한 결과 사료 A에서 진흥왕은 낭성으로 순수한 뒤 거칠부

---

6) 『三國史記』卷4, 眞興王 11年.

를 시켜 고구려의 10군을 공취할 수 있었다. 신라와 연합한 백제는 평양을 차지한 반면, 신라는 죽령 이외 고현 이내의 10군을 점령했던 것이다. 여기의 평양은 본래 고구려의 북한산군을 포함하는[7] 한강의 하류유역인데, 진흥왕이 백제로부터 다시 빼앗아 서북경을 관할하는 신주를 두었다. 이때 점령한 고현의 위치 비정에 따라 동북경의 범위는 다르게 설정되고, 황초령비에 대한 부정적 논의의 논리도 달라지는 배경이 되었다. 이러한 신라의 북방 개척은 중요한 의미를 지녔던 까닭에 『일본서기』에도 다음과 같은 내용이 실려 있다.

> B 1) 흠명천황 12년(551), 이해에 백제의 聖明王이 친히 백제의 군사 및 두 나라의 병사－新羅와 任那를 말함－를 이끌고 고려를 쳐서 漢城의 땅을 얻고 다시 진군하여 平壤을 쳤다. 무릇 六郡의 땅인 故地를 회복하였다. (『일본서기』권19)
> 2) 흠명천황 13년(552), 이 해에 백제가 漢城과 平壤을 포기했으므로, 신라가 이로 인해 그곳으로 진출하였다. (상동)

신라가 한강의 하류유역으로 진출하는 과정을 전하는 사료 B1)과 B2)는 각각 사료 A1)·2)와 A3)에 대응되는 내용이다. 백제의 성왕이 회복한 지역은 한성과 평양을 아우르는 한강 하류의 6군이었지만, 백제가 '1년 뒤에 포기'함에 따라 신라가 진출할 수 있었다고 한다. 사료 B는 기본적으로 백제 중심의 서술이었으므로, 신라가 '2년 뒤에 탈취'한 것으로 전하는 사료 A3)과의 사이에 시기와 내용상의 차이가 있게 되었다.

---

7) 『三國史記』卷35, 漢州 漢陽郡.

어느 사료가 당시의 사실에 가까운지를 갑자기 판단하기는 쉽지 않다. 다만 신라가 한강의 하류유역을 점령한 다음 해에 성왕이 영토 상실에 대한 보복과 교통로 차단을 목적으로 가야와 함께 관산성을 공격한 사실로[8] 보아 후자일 가능성이 크다. 신라는 새로 획득한 서북경을 관할하기 위해 다음과 같은 일련의 조치를 취했다.

> C 1) 진흥왕 16년(555), 동 10월에 왕이 北漢山으로 巡幸하여 강역을 拓定하였다. (『삼국사기』권4)
>
> 2) 진흥왕 18년(557), 新州를 폐지하고 北漢山州를 설치하였다. (상동)
>
> 3) 진흥왕 29년(568), 동 10월에 北漢山州를 폐지하고 南川州를 설치하였다. (상동)

진흥왕은 사료 C에서 보는 바와 같이 북한산으로 순행하여 통치영역을 확정하고, 그곳을 관할하기 위해 설치했던 신주의 주치를 북한산주로 옮겼다가 다시 남천주로 물렸다. 이천으로 비정되는 남천주로[9] 주치의 이동이 있었더라도, 한강의 하류유역을 관할지역으로 포함하는 점에서는 변함이 없었다. 북경의 개척과 관할에 따른 주치 이동은 동북경에서도 마찬가지였다.

> D 1) 진흥왕 17년(556), 추 7월에 比列忽州를 설치하고, 沙湌 成宗을 軍主로 삼았다. (『삼국사기』권4)
>
> 2) 진흥왕 29년(568), 동 10월에 또 比列忽州를 폐지하고 達忽州를 설치하였다. (상동)

---

8) 『三國史記』卷4, 眞興王 15年.

9) 『三國史記』卷35, 漢州.

사료 D에서 보다시피 진흥왕은 북한산으로 순행한 다음 해에 비열홀주를 설치하여 동북경을 관할했다. 서북경의 북한산주에서 남천주로 주치를 이동시키던 해에 비열홀주에 두었던 주치도 달홀주로 물렸다. 비열홀주와 달홀주는 각각 안변과 고성으로 비정되는 곳으로서,[10] 사료 A2)에서 점령한 고현 이내의 지역에 대한 관할과 관련이 있었다. 진흥왕 29년 10월 이전의 동·서북경은 비열홀주와 북한산주가 맡았지만, 그 이후는 달홀주와 남천주가 관할하게 되었다. 이처럼 진흥왕대의 동·서북경에 관한 일련의 조치는 서로 연동되어 있었던 것이다.

이 밖에 진흥왕대에는 북방 개척에 따른 북한산주, 비열홀주의 설치 및 폐지와 더불어 비사벌주(比斯伐州), 감문주(甘文州), 대야주(大耶州) 등의 설치와 폐지에[11] 따른 주치의 이동도 있었다. 이 중에서 대야주를 제외한 네 주는 창녕비에서 이른바 사방군주(四方軍主)의 주치로 나오고 있다.

E. 辛巳年二月一日立 (前略) 四方軍主 比子伐軍主 沙喙登□□智沙尺干 漢城軍主 喙竹夫智沙尺干 碑利城軍主 喙福登智沙尺干 甘文軍主 沙喙心麥夫智及尺干. (창녕비. 수가인명)

진흥왕 22년(561) 신사년 2월 1일에 세워진 사료 E의 창녕비에서 사방군주의 주치로 거론된 비자벌(比子伐), 한성(漢城), 비리성(碑利城), 감문(甘文)은 각각 『삼국사기』의 비사벌주, 북한산주, 비열홀주, 감문주에 대응되는 곳이다. 변경 관할의 거점으로서 비사벌주에는 창녕비,

---

10) 『三國史記』卷35, 朔州 朔庭郡·溟州 高城郡; 『高麗史』卷58, 東界 安邊都護府·溟州 高城縣.

11) 『三國史記』卷4, 眞興王 16·18·26年.

북한산주에는 북한산비가 건립됨으로써 진흥왕의 정복지역에 대한 관심을 잘 알려준다. 이처럼 문헌 자료에서 진흥왕 29년 10월 이전의 북경은 북한산주와 비열홀주에 머물렀는데, 금석문 자료에서의 북경은 다음과 같다.

F 1) 眞興太王及衆臣等巡狩□□之時記. (북한산비, 제기)

2) □□□□□□□□八月卄一日癸未眞興太王□□管境刊石銘記也.
(황초령비, 제기)

3) 太昌元年歲次戊子□□卄一日□□□興太王巡狩□□刊石銘記也.
(마운령비, 제기)

사료 A3)에서 죽령 이북으로 진출한 이후의 북경과 관련된 사료 F에서 서북경의 북한산비 제기는 마모가 심해 건립 연대를 알 수 없다. 동북경의 황초령비와 마운령비는 거의 동일한 내용이므로, 비문에 마모가 있더라도 상호 보완을 통해 결자의 복원이 가능하다. 진흥왕은 29년(568)에 기왕의 개국(開國)에서 대창(大昌)으로 개원했는데,[12] 두 비는 그해 무자년 8월 21일에 진흥태왕(眞興太王)이 순수한 사실을 명기했던 것이다.

진흥왕이 동북경을 순수한 지 두 달 뒤인 29년 10월에 사료 D2)의 달홀주가 설치되었다. 진흥왕의 동북경 순수와 주치의 이동이 일정한 관련이 있음을 고려할 때, 서북경의 북한산비도 사료 C3)에서 남천주가 설치되던 진흥왕 29년에 건립되었을 가능성이 크다.[13] 이 중에서

---

12) 『三國史記』卷4, 眞興王 12·29年.

13) 한편 이병도는 북한산비의 건립 연대에 대해 처음에 진흥왕 22년~29년설을 주장했다 (1976, 『韓國古代史硏究』, 博英社, 679~682쪽). 그러나 나중에는 진흥왕의 북한산 순행

황초령비와 마운령비의 존재는 진흥왕 29년 10월 이전의 동북경이 비열홀이었던 것으로 전하는『삼국사기』의 내용과 맞지 않았다.

이러한 사료상의 괴리를 합리적으로 해석하기 위해 구체적인 실증이 필요하다. 금석문에 근거하여 문헌 자료를 보는 입장에서는『삼국사기』에서 신라의 동북경에 관한 기록의 누락 가능성을 고려할 수 있다. 문헌을 중심으로 금석문 자료를 보는 입장에서는 황초령비와 마운령비의 위작 또는 이치 가능성을 제기할 수 있을 것이다. 후대의 기록인 문헌보다 당시의 기록인 금석문을 중시하는 전자가 일반적인 방법이지만, 일제시기의 부정적인 논의는 후자의 방법을 따른 것이었다.

2. 일제시기의 부정적 논의

1) 위작설의 대두

일제시기에 〈진흥대왕순수비〉에 관한 최초의 연구는 내등호차랑(內藤虎次郎)에 의해 이루어졌다. 그는 신라 진흥왕대의 금석문이 지금까지 존재하는 사실이 이상하지 않다는 전제 위에서,[14] 북한산비와 황초령비의 탁본에 근거한 석문을 바탕으로 건립 연대와 현재의 위치에 대한 약간의 고증을 시도했다. 또 다른 비가 단천에도 있다는 설에 대해서는, 김정희가 명확한 증거가 없다고 언급한 사실을 소개하는 것으로 그쳤다.[15]

황초령비는 비문의 "歲次戊子"를 근거로 진흥왕 29년에 세워진 것

과 관련한 16년설을 제기하고, 북한산비에 나오는 남천군주(南川軍主)와 관련하여『삼국사기』권4, 진흥왕 29년에 나오는 남천주의 설치 연대가 오히려 잘못일 것으로 보았다 (1986,「北漢山 文殊寺 內의 石窟」『震檀學報』61, 1~3쪽).

14) 內藤虎次郎, 1911,「新羅眞興王巡境碑考」『藝文』2-4, 83쪽.

15) 內藤虎次郎, 앞의 논문, 82쪽.

을 알 수 있지만, 『삼국사기』의 동북경에 관한 기사와 맞지 않는다는 사실에 유의했다. 다만 사료 D2)에서 황초령에 이르는 지역을 관할하던 달홀주의 설치가 황초령비의 건립과 관련이 있을 것으로 추측했다.[16] 한편 북한산비도 비문의 남천군주(南川軍主)와 사료 C3)의 남천주를 관련시켜 진흥왕 29년에 세워진 것으로 추정하고, 이런 입장에서 사료 C1)에서 진흥왕 16년의 순행은 김정희의 고증을 따라 29년의 착오일 것으로 보았다.[17] 신라가 과연 고구려와 백제 사이의 북한산지역에 경계를 획정하는 비를 세울 수 있었을 것인가에 대한 의문도 있을 수 있지만, 사료 A와 B의 내용을 근거로 진흥왕이 북한산에 순수비를 세운 사실은 의심할 수 없는 것으로 단정했다.[18]

이처럼 내등호차랑은 두 비의 건립 연대를 간략하게 실증하는 한편, 신라의 영역이 발전하는 과정에서 북한산비의 위치는 의심할 수 없음을 밝혔다. 다만 황초령비의 위치에 대해서는 언급하지 않았는데, 이후 황초령비의 존재를 의심하는 견해가 나오게 되었다. 금석문보다 문헌 자료를 믿는 입장에서 황초령비에 대한 연구가 진행되었던 것이다. 진전좌우길(津田左右吉)은 내등호차랑의 석문에 근거하여 후세의 조작이라는 소위 위작설을 제기했다. 그는 진흥왕대의 정복지역에 관한 『삼국사기』의 사료 비판 위에서 황초령비를 이해했던 것이다.

먼저 사료 A2)의 고현을 임진강의 상류유역에 있는 마전과 영평 사이의 고현리로 비정함으로써, 이때 신라가 정복한 10군의 지역을 충주에서 여주, 양근, 포천 방면을 포함하는 것으로 보았다.[19] 다음으로 동

---

16) 內藤虎次郎, 앞의 논문, 83~85쪽.

17) 內藤虎次郎, 앞의 논문, 85쪽.

18) 內藤虎次郎, 앞의 논문 85~88쪽.

19) 津田左右吉, 1964, 「眞興王征服地域考」 『津田左右吉全集』11, 岩波書店, 75쪽.

북경에 대해서는 사료 D의 비열홀을 춘천 부근으로 비정함으로써, 지금의 춘천, 홍천, 원주의 서남 방면으로 이어지는 중앙산맥이 고구려와 경계를 이루었을 것으로 파악했다.[20] 다만 동해안지역에서 신라가 삼척으로부터 북진하여 강릉지방을 영유했다면, 이곳과 충주지방을 연결하는 한강의 상류유역인 영월, 정선, 평창 방면은 자연히 신라의 세력 범위로 편입되었을 것으로 보았다. 그렇더라도 이러한 지역들이 과연 진흥왕대에 신라로 편입되었는지, 아니면 그 이후에 편입되었는지에 대해서는 판단을 유보했다.[21]

이와 같이 진흥왕대의 동북경을 파악하면 황초령비의 존재에 대한 의심은 논리적으로 불가피했다. 진흥왕이 실제로 이곳을 순수했다면, 함흥 평야가 정복지역에 포함되기 때문에 『삼국사기』에 근거한 진전좌우길의 동북경에 관한 고증은 오류일 수밖에 없었다. 이에 그는 자신이 고증한 사실의 타당성 여부보다 황초령비와 문헌의 내용상 모순으로[22] 논의의 초점을 환원시켰다. 신라가 함흥지방까지 진출했다면 『삼국사기』는 결코 그런 사실을 누락시키지 않았을 것이므로, 황초령비의 존재로 『삼국사기』의 기록을 부정할 수 없다는 입장이었다.[23]

진전좌우길은 황초령비에 대해 크게 세 부분에 걸쳐 다음과 같은 의문들을 제기했다. 우선 비문의 문체와 관련된 내용이다. a. 신라는 진흥왕 12년에 개국과 29년에 대창이라는 연호를 제정했으므로, 이와 같은 연호는 반드시 기록했을 것인데 비문에서 찾을 수 없다. b. 진흥태왕이 시호라면 비가 왕의 재위기간에 건립될 수 없고, 휘자(諱字)라

---

20) 津田左右吉, 앞의 책, 79 · 85쪽.
21) 津田左右吉, 앞의 책, 85쪽.
22) 津田左右吉, 1964, 「眞興王巡境碑に就いて」『津田左右吉全集』11, 岩波書店, 88쪽.
23) 津田左右吉, 앞의 책, 89 · 91쪽 참조.

면 비문의 찬자가 비문에 명기할 수 없었을 것이다. c. "朕□紹太祖之
基" 이하는 칙어(勅語)를 적은 것인 데 반해 "廻駕" 이하는 왕의 행위
를 기록한 것이므로 문맥이 맞지 않는다. 진흥왕의 명에 의해 건립되
었다면 일류 문사이거나 승려가 작성했을 것인데, 문장이 졸렬하고 뜻
이 통하지 않는 느낌이다.[24)]

　다음으로 사서의 기재와 모순되는 내용이다. d. 『삼국사기』 제사지
에 의하면 신라는 혜공왕대 이전에 5묘제(五廟制)를 실시하지 않았는데
도, 비문에 태조(太祖)라는 용어가 사용되고 있어서 이상하다. e. "隣國
誓信 和使交通"은 과장된 표현이더라도 당시의 정세와 맞지 않고, 진
흥왕의 정복 활동은 고구려와 백제를 자극했기 때문에 이웃 나라와 평
화적 관계를 유지하기 어려웠다. f. "大等喙部居柒□"에서 거칠부는
김씨로서 왕족이었는데, 탁부(喙部) 곧 양부의 성은 이씨로서 거칠부의
성과 맞지 않는다. 더구나 진평왕이 거칠부에게 제수한 상대등(上大等)
과 관련하여 신라에 대등(大等)이라는 위계는 존재하지 않았다.[25)]

　이 밖에도 비의 건립 목적과 맞지 않는 내용이다. "巡狩管境 訪採民
心"과 관련하여 비문에 토지에 관한 언급이 없으므로 경계를 확정하거
나 왕의 행차를 기념하는 비도 아니었으며, 주요 내용인 충성스러운
"有功之徒"를 포상하는 포고를 백성들에게 보이기 위해서라면 산간보
다 도읍이 입비처로서 더 적합했을 것이다. 황초령이 함흥 평야와 중
강(中江)의 분수계로서 정치적 세력의 한계선이므로 정계비를 세울 수
가 있다고 하더라도, 황초령비는 정계비가 아니기 때문에 진흥왕 당시

---

24) 津田左右吉, 앞의 책, 89~90쪽.
25) 津田左右吉, 앞의 책, 90쪽.
　『삼국사기』권4, 진지왕 원년에 거칠부가 상대등에 임명되었으므로, 진평왕이 거칠부에
　게 상대등을 제수한 듯이 이해한 것은 착각이다.

에는 건립되지 않았다. 황초령비를 부정하는 입장에서 북한산비도 의심했지만 구체적인 논증은 생략했다.[26]

이와 같이 황초령비에 대한 한문적 관점과 역사적 사실, 그리고 건립 목적 등에 관한 검토를 근거로 후대 위작설을 제기했던 것이다. 비문이 거의 완전한 마운령비가 발견되기 이전의 입론이었지만, 신라의 동북경에 관한 선험적인 결론 위에서 비문과 문헌에 대한 엄밀한 사료비판과 내용 검토를 결여함으로써 무리한 지적이 없지 않았다. 더구나 후세의 위작을 정당화하는 데 불가결한 언제, 어떤 목적으로 위작한 것인지에 대해서는 밝히지 않았다. 이러한 근본적인 한계가 있었기 때문에 마운령비 발견 이후 진전좌우길은 진흥왕의 순수비에 관해 재론하지 않았는지도 모른다.

진전좌우길의 위작설이 제기된 이후 진흥왕의 순수비를 본격적으로 검토한 것은 금서룡(今西龍)이었다. 그는 내등호차랑과 진전좌우길이 탁본과 석문을 중심으로 연구한 것과 달리 1913년의 현지조사를 바탕으로 황초령비의 위작 가능성을 부정했다. 그도 처음에는 조선시대의 선정비와 같은 비석의 모양과 새로 만든 것 같은 색감 때문에 근세의 위작으로 생각한 바도 있었다. 그러나 황초령비의 내력과 조선의 문예에 관한 조사를 통해 근세의 위작이 아니라는 사실을 확신하기에 이르렀다.

그러한 근거로 첫째, 고려시대 이후의 사람으로서 이만큼 신라의 사정에 정통하게 작문할 수 있는 자가 없고, 둘째, 비문의 서체에서 느껴지는 서풍은 도저히 후대인의 것이 아니라는 점을 들었다. 이러한 경우 황초령비는 옛 탁본에 의해 다시 새긴 것이거나 옛 비석을 근세

---

26) 津田左右吉, 앞의 책, 91쪽.

에 갈고 닦아서 수리한 것일 수밖에 없는데, 금서룡은 황초령비의 파손 상태로 보아 후자일 가능성이 큰 것으로 보았다.[27]

이와 같은 검토 위에서 황초령비는 진흥왕이 무자년 8월에 국내를 순행한 뒤 21일에 동북경에서 군신이 회합한 기념비로서, 제기의 진흥태왕을 생전의 미칭으로 이해한 다음 "太昌元年歲次戊子八月"이 기술되었을 것으로 추측했다. 기사에서 "巡狩管境訪探民心以欲勞□□有忠信精誠"과 "可加賞爵物以章勳效"는 북한산비의 "巡狩管境□□□□□□□如有忠信精誠"과 "可加賞□物以□□□"에 대응되는 동일한 문구로서 상호 결자의 보완이 가능한 것으로 보았다. 또한 수가인명에서 탁부와 사탁부(沙㖨部)는 귀족이 관칭하는 부명이며, 대등은 상대등의 다음 관직으로서 진지왕대에 상대등이었던 거칠부는 진흥왕대에 대등이었을 것으로 추측했다.[28]

한편 감문을 제외한 사방군주의 주치인 한성과 비자벌에 각각 북한산비와 창녕비가 세워진 데 비해 황초령비는 비리성에서 너무 멀리 떨어져 있어서 의심의 여지가 없지 않았다. 그러나 신라가 발전하던 정세로 보아 사료 D에서 진흥왕이 비열홀주를 설치하고, 해상의 교통로를 이용해서 종래 고구려에 종속되었던 동예를 복속시킨 뒤 함흥 평야로 진출하여 동옥저도 복속시킴으로써 신라가 일시 황초령에 도달한 사실은 부정하기 어려운 것으로 파악했다.[29] 이처럼 금석문 중심의 사실 검토와 함흥 평야로의 진출 가능성을 제시한 것은, 진전좌우길이

---

27) 今西龍, 1970, 「新羅眞興王巡狩管境碑考」『新羅史硏究』復刻本, 國書刊行會, 416쪽.
28) 今西龍, 앞의 책, 427~430쪽.
    이 중에서 진흥왕의 칭호 문제에 대해서는 내등호차랑도 이미 생시의 이름으로 본 바 있었다(앞의 논문, 88쪽).
29) 今西龍, 앞의 책, 432~433쪽.

제기한 위작설에 대한 비판에 다름 아니었다.

한편 금서룡은 황초령비가 위작은 아니더라도 후세의 이치 가능성을 고려한 바도 있었다. 고려 말 또는 조선 초에 명에 대해 옛 강역을 주장하는 증거로서, 고려시대에 윤관이 정복한 선춘령이 두만강 북방의 몇 백 리에 있다는 설을 만들어내는 동시에 진흥왕의 순수비를 안변에서 단천 혹은 장백산 아래로, 마침내는 황초령으로 이치한 것이 아닌가라고 상상했던 것이다. 그러나 이러한 발상조차 상당히 유치했던 것임을 토로함으로써 후세의 이치 가능성을 일소에 부쳤다. 다만 〈광개토대왕비〉가 중국인에 의해 씌어졌을 것으로 보았듯이,[30] 황초령비는 물론 북한산비와 창녕비의 작문과 서사도 신라에 벼슬한 중국인 혹은 그 후손의 손에서 이루어졌을 것으로 보는[31] 한계를 남겼다.

2) 이치설의 전개

문헌과 금석문 자료의 불일치로 인해 1910년대에 〈진흥대왕순수비〉의 이해에서 부정적인 기류가 있었음을 부인하기 어렵다. 내등호차랑은 북한산비의 위치만은 의심하지 않았으나, 진전좌우길은 『삼국사기』의 기록을 중시하는 입장에서 황초령비의 위작설을 제기했던 것이다. 다만 진전좌우길은 후대 위작설에서 핵심일 수 있는 시기와 목적에 대해서는 언급하지 않았다. 이러한 위작설은 금서룡에 의해 비판되었을 뿐만 아니라, 그는 황초령비가 후세에 이치되었을 가능성마저 아예 부정했다.

그러나 황초령비가 후세의 위작은 아니더라도 진흥왕대의 동북경

---

30) 今西龍, 1935, 「朝鮮の文化」『朝鮮史の栞』, 近澤書店, 195쪽.
31) 今西龍, 1970, 앞의 책, 434쪽.

II. 일제시기의 진흥대왕순수비론 159

이 역시 비열홀을 넘지 못했다는 문헌 중시의 입장에서는 부정적인 논의가 다시 제기될 수밖에 없었다. 이때 가능한 논리는 금서룡도 이미 생각해본 바의 것으로서, 진전좌우길이 밝히지 않았던 언제, 어떤 목적에서의 위작을 이치로 치환하는 방법이었다. 지내굉(池內宏)이 진전좌우길의 위치 비정과 견해를 달리하면서 피력한 후대의 이치설이 바로 그러했다.

지내굉은 우선 신라의 동북경에 관한 상반된 두 설로서, 진흥왕이 설치한 비열홀주가 안변과 같이 먼 곳일 수 없다는 진전좌우길의 견해와 신라가 해상으로 함흥 평야에 진출하여 황초령을 경계로 삼았다는 금서룡의 견해를 소개했다. 그러한 다음 현존 문헌에서 황초령비의 존재를 입증할 수 있는 증거를 찾으면 다행이지만, 그렇지 못할 경우에는 어떻게 그곳에 건립되었는가를 설명하지 않으면 안 된다는 연구의 동기를 밝혔다.[32] 황초령비의 존재를 입증할 수 없는 것으로 이미 확인된 『삼국사기』의 내용을 새삼 중시하는 입장에서 실증을 시도했던 것이다.

그는 먼저 진흥왕대의 동북경과 관련하여 반드시 언급되는 사료 A2)의 고현을 철령(鐵嶺)으로 비정했다. 진흥왕은 이곳에서 조금 더 나아가 안변의 남대천을 점령한 다음 비열홀주를 설치하여 고구려의 침입에 대비한 것으로 이해함으로써,[33] 진전좌우길과 달리 신라가 안변 지방까지 진출한 사실을 인정했다. 다만 사료 D2)에서 비열홀주를 없애고 달홀주를 둔 것은 고구려의 침입에 따른 영토의 퇴축이 아니라, 사료 C3)에서 북한산주를 없애고 남천주를 설치한 것과 같은 맥락의

---

32) 池內宏, 1960, 「眞興王の戊子巡境碑と新羅の東北境」『滿鮮史硏究』上世2, 吉川弘文館, 6~8쪽.
33) 池內宏, 앞의 책, 18쪽.

조치로서 비열홀 이남의 동해안지역을 관할했을 것으로 추측했다.[34]

그런데 황초령비는 "秋八月 巡狩管境 訪採民心"에서 보듯이 10월에 비열홀주가 폐지되기 두 달 전에 세워졌으므로, 진흥왕의 순수와 밀접하게 관련되는 비열홀주의 폐지는 안변 이북에 신라의 주현이 설치되지 않았음을 의미하는 것으로 파악했다.[35] 이렇게 보면 비열홀주가 설치된 진흥왕 17년부터 순수를 행한 29년까지 신라의 동북경은 안변의 남대천에 고정되어 있었던 셈이다. 이에 진흥왕의 순수비가 안변에서 멀리 떨어진 황초령에 세워진 점을 납득할 수 없었고, 철령 혹은 그 부근에 세워졌던 비가 후세에 황초령으로 이치된 것으로 이해했다.[36]

이제 황초령비가 철령으로부터 옮겨진 시기와 목적을 밝히지 않으면 안 되었다. 지내굉은 고려 예종 때에 윤관이 요의 세력하에 있던 함흥 평야의 여진을 정벌하고 영주(英州) 등지에 9성을 축조할 때, 그 점유를 역사적으로 입증하기 위해 종래 철령 부근에 있던 진흥왕의 순수비를 점령지역의 북계에 해당하는 황초령으로 옮겼을 것으로 논단했다. 그러한 근거로 윤관의 정벌이 있은 연후에 도령할(都鈴轄) 임언(林彦)을 시켜 그 시말을 적은 「영주청벽기」를 들었다.

그 지방은 3백 리로서 동으로 大海에 이르고, 서북으로 盖馬山과 떨어져 있으며, 남으로 長州·定州와 접한다. 산천이 수려하고 토지가 기름져서 가히 우리의 백성들이 거주할 만하다. 그런데 본래 고구려가 영유했던 곳이므로, 그 古碑의 유적이 아직도 남아 있다. (『고려사』권96, 윤관)

---

34) 池內宏, 앞의 책, 19쪽.
35) 池內宏, 앞의 책, 22쪽.
36) 池內宏, 앞의 책, 22~23쪽 참조.

지내굉은 정복지역 내에 있던 고구려의 옛 비가 바로 윤관 자신이 옮긴 진흥왕의 순수비로 보고, 윤관이 당시에 이미 상당히 마모된 비면을 정밀조사하지 않고 고구려비로 속단한 것으로 파악했다.[37] 역시 사료 비판을 통한 사실 구명이라는 실증사학의 진수를 보는 것 같은 치밀한 고증의 연속이었다. 그러나 문헌 중심의 관점에서 예정된 결론은 신라의 동북경이 안변 이북일 수 없는데, 그와 다른 내용을 전하는 황초령비를 부정하기 위해 번쇄한 실증 과정이 필요했던 것이다.

이와 같이 후대의 위작설과 이치설이 제기된 상황에서 조선시대의 문헌에 언급되었던 마운령비가 1929년에 다시 발견됨으로써 진흥왕의 순수비에 대한 연구는 새로운 국면을 맞았다. 말송보화(末松保和)는 마운령비의 발견으로 다른 비의 결자를 보완할 수 있을 뿐만 아니라, 이원군에서 발견된 사실 자체가 매우 큰 문제를 야기할 것에 유의함으로써[38] 기존의 부정적 논의에 미칠 영향을 인지하고 있었다.[39]

한편 최남선은 조선 후기에 강필동(姜必東)이 지은 「북역건치연혁고」의 열람을 계기로 마운령비를 발견하여 학계에 보고했다. 그는 우선 마운령비가 윤관이 여진을 정벌한 이후 그들을 상대로 이곳이 신라의 옛 강토임을 입증하기 위해 황초령비를 모조하여 세운 것이라는 강필동의 모립설(模立說)을 비판한 다음,[40] 일본학계에서 제기된 황초령비의 위작설과 이치설은 물론 중국인의 작성설 등도 모두 비판했

---

37) 池內宏, 앞의 책, 82쪽.
38) 末松保和, 1954, 「眞興王磨雲嶺碑の發見」『新羅史の諸問題』, 東洋文庫, 440쪽.
39) 말송보화는 1930년에 논문으로 발표할 때에는 지내굉의 이치설을 비판하지 않고, 다만 새로 발견된 마운령비의 현상을 소개하는 데 그쳤다. 그러나 1954년에 앞의 논문과 같이 개제하고 내용을 수정하여 상재할 때에는 마운령비에 관한 전간공작의 이치설도 제출된 이후이기 때문에, 「추기」를 통해 금석문의 이치로써 문헌을 해석하려는 견해에는 주관적 요소가 개입될 수 있다는 입장에서 비판하고 있었다(앞의 책, 448~449쪽).
40) 崔南善, 앞의 논문, 81~83 · 86쪽.

다.[41] 황초령비만 있었을 때에는 이치설이 성립할 수 있을지라도, 이제 마운령비의 실재가 알려졌으므로 이치설과 같은 방편론은 지지될 수 없는 것으로 보았다.[42]

이러한 입장에서 최남선은 신라가 함흥 평야로 진출한 사실이 사서에 누락된 원인과 고구려의 강세 속에서 진흥왕이 황초령과 마운령까지 순수할 수 있었던 배경을 살폈다. 진흥왕 때에 처음 편찬된 국사가 경애왕 때에 견훤의 분탕으로 인해 거의 인멸됨으로써 현존『삼국사기』는 흩어진 공사 간의 기사를 엮은 것에 불과하며, 고구려에 복속된 반독립적 성격의 옥저가 신라와 모종의 관계를 맺은 결과 진흥왕의 순수가 행해질 수 있었던 것으로 추측했다.[43]

마운령비의 발견으로 위작설과 이치설은 입론의 근거가 희박해졌는데도, 전간공작(前間恭作)은 황초령비는 물론 마운령비도 후세에 옮긴 것이라는 이치설을 다시 주장했다. 그는 1912년 무렵에 동경의 만철사무소에서 진전좌우길, 지내굉 등과 황초령비의 위작 여부에 대해 논쟁한 사실을 소개한 다음, 고려 충렬왕 14년(1288)에 천태종의 고승 무외(無畏)가 지은 철원의 「고석정기」에서 다음 내용을 주목했다.

> 철원군으로부터 남쪽으로 만여 보를 가면 신선의 구역이 있는데, 서로 전하기를 孤石亭이라 한다. (중략) 바위를 따라 올라가면 동굴이 하나 있어서 기어 들어가면 집같이 생긴 層臺에는 10명쯤 앉을 수 있다. 옆에 珉石이 서 있는데, 신라의 眞平王이 놀러왔다가 남긴 碑이다. (『동문선』권68, 기)

---

41) 崔南善, 앞의 논문, 78~79 · 89쪽.
42) 崔南善, 앞의 논문, 86쪽.
43) 崔南善, 앞의 논문, 87~88쪽.

위에서 보다시피 무외는 고석정의 동굴 안에서 진평왕이 남긴 것으로 전하는 비석을 보았던 모양이다. 그러나 전간공작은 이 비가 바로 진흥왕의 순수비로서 무외가 본 이후에 황초령으로 옮겨졌기 때문에, 그가 비리성으로 비정한 철원에는 비가 남아 있지 않은 것으로 추정했다.[44] 그 시기는 함흥 평야가 원에 직속되어 있던 고려 말보다 동북경의 개척에 주력한 조선 초일 수밖에 없었다. 태종 7년(1407)에 알목하(斡木河)가 윤관이 정벌한 공험진의 땅이므로 성을 쌓아 경원이라 불렀다가 곧바로 철거하고, 17년(1417)에 명에서 이곳에 위(衛)를 설치하려는 논의가 있자 다시 부거참(富居站)에 경원부를 둘 무렵에 비의 이치가 행해졌을 것으로 보았다.[45]

그는 창녕비에 나오는 사방군주의 주치인 비자벌, 한성, 비리성, 감문의 네 곳에 진흥왕의 순수비가 건립되었을 것을 전제한 다음, 마운령비의 발견 이전까지 비자벌의 창녕비, 한성의 북한산비와 더불어 황초령비는 본래 비열홀이었던 비리성에 세워졌던 것으로 추단했다.[46] 이러한 논리에 따라 감문에 세워졌던 비는 없어지지 않은 한 어느 곳인가에 존재할 것으로 상정하고 있었다. 그러한 가운데 최남선이 마운령비를 발견하여 학계에 보고하자, 그는 감격에 겨워하며 기왕의 가설을 바꾸기에 이르렀다. 마운령비야말로 비리성의 비이고, 이제까지 비리성의 비라고 생각해왔던 황초령비는 기실 감문의 비라고 단정했던 것이다.[47] 이와 같은 사실을 백조고길(白鳥庫吉)과 지내굉에게 말한 바

---

44) 前間恭作, 1931,「眞興碑につきて」『東洋學報』19-2, 100쪽.
45) 前間恭作, 앞의 논문, 101~102쪽.
46) 前間恭作, 앞의 논문, 107~108쪽.
47) 금서룡은 전간공작의 논문이 발표된 이후, 현지조사를 통해 무외가 보았던 소위 진평왕 비가 동굴 우측의 벽에 인공적으로 만든 높이 3척 4촌, 너비 1척 정도의 감(龕)에 박혀 있었을 것으로 보았다(1970,「鐵圓の名勝地孤石亭」『新羅史研究』復刻本, 國書刊行會,

가 있었지만, 자신의 견해를 지지하지 않았기 때문에 서로 뜻이 통하지 않은 사실을 언급했다.[48]

그러나 지내굉은 전간공작과 교제한 20여 년간 그로부터 진흥왕의 순수비에 관한 견해를 들은 일이 없으며, 자신의 이치설에 대해서도 비평을 받은 바가 없다고 밝히면서 그의 이치설을 비판했다.[49] 다만 마운령비의 발견 이후에도 신라의 동북경에 관한 자신의 견해를 고수하는 한편, 황초령비의 이치설에 대한 수정은 물론 마운령비에 대한 적절한 해석의 필요성은 인정했다.[50] 그러나 당시의 금석문보다 후대의 문헌 자료를 중시하는 입장에서 어떠한 수정이 가능할지는 미지수인 채 재해석의 필요성만을 인정한 사실의 공표조차 상당한 시간이 걸렸던 것이다.[51]

이제 황초령비와 마운령비는 신라시대의 동북경을 밝히는 문제에 더하여 고려 또는 조선시대에 과연 옮겨졌는가의 사실을 규명하는 문제까지 얽히게 되었다. 이에 대해 최남선은 윤관이 여진에 대한 책략으로 황초령비를 옮겼다면, 그런 사실을 기록으로 남기는 것이 자신의 취지에 합당하고 은폐할 이유도 없었던 것으로 보았다.[52] 만일 황초령비와 마운령비가 조선 초에 옮겨졌다면, 이처럼 중요한 사안이 관찬 기록에 언급되지 않은 사실 자체가 이미 이치설을 부정하는 반증에 다름 아닐 것이다.

574쪽). 이러한 사실이 옳다면 높이가 약 151.5cm, 너비가 약 50cm인 황초령비와 높이가 약 146.9cm, 너비가 약 44.2cm인 마운령비와는 맞지 않기 때문에 소위 진평왕비를 옮긴 것으로 보는 전간공작의 이치설은 애초에 성립될 수 없는 것이었다.

48) 前間恭作, 앞의 논문, 115쪽.

49) 池內宏, 1960,「追記」『滿鮮史硏究』上世2, 吉川弘文館, 96쪽.

50) 池內宏, 앞의 책, 93~94·96쪽.

51) 武田幸男, 1999,「池內宏」『20世紀の歷史家たち』2, 刀水書房, 146~147쪽.

52) 崔南善, 앞의 논문, 86쪽.

3. 동북경에서 '滿鮮'의 경역

일제시기에 황초령비와 마운령비에 대한 일본학자들의 견해는 크게 긍정론과 부정론으로 나누어졌다. 오늘날 〈진흥대왕순수비〉에 의한 동북경의 연구는 당연히 긍정론에 근거하며, 논의의 초점은 신라가 어떻게 함흥 평야까지 진출할 수 있었는가로 귀결된다. 앞에서도 설명했듯이 긍정론의 금서룡은 해상의 교통로를 이용한 진출 가능성을 언급했고, 최남선은 고구려에 종속되었던 동옥저가 신라와 새로운 관계를 수립했을 가능성에 유의했다.

여기에 더하여 신라가 함흥 평야로 진출한 것은 동해안을 따라 북진한 결과가 아니라, 진흥왕 12년에 내륙을 통해 고현을 점령함으로써 신라의 압박을 받은 동예는 물론 동옥저가 신라에 복속되었을 수도 있다. 이에 진흥왕은 17년에 비열홀주를 설치한 다음, 29년 8월에 마운령과 황초령에 순수비를 세우고 동해안을 따라 귀환하는 도중에 살펴본 동북경의 지리적 여건을 감안하여 10월에 달홀주로 주치를 이동시켰던 것이다.[53] 이러한 사실은 신라가 고현을 점령한 이후, 고구려와 연합하여 신라를 공격하던 말갈의 침략이 일시 중단된 것으로 반증할 수 있다.[54]

이처럼 금석문의 긍정 위에서 문헌 자료를 합리적으로 해석할 수 있음에도 불구하고, 문헌에 집착하여 금석문 자료를 부정하는 경직된 사고의 시대적 배경에 대한 검토가 필요하다. 여기에서 부정론의 진전

---

53) 金英河, 1999, 「三國과 南北國時代의 東海岸地方」『韓國古代社會와 蔚珍地方』, 蔚珍郡·韓國古代史學會, 85~86쪽.
54) 金英河, 2002, 『韓國古代社會의 軍事와 政治』, 高麗大民族文化研究院, 132쪽.

좌우길, 지내굉, 전간공작과 긍정론의 내등호차랑, 금서룡, 말송보화의 친소관계와 학문적 경향을 주목하지 않을 수 없다.

이 중에서 경도제대 사학과를 창립한 내등호차랑은 만주를 일본의 이익선으로 생각하는 만주중립지화론(滿洲中立地化論)과 같은 당시의 일반적인 시론에서는 백조고길과 같았지만, 일본이 중국문명권의 일원이라는 입장에서 중국사를 발전적이고 내면적인 관점으로 파악하는 방법에서는 달랐다.[55] 금서룡은 동경제대 출신이지만 내등호차랑의 추천으로 경도제대의 교수가 되어 한국사를 본격적으로 연구했고,[56] 말송보화는 기본적으로 일본사학자였기 때문에 임나일본부(任那日本府)의 성립과 발전에 관한 연구서를 출간할 만큼[57] 동양사학자들의 만선사 연구와는 취지를 달리하고 있었다.

이에 대해 진전좌우길과 지내굉은 일본의 동양사학을 개척하고 동경제대 동양사학과를 창설한 천황주의자 백조고길과 각각 사숙·사제 관계에 있었다. 백조고길은 동경전문학교 정치과 출신인 진전좌우길에게 L. 리스로부터 배운 강의 노트를 빌려주면서 실증사학의 방법론을 지도했으며,[58] 또한 진전좌우길은 동경의 국정구(麴町區) 기미정정(紀尾井町)에 있던 지내굉의 사저 부지에서 30년 이상을 함께 살았던 학문적 지기였다.[59] 한편 전간공작은 백조고길로부터 『조선역사지리』 1·2를 기증받고 진전좌우길, 지내굉 등과 황초령비의 진위에 관해 토론할 정도로[60] 친연관계에 있었던 인물이었다.

---

55) 五井直弘, 1976, 『近代日本と東洋史學』, 靑木書店, 72~73·154~155쪽.
56) 田中俊明, 1994, 「今西龍」 『東洋學の系譜』2, 大修館書店, 61~62쪽.
57) 末松保和, 1949, 『任那興亡史』, 大八洲出版.
58) 溝上英, 1992, 「津田左右吉」 『東洋學の系譜』, 大修館書店, 163쪽.
59) 武田幸男, 앞의 평전, 143쪽.
60) 前間恭作, 앞의 논문, 99~100쪽.

여기에서 부정론자들의 인간적 친밀성에 더하여 학문적 동질성이 주목되는데, 이런 성향은 당시 일본의 제국주의적 지향과도 무관하지 않았다. 일본이 러·일전쟁에서 승리함으로써 군부와 외무성의 강경파가 주장해온 만한불가분론(滿韓不可分論)은 1910년의 한·일병합 이후 국책으로서의 지위를 확보하게 되었다. 일본의 팽창과 함께 국책으로서의 만한불가분론은 1920년대 후반 이후 만몽영유론(滿蒙領有論)과 만몽생명선론(滿蒙生命線論)으로 확대되었다.[61] 이러한 현실의 논리에 부응하여 만선사의 연구자들은 한국과 만주의 경역과 그 역사적 변천과정을 연구할 필요가 있었을 것이다.

백조고길은 러·일전쟁의 승리로 일본의 정치적 영향력이 신장하는 기회에 일본이 세계의 동양학 연구에 기여해야 한다는 입장을 견지하고 있었다. 유럽이 선점한 중국·몽고·중앙아시아 연구와는 달리 일본은 미개척 분야였던 만주와 조선에 대해 연구할 필요성을 주장했다.[62] 그는 한반도가 항상 만주의 압박을 받았다는 인식 위에서 만주 연구의 중요성을 강조했던 것이다. 그러한 연구를 수행하기 위해 구상한 국가의 보호를 받는 동양학연구기관의 설립은 실현되지 않았다.[63]

그러나 백조고길은 만한경영의 식민정책에 필요한 학문의 국책기여론(國策寄與論)을 강조하는 한편, 1908년에는 문장적 무비론(文裝的 武備論)으로 남만주철도주식회사를 경영하려는 초대 총재 후등신평(後藤新平)과 의기투합하여 만철 동경지사에 만선역사지리조사실을 개설했다. 백조고길의 주재하에 전내긍(箭內亘), 송정등(松井等), 도엽암길(稻

61) 임성모, 2006,「근대 일본의 만주 인식」,『북방사논총』12, 14~16쪽 참조.
62) 五井直弘, 앞의 책, 41~43쪽; 松村潤, 1992,「白鳥庫吉」『東洋學の系譜』, 大修館書店, 45~46쪽.
63) 窪添慶文, 1997,「白鳥庫吉」『20世紀の歷史家たち』1, 刀水書房, 20쪽.

葉岩吉), 뇌야마웅(瀨野馬熊) 등이 만주의 역사지리를 담당한 데 대해 진전좌우길과 지내굉은 한국의 역사지리를 연구했다.[64] 1915년에 조사실이 폐지될 때까지 고려 이전을 담당한 진전좌우길은 『조선역사지리』1·2(1913)를 내었고, 조선시대를 맡았던 지내굉은 임진왜란과 정유재란에 관한 『문록경장의 역』(1914)을 출간했다. 전자는 백조고길에 의해 실증상의 결함이 지적되었고,[65] 후자는 패전 후 미군 당국으로부터 황국사관을 선전하고 군국주의를 고취한 혐의를 받았다.[66]

만선역사지리조사실의 설치 목적은 만철경영을 위한 실제상의 필요성과 순수한 학문적 관점에서의 중요성으로 정리되기도 하지만,[67] 참여한 학자들의 실제 연구에 나타난 일련의 경향성을 통해 만선사관의 연구 방향을 추측할 수 있을 것이다. 진전좌우길의 지기였던 지내굉은 만선역사지리조사실에서 향후 연구의 방향을 설정할 수 있었기 때문이다.[68] 이들은 한국사의 경역이 고려시대에 비로소 함흥 평야에 진출한 것으로 보는 입장에서 윤관의 여진 정벌을 주목하고 9성의 위치 비정을 시도했다.

윤관은 예종 2년(1107)에 갈라전(曷懶甸) 일대의 여진을 정벌한 다음 웅주·영주·복주·길주에 4성을 쌓았다. 다음 해에는 함주에 대도독부를 설치한 뒤 위의 네 주와 공험진을 방어주진(防禦州鎭)으로 편제하고, 의주·통태진·평융진에도 축성함으로써 이른바 윤관의 9성이 되었다. 이 중에서 공험진의 위치를 선춘령의 동남이자 백두산의 동북

---

64) 五井直弘, 앞의 책, 68~69쪽.
65) 原覺天, 1986, 『滿鐵調查部とアジア』, 世界書院, 62~63쪽.
66) 武田幸男, 앞의 평전, 145쪽.
67) 原覺天, 앞의 책, 56~57쪽.
68) 武田幸男, 앞의 평전, 143쪽; 窪德忠, 1994, 「池內宏」『東洋學の系譜』2, 大修館書店, 84쪽.

또는 소하강 연변으로 보는『고려사』지리지의 내용[69] 때문에 9성의
위치 비정에 문제가 야기되었지만, 조선시대에는 대체로 정평에서 길
주 내지 마운령에 이르는 함경남도 일대로 비정하고 있었다.[70]

그러나 진전좌우길은 공험진의 위치에 대한『고려사』지리지의 내
용을 부정하고, 함흥 부근의 함주를 중심으로 길주·공험진·웅주를
모두 북청 부근에 비정함으로써 9성의 위치를 함흥에서 북청에 이르
는 일대로 보았다.[71] 이러한 견해는 진흥왕대의 동북경이 춘천 부근으
로 비정한 비열홀에 머물렀고, 발해가 8세기 초에 두만강의 하류유역
과 함경도지방을 편입함으로써 덕원으로 비정되는 정천군(井泉郡)을
신라와의 경계로 파악하는[72] 입장에서는 당연한 귀결이었다.

한편 지내굉은 조선 초의 동북경을 여진과의 관계 속에서 파악한
박사학위논문을 제출하고,[73] 1920년대에는 신라와 고려시대의 동북경
에 관한 연구로 대상 시기를 올리고 있었다. 백조고길의 지적과 같이
진전좌우길의 고증에 결함이 있었으므로, 지내굉은 고려 이전의 동북
경을 다시 연구하게 되었는지도 모른다. 진흥왕대의 동북경이 안변을
넘지 못한 것으로 보는 지내굉은 신라시대의 정천군을 용주(덕원)로 기
록한『삼국사기』지리지를 부정하는 대신 영흥으로 비정하여 발해와
의 경계로 보았다.[74] 이러한 입장에서 9성을 모두 함흥군 내에 남아 있
는 옛 성지에 비정함으로써[75] 진전좌우길보다 고려의 영역을 더욱 축

69)『高麗史』卷58, 東界 公嶮鎭.
70) 方東仁, 1976,「尹瓘九城再考」『白山學報』21, 131~141쪽 참조.
71) 津田左右吉, 1964,「尹瓘征略地域考」『津田左右吉全集』11, 岩波書店, 325~338쪽 참조.
72) 津田左右吉, 1915,「渤海考」『滿鮮地理歷史硏究報告』1, 125~126쪽.
73) 窪德忠, 앞의 평전, 85쪽.
74) 池內宏, 앞의 책, 69쪽.
75) 池內宏, 1922,「咸鏡南道咸興郡に於ける高麗時代の古城址」『大正八年度古蹟調査報告』,

소시켰던 것이다.

결국 진흥왕의 순수비와 윤관의 9성은 역사적으로 별개의 사실이었지만, 만선사관에서 9성의 위치 비정과 황초령비의 위작설 및 이치설은 연관되어 있었다. 신라는 진흥왕대는 물론 발해와 병존할 때에도 함흥 평야에 진출하지 못했으므로, 그 이북은 만선사관에서 만주의 역사로 편입하려는 발해의 경역일 수밖에 없었다. 신라의 동북경이 덕원 또는 영흥을 넘지 못하고, 고려의 동북경이 함흥 또는 북청을 넘지 못했다는 만선사관의 선험적 경역인식에서 황초령비에 대한 위작설과 이치설의 제기는 불가피했던 셈이다.

비록 지내굉이 신라와 고려시대의 동북경에 관한 진전좌우길의 비정에 다른 견해를 제시했더라도, 결국 양자는 백조고길의 영향 아래 만선의 경역과 그 역사적 변천에 관심을 둘 수밖에 없었던 동양사학자로서의 정체성을 공유하고 있었다. 이들은 신라의 동북경 문제를 한국사의 차원에서 영토의 전진과 퇴축 문제 자체로 파악하는 것이 아니라, 동양사의 차원에서 한국사의 신라와 만주사의 고구려 및 발해의 경역 문제로 치환하여 인식했던 것이다.

일제시기에 동양사학자들의 만선사 연구는 실증사학의 높은 수준을 보여주었다. 그러나 합리와 실증의 명분으로 수행한 〈진흥대왕순수비〉의 위작설과 이치설을 비롯한 만선의 경역과 관련된 일련의 연구는 당시 일본의 현실과 무관하지 않았다. 만한불가분론을 역사적으로 입증하려는 만선사관이 현실의 강박으로부터 자유롭지 못함으로써 역

朝鮮總督府, 50쪽.

한편 도엽암길도 역시 윤관의 9성을 함흥 평야에서 홍원에 이르는 일대에 비정함으로써(1931, 「高麗尹瓘九城考」上・下 『史林』16-1・2), 진전좌우길, 지내굉과 함께 만선사관에 입각한 9성의 위치 비정에서 동일한 경향성을 보이고 있었다.

사에 부정적인 결과를 초래했던 것이다. 만선사관의 역사상이 근대 일본의 제국화와 만주 건국의 정당화로 환원된 역사를 부정하기 어렵기 때문이다.

맺음말

일제시기에 일본의 동양사학자들이 전개한 〈진흥대왕순수비〉의 위작설과 이치설에 관한 논리와 그 배경을 검토했다. 위작설과 이치설이 진흥왕대의 동북경을 밝히는 차원에서 제기된 것이 아니라, 동북경의 역사적 변천 속에서 한국과 만주의 경역을 획정하려는 문제의식의 일환인 사실을 확인할 수 있었다. 한국과 만주의 역사를 동일 범주에서 인식하더라도 한국보다 만주를 주체로 파악하려는 만선사관의 입장에서 내부 경계의 설정이 필요했던 것이다.

주지하는 바와 같이 진흥왕은 동북경을 개척하고 북단에 비열홀주를 설치했는데, 그곳보다 동북방에 황초령비와 마운령비가 건립됨으로써 문헌과 금석문 자료가 전하는 사실 사이에 괴리가 발생했다. 일제시기에 일본학자들은 진흥왕의 순수비에 대해 일말의 의문을 품었지만, 실제의 연구에서는 금석문 중시의 긍정론자와 문헌 중시의 부정론자로 나누어졌다. 긍정론의 내등호차랑과 금서룡에 비해 위작설의 진전좌우길과 이치설의 지내굉은 만주와 조선 연구의 필요성을 강조한 백조고길과 사숙·사제관계에 있었다.

이들은 소위 동양사학자로서의 정체성을 공유하면서 한국의 역사 지리를 연구했다. 진전좌우길과 지내굉이 구체적인 실증과 논리에서 견해를 달리하면서도, 『삼국사기』의 기록을 중시하고 진흥왕의 순수비를 부정적으로 파악하는 데서 입장이 같았던 이유이다. 그러한 결과 삼국시대 신라의 동북경은 춘천 부근 또는 안변, 남북국시대 신라의 동북경은 덕원 또는 영흥, 고려시대의 그것은 북청 또는 함흥을 넘지 못한 것으로 보았기 때문에 황초령비의 위작설과 이치설을 제기할 수밖에 없었다.

이러한 부정적인 논의는 현실의 만한불가분론과 결합된 만선사관에서 기인했지만, 마운령비의 발견으로 논리적 근거를 상실하게 되었다. 그런데도 전간공작은 황초령비와 마운령비의 이치설을 다시 주장하거나, 지내굉은 문헌 자료에 입각한 자신의 견해를 수정할 의사는 없이 황초령비와 마운령비에 대한 새로운 해석의 필요성만을 인정하는 뿌리 깊은 강박의식을 드러내고 있었다. 이것은 학문의 국책기여론을 강조하는 백조고길의 영향하에 있던 동양사학자로서의 한계에 다름 아니었다.

이들이 사실의 탐구를 위해 치밀한 실증과 논리를 전개했더라도, 국가적 목적에 부응하려는 현실인식과 일종의 집단사고에 문제의 본질이 내재하고 있었다. 집단사고는 개인의 합리적 사고를 방해할 뿐만 아니라 구성원들의 의견을 일치시키려는 경향성을 띠게 마련이다. 후등신평의 문장적 무비론과 백조고길의 학문의 국책기여론이 결합된 만선사 연구에서 이미 사고의 집단화는 불가피했는지도 모른다.

만선사관은 한국사에서 인간 중심의 발전상보다 역학관계상의 타율성을 강조하는 타자인식을 전제하고 있었다. 신라 통일의 강조가 발해의 역사를 한국사에서 배제하기 위한 의도적인 계통인식의 산물이라면, 진흥왕의 순수비에 대한 부정적 논의는 만선(滿鮮)의 영역을 획정하기 위한 선험적인 경역인식의 결과였기 때문이다. 이러한 연구가 바로 한국 고대의 역사상을 왜곡한 만선사관의 구체적인 사례에 해당할 것이다.

한편 문헌과 금석문 자료에 입각한 한국고대사의 연구에서 동양사학자들이 『삼국사기』의 기록을 근거로 〈진흥대왕순수비〉의 위작설과 이치설을 제기한 데 대해, 일본사학자들은 〈광개토대왕비〉의 신묘년 기사를 근거로 『삼국사기』에 나오지도 않는 임나일본부설의 입증에 집착한 바 있었다. 이것은 실증사학을 표방한 식민사학의 또 다른 측면으로서, 연구 목적과 방법에 따라 사료 비판의 이중성이 드러난 실례에 지나지 않았다. 고대사 연구가 당시의 사실을 실증적으로 밝히는 데 더하여, 고대의 사실에 관한 근대사학의 해석 논리를 비판적으로 살피지 않으면 안 되는 이유가 여기에 있다.

(「일제시기의 진흥왕순수비론」 『韓國古代史硏究』52, 2008)

일통삼한의 실상과 의식

머리말

사실에 대한 인식과 이에 기초한 개념의 변천을 검토하는 것도 역
사학의 주요 범주이다. 그것은 사실에 대해 직필과 객관을 내세우면서
도 관점에 따라 달라진 기록과 해석의 궤적이기 때문이다. 한국사에서
백제와 고구려의 멸망, 신라와 당의 전쟁, 발해의 건국 등으로 점철된
7세기 후반의 인식 문제도 예외가 아니다. 전근대의 유가사학, 근대의
식민사학과 민족주의사학 등이 방점을 달리하면서 다양하게 해석할
내용이 내포되어 있기 때문이다.

필자는 일찍이 신채호의 신라 통일에 대한 부정적 인식을 검토하
는 과정에서 남북국론(南北國論)의 유효성을 확인하고, 7세기 후반 국
제전의 결과를 신라의 백제 통합으로 이해한 바 있었다.[1] 이러한 기

---

1) 金瑛河, 1983, 「丹齋 申采浩의 新羅三國統一論」『民族文化硏究』17; 1988, 「신라의 삼국

본 관점 위에서 한말·일제시기와 북한학계의 신라와 발해에 대한 인식 변천, 고구려 내분의 국제적 배경과 신라의 백제통합전쟁 등으로 주제를 확장하여 신라의 백제 통합에 불과한 사실을 다시 한 번 확인했다.[2]

이와 같은 필자의 견해에 대한 학계의 반응은 크게 두 방향으로 나타났다. 그 하나는 사실에 대한 문제로서 신라의 삼국 통일을 다시 강조한 경우인데,[3] 이에 대해서는 필자의 반론이 있었다.[4] 다른 하나는 사론에 관한 문제로서 사실 이해의 시각으로 제기한 신라통일론의 부정을 근대적 담론인 통일신라론의 발명으로 환원시킨 경우이다.[5] 이에 대해 통일신라론은 식민사학의 발명이 아니라, 전근대의 유가사학에서 재편성과 전위를 거친 담론의 연장선상에 위치한다는 비판이 제기됨으로써 일시 논쟁의 국면이 조성되었다.[6]

이러한 일련의 과정에서 논쟁의 단서를 제공한 셈인 필자는 우선 사실 확인의 차원에서 백제와 고구려의 멸망에 대한 중대 왕실의 인식과 의식의 문제를 고찰할 필요를 느꼈다. 먼저 신라의 중대 왕실은 백제와 고구려의 멸망을 어떻게 인식했는가의 문제이다. 신라가 삼국을 통일한 배경 또는 결과를 일통삼한과 관련지어 설명하고 있지만, 중대 왕실이 처음부터 일통삼한의식 속에서 백제와 고구려의 멸망을 인식했는가를 검증할 필요가 있기 때문이다. 다음으로 신라가 7세기 동아

통일을 보는 시각」,『韓國古代史論』, 한길사.
2) 김영하, 2007,『新羅中代社會硏究』, 일지사.
3) 노태돈, 2009,『삼국통일전쟁사』, 서울대출판부.
4) 김영하, 2009,「7세기 후반 한국사의 인식문제」『韓國史硏究』146.
5) 윤선태, 2008,「'통일신라'의 발명과 근대역사학의 성립」『신라의 발견』, 동국대출판부.
6) 김흥규, 2009,「신라통일 담론은 식민사학의 발명인가」『창작과비평』145; 윤선태, 2009,「'통일신라론'을 다시 말한다」『창작과비평』146.

시아 국제전의 결과로 백제만을 통합한 사실과 일통삼한의식은 어떤 관계에 있었는가의 문제이다. 백제와 고구려가 멸망한 이후 중대 왕실도 공유하게 되는 일통삼한의식은 실제의 반영이 아니라, 정치와 외교의 과정에서 파생된 허위의식일 개연성이 있기 때문이다.

결국 신라가 임진강 이남의 백제만을 통합한 데 불과했던 당시의 사실에 대한 중대 왕실의 인식 내용과 일통삼한의식으로의 전화 과정을 밝히려는 셈이다. 이때 삼국을 상대로 펼치는 당의 집요한 책략과 그에 따른 태종무열왕계와 김유신계의 동향은 물론이고, 왕조 중심의 인식에서도 왕도 함락과 왕조 멸망, 백제 통합과 고구려의 포함 여부 등 내포하는 대상의 변화를 확인할 수 있을 것이다.

1. 중대 왕실의 제·려평정인식

1) 태종무열왕계의 백제 평정

이른바 신라의 삼국 통일은 삼국시대부터 형성된 동족의식으로서 일통삼한의식과의 관련 속에서 이해되고 있다.[7] 이러한 경우 중대 왕실이 당과 연합하여 백제와 고구려를 멸망시킨 사실에 대한 인식의 검토는 중요할 수 있다. 그것은 신라의 삼국 통일이 과연 일통삼한의식의 결과물인가를 검증하는 문제와 직결되기 때문이다.

신라가 백제와 고구려를 아우를 의도에 관한 기록은 『삼국사기』 김유신전에 처음으로 보인다. 김유신은 고구려·백제·말갈을 평정하려는 뜻으로써 하늘에 빌었고, 난승(難勝)은 그의 삼국을 아우르려는 마

---

7) 邊太燮, 1989, 「三國의 鼎立과 新羅統一의 민족사적 의미」『韓國史市民講座』5, 6~8쪽.

음을 가상히 여겨 비법을 전수했다고 한다.[8] 그러나 김유신이 진평왕
대에 17세의 나이로 수련을 떠날 때까지 신라가 백제와 고구려를 멸망
시키지 않으면 안 될 필연적 이유는 쉽게 찾아지지 않는다. 다만 원광
이 지은 걸사표(乞師表)를 611년에 수에 보내 고구려를 치도록 요청했
고, 백제가 가잠성(괴산 또는 안성)을 내침한 일은 있었다.[9] 이러한 상황
을 감안할 때 후대의 부회가[10] 아니라면, 김유신의 의지는 신주 군주
였던 조부 김무력과 만노군 태수였던 부 김서현처럼 변경지방에서 군
사적 능력을 통해 금관가야계의 사회적 지위를 향상시키려던[11] 가문
의 염원에서 비롯되었을 듯하다.

신라가 백제를 상대로 통합전쟁을 벌인 계기는 642년에 서변의 40
여 성과 대야성(합천) 함락에서 촉발되었다. 선덕왕은 당에 위급을 알
리는 한편, 사위 김품석 내외를 잃은 김춘추를 고구려에 보내 청병했
다. 김춘추의 외교는 백제에 대한 원한을 풀려는 것이었고,[12] 태자 김
법민도 항복한 부여융에게 의자왕이 자신의 누이 내외를 죽인 사실을
전쟁의 동기로 밝히고 있었다.[13] 신라의 고구려에 대한 청병외교는 실
제로 고구려의 통합을 고려하지 않았기 때문에 가능했다.

김춘추가 고구려 영토의 반환 문제로 실패하자 선덕왕은 643년에

---

8) 『三國史記』卷41, 金庾信 上.
9) 『三國史記』卷4, 眞平王 33年.
   이하의 지명 비정에서 특별한 주석이 없는 경우는 다음의 역주를 참고한 것이다(鄭求福
   외, 1997, 『譯註 三國史記』, 韓國精神文化研究院).
10) 朱甫暾, 2007, 「金庾信의 政治志向」『新羅史學報』11, 7~8쪽.
11) 金瑛河, 2002, 『韓國古代社會의 軍事와 政治』, 高麗大民族文化研究院, 256~257쪽.
12) 『三國史記』卷41, 金庾信 上. "善德大王十一年壬寅 百濟敗大梁州 春秋公女子古陁炤娘
    從夫品釋死焉 春秋恨之 欲請高句麗兵以報百濟之怨 王許之 (中略) 及出境謂送者曰 吾欲
    釋憾於百濟 故來請師 大王不許之 而反求土地 此非臣所得專 嫣與大王書者 圖湏死耳."
13) 『三國史記』卷5, 太宗武烈王 7年. "法敏跪隆於馬前 唾面罵曰 向者 汝父枉殺我妹 埋之獄
    中 使我二十年間 痛心疾首 今日汝命在吾手中 隆伏地無言."

다시 당에 청병했다.[14] 이번에는 백제와 연병했던 고구려도 거론했는데, 당 태종이 고구려를 원정하려는 뜻을 알고 귀국한 자장의 조언을 따른 것으로 추측된다. 당 태종은 641년에 직방낭중(職方郎中) 진대덕(陳大德)을 시켜 고구려를 정탐한 복명 결과에 기뻐한 바 있었고,[15] 636년에 입당하여 태종으로부터 우대를 받고 643년에 돌아온 자장은 그런 정황을 인지하고 있었을 가능성이 크다. 특히 당은 최고 귀족 출신인 자장의 귀국을 계기로 신라 조정의 친당화를 꾀했을 수도 있는데, 진덕왕대에 실시한 당의 의관과 연호 채용, 그리고 당에 대한 정기적 조공 등이 그의 공로로 전하고 있기 때문이다.[16]

그러나 당 태종이 제시한 세 가지 대책은 사신이 임의로 응대할 수 있는 내용이 아니었다. 이 중에서 여왕이기 때문에 적을 불러들인다는 신라에 대한 여주영구론(女主迎寇論)은 비담(毗曇)이 나중에 여왕이 나라를 잘 다스리지 못한다는 명분으로 반란을 일으키는 배경이 되었고, 요동으로 곧바로 쳐들어간다는 고구려에 대한 요동직입책(遼東直入策)과 바다를 건너 곧바로 친다는 백제에 대한 범해직습책(泛海直襲策)은 이후 당의 전략으로 구체화되었다. 김춘추가 647년에 당으로 가서[17] 태종에게 백제의 침탈상과 조공로의 폐쇄를 하소연한 결과 백제 원정

---

14) 『三國史記』卷5, 善德王 12年.
15) 『三國史記』卷20, 榮留王 24年.
16) 『三國遺事』卷4, 慈藏定律.
   한편 『삼국유사』권1, 태종춘추공에서 자장이 당 태종에게 요청해서 가져온 당의 의관과 아홀(牙笏)을 무열왕대에 비로소 사용한 것으로 기술하고 있어서 같은 사안의 시행 시기가 다르다. 그러나 이것 역시 신라 조정의 친당화를 보여주는 사례로서, 당에 의존하려던 비담의 반란을 진압하고 권력을 장악한 김춘추조차 당에서 돌아와 자장에 의해 제기된 친당정책을 계속 추진할 수밖에 없었던 저간의 사정을 전하는 셈이다.
17) 김춘추가 입당한 시기는 『삼국사기』권5, 진덕왕 2년을 따르면 648년이지만, 권덕영은 실제 진덕왕 원년인 647년에 입당한 것으로 보았다(1997, 『古代韓中外交史』, 一潮閣, 30~31쪽).

에 대한 출병 동의를 얻어냈다. 645년에 있었던 당 태종의 요동 친정이 좌절되었으므로 당도 새로운 전략을 고려하지 않을 수 없던 시점이었다. 양국의 전략적 이해가 일치한 가운데 다음과 같은 협약을 맺었다.

문무왕 11년(671), 대왕이 報書하기를, 선왕이 정관 22년(648)에 입조하여 太宗文皇帝를 만나 받든 恩勅에서 "짐이 이제 고려를 정벌하려는 것은 다른 까닭이 아니라 너희 신라가 양국에 핍박되어 매번 침입을 받아 편안할 때가 없음을 가엽게 여김이니, (중략) 내가 양국을 평정하면 평양 이남의 백제 토지〔平壤已南 百濟土地〕는 모두 너희 신라에게 주어 길이 편안하게 하려 한다"하고, 계책을 내리고 軍期를 주었다. (『삼국사기』권7)

당 태종은 백제와 고구려를 평정한 뒤 평양 이남의 백제 토지는 신라에 귀속시키기로 약속했다.[18] 고구려가 백제 · 말갈과 연병하여 655년에 신라 북경의 33성을 공취했을 때, 구원을 요청받은 당의 고구려 공격은 당시 연동하는 국제 정세를 잘 보여주었다. 요동에 대한 외곽 공략책이 실패하자 당은 신라와 연합하여 백제를 멸망시키고 평양에 대한 직접 공격책으로 선회했다.[19]

18) 노태돈은 신라가 백제와 고구려의 멸망 이후에 차지할 영역으로서 "平壤已南 百濟土地"를 '고구려 영역 중의 평양 이남지역과 백제 토지'로 해석했다(앞의 책, 30~32쪽). 그러나 김춘추가 백제 이외에 당이 점령하려는 고구려까지 아우를 의도를 가지고 입당한 것으로 보기는 어렵고, 당 태종에게 평양 이남의 신라 귀속을 요구할 수 있는 처지는 더욱 아니었다. 따라서 위의 내용은 당 태종이 신라를 고구려 원정에 끌어들이기 위해 유인책으로 제안했을 가능성이 크다. 당의 안동도호부가 요동 고성으로 옮겨간 676년 이후부터 당에게 대동강 이남의 영유를 인정받는 735년 이전까지, 신라는 예성강 이남 지역에서 694년에 송악성과 우잠성을 쌓았고 713년에 개성을 축조한 이외의 어떠한 적극적 조치도 취하지 않은 사실로써 반증이 가능하기 때문이다.
19) 金瑛河, 2007, 앞의 책, 101~102쪽.

신라에서 백제를 통합하려는 일련의 과정은 태종무열왕계에 의해 주도되었다. 중대 왕실의 안정을 위해 백제와의 전쟁을 추진할 수밖에 없었던 무열왕은 숙위 김인문을 시켜 당에게 백제 원정을 요청했다.[20] 소정방과 김인문이 인솔한 당군과 김유신의 신라군이 연합하여 사비성을 함락시키자, 의자왕은 웅진으로 도망가고 태자 부여융이 660년에 항복함으로써 백제는 멸망했다. 태종무열왕계가 백제 원정을 외교적으로 주도했더라도 군사적 주체는 당이었다. 당과 약속했던 바의 고구려가 아직 망하지 않았으므로 신라는 당의 점령정책을 지원할 수밖에 없었다.

그러나 당이 원정한 목적의 하나는 신라에 대한 지원보다 백제의 기미화(羈縻化)에 있었다. 낭장 유인원이 도호(都護)로서 사비의 백제부성(百濟府城)에 유진하여 5도독부로 재편된 백제 고지를 통할하고,[21] 왕자 김인태가 당군에 부응하여 백제 유민의 저항을 진압했다. 웅진도독(熊津都督) 왕문도가 병사하고 그를 대신하던 유인궤가 검교대방주자사(檢校帶方州刺史)로서 백제부성의 기능을 통합한 웅진도독부의 도독 유인원과 함께 부여풍을 추대한 백제의 부흥운동에 대처했다.[22] 다른 하나는 평양직공책을 수행할 후방의 거점 확보에 있었다. 당은 백제를 멸망시킨 다음 수·륙 양군으로 평양성을 직접 쳤고,[23] 661년에도 다시 35군을 편성하여 평양성을 공격했다.[24] 유인원의 당군과 문무왕의

20) 『三國史記』卷44, 金仁問.
21) 노중국, 2003, 『백제부흥운동사』, 일조각, 69~70쪽.
22) 노중국, 앞의 책, 292~294쪽.
23) 『新唐書』卷3, 本紀3, 高宗 顯慶 5年. "十二月壬午 左驍衛大將軍契苾何力爲浿江道行軍大總管 蘇定方爲遼東道行軍大總管 左驍衛將軍劉伯英爲平壤道行軍大總管 以伐高麗."
24) 『新唐書』卷3, 本紀3, 高宗 龍朔 元年. "四月庚辰 任雅相爲浿江道行軍總管 契苾何力爲遼東道行軍總管 蘇定方爲平壤道行軍總管 蕭嗣業爲扶餘道行軍總管 右驍衛將軍程名振爲鏤方道行軍總管 左驍衛將軍龐孝泰爲沃沮道行軍總管 率三十五軍 以伐高麗."

신라군도 협공작전에 따라 북상했으나,[25] 연개소문은 662년의 사수 전투에서 당군을 궤멸시키고 소정방이 물러남으로써 평양직공책도 실패로 끝났다.

한편 신라는 우선 백제의 연병 상대였던 고구려의 공격으로부터 서북경을 고수했다. 백제 멸망으로 위기에 봉착한 고구려가 빈틈을 타서 칠중성(파주)과 술천성(여주), 북한산성 등을 선제 공격했지만,[26] 신라는 모두 잘 막아냈다. 다음으로 신라는 백제의 부흥운동을 진압하면서 백제 고지로 진출할 거점을 마련했다. 신라는 사면초가의 당군을 지원하여[27] 백제 고지의 사비성을 비롯한 임존성(예산), 주류성(서천 또는 부안), 두량윤성(청양), 지라성(회덕),[28] 진현성(대덕) 등지에서 백제 유민의 저항과 부흥운동에 대처했다. 또한 무열왕대에는 이례성(논산)을 공취하여 지키고,[29] 압독주(押督州)를 다시 대야성으로 옮김으로써[30] 전진기지를 확보했다. 문무왕대에는 웅진으로 통하는 요충인 옹산성을 치고 웅현성(대덕)을 축조한 뒤 우술성(대덕)을 항복시켰으며,[31] 거열성(거창), 거물성(장수), 덕안성(논산) 등지를 공취함으로써[32] 백제 고지의 외곽으로 진출할 수 있었다. 신라는 백제 유민의 진압으로 분주한 중에

25) 『三國史記』卷42, 金庾信 中. "六月 唐高宗皇帝遣將軍蘇定方等 征高句麗 入唐宿衛金仁問 受命來告兵期 兼論出兵會伐 於是文武大王率庾信·仁問·文訓等 發大兵向高句麗 行次南川州 鎭守劉仁願以所領兵 自泗沘泛船 至鞋浦下陸 亦營於南川州."

26) 『三國史記』卷5, 太宗武烈王 7·8年; 『三國史記』卷47, 匹夫; 『三國史記』卷42, 金庾信 中.

27) 『三國史記』卷7, 文武王 11年 文武王報書. "都護劉仁願 遠鎭孤城 四面皆賊 恒被百濟侵圍 常蒙新羅解救."

28) 노중국, 앞의 책, 200쪽.

29) 『三國史記』卷5, 太宗武烈王 7年.

30) 『三國史記』卷5, 太宗武烈王 8年.

31) 『三國史記』卷6, 文武王 元年; 『三國史記』卷7, 文武王 11年 文武王報書. "劉摠管遂共某相隨 先打甕山城 旣拔甕山 仍於熊峴造城 開通熊津道路."

32) 『三國史記』卷6, 文武王 3年.

도 다음과 같은 행사를 치렀다.

문무왕 2년(662), 3월에 크게 사면을 실시하고, 왕은 이미 백제를 平定
했으므로 所司에게 명하여 大酺를 베풀었다. (『삼국사기』권6)

백제 고지가 당의 지배를 받는 현실이었지만, 문무왕은 백제를 평
정한 기념으로 사면을 실시하고 큰 연회를 베풀었던 것이다. 중대 왕
실은 일단 왕도 사비성이 함락된 상황을 백제의 평정으로 인식하고 있
었던 셈이다. 더구나 백제에 신속했던 탐라국주(耽羅國主)가 바로 직전
에 항복하여 신라의 속국이 되었으므로,[33] 백제를 통합하려는 신라의
입장에서 상징적 의미가 컸다. 탐라는 황룡사구층탑의 4층에 배정된
탁라(托羅)로서, 신라가 복속시킬 9한(九韓) 중의 하나로 꼽을 만큼 위
협적인 존재였기 때문이다.[34]

2) 고구려 평정과 김유신계

신라는 당의 지원으로 백제를 멸망시킴으로써 외환의 하나를 제거
할 수 있었다. 그러나 백제 원정에 임하는 당의 전략이 신라와 달랐기
때문에 기대했던 백제 통합을 이룰 수 없었다. 신라에게는 당을 도와
고구려를 원정한 이후에 백제 고지를 통합할 일이 과제로 남았다. 당
은 평양직공책이 실패한 662년부터 665년까지의 소강기간에 고구려

---

33) 『三國史記』卷6, 文武王 2年. "耽羅國主佐平徒冬音律來降 耽羅 自武德以來 臣屬百濟 故
以佐平爲官號 至是 降爲屬國."
34) 森公章, 1998, 『古代日本の對外認識と通交』, 吉川弘文館, 247~248・263쪽.
여기에서 그는 문무왕이 679년에 사신을 보내 탐라를 경략한 사실에 근거하여 이때에
비로소 복속이 이루어진 것으로 보았지만, 이것은 탐라가 백제의 멸망으로 662년에
신라의 속국이 된 이후에도 부단히 왜에 구원을 요청한 데 대한 응징일 수 있었다.

원정을 대비한 일련의 조치를 취했다.

첫째, 신라를 기미주인 계림대도독부로 개편했다. 기실 당은 백제를 멸한 직후에 신라마저 점령하려고 기도했다. 당 고종이 신라를 정벌하지 않은 이유를 묻자, 소정방이 신라는 작은 나라였지만 상하가 일치 단결한 까닭에 도모할 수 없었다고 답한[35] 데서 알 수 있다. 당은 662년에 개부의동삼사 상주국 낙랑군왕 신라왕(開府儀同三司上柱國樂浪郡王新羅王)으로 책봉했던 문무왕을 663년에 다시 계림대도독부의 계림주대도독(鷄林州大都督)에 책봉했다.[36] 신라도 당의 기미주인 사실을 인정했으며, 문무왕이 계림주대도독 좌위대장군 개부의동삼사 상주국 신라왕 김법민(鷄林州大都督左衛大將軍開府儀同三司上柱國新羅王金法敏)으로 자서(自署)할 만큼 구속력을 지니고 있었다.[37] 그러한 까닭에 문무왕은 667년에 당으로부터 대장군의 정절을 받고, 668년에 당의 전시 군제인 총관제(總管制)를 수용하여 고구려 원정군을 편성했던 것이다.[38]

둘째, 웅진도독부를 후견함으로써 신라를 견제했다. 백제의 부흥운동이 663년에 종식된 뒤, 유인궤는 당 고종에게 백제 유민의 안무를 위해 부여융의 기용을 건의했다.[39] 663년에 백강구 전투에 참전하고[40] 664년에 웅진도위(熊津都尉)로 부임했던 부여융이 665년에 다시 웅진도독에 임명됨으로써,[41] 기미주로서 백제와 신라의 처지는 같아졌다.

---

35) 『三國史記』卷42, 金庾信 中.
36) 『三國史記』卷6, 文武王 2 · 3年.
37) 『三國史記』卷7, 文武王 11年 文武王 報書.
38) 金瑛河, 2007, 앞의 책, 177~178쪽.
39) 『新唐書』卷108, 列傳33, 劉仁軌. "又表用扶餘隆 使綏定餘衆 帝乃以隆爲熊津都督."
40) 『資治通鑑』卷201, 唐紀17, 高宗 龍朔 3年. "於是仁師 · 仁願與新羅王法敏將陸軍以進 仁軌與別將杜爽 · 扶餘隆將水軍及糧船自熊津入白江 以會陸軍 同趣周留城."
41) 노중국, 앞의 책, 297~299쪽.

당이 양국의 회맹을 강제함에 따라 칙사 유인원의 주재로 부여융이 664년에 김인문·천존과 웅령(대덕)에서 동맹하고 우선 그곳을 경계로 삼았으며, 다음 해에는 문무왕과 웅진 취리산에서 다시 회맹하여 양국의 전체 강역을 획정했다.[42] 당제에 따라 1도독부 7주 51현으로 재편된 백제 영역에 대한 신라의 도발을 사전에 억제하려는[43] 데 회맹의 주목적이 있었을 것이다.

셋째, 고구려에 대해서는 내부 분열책을 도모했다. 유인궤는 취리산 회맹을 마친 뒤 태산 봉선(封禪)에 참석하기 위해 신라의 김인문을 비롯한 백제·탐라·왜 등 네 나라의 사신을 데리고 돌아갔다.[44] 한편 연개소문의 사후 보장왕의 태자 복남도 당의 일정에 맞추어 665년 10월 25일에 낙양으로 입조하고, 같은 달 29일에 당 고종과 함께 낙양을 출발하여 666년 정월 초하루에 거행된 태산 봉선에 참석했다. 요동공략책은 물론 평양직공책도 실패로 끝났으므로, 당은 고구려의 군사력을 약화시키기 위해 내분을 획책했다. 그러한 결과 연개소문의 장남 남생이 당으로 망명하고, 동생 연정토는 신라로 투항하기에 이르렀다.[45]

---

42) 『三國史記』卷6, 文武王 4·5年; 『三國史記』卷7, 文武王 11年 文武王 報書. "至麟德元年 復降嚴勑 責不盟誓 卽遣人於熊嶺 築壇 共相盟會 仍於盟處 遂爲兩界."
    664년의 동맹처가 본기에서는 웅진이지만, 문무왕의 답서에서는 웅령으로 나온다. 이 동맹이 당의 강압으로 이루어졌기 때문에 실효성에 의문을 제기하거나(鄭求福 외, 앞의 책, 208쪽), 백제와 신라의 지배영역을 획정하는 데 목적을 두었을 것으로 이해하기도 한다(노중국, 앞의 책, 301~302쪽). 그러나 동맹처가 신라와 백제의 부흥군이 자주 교전하던 대덕지방의 요충인 웅령 곧 웅현이라면(李丙燾, 1977, 『三國史記』國譯篇, 乙酉文化社, 114쪽), 문무왕의 답서에서 보는 바와 같이 우선 웅령만을 경계로 삼는 데 동맹의 목적이 있었을 것으로 추측된다.
43) 『三國史記』卷6, 文武王 5年. "其盟文曰 (中略) 旣盟之後 共保歲寒 若有背盟 二三其德 興兵動衆 侵犯邊陲 明神監之 百殃是降 子孫不育 社稷無守 禋祀磨滅 罔有遺餘."
44) 『三國史記』卷6, 文武王 5年; 『三國史記』卷44, 金仁問.

넷째, 신라 조정에 대해서도 이간책을 구사했다. 회유 대상은 당 태종이 일찍이 김춘추에게 사람됨을 물어보았을 뿐만 아니라[46] 백제 원정을 전후하여 당과의 결전도 불사했던 김유신이었다.[47] 소정방은 편의종사권으로써 김유신에게 백제 토지를 식읍으로 줄 것을 제의했다.[48] 김유신과 함께 제의를 받았던 김인문과 김양도가 지당파(知唐派)로 활동한 점을 감안하면 단순한 포상의 의미만은 아니었을 것이다. 당 고종은 인덕 2년(665)에 양동벽(梁冬碧)과 임지고(任智高)를 보내 김유신을 봉상정경 평양군개국공 식읍이천호(奉常正卿平壤郡開國公食邑二千戶)에 책봉했는데,[49] 고구려 원정을 앞둔 시점에서 이례적인 조치가 아닐 수 없었다. 이처럼 신라와 고구려에 대해 견제, 분열, 회유 등의 공작을 마친 당은 666년부터 고구려에 대한 공격을 재개했다.

한편 문무왕도 천존의 아들 한림과 김유신의 아들 삼광을 당에 보내 고구려 원정을 요청했다. 이때 삼광은 이미 좌무위익부 중랑장(左武衛翊府中郎將)으로 숙위하도록 당 고종이 칙명으로 소환한 상태였다.[50] 당의 관심을 고구려로 돌리려는 신라의 전략과 고구려 원정에 김유신을 활용하려는 당의 의도가 서로 부합한 결과였다. 유인궤가 668년에

---

45) 김영하, 2007, 앞의 책, 108~113쪽.
    『삼국사기』권6, 문무왕 8년에 의하면 연정토는 원기와 함께 당으로 갔다가 그곳에 머물게 되는데, 당이 고구려의 내분을 꾀한 것과 같은 이유에서 그를 돌려보내지 않았을 것이다.
46) 『三國史記』卷41, 金庾信 上.
47) 『三國史記』卷5, 太宗武烈王 7年; 『三國史記』卷42, 金庾信 中.
48) 『三國史記』卷42, 金庾信 中.
49) 『三國史記』卷43, 金庾信 下.
    여기의 봉상정경(奉常正卿)은 태상시(太常寺)의 정3품 경(卿)을 가리키는 바, 『당육전』권14, 태상시에서 태상시가 662년에 봉상시로 바뀌었다가 670년에 복구된 사실로 미루어 보아 665년의 김유신에 대한 책봉 기사는 신빙성이 높다.
50) 『三國史記』卷6, 文武王 6年; 『三國史記』卷43, 金庾信 下.

김삼광과 함께 당 고종의 칙지(勅旨)를 가지고 도착하자, 문무왕은 대장군으로서 김유신을 필두로 고구려 원정군을 편성했다.

그러나 김유신은 실제 출전하지 않았는데, 본기에서는 문무왕이 풍병(風病), 즉 신경통을 이유로 만류했다고 한다.[51] 그러나 열전에서는 동생 김흠순의 출전 요청에도 불구하고 문무왕이 수국(守國)을 명분으로 참전시키지 않았다고 한다.[52] 어느 내용이 실제인지 판단하기 쉽지 않지만, 김유신을 고구려에 원정시킴으로써 백제를 통합하려는 신라의 역량 약화를 기도한 당의 책략은 일단 무산되었던 것으로 보아도 좋을 듯하다.

당이 신라와 연합하여 평양성을 포위하자, 보장왕은 668년에 남산을 이적에게 보내 항복함으로써 고구려는 멸망했다. 당은 평양에 안동도호부를 설치하고, 설인귀가 검교안동도호(檢校安東都護)로서 9도독부 42주 100현으로 재편된 고구려 고지의 지배에 당의 관인을 참여시켜 내지화(內地化)를 도모했다.[53] 이제 신라는 고구려의 왕도 평양성까지 함락된 상황에서 다음과 같은 의식을 거행할 수 있었다.

문무왕 8년(668), 11월 5일에 왕이 노획한 고구려인 7천을 데리고 입경하였다. 6일에 문무 신료를 이끌고 先祖廟에 고하기를, "삼가 선왕의 뜻을 이어 大唐과 함께 의병을 일으켜서 백제와 고구려의 죄를 물어 원

---

51) 『三國史記』卷6, 文武王 8年.
52) 『三國史記』卷43, 金庾信 下.
　　노태돈은 문무왕이 김유신을 수도에 머물도록 조치한 이유가, 김유신이 668년 9월에 왜로 파견된 김동암을 매개로 양국의 화해를 주관함으로써 평양성 공략 이후에 예상되는 당과의 전쟁에 대비한 반당전선의 구축에 있었을 것으로 보았다(앞의 책, 246~248쪽).
53) 栗原益男, 1979, 「七·八世紀の東アジア世界」『隋唐帝國と東アジア世界』, 汲古書院, 147~148쪽 참조.

흉이 伏罪되고 국운이 泰靜하게 되었으므로, 이제 감히 고하노니 신이여 들으소서"라고 하였다. (『삼국사기』권6)

문무왕은 당과 함께 백제는 물론 고구려까지 평정함으로써 국운이 태평해진 사실을 선조묘에 고유했다. 중대 왕실이 실제로 일통삼한을 의식하고 있었다면, 국가가 주관하는 고유의례에서 표출되지 않을 수 없었을 것이다. 그러나 일통삼한의식은 이후 기평양적(旣平兩敵)을 기념하여 실시한 죄인 사면과 부채 탕감에 관한 669년의 하교(下敎), 시평양적(始平兩國)으로 표현한 671년의 설인귀에 대한 문무왕의 답서(答書), 문무왕의 백제와 고구려 원정을 서정북토(西征北討)로 피력한 681년의 유조(遺詔) 등과 같은 공식 문서에서도 드러나지 않았다.[54] 결자가 많아 완전한 내용을 알 수 없지만, 이 무렵에 활동했던 문무왕과 김인문의 비문에서도 일통삼한에 관한 내용은 확인되지 않는다. 다만 〈문무왕릉비〉에서 9주를 아우르고 동서를 정토한 내용은 보이는데,[55] 비가 세워졌을 682년은[56] 후술할 바와 같이 중대 왕실이 아직 일통삼한을 의식하기 이전이었다. 이러한 사실에 근거하여 김부식은 신라가 당군의 위엄을 빌려 백제와 고구려를 평정하여 성대를 이룬 듯이 평가했을 것이다.[57]

---

54) 『삼국사기』권46, 강수에서 문무왕이 강수의 공을 논하면서 문장으로 태종무열왕의 "以平麗濟"를 도왔다는 표현도 같은 맥락에서 이해할 수 있을 것이다.
55) 〈文武王陵碑〉. "九合一匡 東征西□."
    이하에서 인용하는 금석문 사료는 다음의 석문과 역주에 의거한 것이다(韓國古代社會研究所 編, 1992, 『譯註 韓國古代金石文』Ⅱ・Ⅲ, 駕洛國史蹟開發研究院).
56) 今西龍, 1970, 『新羅史研究』復刻本, 國書刊行會, 503쪽; 金昌鎬, 1983, 「永川 菁堤碑 貞元十四年銘의 檢討」『韓國史研究』43, 126쪽.
57) 『三國史記』卷12, 敬順王 9年 論. "又憑王師之威靈 平百濟・高句麗 取其地郡縣之 可謂盛矣."

한편 당은 고구려의 멸망 직후 왜에 대한 정벌을 빙자하여 신라를 치려 했으며,[58] 김유신계에 대한 회유도 멈추지 않았다. 당 고종은 총장 원년(668)에 김유신을 조서로써 표창하고 당에 들어와 조회할 것을 유시한 바 있었으며,[59] 669년에 사죄사로 함께 파견되었던 김양도를 억류하여 죽이면서도 670년에 김흠순의 귀국은 허락했다. 이때 김흠순은 장차 신라와 당의 경계를 획정할 때, 백제 고지는 모두 돌려주는 것으로 작성된 지도를 가지고 돌아왔다.[60] 중대 왕실로서는 거북한 임무를 띠고 귀국한 김흠순과 불편한 관계에 놓일 수도 있었다. 또한 당 현종은 개원 21년(733)에 발해를 공격할 때 김유신의 손자 윤중에게 금과 비단을 내리고, 성덕왕에게는 그를 반드시 장군으로 차정하도록 강제함으로써 동생 윤문과 함께 출병할 수 있었다.[61]

김유신은 신문왕대에 무열왕을 도운 성신(聖臣), 혹은 문무왕과 더불어 이성(二聖)으로 받들어졌다.[62] 그러나 성덕왕대에는 무열왕의 딸이자 김유신의 처인 지소부인은 여전히 왕실의 지우를 받았더라도, 손자 김윤중은 이미 종친에게 질투와 견제를 받는 소원한 존재로 변하고 있었다.[63] 성덕왕의 비호로 무마될 수는 있었지만 그런 추세는 이미 돌이킬 수 없는 것이었다. 김유신에 대한 기억이 점차 희미해짐에 따라 김유신계는 왕실과 종친으로부터 더욱 소외되어갔다. 그들에 대한 당의 부단한 회유는 당과의 관계가 원만하지 않았던 중대 왕실을 자극

---

58) 『三國史記』卷7, 文武王 11年 文武王報書. "至總章元年 (中略) 又通消息云 國家修理船艘 外託征伐倭國 其實欲打新羅 百姓聞之 驚懼不安."
59) 『三國史記』卷43, 金庾信 下.
60) 『三國史記』卷7, 文武王 11年 文武王 報書. "咸亨元年 (中略) 至七月 入朝使金欽純等至 將畫界地 案圖披檢 百濟舊地 摠令割還."
61) 『三國史記』卷43, 金庾信 下.
62) 『三國遺事』卷1, 太宗春秋公; 『三國遺事』卷2, 萬波息笛.
63) 『三國史記』卷8, 聖德王 11年; 『三國史記』卷43, 金庾信 下.

하여 갈등을 내연시켰을 수도 있다. 김유신의 입당 조회는 실현되지 않았지만, 그의 가문에서 중요한 의미를 지녔을 당 고종의 조서 분실이 저간의 사정을 암시하기 때문이다.[64]

결국 중대 왕실은 외환의 소멸로 인한 태평을 제·려 평정으로 인식할 따름이었는데, 평정의 내용도 인민과 영토를 아우르는 일통의 의미는 아니었다. 김유신은 평양의 당군에게 군량을 수송하던 중에 당의 힘을 빌려 고구려와 백제의 두 왕성을 함락시킴으로써 원수를 갚겠다고 장사들을 격려한 바 있었다.[65] 두 왕성의 함락은 곧 백제와 고구려의 평정을 의미하는데, 신라와 당의 군사가 왕도에 이르러서 함께 백제를 평정했다는[66] 표현에서도 확인할 수 있다. 중대 왕실의 제·려평정인식은 백제와 고구려의 왕도를 함락시킨 사실을 바탕으로 성립되었던 것이다.

---

64) 『삼국사기』권43, 김유신 하에서 가문에 전해오던 당 고종의 조서는 5세손에 이르러 분실했다고 하는데, 5세손은 김유신전의 저본인 『행록』 10권을 지은 현손 김장청 자신의 세대에 해당한다. 김장청과 같은 세대인 현손 김암이 활동하던 혜공왕대에는 김유신의 혼령이 중대 왕실의 시조인 미추왕릉을 찾아가서 하소연할 정도로 위상이 약화되어 있었다. 이기백이 주목한 바와 같이 김유신의 후손으로 추정되는 김융이 반란을 일으킨 정치적 배경이었으며(1974, 『新羅政治社會史研究』, 一潮閣, 249~252쪽), 이문기도 밝혔듯이 무열왕대에 중대 왕실과 동일한 혈족집단으로 표방했던 금관가야계의 소호김천씨출자설(少昊金天氏出自說)이 혜공왕대에 본래의 천강금란출자설(天降金卵出自說)로 환원되는 사회적 현상으로 나타났다(2004, 「金官加耶系의 始祖 出自傳承과 稱姓의 變化」 『신라문화제학술논문집』25, 32·48쪽). 이러한 와중에서 조서가 분실된 만큼 단순 사건으로 보기 어려우며, 김장청은 김유신에 대한 신원이 이루어진 혜공왕 15년(779) 이후 중대 왕실에 기여한 김유신계의 공로를 과장하여 세상에 알리려고 『행록』을 편찬했을 것이다.
65) 『三國史記』卷42, 金庾信 中.
66) 『三國史記』卷7, 文武王 11年 文武王 報書. "至顯慶五年 (中略) 水陸俱進 船兵纔入江口 陸軍已破大賊 兩軍俱到王都 共平一國."

2. 나·당전쟁과 일통삼한의식

1) 나·당전쟁과 백제 통합

고구려가 멸망함으로써 평양 이남의 백제 토지에 대한 귀속 문제가 대두될 수밖에 없었다. 그러나 당이 약속을 지키지 않음으로써 백제를 통합하려는 신라와 전쟁이 불가피해졌다. 이것은 나·당연합이 백제와 고구려를 멸한 것과는 다른 차원의 전쟁이었다. 제·려 평정 이후 신라가 다시 당과 싸워 백제를 통합함으로써 일통삼한의식이 발생되었기 때문이다.

일통삼한에 관한 내용은 불교 관련의 기록에서 비교적 이른 시기부터 보이고 있다. 그러한 실례로 신라가 불교를 공인한 공덕으로 삼한을 아울러 하나의 나라를 이루고,[67] 황룡사구층탑을 세운 음덕으로 삼한을 일통했다고 한다.[68] 백제의 공격으로 대야성이 함락된 신라는 위기 극복에 온 힘을 기울였다. 청병외교와 같은 현실적인 방법 이외에 불법의 가피에 의존하는 관념적인 방법도 모색되었다. 선덕왕의 요청으로 귀국한 자장의 건의에 따라 645년에 착공한 황룡사구층탑이 646년에 준공되었던 것이다.[69] 그러나 신라가 일통삼한을 의식하고 불교를 공인하거나 황룡사구층탑을 세운 것은 아니었다. 다만 불법의 인연으로 삼한을 일통한 과보가 나타났다는 의미이므로, 황룡사구층탑에 보이는 일통삼한은 결과로부터 나온 후대의 평가로 여겨진다.[70]

---

67) 『三國遺事』卷3, 原宗興法·猒髑滅身. "他方菩薩 出現於世 西域名僧 降臨於境 由是倂三韓而爲邦 掩四海而爲家."

68) 『三國遺事』卷3, 皇龍寺九層塔. "樹塔之後 天地開泰 三韓爲一 豈非塔之靈蔭乎."

69) 〈皇龍寺九層木塔舍利函記〉. "乃命監君伊干龍樹 (中略) 其十四年歲次乙巳 始構建 四月 □□ 立刹柱 明年乃畢功."

70) 金相鉉, 1980, 「新羅 三寶의 成立과 그 意義」 『東國史學』14, 62~63쪽 참조.

신라와 당의 전쟁은 각각 백제 통합과 고구려 점령이라는 기본 전략의 차이에서 연유했다. 당은 백제의 경우와 달리 고구려 고지의 지배정책에 신라를 참여시키지 않았다. 이에 대해 신라도 백제 유민의 경우와 달리 고구려 유민의 부흥운동을 지원함으로써 백제를 통합할 전략을 구사했다. 신라에게 백제 고지와 고구려 유민은 각각 통합과 이용 대상으로서의 차이가 있었던 셈이다.

신라의 설오유가 670년에 고구려의 고연무와 함께 각각 정병 1만을 이끌고 압록강을 건너 옥골(屋骨)에서 말갈병을 깨뜨린 일이 있었다.[71] 옥골의 위치 비정과 관련한 사실 해석에서 기존에 서로 다른 견해가 있었다. 그 하나는 압록강을 패강으로 비정하고, 평양 일대에서 일어난 검모잠의 반란을 신라가 지원한 것으로 파악했다.[72] 다른 하나는 옥골을 요동의 오골성(烏骨城)으로 보고, 신라가 백제 고지에서의 성과를 담보하려는 양동작전으로 이해했다.[73] 어느 경우에도 당의 작전 범위는 제약되었을 것이므로 신라의 백제 통합은 더욱 용이할 수 있었다.

고구려 유민의 당에 대한 저항은 안승을 추대함으로써 부흥운동으로 전환했다. 검모잠은 670년에 패강 이남에서 당의 관인과 승려 법안 등을 살해하고 안승을 추대한 다음 신라에 후견을 요청했다. 당의 고간이 토벌에 나섰으므로 안승은 검모잠을 죽이고 신라로 망명했다.[74] 문무왕이 같은 해에 안승을 백제 고지인 금마저(익산)에 안치한 뒤, 고구려왕에 책봉하여 종묘와 사직의 제사를 부활시킨 조치는 당에게 충

---

71) 『三國史記』卷6, 文武王 10年.
72) 池內宏, 1930, 「高句麗滅亡後の遺民の叛亂及び唐と新羅との關係」『滿鮮地理歷史硏究報告』12, 66~67쪽.
73) 盧泰敦, 1997, 「對唐戰爭期(669~676) 新羅의 對外關係와 軍事活動」『軍史』34, 3~7쪽.
74) 『三國史記』卷6, 文武王 10年; 『三國史記』卷22, 寶臧王 27年.

격이었다. 당이 멸망시킨 고구려 왕조의 재건을 천명하는 것일 뿐만 아니라 백제 왕실의 제사를 잇도록 후견한 웅진도독 부여융에 상대하는 의미도 없지 않았을 것이기 때문이다.

또한 신라는 고구려의 부흥운동을 지원하는 동시에 백제에 대한 통합을 추진했다. 문무왕은 670년에 웅진도독부가 우호 제의를 거부하고 오히려 신라를 도모하려는 사실을 인지하고 토벌에 나섰다. 품일, 문충, 중신 등이 63성을 공취하고, 천존, 죽지와 군관, 문영 등이 각각 7성과 12성을 깨뜨리는 전과를 올렸다. 이러한 와중에 설인귀가 671년에 문책하는 서신을 보낸 데 대해 문무왕은 해명하는 답서를 보냈다. 신라는 백제 통합의 불가피성을 밝히고 당과의 전쟁에 대비한 명분을 피력했다.

신라는 671년에 사비에 소부리주(所夫里州)를 설치함으로써 실질적인 백제 통합을 이루었다. 673년에는 왕도의 외곽과 변경지방의 방어 시설을 정비하고, 백제를 멸한 뒤에 없앴던 진수하는 병사도 다시 두었다.[75] 한편 당은 한성도독 박도유에게 미인계를 써서 한성주를 습격하도록 사주하거나,[76] 670년에 신라를 배반하려고 모의한 한성주총관 수세와 673년에 신라에 모반하고 당에 붙으려던 아찬 대토 같은 친당파를 매개로 분란을 일으키면서 고구려 점령에 군사력을 집중했다. 그러나 신라는 673년에 북변으로 내침한 당군과 거란·말갈병을 호로하(瓠濾河; 파주 임진강)와 왕봉하(王逢河; 고양 한강) 일대에서 크게 격파했다.[77] 당은 674년에 고구려의 부흥운동을 종식시킨 다음 신라에 대해 매우 강경한 입장을 취했다.

---

75) 『三國史記』卷7, 文武王 13年.
76) 『三國史記』卷7, 文武王 11年 文武王 報書.
77) 『三國史記』卷7, 文武王 13年.

문무왕 14년(674), 정월에 왕이 고구려의 叛衆을 받아들이고 또 百濟
故地를 점거하고 관인을 시켜 지켰다. 당 고종이 크게 노하여 조서로써
왕의 관작을 삭탈하고 王弟인 右驍衛員外大將軍 臨海郡公 仁問이 경사
에 있었으므로 그를 세워 신라왕으로 삼아 귀국시켰다. 左庶子同中書門
下三品 劉仁軌를 鷄林道大摠管으로 삼고 尉衛卿 李弼과 右領軍大將軍
李謹行을 부관으로 삼아 군사를 내어 쳐들어왔다. (『삼국사기』권7)

당은 신라의 도발에 대해 문무왕의 관작을 삭탈한 다음 김인문을
신라왕으로 삼아 귀국시킴으로써 신라 조정의 분열을 획책했다. 이러
한 조치에 군사 행동까지 수반됨으로써 신라와 본격적인 나·당전쟁
에 돌입했다. 유인궤가 675년에 칠중성에서 신라군을 이기고 돌아가
자, 이근행이 대신하여 경략에 나섰다. 문무왕의 사죄로 관작은 복구
되었고, 신라는 고구려의 남경에 이르는 영역을 확보할 수 있었다.

문무왕 15년(675), 그러나 (신라는) 백제의 토지를 거의 차지하고, 마침
내 高句麗 南境에 이르기까지를 주군으로 삼았다〔然多取百濟地 遂抵高句
麗南境爲州郡〕. 당병이 거란·말갈병과 함께 내침한다는 소문을 듣고 九
軍을 내어 기다렸다. (『삼국사기』권7)

위 사료는 본래 『신당서』에서 신라가 백제의 토지를 많이 차지함으
로써 마침내 고구려의 남경에 이르렀다는 데 근거한 것으로서 주군을
설치한 내용은 없었다.[78] 다만 이러한 내용이 상원 2년(675)에 당 고종
이 조서로써 문무왕의 관작을 회복시킨 기사와 신라의 9주 설치 및 지

---

78) 『新唐書』卷220, 列傳145, 新羅. "然多取百濟地 遂抵高麗南境矣."

배 내용이 언급된 기사 사이에 기술되어 있을 뿐이었다. 그런데 『삼국사기』의 편자가 모두 문무왕 15년에 있었던 사실로 간주하고 고구려의 남경에 이르기까지 주군을 삼은 내용을 부연함으로써, 후대의 사실 인식에서 착오가 있게 되었다.

여기에서 고구려의 남경은 과거에 김유신이 한강 및 칠중하를 건너서 들어간 고구려의 '남쪽 경계'로서[79] 서북경의 임진강 일대였다. 임진강은 김유신이 평양의 당군에게 군량미를 수송하고 돌아올 때 고구려군과 교전했던 호로하 곧 표하(瓢河)이며,[80] 〈김인문비〉에는 호로수(瓠盧水)로 나오고 있다.[81] 한편 675년에는 안북하(덕원 북면천)를 따라 요새를 설치하고 철관성도 축조함으로써 신라의 동북경은 원산만에 이르고 있었다.

만일 고구려의 남경을 대동강 이남의 '남쪽 경역'으로 보고 신라가 675년에 이곳에 주군을 설치함으로써 사실상 반도를 통일한 것으로 해석하면[82] 다음의 두 가지가 사실과 맞지 않았다. 첫째, 신라는 당시 임진강과 칠중성을 중심으로 형성된 주전선에서 당과 대치하고 있었으므로, 아직 대동강까지는 진출하지 못했다. 둘째, 신라는 694년에 임진강 이북에 처음으로 송악성(개성)과 우잠성(금천)을 쌓고 713년에 개성(개풍)을 축조했을[83] 뿐, 아직 주군의 설치는 없었다.

당은 고구려 고지를 확보하기 위해 신라에서 숙청된 김진주의 아들

---

79) 『三國史記』卷5, 善德王 11年. "王命大將軍金庾信 領死士一萬人赴地 庾信行軍過漢江 入高句麗南境."; 『三國史記』卷42, 金庾信 中. "壬戌正月二十三日 至七重河 (中略) 遂先自上船而濟 諸將卒相隨渡河 入高句麗之境."

80) 『三國史記』卷7, 文武王 11年 文武王 報書; 『三國史記』卷42, 金庾信 中.

81) 〈金仁問碑〉. "其本國兵軍□虜境以橫行 返于瓠盧水."

82) 朝鮮史學會 編, 1927, 『朝鮮史大系』上世史, 朝鮮史學會, 201쪽.

83) 『三國史記』卷8, 孝昭王 3年; 聖德王 12年.

풍훈을 향도로 삼아 천성(파주 또는 재령)으로 내침했고, 매초성(양주 또는 연천)과 도림성(통천)도 공격했다.[84] 그러나 이근행의 당군이 매초성에서 대패했을 뿐만 아니라 소부리주를 공격하려던 당의 수군도 676년에 기벌포(금강 하구)에서 격파됨으로써 나·당전쟁도 종막을 고했다. 당은 토번과의 전쟁에 역량을 집중하기 위한 소극적인 퇴수책의 일환으로[85] 당의 관인을 먼저 혁파했던 안동도호부를 676년에 요동 고성(요양)으로 옮겼고, 다음 해에는 다시 신성(무순)으로 이치했다. 웅진도독부도 건안 고성(개주)으로 옮김으로써 백제 고지로부터 완전히 철수했다. 당 고종은 678년에 다시 신라를 원정하려고 시도했지만, 장문관이 토번 토벌의 긴급성을 들어 반대함으로써 중지되었다.[86]

신라가 나·당전쟁의 결과로 통합한 지역은 임진강과 원산만 이남에 불과했으며, 신문왕대에 군현제와 10정을 일제히 정비하면서도 한강 이북은 거의 방치한 상태였다.[87] 발해가 732년에 압록강 하류를 통해 등주를 공격하자, 당은 다음 해에 신라로 하여금 발해의 남변을 공격하도록 유도했던 대가로 735년에 패강(대동강) 이남의 영유를 인정했다.[88] 신라의 출병은 무위로 끝났지만, 서북경의 확장은 당의 전략과 무관하지 않았다. 신라는 경덕왕과 헌덕왕대에 예성강 이북과 대동강 이남지역에 14개 군현을 두었고, 782년에는 발해에 대한 방위책의 일환으로 패강진(평산)을 설치할 수 있었다.[89]

---

84) 『三國史記』卷7, 文武王 15·16年.
85) 陳仁恪, 2001,「外族盛衰之連環性及外患與內政之關係」『唐代政治史述論稿』, 三聯書店, 334·345쪽.
86) 『資治通鑑』卷202, 唐紀18, 高宗 儀鳳 3年. "上將發兵討新羅 侍中張文瓘臥疾在家 自興 入見 諫曰 今吐蕃爲寇 方發兵西討 新羅雖云不順 未嘗犯邊 若又東征 臣恐不勝公私其弊 上乃止."
87) 李基東, 1976,「新羅 下代의 浿江鎭」『韓國學報』4, 4쪽.
88) 『三國史記』卷8, 聖德王 34年.

2) 일통삼한의 의식 과정

이상의 논의는 중대 왕실이 일통삼한을 의식하는 과정을 밝히기 위한 전제였다. 신라가 삼국을 통일한 의미의 이른바 일통삼한의식은 신문왕대에 보덕국을 해체하고 9주를 완비한 뒤에 형성된 것으로 파악하고 있다.[90] 그러나 수와 당이 삼한을 삼국으로 인식하고 있었더라도, 신라에서 삼한이 삼국을 의미하게 되는 데는 그럴 만한 과정이 있었다. 문무왕대에 백제를 실질적으로 통합한 직후의 일통삼한은 함의가 달랐으며, 신문왕대에 고구려를 포함하는 일통삼한의식으로의 전화에는 일정한 과정이 있었기 때문이다.

문무왕은 나·당전쟁이 본격화된 674년에 고구려왕 안승을 보덕왕(報德王)으로 다시 책봉했다. 안승의 고구려왕 책봉이 당에 대한 도발이었다면, 신라의 덕화에 귀의한 의미에서의 보덕왕 책봉은 당과의 전쟁 명분이었다. 즉위 초에 김흠돌의 반란을 진압함으로써 대내적 안정을 이룬 신문왕은 684년에 안승의 조카 대문의 모반을 계기로 보덕국을 금마군으로 편제했다.[91] 고구려의 왕도는 점령하지 못했지만, 왕조를 통합하는 형식은 갖추었던 셈이다. 다음 해에 9주를 정비하여 시비구주(始備九州)를 선포했는데, 백제 통합의 일통삼한이 고구려 포함의 일통삼한으로 전화할 수 있는 의식의 기반이었다. 686년에 건립된 〈청주운천동사적비〉에 나오는 삼한의 통합에서[92] 제·려 평정으로부터 일통삼한으로 담론의 변화를 읽어낸 근거이기도 했다.[93]

---

89) 李基東, 앞의 논문, 7~9·13쪽.
90) 盧泰敦, 1982, 「三韓에 대한 認識의 變遷」『韓國史研究』38, 137~138쪽.
91)『三國史記』卷8, 神文王 4年.
92)〈淸州雲泉洞寺蹟碑〉. "合三韓而廣地 居滄海而振威."
93) 김흥규, 앞의 논문, 384쪽.

그러나 김유신은 673년에 문병차 찾아온 문무왕에게 삼한을 한 집
안으로 삼은 결과 백성들이 두 마음을 갖지 않는 소강(小康)을 언급했
다.[94] 중대 왕실은 제·려 평정을 태평(太平)으로 인식한 데다 아직 보
덕국이 존재하고 있었으므로, 여기의 삼한이 삼국일 수는 없었다.[95]
또한 문무왕도 기왕에 한 집안으로 삼을 대상으로서 같은 기미주인 백
제를 지목한 바 있었다.[96] 따라서 신라가 백제만을 통합한 상태에서
삼한은 마한·변한·진한을 의미하며, 여기에 고구려는 포함될 수 없
었다.[97]

김춘추는 진덕왕대에 당 태종이 남다른 관심을 가지고 새로 편찬한
『진서』를 가지고 귀국한 바 있었다. 당 태종이 삼국의 존재를 인정하
지 않는 『진서』를 김춘추에게 하사함으로써 고구려와 백제를 멸망시
키려는 뜻을 드러낸 것이었다.[98] 『진서』 동이전의 마한에서 마한·진
한·변한의 삼한과 진한에서 변진을 언급하고 있으나,[99] 실제로 변한
과 변진은 따로 입전되지 않았다. 한편 『삼국지』 동이전에 입전되었던
고구려는 현토군의 속현으로[100] 기록되어 있을 따름이었다. 이러한 내

---

94) 『三國史記』卷43, 金庾信 下. "庾信對曰 臣愚不肖 豈能有益於國家 (中略) 三韓爲一家
　　百姓無二心 雖未至太平 亦可謂小康."
95) 한편 노태돈은 김유신이 삼한을 삼국으로 인식할 수 있었더라도, 김유신전이 갖는 사
　　료적 한계를 고려하여 최초의 사례로 단정하지는 않았다(1982, 앞의 논문, 138쪽).
96) 『三國史記』卷7, 文武王 11年 文武王報書. "幷云 新羅百濟 累代深讎 今見百濟形況 別
　　當自立一國 百年已後 子孫必見呑滅 新羅旣是國家之州 不可分爲兩國 願爲一家 長無
　　後患."
97) 당이 〈대당평백제국비명〉(660)에서 소정방의 전공을 기리면서 언급한 "一擧而平九種
　　再捷而定三韓"에서 삼한 평정은 상투적인 수사에 지나지 않더라도, 고구려가 아직 망
　　하지 않았으므로 여기의 삼한에 고구려가 포함될 수 없음은 물론이다.
98) 李成珪, 2004, 「中國 古文獻에 나타난 東北觀」 『동북아시아 선사 및 고대사 연구의
　　방향』, 학연문화사, 50~52쪽.
99) 『晉書』卷97, 列傳67, 東夷, 馬韓·辰韓.
100) 『晉書』卷14, 志4, 平州 玄菟郡.

용에 따라 당시의 진한=신라가 사실의 인식에서 제약을 받았다면 마한=백제의 통합만으로 일통삼한을 의식할 수 있었으며, 고구려는 일통삼한의 범주에 들 수 없었을 것이다. 중대 왕실의 제·려평정인식이 일통삼한의식으로 전화할 계기는 당과의 관계에서 제공되었다.

신문왕 12년(692), 당의 中宗이 사신을 보내 口勅하기를, "우리 太宗文皇帝는 神功과 聖德이 천고에 뛰어났다. 그러므로 붕어하던 날에 태종을 廟號로 삼았다. 너희 나라 선왕 金春秋를 그와 같이 태종으로 한 것은 매우 참람한 일이니 반드시 고치도록 하라"고 하였다. 왕과 군신이 함께 의논하여 대답하기를, "(전략) 그러나 생각건대 선왕 춘추는 자못 賢德이 있고, 하물며 생전에 良臣 金庾信을 얻어 한 마음으로 정치하여 三韓을 일통하였으니[同心爲政 一統三韓] 그 공업이 적다고 할 수 없다(후략)"고 하였다. (중략) 그 이후 별다른 칙명이 없었다. (『삼국사기』권8)

위 사료는 태종의 묘호 문제가 주요 내용이지만, 중대 왕실이 일통삼한을 의식하는 계기에 대해서도 시사하는 바가 있다. 당은 나·당전쟁 이후 소원해진 신라를 다시 속박하기 위해 중종이 구두 칙명하는 형식으로 태종무열왕의 묘호가 당 태종의 그것에 저촉된다는 외교적 난제를 제기했다. 한편 『삼국유사』는 당 고종이 같은 문제를 제기하고, 신문왕은 태종무열왕과 김유신이 일통삼국(一統三國)한 사실로써 응대한 것으로 기록했다.[101] 이처럼 동일한 사안에 대해 두 사서가 전하는 시기의 차이 때문에 몇 가지 해석이 있게 되었다.

---

101) 『三國遺事』卷1, 太宗春秋公. "神文王時 唐高宗遣使新羅曰 (中略) 新羅王上表曰 新羅 雖小國 得聖臣金庾信 一統三國 故封爲太宗 帝見表 乃思儲貳時 有天唱空云 三十三天 之一人降於新羅爲庾信 紀在於書 出撿視之 驚懼不已 更遣使許無改太宗之號."

첫째, 당 중종은 684년에 측천무후에 의해 폐위되었으므로, 기실 고종이 681년에 즉위한 신문왕을 책봉하려고 파견한 책봉사에 의해 제기된 사건이다.[102] 둘째, 유사한 내용에 대한 별개의 사건으로서 681년에 고종과 692년에 중종이 따로 문제를 제기한 것이다.[103] 위의 두 견해처럼 681년을 따를 경우 보덕국이 아직 존재하고 있었으므로, 여기의 일통삼한 또는 일통삼국은 백제 통합만을 의미할 수밖에 없다. 셋째, 주(周)의 황제인 측천무후가 692년에 당 왕조의 옛 신하들에게 당의 종실을 무시하지 않음을 보여주기 위해 새삼 당 태종의 묘호 문제를 제기하고, 중종이 구칙하는 형식을 빌렸기 때문에 우리 태종〔我太宗〕이라는 표현이 사용될 수 있었다.[104]

더구나 『자치통감』은 측천무후가 690년에 주의 황제로 즉위했음에도 불구하고, 중종이 705년에 복위하여 모든 문물제도를 682년 이전으로 복구할[105] 때까지 여전히 태후(太后)로 표기하고 있었다. 이러한 필법에 따라 『삼국사기』도 측천무후에 의한 묘호 문제의 제기를 당 중종의 구칙에 의한 것으로 바꾸어 기록했을 가능성도 없지 않다. 김부식은 여왕의 존재에 대한 비판적 입장에서, 중국 사서가 측천무후를 왕으로 칭하지 않고 단지 측천황후 무씨(武氏)로 기록한[106] 사실을 유념하고 있었기 때문이다.

---

102) 權悳永, 2005, 「8・9세기 '君子國'에 온 唐나라 使節」『新羅文化』25, 97쪽; 서영교, 2006, 『羅唐戰爭史研究』, 아세아문화사, 306~307쪽.

103) 金壽泰, 1999, 「羅唐關係의 變化와 金仁問」『白山學報』52, 673~674쪽.

104) 金子修一, 2001, 「中國의 입장에서 본 三國統一」『韓國古代史研究』23, 11쪽.
이러한 사실은 『자치통감』권204, 당기20, 측천황후 영창 원년에서 측천무후가 진자앙에게 당면한 정치의 요체를 묻자, 일반적인 논의 이외에 특히 당 종실에 대한 위무를 거론한 데서도 확인된다.

105) 『資治通鑑』卷208, 唐紀24, 中宗 神龍 元年.

106) 『三國史記』卷5, 善德王 16年 論.

신문왕은 대외적 안정을 위해 군신, 즉 태종무열왕계와 김유신계를 중심으로 의논한 결과, 김춘추와 김유신이 한 마음으로 정치하여 삼한을 일통한 사실을 들어 묘호 문제를 해결했다. 신문왕대에 활동한 김유신계의 대표적 인물로는 아들 김삼광이 있었다. 그는 신문왕이 김흠운의 딸을 부인으로 맞이할 때 택일하는 소임을 맡았으며, 그 무렵에는 조정의 인사권도 장악하고 있었다.[107] 이처럼 정치적 영향력을 유지하고 있었더라도, 김유신계는 당과의 관계로 인해 중대 왕실의 경원으로부터 자유롭지 못한 입장이었다. 이때 당의 고구려 원정에 기여했던 김삼광이 신문왕에 협조함으로써 중대 왕실은 물론 당의 태도 변화도 기대했을 것이다. 『삼국유사』에서 보다시피 태종무열왕이 김유신을 얻어 일통삼국한 까닭에 묘호를 태종으로 올린 것으로 답하고, 당도 33천의 하나인 김유신으로 상징되는 김유신계가 신문왕과 협력한 사실을 알고 묘호 문제를 재론하지 않게 되었다. 후손들이 조상의 업적을 매개로 공동 대처하는 과정에서, 중대 왕실은 내연하던 김유신계와의 갈등을 미봉하고 일통삼한의식을 공유하게 되었을 것이다.

여기에서 일통삼한은 무열왕이 실제 백제만을 멸망시켰으므로 사실로서의 삼한인가, 아니면 태종무열왕에게 소급시킨 업적으로서 고구려를 포함하는 삼국인가의 문제가 제기될 수 있다. 당 고종은 문무왕의 도발에 대한 문책으로 김인문을 하옥시켰는데, 이때 함께 갇혔던 박문준이 당의 은혜를 입어 신라가 일통삼국하고 그로 인한 일련의 사실을 언급함으로써 당 고종을 기쁘게 한 일이 있었다.[108] 기실 김흠순

---

107) 『三國史記』卷8, 神文王 3年; 『三國史記』卷47, 裂起.
108) 『三國遺事』卷2, 文虎王法敏. "文俊奏曰 陪臣等來於上國一十餘年 不知本國之事 但遙聞一事爾 厚荷上國之恩 一統三國 欲報之德 新刱天王寺於狼山之南 祝皇壽萬年 長開法席而已 高宗聞之大悅.

과 같이 사죄사로 파견되었던 김양도가 김인문과 함께 투옥되었을 때의 일이지만,[109] 당의 도움으로 삼국을 일통한 사실을 당 고종에게 상기시킨 점은 믿어도 좋을 듯하다.

신문왕도 사실상 평양지역을 포기한 당에게 과거의 지원 사실을 환기시킴으로써 현안을 해결하고자 고구려를 포함하는 일통삼한을 표방하는 한편, 당 태종과 교섭했던 태종무열왕의 업적으로 부회시킴으로써 당 왕조를 무시하지 않으려던 측천무후를 압박하는 효과를 기대했을 수도 있다. 이로써 일통삼한의식에 백제는 물론 고구려도 포함되기 시작했으며, 이른바 통삼(統三)은 태종무열왕의 업적으로 세상에 알려지게 되었다.[110]

신라 말기에 최치원도 「상태사시중장」에서 마한·변한·진한을 각각 고구려·백제·신라에 결부시킨 다음, 당과 더불어 백제와 고구려를 멸망시키는 데 기여한 태종무열왕의 공로와 그것이 후대에 미친 영향을 거론했다.[111] 그가 당에서 삼국을 동질적 족속의 삼한으로 인식한[112] 데 맞추려고 왜곡한 것도 아니었을 듯하다. 백제와 마한의 역사

---

109) 金壽泰, 앞의 논문, 662~664쪽.
110) 『三國遺事』卷3, 鍪藏寺彌陀殿. "諺傳 太宗統三已後 藏兵鍪於谷中 因名之."
111) 『三國史記』卷46, 崔致遠. "故其文集有上大師侍中狀云 伏聞 東海之外有三國 其名馬韓·卞韓·辰韓 馬韓則高麗 卞韓則百濟 辰韓則新羅也 (中略) 後以高麗·百濟踵前造惡 武烈王朝請爲鄕導 (中略) 至今三百餘年 一方無事滄海晏然 此乃我武烈大王之功也."
112) 盧泰敦, 1982, 앞의 논문, 131~133쪽.
     삼한과 삼국의 관계에 대한 당의 인식도 『책부원구』권170, 제왕부, 내원에서 당 태종이 정관 19년(645)에 투항해온 고구려인 고연수와 고혜진에게 각각 홍려경과 사농경을 제수하면서 내린 조서에서 "馬韓酋長"으로 표현하거나, 마한과 백제의 계승관계를 알고 있었던 〈부여융묘지명〉(682)과는 달리 보장왕의 손자 〈고진묘지명〉(778)에서는 그의 신분을 진한의 영족(令族)으로 표현할 만큼 체계적이지 않았다(梁起錫, 1995, 「百濟 扶餘隆 墓誌銘에 대한 檢討」 『國史館論叢』62, 154쪽 참조). 또한 당의 안사고(581~645)와 같은 학자도 삼한이 중국의 동북에 있었던 것으로 오해했기 때문에, 당이후에도 『요사』권39, 지리지3, 중경도, 고주 삼한현에서 보듯이 진한을 부여, 변한을

적 연계를 알고 있음에도[113] 불구하고, 신문왕대에 당과의 관계에서 백제 통합의 일통삼한이 고구려 포함의 일통삼한으로 전화할 때 조성된 일종의 허위의식을 따랐을 뿐이었다. 그러한 까닭에 최치원은 낭혜화상의 8대조인 무열왕이 백제와 고구려를 평정한[114] 것으로 기술할 수 있었다. 이와 같은 일통삼한의식은 후삼국시대에 이르러 신라와 고구려를 각각 진한과 마한에 대응시킴으로써 삼국 전체를 지칭하는 것으로 확대되었다.[115]

결국 백제를 통합한 뒤에 김유신의 업적과 관련하여 일통삼한의식이 발생했고, 고구려를 계승한 보덕국을 흡수한 이후의 정치와 외교과정에서 태종무열왕의 업적으로 부회된 일통삼한, 즉 일통삼국의식이 신라 말기까지 지속되었다. 일통삼한과 일통삼국이 혼용될 수밖에 없는 배경이었는데, 그런 일통삼한의식의 양상은 다음과 같이 나타났다.

과연 三韓을 합하여 한 집안으로 만들고〔果合三韓 以爲□□〕, 君臣의 안락은 지금까지 이에 힘입었다. (《황룡사구층목탑사리함기》)

옛날에 우리 太宗大王이 백성들의 도탄을 가슴 아프게 여기고, (미상).

신라, 마한을 고구려에 비정하게 되었다(和田淸, 1955, 『東亞史硏究』滿洲篇, 東洋文庫, 253~255쪽). 이처럼 당에서 마한을 고구려로 인식하는 경향도 있었기 때문에, 고구려 포함의 일통삼한으로 전환시킨 신라의 논리도 받아들여질 수 있었을 것이다.
113) 이강래, 2004, 「최치원의 고대 인식과 그 함의」 『孤雲學報』2, 47쪽.
114) 〈聖住寺郎慧和尙塔碑〉. "先祖平二敵國 俾人變外飭 大師降六魔賊 俾人修內德."
115) 趙法鍾, 1998, 「高句麗의 馬韓繼承 認識論에 대한 檢討」 『韓國史硏究』102, 58~59쪽. 한편 『삼국사기』권50, 궁예에서 진한=계림과 마한=압록의 도참시가 새겨진 옛 거울을 먼저 당 출신의 상인 왕창근이 구입하여 해독한 다음에 궁예의 문인들이 왕건에 의해 통일될 것으로 해석하는 설화도, 기실 신문왕대에 당을 상대한 정치와 외교의 과정에서 형성된 고구려 포함의 일통삼한의식이 신라사회의 저변에 확산됨으로써 기왕의 백제 대신에 고구려를 마한에 재배치한 사실을 전제로 구성될 수 있었을 것이다.

三韓에서 전쟁이 그치고 一統이 이루어진 때였다〔止戈三韓之年 垂衣一統之日〕. (미상), □□의 재앙을 길이 없앴다고 하여 특별히 이 산을 봉하여 큰 공훈을 표창하였다. 《월광사원랑선사탑비》

과연 치열한 전투로 재앙을 없애고 무기를 거두어 경사를 드날리니, 옛날의 조그만 三國이 이제야 장하게도 한 집안이 되었다〔昔之蕞爾三國 今也壯哉一家〕. 《봉암사지증대사탑비》

위의 첫 사료에서 박거물(朴居勿)은 872년에 황룡사구층탑의 건립이 삼한의 통합과 신라 조정에 끼친 공덕을 기렸고, 다음 사료에서 김영(金穎)은 890년에 태종무열왕이 삼한을 일통한 의미를 되새겼다. 그리고 신라의 골품체제에 회의를 품었던 최치원조차 893년 경에 찬술한 마지막 사료에서 삼국의 일통을 찬양했던 것이다. 일통의 대상이 삼한과 삼국으로 달리 표현되더라도, 일단 삼국을 일통했다는 일통삼한의식은 골품귀족들에게 공유되어 있었던 셈이다. 이러한 신라 지배층의 의식은 왕조 중심의 인식으로 인해 실제와 괴리되었지만, 백제와 고구려의 유민을 융합하려는 현실의 필요에서 정치적 이념의 성격을 띠게 되었다. 그러나 일통삼한의 이념은 백제 유민에 대한 통합 과정에서 차질을 빚었고,[116] 마침내 궁예와 견훤이 고구려와 백제의 부흥을 표방하면서 파탄을 맞았다.

후삼국으로 분열되었던 때에 왕명으로 편찬된 선사의 탑비에서 일통삼한 또는 일통삼국이 강조되는 현상이 흥미롭지만, 신라의 일통삼한의식은 함의와 밀도를 달리하면서 후삼국을 통일한 고려로 이어졌

---

116) 김영하, 2007, 앞의 책, 223~225쪽.

다. 고려 초기에 존재하던 고구려 계승의식이 신라 계승의식으로 정리된 상황에서 김부식이 삼국과 신라의 역사를 일괄하여 『삼국사기』를 편찬하면서도, 김유신이 당과 협력하여 왕조로서의 삼국이 아닌 지역으로서의 삼토(三土)를 합하여 한 집안으로 만든 것으로 평가할[117] 수밖에 없었던 배경인지도 모른다.

맺음말

7세기 동아시아 국제전의 연동 결과로 신라는 당과 연합하여 660년에 백제와 668년에 고구려를 멸망시켰고, 당과의 전쟁을 통해 마침내 676년에 임진강 이남의 백제를 통합할 수 있었다. 이러한 역사적 사실에 대해 신라의 중대 왕실이 백제와 고구려의 멸망을 어떻게 인식했고, 어떠한 과정을 거쳐 일통삼한을 의식하게 되었는가를 살펴보았다.

우선 중대 왕실은 문무왕대에 백제와 고구려의 멸망을 제·려 평정으로 인식하고 있었다. 신라는 642년의 대야성 함락을 계기로 백제를 통합할 전략을 정하고, 태종무열왕계가 외교적으로 주도했다. 김춘추는 고구려를 상대한 청병이 실패한 이후 다시 당 태종과의 협약을 통해 백제 원정에 대한 동의를 얻어낼 수 있었다. 당도 요동공략책이 실패했으므로 평양직공책으로의 전환이 필요한 시점이었다. 백제 멸망 이후 당은 웅진도독부를 통해 백제 고지를 기미화하고 두 차례에 걸쳐 평양을 직접 공격했다. 신라는 고구려의 공격으로부터 임진강 일대의

---

117) 『三國史記』卷43, 金庾信 下 論. "故庾信得以行其志 與上國協謀 合三土爲一家 能以功名終焉."

서북경을 고수하는 한편, 백제 고지로 진출할 외곽의 거점을 마련했다. 문무왕은 백제의 부흥운동을 진압하는 상황 속에서 662년에 백제 평정을 기념하는 연회를 베풀었다.

당은 평양직공책이 실패로 끝난 662년부터 665년까지의 소강 상태에서 삼국을 상대로 공작을 펼쳤다. 신라의 계림대도독부로의 개편, 부여융의 웅진도독 임명, 보장왕과 연개소문 자제에 대한 내분, 김유신에 대한 회유 등 일련의 조치를 취한 당은 고구려 원정을 재개했다. 당은 안동도호부를 통해 고구려 고지의 내지화를 꾀했고, 신라는 668년에 외환의 원인이던 백제와 고구려의 평정을 태평으로 선조묘에 고유했다. 이때 문무왕은 두 왕도의 함락에 유의하여 제·려 평정으로 인식할 뿐 아직 일통삼한으로는 의식하지 않았다. 한편 당은 김유신계를 끊임없이 회유함으로써 백제를 통합하려는 중대 왕실을 견제했다.

다음으로 중대 왕실은 신문왕대에 정치와 외교의 과정에서 일통삼한을 의식하게 되었다. 당이 백제 고지의 귀속 문제에 대한 약속을 지키지 않음으로써 신라와 당의 전쟁은 불가피했다. 신라는 백제 통합을 위해 안승의 고구려왕 책봉으로 상징되는 고구려 유민의 부흥운동을 지원했고, 당은 고구려 고지를 점령하기 위해 임진강 일대의 주전선에서 신라와 공방을 벌였다. 신라는 671년에 소부리주를 설치함으로써 임진강 이남의 백제를 통합할 수 있었으며, 당은 676년에 안동도호부를 요동 고성으로 옮김으로써 평양지역을 사실상 포기했다.

신라가 실질적인 백제 통합을 이룬 뒤에 삼한 통합의 일통삼한의식이 발생했다. 문무왕은 한 집안으로 삼을 대상으로 백제를 지목한 바 있었고, 김유신은 자신의 업적과 관련하여 삼한을 한 집안으로 삼은 소강을 언급했다. 이러한 의식이 684년에 보덕국을 흡수한 뒤에 고구려 포함의 일통삼한, 즉 일통삼국의식으로 전화할 계기는 당과의 관계에서 마련되었다. 측천무후는 692년에 중종이 구칙하는 형식을 빌려 태종무열왕의 묘호가 당 태종에 저촉된다는 외교적 난제를 제기했다. 신문왕은 두 왕조의 통합에 기초하여 태종무열왕의 업적으로 부회된 일통삼한의식을 표방하고, 당과의 관계에서 서로 불편했던 김유신계와 협력하여 당·주의 교체로 불안정한 측천무후를 상대함으로써 묘호 문제를 해결할 수 있었다.

이러한 일통삼한의식은 왕조 중심의 인식으로 인해 역사적 사실과 괴리를 보였지만, 전근대의 유가사학에서 신라정통론을 지탱시킨 근거로 작용하면서 지속될 수 있었다. 이제 일통삼한의식과는 다른 차원에서 전개된 근대사학에서 신라통일론의 논리와 함의를 밝힐 일이 과제로 남게 되었다.

(「一統三韓의 실상과 의식」『韓國古代史硏究』59, 2010)

신라통일론의 궤적과 함의

머리말

한국사에서 7세기 후반은 동아시아의 정세 변화와 연동한 격동의 시기였다. 신라는 당과 연합하여 660년에 백제를 멸망시켰고, 당은 668년에 신라의 후방 지원에 힘입어 고구려를 점령했다. 백제를 구원하려던 왜는 663년의 백강구 전투에서 나·당연합군에게 대패했으며, 신라와 싸운 당은 676년에 평양의 안동도호부를 요동으로 철수시킬 수밖에 없었다. 요동에서 일어난 고구려 출신의 대조영이 698년에 발해를 건국함으로써 한국사에서 새로운 국면이 조성되었다.

이러한 동아시아의 국제전에 대한 전근대의 인식은 백제와 고구려의 왕조 멸망에 따른 일통삼한론에 속박되어 있었다. 그러나 고구려를 포함하는 신라의 일통삼한은 신문왕대에 측천무후를 상대한 외교 과정에서 형성된 일종의 허위의식이었다.[1] 고려가 고구려 계승의 입장에

---

1) 김영하, 2010, 「一統三韓의 실상과 의식」『韓國古代史研究』59, 316~319쪽.

서 또 다른 일통삼한의식을 추구함으로써 이중성을 띠게 되었는데, 묘청의 난 이후『삼국사기』가 신라 계승의 입장에서 절충된 편찬체제를 취하지 않을 수 없었던 배경이었다. 조선 전기의『동국통감』은 신라 통일의 의의를 부각시키려는 의도에서 고구려의 멸망 전후를 삼국기(三國紀)와 신라기(新羅紀)로 분리했고,[2] 조선 후기에 신라의 통일에 따른『동사강목』의 신라-고려정통론은 다른 강목체 역사서에서도 적용되고 있었다.[3] 그러한 반면 발해의 존재에 유의한 유득공은 신라의 일통삼한에 대해 회의적이었고, 김정호는 아예 신라의 통일을 인정하지 않았다.[4]

한편 근대 이후에는 신라의 통일을 인정하는 견해와 부정하는 견해로 나누어졌다. 식민사학 이래 신라통일론이 지배적인 가운데 삼국 통일을 부정하는 대신 백제 통합에 불과하다는 견해가 제출되었다.[5] 이에 대한 비판적 입장에서 삼국 통일의 개념과 과정, 민족형성에서 차지하는 의미 등을 다룬 연구서가 출간되었다.[6] 역시 식민사학의 신라통일론을 언급하지 않은 것을 비롯한 반론이 있었는데,[7] 이와 같은 견해 차이에는 사실에 대한 실증과 해석의 차이가 착종되어 있었다.

또한 한국 근대사학이 국민의 창출을 위해 임태보(林泰輔)가『조선

---

2) 韓永愚, 1981, 『朝鮮前期史學史硏究』, 서울大出版部, 180쪽.
3) 韓永愚, 1989, 『朝鮮後期史學史硏究』, 一志社, 320쪽.
4) 김영하, 2007, 『新羅中代社會硏究』, 일지사, 245~246쪽.
   이에 대해 조선 전기에 발해를 이웃 나라의 역사로 취급했던『동국통감』의 인식을 이어 후기에 발해를 신라에 부속시켜 서술하는 경향은『동사강목』을 비롯한 일군의 사서에서도 나타나고 있었다(宋基豪, 1991, 「조선시대 史書에 나타난 발해관」, 『韓國史硏究』72, 54쪽).
5) 김영하, 앞의 책, 132~137 · 143~144쪽.
6) 노태돈, 2009, 『삼국통일전쟁사』, 서울대출판부.
7) 김영하, 2009, 「7세기 후반 한국사의 인식문제」, 『韓國史硏究』146.

사』에서 발명한 통일신라론을 수용한 것으로 보는 견해가 제시되었다.[8] 이에 대해 통일신라론은 식민사학의 발명이 아니라 전근대의 일통삼한론으로부터 재편성과 전위를 거친 담론의 연장에 위치한다는 비판과, 이에 대한 반론도 있었다.[9] 최근에 야기된 일련의 논쟁 과정에서 근대 이후의 신라통일론을 다시 한 번 정리할 필요성이 제기되었다. 일통삼한론과 신라통일론은 목적과 함의를 달리했으므로 단순한 재편성으로 파악하기 어렵고, 통일신라론은 발명 여부를 따지기에 앞서 식민사학으로서의 한계에 대한 실증적 비판이 우선이기 때문이다.

이러한 관점에서 신라통일론의 궤적과 함의를 살펴보기 위해 다음의 내용을 검토하려고 한다. 먼저 근대 이후의 신라통일론을 구성하는 논리에 관한 검토이다. 일본의 근대사학에 의해 신라 통일의 개념이 처음으로 사용된 이래, 현실인식과의 관련 속에서 신라의 통일에 관한 해석은 시점, 영역, 의미 등에서 부단히 변화했다. 특히 오늘날 주지의 사실로 알려진 대동강 이남의 통일영역에 관한 내용은 사료 비판이 필요하다.

다음은 신라통일론에 작용하는 담론으로서 민족과 국가의 비중이다. 두 담론은 한말에 대두한 이래 현실 역사의 파행과 더불어 통일적 파악에 균열이 발생했다. 이러한 괴리가 신라통일론의 전개에도 투사됨으로써 사실의 객관적 인식에 장애를 유발했다. 그것은 식민사학에서 영토 위주의 반도통일론으로 귀결, 해방 공간에서 민족 중심의 민족통일론으로 전환, 분단 이후의 후기신라론 및 삼국통일론과 발해에 대한 인식의 변화 등으로 나타났다.

---

8) 윤선태, 2008, 「'통일신라'의 발명과 근대역사학의 성립」 『신라의 발견』, 동국대출판부.
9) 김흥규, 2009, 「신라통일 담론은 식민사학의 발명인가」 『창작과비평』145; 윤선태, 2009, 「'통일신라론'을 다시 말한다」 『창작과비평』146.

현실인식과 역사의식의 상호 작용으로 나타나는 역사인식의 내용은 다를 수도 있다. 한국사에서 7세기 후반은 다양한 의미를 내포한 시기였으므로, 역사인식의 변주가 가능한 좋은 사례이다. 신라의 삼국통일인가 또는 백제 통합인가에 따라 신라는 물론 발해를 이해하는 시각이 달라질 수 있기 때문이다. 현재 '통일신라와 발해'로 정리하여 교육하고 있지만, 신라통일론의 궤적에는 그렇게 간단하지만은 않은 해석의 역사가 복재되어 있었던 것이다.

1. 식민사학과 반도통일론

1) 병합 전후의 논리 변화

한말에는 근대로의 전환에 수반하여 애국계몽의 차원에서 역사교육이 중시되었다. 역사의 인식 내용과 서술 방법도 변화할 수밖에 없었는데, 근대적인 신사체(新史體) 교과서에서 국가에 대한 국민의 충성과 책무를 강조하는 국가주의적 성향이 나타났다.[10] 민족/국가의 형성과 수호를 담보하기 위한 근대의 담론으로서 민족과 국가의 개념이 수용된 결과였다. 여기에서는 한국이 일본에 의해 병합되기 전후 시기에 있었던 신라통일론의 변화를 살펴보기로 한다.

근대사학은 민족과 국가 중심의 관점에서 왕조 위주의 정통론적 서술 방식을 극복하고, 역사발전의 인과론적 파악을 위해 서술체제가 바뀌지 않으면 안 되었다.[11] 근대적 의미에서 신라 통일의 개념이 신사

---

10) 鄭昌烈, 1985,「韓末의 歷史認識」『韓國史學史의 硏究』, 乙酉文化社, 208~209쪽.
11) 金容燮, 1976,「우리나라 近代 歷史學의 成立」『韓國의 歷史認識』下, 創作과批評社, 422~423쪽 참조.

체 교과서에 등장할 수 있었던 배경이었다. 그러나 그것마저 일본 근대사학의 선취 속에 이루어짐으로써 또 다른 한계를 내포하게 되었다. 한말의 근대화가 파행을 겪었던 것처럼 한국사의 인식에서도 굴절이 있을 수밖에 없었던 것이다.

일본에서는 청·일전쟁을 전후한 무렵에 한국 연구가 고조기를 맞았는데,[12] 임태보도 1892년에 근대적인 서술체제에 따라 『조선사』를 저술했다. 여기에는 일본과 순망치한의 관계에 있는 한반도는 물론 대륙으로 진출하려던 시기의 국가적 요구에 부응하려는 의도도 없지 않았다.[13] 그는 『삼국사기』에 근거하여 '신라의 통일' 개념을 처음으로 사용하여 다음과 같이 서술했다.

신라는 이미 당과 힘을 합하여 백제와 고구려를 멸하였다. 당이 모두 그 땅을 나누어 도독 등의 관을 두어 다스렸지만, 신라는 점차 백제의 땅을 취하여 그것을 차지하였다. 또 고구려의 叛衆을 받아들이니, 당이 자주 그것을 책하여 마지않았다. 신라도 역시 복종하지 않아서, 마침내 싸우기에 이르렀다. 이로써 당이 노하여 왕의 爵을 깎고, 유인궤를 시켜 쳐들어왔다. 왕은 이에 사신을 보내 그 죄를 빌었다. 그렇더라도 마침내 高句麗의 南境에 이르기까지를 주군으로 삼으니, 대개 무열왕과 문무왕의 때에 해당하였다. 김유신이 그들을 輔翼하여 忠과 力을 다하고, 당 및 백제와 고구려 사이에서 주선하여 統一의 업을 잘 이루었다.[14]

---

12) 旗田巍, 李基東 譯, 1983, 『日本人의 韓國觀』, 一潮閣, 124쪽.
13) 李萬烈, 1985, 「19世紀末 日本의 韓國史硏究」『淸日戰爭과 韓日關係』, 一潮閣, 110~111쪽.
14) 林泰輔, 1892, 『朝鮮史』2, 吉川半七藏版, 32쪽.

당이 신라와 연합하여 백제와 고구려를 멸망시킨 뒤 점령정책을 실시하자, 신라가 백제 고지를 차지하고 고구려의 남경까지 주군을 설치함으로써 통일을 이룬 것으로 보았다. 고구려 남경에 주군을 설치한 675년을 통일의 시점으로 파악한 셈인데, 당이 735년에 대동강 이남의 신라 귀속을 허락한 사실과 연관시키지 않음으로써[15] 통일영역을 명시하지는 않았다. 이러한 신라통일론이 당과 대립한 신라의 자주성을 부각시키기 위해 발명된 것으로도 이해하지만,[16] 다음 절에서 설명하듯이 임태보의 『조선사』에서 비롯된 식민사학의 신라통일론에서는 신라의 자주성보다 타율성이 강조되고 있었다.

이처럼 근대의 영토 개념에 유의한 신라통일론은 백제와 고구려의 왕조 멸망에 근거했던 전근대의 일통삼한론과 다를 수밖에 없었다. 한말의 현채도 1906년에 확실한 증거, 내용별 분류와 명료한 내용을 들어 『조선사』를 역술하여 『중등교과 동국사략』을 출판했다.[17] 단군신화, 한사군, 임나일본부 등에서는 견해의 차이를 보였지만,[18] '신라의 통일'에서 그 내용은 같을 수밖에 없었다.

신라가 당과 併力하야 백제, 고구려를 멸하매 당이 其地에 都督 等官

---

15) 林泰輔, 앞의 책, 33쪽.
16) 윤선태, 2008, 앞의 논문, 59~62쪽.
이와 같은 논지는 준정등길(樽井藤吉)의 『대동합방론』과 같은 아시아연대론으로부터의 영향을 상정한 것이지만, 『조선사』가 한 해 먼저 출간되었으므로 직접적인 관련 여부를 확인하기 어렵다. 다만 임태보가 청·일전쟁, 러·일전쟁, 한·일병합과 같은 당시의 정치 혹은 외교적인 현안에 대해 비판적이지 않고 대세의 추이를 스스로 따랐을 뿐이라는 그의 현실인식은 역사인식에도 반영되었을 것이다(權純哲, 2008, 「林泰輔の '朝鮮史' 研究」『埼玉大學紀要(敎養學部)』44-2, 22쪽).
17) 玄采, 1977, 『中等敎科 東國史略』『韓國開化期敎科書叢書』16, 亞細亞文化社, 3쪽.
18) 金容燮, 1966, 「日本·韓國에 있어서의 韓國史敍述」『歷史學報』31, 132쪽.

을 置하더니 旣而오 신라가 점점 백제의 地를 취하고, 또 고구려의 叛衆을 納하니 당이 누차 책하나 신라가 또한 복종치 아니하니, 唐主가 노하야 유인궤로 하여금 來寇하거늘 왕이 佯히 사과하나, 然하나 마침내 高句麗 南境까지 州郡을 置하니 此는 무열왕과 문무왕 시에 김유신의 功이 居多하야 필경 統一의 업을 成하얏나이다.[19]

신라 통일의 시점과 영역에 관한 서술은 『조선사』의 내용을 거의 그대로 옮기고 있었다. 이러한 서술 방법이 초등용 교과서에 영향을 미쳐 신라 통일의 개념이 한국사에 자리를 잡게 되었다. 다만 통일의 시점과 내용에 관해서는 668년의 고구려 멸망, 670년에 백제 토지의 공취, 676년의 당군 축출 등으로 차이를 드러냈다.[20] 초등용 교과서로서 내용이 간단할 뿐만 아니라 신라의 통일을 왕조 혹은 영토의 통일로 볼 것인가에 대한 인식이 확립되지 않은 데서 연유하는 것일 수도 있었다.

일제는 러·일전쟁 이후 한국을 병합하는 한편, 만주에 대한 식민 정책도 다각도로 추진했다. 일제에 의한 한국의 식민지화는 근대의 역사인식에서 통일적으로 파악되어야 할 민족/국가의 담론에 괴리를 일으키는 현실적 조건이었다. 일본은 지배의 주체로서 국가적 측면에 주목한 반면, 한국은 지배의 객체로서 민족적 측면을 강조할 수밖에 없는 상호 배타적 상황이 조성되었기 때문이다.

일제 식민사학은 한국사에서 신라통일론을 부각시키는 대신에 발

---

19) 玄采, 앞의 책, 51~52쪽.
   이하 국한문혼용체의 인용문에서는 문의를 손상시키지 않는 범위에서 한자는 한글로 바꾸고, 맞춤법은 오늘에 맞게 고쳤다.
20) 김영하, 앞의 책, 63~64쪽.

해배제론을 추구했다. 임태보는 1912년에 『조선사』와 『조선근세사』를 합본하여 다시 『조선통사』를 출간하게 되었다. 그는 '신라의 통일 및 쇠망'에서 무열왕의 외교, 문무왕의 전쟁, 김유신의 보필 등을 통해 신라가 당과 연합하여 백제와 고구려를 멸망시킨 사실을 서술한 뒤, 신라의 통일이 갖는 의미를 새롭게 언급했다.

이로써 당은 자주 그것을 책해도 신라는 복종하지 않고 당에 항변하고 드디어 싸우기에 이르렀다. 그러자 당의 고종은 크게 노하여 왕의 爵을 깎고 유인궤를 시켜 來討하였더니, 왕은 사신을 보내 그 죄를 빌면서도 끝내 高句麗의 南境에 이르기까지를 주군으로 삼았으니, 그 판도는 점차 확장되었다. 후세에 있어서 조선의 남북부가 모두 합일된 것은 단서를 이 때에 나타낸 것이다.[21]

고구려 남경의 주군 설치를 통일시점으로 파악한 것은 종전과 같았지만, 『조선사』와 달라진 점은 두 가지였다. 첫째, 고구려의 남경까지 판도를 확장한 의미를 후세에 한국의 남북부를 하나로 합칠 단서를 마련한 데서 찾았다. 둘째, 신라의 통일에 영토적 의미를 부여하는 한편 기왕에 한국사의 독립된 서술 단위로 취급했던 발해를 신라의 역사 속에 포함시켰다.[22] 향후 식민사학에서 발해를 한국사로 파악하지 않을 뿐만 아니라 한반도에 대한 영역화의 계기로서 신라 통일의 의미를 부각시킨 신라통일론의 원형이 마련되었던 것이다.

한국사에서 발해 배제의 방향은 1910년을 전후하여 추진된 식민정

---

21) 林泰輔, 1944, 『朝鮮通史』, 富山房, 43쪽.
22) 林泰輔, 1892, 앞의 책, 41~43쪽; 林泰輔, 1944, 앞의 책, 45~46쪽.

책과 무관하지 않았다. 러·일전쟁에서 승리한 일본은 만주경영을 위해 1906년에 남만주철도주식회사를 설립했다. 만철은 1932년에 만주국이 수립될 때까지 일제의 침략을 대행할 식민정책의 중추기관이었다. 초대 총재인 후등신평(後藤新平)은 만주의 경영에서 문화적 시설로써 유사시에 군사적 행동을 돕는 문장적 무비론(文裝的 武備論)을 제창했다. 한편 동경제국대학 교수인 백조고길(白鳥庫吉)은 여러 민족이 접촉하는 만주에서 세력을 얻은 자가 동아시아의 정세를 변화시켰고, 특히 한반도는 항상 만주의 압박을 받았다는 역사인식에서 만주 연구의 중요성을 후등신평에게 피력했다.[23]

그러한 결과 학문의 국책기여론(國策寄與論)을 주장한 백조고길과 역사적 관습의 조사가 식민정책에 긴요하다고 생각한 후등신평이 의기투합하여 1908년에 만철 동경지사에 만선역사지리조사실을 개설했다. 백조고길의 주재하에 전내긍(箭內亘), 송정등(松井等), 도엽암길(稻葉岩吉), 뇌야마웅(瀨野馬熊) 등이 만주의 역사지리를 연구한 데 대해 진전좌우길(津田左右吉)과 지내굉(池內宏)은 한국의 역사지리를 담당했다.[24] 1915년에 연구 업무를 동경제국대학 문학부로 이관하고 조사실이 폐지될 때까지 그 결과를 발표함으로써 식민사학의 주요 논리인 만선사관의 토대를 마련할 수 있었다.

이러한 배경에서 신라통일론과 발해배제론이 갖는 현실적 의미는 예사롭지 않았다. 조선총독부가 지배하는 한반도와 만철이 관할하는 만주를 구분할 때, 그것의 역사적 연원과 관련되는 문제였기 때문이다. 일제에게 한국과 만주는 동일한 식민정책의 대상이었지만, 직접과 간

---

23) 酒寄雅志, 2000, 「근대 일본과 발해사 연구」『渤海史의 綜合的 考察』, 高麗大民族文化研究院, 92~93쪽.
24) 五井直弘, 1976, 『近代日本と東洋史學』, 靑木書店, 68쪽.

접 지배의 차이로 인한 내부 경계의 역사적 변천에 관한 연구가 필요했던 것이다. 식민사학이 한국사에서 신라의 통일을 강조하고 발해를 배제하는 논리를 추구한 이유일 수 있었다.

그러나 식민사학으로서 지향하는 바가 같았을지라도, 모두 동일한 논리를 구사했던 것은 아니었다. 신라의 통일을 종족 또는 영토의 통일로 볼 것인가에 대한 관점의 차이가 존재하고 있었다. 일본학계에서도 한국과 만주에 대한 식민 지배의 정당성을 입증하기 위한 접근 방법에서 차이가 있었던 것으로 여겨진다.[25] 우선 신라가 남방의 한족을 통일했으므로 만주족의 발해를 아예 한국사로 취급하지 않는 논리를 검토하기로 한다.

조선총독부 중추원은 1915년에 공명적확의 명분 아래『조선반도사』의 편찬을 기획했는데, 사실은 일선동조론(日鮮同祖論)에 입각하여 한국인을 충량한 제국의 신민으로 만들려는 동화정책의 일환이었다.[26] 상고 삼한, 삼국, 통일 후의 신라, 조선의 네 편은 탈고할 수 있었지만, 고려와 조선 최근세사의 두 편은 마치지 못한 상태에서 편찬사업은 중단되고 말았다.[27] 이 중에서 금서룡(今西龍)이 집필을 완료한 '통일후의

---

25) 그러한 사실은 도엽암길이 동경제대에서 백조고길이 주도하는 만선사 연구가 명대 이전에 치중함으로써 학자의 유희삼매에 불과하다는 비평을 들을 정도로 현대 만주의 이해에 부응하지 못한 데 비해, 경도제대에서 문헌 존중의 만주사 연구는 매우 진지했던 바 조선사 연구에서 만주사의 검토를 가미하길 바랐던 금서룡의 아들 금서춘취(今西春秋)가 내등호남(內藤湖南)의 교시에 따라『만주실록』을 간행한 일을 상찬한 데서 그 일단을 살필 수 있다(1937,「滿洲史硏究の現狀」『靑丘學叢』27, 119·131쪽).

26) 朝鮮總督府朝鮮史編修會 編, 1938,『朝鮮史編修會事業槪要』, 朝鮮總督府朝鮮史編修會, 4~6쪽; 永島廣紀, 2009,「朝鮮總督府 學務局의 역사교과서 편찬과 '國史/朝鮮史' 교육」『제2기 한일역사공동연구보고서』6, 한일역사공동연구위원회, 207쪽.

27) 朝鮮總督府朝鮮史編修會 編, 앞의 책, 7쪽.
『조선반도사』의 편찬사업이 단명으로 끝난 데 대해 삼전방부(森田芳夫)는 조선총독부 간부의 성급한 정치적 의견에서 발의되었기 때문으로 보았는데, 영도광기는 그와 같은 성급함에 길야작조(吉野作造)로부터 격렬한 비판을 받은 합방 초기의 무단적인 통치정

신라' 이전의 세 편은 원고 상태로 남게 되었다. 그는 신라가 백제와 고구려 일부를 병합함으로써, 고구려인은 반도와의 관계를 끊고 말갈로 들어가 만주에서 발해를 건국한 사실을 서술한[28] 다음 신라의 통일에 대해 평가했다.

단 반도 통일 사업은 태종무열왕대에 그 대략적인 것을 이루었고 문무왕시기에 영토의 확장을 성취하여 그 사업을 완성하였다. 그렇다고는 하지만 당나라 병사들을 불러들여 적국을 멸망시킨 것이다. 당나라의 손에 의해 이를 침탈한 것은 수단상으로 보면 매우 비루한 방법이다. 신라가 반도를 통일했다고 말할 수는 없다. 한민족을 통일했다고 하는 것은 가능하지만 고구려까지 통일했다고 하는 것은 오류이다.[29]

신라가 한족을 통일한 것으로 이해할 수는 있지만, 고구려를 포함하여 반도를 통일한 것으로는 보지 않았다. 반도 통일을 언급하면서도 반도 통일을 부정하는 용어상의 혼란이 없지 않았다. 그러나 논지의 핵심은 한족의 통일로서 신라 통일에 의미를 부여한 반면, 말갈족이 만주에서 발해를 건국한 사실의 강조에 있었다. 고구려는 주로 한국사와 관계가 있기 때문에 논외로 하더라도, 만주에서 나온 큰 나라인 발해의 인종을 언어학상의 여진족으로 상정한 견해[30]와 같은 맥락이었

책에 더하여 한국에 대한 병합을 고대의 복고로 바라본 일선동조론적 역사인식도 포함될 것으로 추측했다(앞의 논문, 208쪽).

28) 조선총독부, 2008, 『조선반도사』3편 『친일반민족행위관계사료집』Ⅴ, 친일반민족행위진상규명위원회, 268쪽.

29) 조선총독부, 앞의 책, 276쪽.

30) 內藤虎次郎, 1969, 「日本滿洲交通略說」『內藤湖南全集』8, 筑摩書房, 203・210쪽. 한편 동경제대 출신의 금서룡은 평생 존경한 내등호차랑의 후의로 1913년에 경도제대로 초빙되어 1916년부터 조선사 강의를 담당했는데(田中俊明, 1994, 「今西龍」『東洋學

다. 근대국가에서 민족과 국가를 일치시킴으로써 영토는 자연히 부수되는 논리와 같이 금서룡은 한족을 통일한 신라의 영역을 대동강과 덕원 이남으로 보고 있었다.[31]

한편 금서룡은 조선사학회가 편찬한 『조선사강좌』의 필진에서 『조선반도사』의 필자로서는 유일하게 제외되었다. 그는 기본적으로 한국인과 일본인을 동일한 인종으로 보는 일한동역론(日韓同域論)을 비판하는 입장에서 신라의 삼한 통일을 언급했듯이,[32] 한족/신라/반도와 만주족/발해/만주의 인식체계를 설정함으로써[33] 민족/국가/영토를 하나의 단위로 파악하고 있었기 때문이다. 『조선반도사』의 원고에서 학자로서 개인의 견해를 피력할 수 있었을지라도, 관제의 학술단체가 공적으로 출판할 경우에는 소전성오(小田省吾)가 회장으로서 개입하지 않을 수 없었던 결과일 것이다.[34]

2) 만선사관의 반도통일론

일제의 식민정책은 3·1운동으로 고양된 한국인의 독립의지로 위기를 맞았다. 이러한 현실에서 도엽암길은 한국의 독자성과 자주성을 부인하고 민족·영토·경제의 세 방면에서 만주와의 불가분성을 역사적으로 입증하기에 주력했다. 식민사학의 타율성론 가운데서도 일본 사학자가 일선동조론을 주장한 데 대해 동양사학자의 만선사관은 만

の系譜』2, 大修館書店, 61~62쪽), 이런 개인적인 친연관계로 만주사를 인식하는 데서 유사성이 나타났을 수도 있다.
31) 조선총독부, 앞의 책, 276쪽.
32) 今西龍, 1935, 『朝鮮史の栞』, 近澤書店, 65~66·127~130쪽.
33) 今西龍, 1970, 『新羅史研究』復刻本, 國書刊行會, 54~55·65쪽 참조.
34) 장신, 2009, 「조선총독부의 朝鮮半島史 편찬사업 연구」 『동북아역사논총』23, 376~377 쪽 참조.

주세력의 영향권 속에 한국사를 해소하려는 입장이었다.[35] 만주국 수립 이후 조선총독 남차랑(南次郎)의 선만일여론(鮮滿一如論)과 만주국총리 장경혜(張景惠)의 만선일가론(滿鮮一家論)이 경합하고 있었더라도,[36] 한국보다 만주국 중시의 경향은 더욱 심화되고 있었다.

식민정책을 위한 만선불가분의 논리가 현실적으로 절실했던 만큼 한국과 만주의 내부 경계에 관한 역사적 변천의 검토도 중요했다. 만선사관은 신라의 한족통일론과 함의를 달리하는 반도통일론에 따라 발해를 만주사로 편입시켰으며, 이것이 결국 식민사학의 공식적 견해로 귀착되었다. 여기에서는 신라가 675년에 대동강 이남의 반도를 통일했기 때문에 발해를 한국사에서 배제하는 논리를 살펴보기로 한다.

조선총독부는 단군을 통해 독립정신을 고취하는 역사서가 상존하거나, 박은식이 일제의 침략정책을 폭로한 『한국통사』의 국내 반입에 자극을 받아 『조선반도사』의 편찬을 시도한 바 있었다.[37] 이러한 배경에서 볼 때, 신라의 한족통일론조차 식민 지배하의 한국인에게 민족적 유래를 연상시킬 수 있었다. 비록 식민사학에서 파생된 논리이더라도, 한민족을 동화시키려는 일제의 식민정책에는 부합하지 않았을 것이다. 이러한 경우 조선총독부의 권력이 미치는 공간의 역사적 연원을 밝히는 데서 신라 통일의 의미를 찾을 수밖에 없었다. '민족의 의미를 배제한 국가/영토 위주의 반도통일론'이 신라/반도와 발해/만주의 내부 경계를 설정하는 데서 효과적이었을 것이기 때문이다.[38]

---

35) 旗田巍, 李基東 譯, 앞의 책, 130~131쪽.
36) 任城模, 2009, 「중일전쟁 전야 만주국·조선 관계사 소묘」 『歷史學報』201, 194~197쪽 참조.
37) 朝鮮總督府朝鮮史編修會 編, 앞의 책, 6쪽 참조.
38) 이 밖에도 만선사관이 반도와 만주의 내부 경계의 변천에 관심을 기울인 사실은, 신라의 진흥왕이 순수하고 세운 황초령비 및 마운령비와 고려 예종 때에 개척한 9성의 위치

조선총독부는 『조선반도사』의 기획을 이어 1922년에 공평하고도 학술적인 편찬을 표방한 조선사편찬위원회를 발족시켰다. 여기에서 마련한 편찬 구분에 따르면 신라와 발해에 해당하는 시기는 제3편 '신라시대'였는데, 흑판승미(黑板勝美)는 고려나 조선과 마찬가지로 신라에도 '통일'을 붙일 수 없다는 입장이었다.[39] 이능화가 당시의 주요 의제였던 단군조선과 함께 발해의 처리에 대해 묻자, 조선사편찬위원회의 간사인 도엽암길은 신라를 서술하는 곳에서 발해의 사실도 수록할 예정임을 밝혔다.[40]

한국사에서 발해 배제의 입장은 조선사편찬위원회가 1925년에 조선사편수회로 개편된 다음에도 변하지 않았다. 조선사편수회는 편수강령을 심의하여 신라와 발해에 해당하는 시기를 제2편 '신라통일시대'로 결정했다.[41] 이때 최남선이 한국사에서 중요한 의미를 지니는 발해의 취급에 관해 묻자, 금서룡은 한국사와 관계가 없는 한 발해를 생략할 계획임을 언명했다.[42] 결국 식민사학은 한국사에서 발해를 배제하고, 신라가 반도를 통일한 논리를 심화시킬 방침이었다.

이와 같은 식민사학의 공식적 입장은 실제 한국사의 서술에서 구체적으로 드러났다. 조선총독부 학무국의 편집과장으로서 교과서의 편찬을 주관했을 뿐만 아니라 중추원의 편찬과장을 겸임하면서 『조선반도사』의 편찬을 주도했던 소전성오가[43] 금서룡을 대신하여 1923년에

비정에 관한 일련의 논의에서도 확인할 수 있다(김영하, 2008, 「일제시기의 진흥왕순수비론」, 『韓國古代史研究』52).
39) 朝鮮總督府朝鮮史編修會 編, 앞의 책, 12 · 21쪽.
40) 朝鮮總督府朝鮮史編修會 編, 앞의 책, 19~20쪽.
41) 朝鮮總督府朝鮮史編修會 編, 앞의 책, 76쪽.
42) 朝鮮總督府朝鮮史編修會 編, 앞의 책, 46쪽.
43) 金性玟, 1989, 「朝鮮史編修會의 組織과 運用」, 『한국민족운동사연구』3, 144쪽.

강술한『조선사강좌』「조선상세사」의 자구만을 수정한 채『조선사대계』상세사로 다시 출판했던 것이다.[44] 그는 '신라의 일통'에서 백제의 멸망, 일본의 백제 구원과 실패, 고구려의 멸망을 서술한 데 이어 신라의 당 정복지에 대한 점령을 통한 통일의 과정과 결과를 다음과 같이 거론했다.

이에 (문무왕) 15년에 신라왕은 사신을 보내 入貢하고 그의 죄를 빌자, 고종은 그것을 용서하고 왕의 관작을 복구하였는데도, a. 신라의 百濟 舊土 점령은 더욱 많아져 高句麗 南境에 이르기까지 모두 신라의 州郡으로 삼았다. 백제의 舊都 사비성 같은 것은 문무왕 11년에 이미 소부리주를 두어 도독을 임명하여 그것을 진수하고 있었다. 그리하여 唐·羅 양군의 교전은 서로 1승 1패, 문무왕 16년까지『삼국사기』에 보이고, 그 이후는 게기되어 있지 않다. 이로써 보면 당도 실제 벽원의 땅에 힘을 쓸 여유가 없어서, 同年 이후에는 사실상 신라의 新領土 점유를 묵인하였던 것 같다. (중략) 그리하여 신라는 사실상 前記의 영토를 지배하였던 것이지만, b. 문무왕 16년부터 헤아려서 거의 60년째에 이르러 唐帝 현종은 비로소 浿江, 즉 大同江 이남의 땅을 신라에게 하사하는 조칙을 내렸다. 마침 신라 성덕왕 34년이다. 대개 당시 발해가 나라의 북방에서 일어나자, 당은 그것을 잘 제어할 수 없었다. 따라서 신라에게 반도의 영유를 확인함으로써 발해에 대치시키려는 것에 다름 아니었다.[45]

만선불가분의 만선사관에서 한족과 만주족의 구분은 논리적 모순

---

44) 朝鮮史學會 編, 1927,「總序」『朝鮮史大系』上世史, 朝鮮史學會, 3~4쪽.
45) 朝鮮史學會 編, 앞의 책, 201~203쪽.

일 수 있으므로, 두 종족은 일본과 중국의 영향을 받아 남부와 북부에 서 활동한 주체로 설정될 뿐이었다.[46] 따라서 신라 통일의 의미에서는 종족적 의미를 배제하고 국가 간의 관계와 영토적 의미만을 부각시킨 반도통일론을 피력하게 되었다. 여기에서 주목할 내용의 하나는 신라 가 671년에 사비성에 소부리주를 설치한 이후 백제 고지를 더욱 많이 점령하고 675년에 고구려의 남경까지 주군으로 삼았다는 점이다. 다른 하나는 676년 이후 신라의 점유를 사실상 묵인하던 당이 735년에 발 해 견제를 위해 대동강 이남의 신라 영유를 승인하고 발해와 대치시켰 다는 점이다.

결국 신라는 675년에 고구려의 남경에 해당하는 대동강 이남을 차 지했고, 당도 지리적으로 먼 대동강 이남을 방기함으로써 반도 통일 을 이룰 수 있었다는 신라통일론의 전형을 마련했던 것이다. 이처럼 신라의 반도 통일조차 '소여된' 것으로 파악하는 관점은, 당이 676년 에 평양의 안동도호부를 요동 고성으로 옮겼다가 다시 677년에 신성 으로 옮긴 것을 반도에 대한 퇴영적 포기정책으로 보는 견해[47]와 같 은 맥락이었다. 식민사학은 발해를 만주사로 파악하는 기본 전제 위에 서 신라 통일의 타율성과 반도성을 부각시켜 공식적인 견해로 확정했 던 것이다.

여기에서 신라의 반도통일론을 구성하는 사료의 내용을 검토해볼 필요성이 제기된다. 신라가 고구려 유민을 받아들일 뿐만 아니라 백제 고지를 점거하자, 당 고종이 크게 노하여 문무왕의 관작을 삭탈한 다 음 김인문을 신라왕으로 삼고 유인궤로 하여금 신라를 공격하도록 조

---

46) 朝鮮史學會 編, 앞의 책, 1쪽.
47) 津田左右吉, 1915, 「安東都護府考」 『滿鮮地理歷史硏究報告』 1, 63~71쪽 참조.

치한 내용의 전거는 『자치통감』이었다.[48] 이러한 내용을 이은 위의 인용에서 분석의 편의상 나눈 a와 b의 사료적 근거는 다음과 같다.

A. 문무왕 15년(675), 그러나 (신라가) 백제의 땅을 거의 차지하고 마침내 高句麗 南境에 이르기까지를 주군으로 삼았다〔然多取百濟地 遂抵高句麗南境爲州郡〕. 당병이 거란·말갈병과 더불어 내침한다는 소식을 듣고 九軍을 내어 기다렸다. (『삼국사기』권7)

B. 성덕왕 34년(735), 2월에 副使 金榮이 당에서 죽자 光祿少卿으로 추증하고, 義忠이 돌아와서 칙명으로 浿江 이남의 땅을 내려주었다〔勅賜浿江以南地〕. (『삼국사기』권8)

C. 상원 2년(675), 그러나 (신라는) 백제의 땅을 많이 차지하여 마침내 高句麗 南境까지 이르게 되었다〔然多取百濟地 遂抵高麗南境矣〕. 상주·양주·강주·웅주·전주·무주·한주·삭주·명주의 9주를 설치하였다. 州에는 都督을 두어 10군 내지 20군을 통제하고, 郡에는 大守를 두었으며 縣에는 小守를 두었다. (『신당서』권220, 열전145, 신라)

사료 A의 전거인 C에는 신라가 백제 토지를 많이 차지함으로써 고구려의 남경에 이르렀을 뿐, 그곳에 주군을 설치한 내용은 없었다. 다만 위의 사실과는 별개로 신라가 9주를 설치하고 군현제를 실시한 내용이 약술되어 있었다. 그런데 사료 A는 신라가 고구려의 남경까지 진

---

48) 『資治通鑑』卷202, 唐紀18, 高宗 上元 元年.
　　이와 유사한 내용은 『삼국사기』권7, 문무왕 14년; 『삼국사기』권43, 김유신 하; 『삼국사기』권44, 김인문 등에서 거듭 언급될 만큼 신라로서는 중요한 사건이었다.

출하여 주군을 설치한 것처럼 부연하여 기술함으로써 오해의 여지를 남겼다. 식민사학은 신라가 675년에 고구려의 '남쪽 경역'인 대동강 이남을 사실상 통일한 것으로 해석했지만, 기실 신라는 고구려의 '남쪽 경계'인 임진강 일대로[49] 나아가 675년에도 이곳에서 당병과 거란·말갈병의 침입에 대비하는 상황이었다. 신라가 대동강 이남을 영유할 수 있었던 것은 발해 견제의 대가로 사료 B에서 보듯이 735년에 당으로부터 승인을 받은 이후의 일이었다.

이러한 사실에도 불구하고 식민사학에서 고구려의 남경은 대동강 이남을 의미하기 시작했으며, 당의 포기에 따른 신라의 반도통일론은 식민정책에 편승하여 확산되었다.[50] 지내굉도 고구려 유민의 반란과 당의 진압 과정, 신라의 백제 점령 및 당과의 전쟁, 당의 반도 방기와 안동도호부의 이전 등 이른바 신라의 통일 과정에 다름 아닌 일련의 사실을 치밀하게 논증하면서 『삼국사기』의 착란에 대해 지적하고 있었다. 그러나 식민사학의 신라통일론에서 핵심인 사료 A에 관해서는 C를 전거로 제시할 뿐, 어떠한 내용의 사료 비판도 없이 당의 포기정책에 의한 신라의 반도 통일을 당연시했던 것이다.[51]

---

49) 김영하, 2010, 앞의 논문, 312쪽.

50) 大原利武, 1929, 『朝鮮史要』, 朝鮮史學會, 25~26쪽; 朝鮮總督府, 1936, 『朝鮮史のしるべ』, 朝鮮總督府, 51~52쪽; 小田省吾, 1937, 『增訂朝鮮小史』, 京城大阪屋號書店, 19쪽. 한편 윤선태는 일제시기에 사학, 문학, 종교, 미술 등 여러 분야에서 이루어진 통일신라의 표상 창출은 문화와 민족의 정체성을 상실한 식민지의 지식인이 기획할 수 있었던 상상적인 국가론의 시작으로 보았다(2008, 앞의 논문, 79~80쪽). 그러나 일제시기에 과거/신라와 현재/경주에 대한 소비는 통일신라의 영화를 매개로 식민 지배하의 질곡에 대한 자각을 마비시킴으로써, 그것으로 엄폐되어 있는 식민정책의 본질을 간과한 채 신라통일론의 내면화에 기여했을 수도 있다. 그러한 까닭에 당시의 진보적 지식인은 잡지 『개벽』을 통해 식민정책의 신라 이용에 따른 경주의 퇴폐화를 비판했는지도 모른다(허병식, 2008, 「식민지 조선과 '신라'의 심상지리」, 『신라의 발견』, 동국대 출판부, 132~136쪽 참조).

51) 池內宏, 1930, 「高句麗滅亡後の遺民の叛亂及び唐と新羅との關係」, 『滿鮮地理歷史研究報

결국 당이 676년에 안동도호부를 요동으로 옮기기 이전에 이미 신라가 대동강 이남을 차지한 것으로 파악한 식민사학의 반도통일론은 다른 무엇보다 사실과 맞지 않았다. 비록 개설서의 서술이라고 하더라도, 역사연구의 방법으로 위정자의 정책과 저자의 편견에 의한 사실 무시의 편의주의를 경계하고 진실한 역사의 구명을 천명하면서[52] 이와 같은 서술이 어떻게 가능했는지는 의문이다. '신라의 일통'을 서술하는 장에 부속된 절로 서술한 '발해국'이 고구려의 옛 땅을 대부분 아우르고 남방으로 신라와 접경한 데서 연역된 선험적 경역인식의 소산일 수도 있었다.[53]

식민사학은 만주국의 건국 이후 한국사와 별도의 고구려-발해-금-청-만주국의 인식체계를 수립했으며,[54] 만주는 일본의 생명선이라는 현실인식 위에서 고구려까지 만주사로 취급하고 그 체계화를 시도했다.[55] 한편 만선사관과는 입장을 달리하면서도, 한족을 통일한 신라

告』12, 56·107~108쪽.

신라가 통일할 수 있었던 배경을 당의 반도에 대한 기미정책의 방기에서 찾는 경향은 지금까지 이어지고 있다(礪波護·武田幸男, 1997,「朝鮮の古代から新羅·渤海へ」『世界の歷史』6, 中央公論社, 383쪽). 한편 이성시는 지내굉과 진전좌우길이 구사한 실증주의는 역사학의 고유한 방법론일 뿐, 식민지주의의 속성으로 간주하여 동일시할 수는 없다고 보았다(2011,「한국고대사연구와 식민지주의」『韓國古代史硏究』61, 206~208쪽). 물론 옳은 지적일 수 있지만, 식민주의가 전제되어 있는 만선사관의 반도통일론은 그 실증의 방법을 통해 식민주의의 본질을 드러낼 수 있는 현저한 사례이므로 비판하지 않을 수 없다.

52) 朝鮮史學會 編,「總序」, 앞의 책, 1쪽.

53) 朝鮮史學會 編, 앞의 책, 204쪽.
진전좌우길과 지내굉은 신라의 동북경이 덕원 또는 영흥을 넘지 못함으로써 그 이북을 만주사의 영역으로 편입시키려는 만선사관의 선험적 경역인식에 기초하여 진흥왕이 순수하고 세운 황초령에 대해 각각 위작설과 이치설을 제기한 바 있었다(김영하, 2008, 앞의 논문, 458~460쪽).

54) 坪井九馬三, 1933,「新羅史硏究序」; 今西龍, 1970, 앞의 책, 2~3쪽.

55) 김영하, 앞의 책, 75쪽.

의 반도통일론을 통해 한국사의 반도성과 타율성을 의도적으로 강조한 논리도 있었다. 이것 역시 고구려의 만주적 성격에 유의하여 한국사의 주체로 파악하지 않음으로써,[56] 만주족의 발해는 당연히 한국사로 취급될 수 없었다.

이에 대해 반변적 통일에도 미치지 못한 신라와 발해가 병존하는 양국시대론을[57] 계승한 남북국론은 두 방향으로 전개되었다. 그 하나는 신라의 통일을 인정하지 않은 채 다만 영토가 청천강과 덕원 이남으로 확장되거나, 신라가 대동강 이남만을 영유한 것으로 파악하는 경우이다.[58] 다른 하나는 신라의 통일을 인정한 위에서 남북조시대로 인식하는 경우이다.[59] 식민사학이 신라의 반도통일론과 발해배제론을 통해 한국사를 왜곡하려는 데 대한 대응이었던 것이다. 이 밖에 한국과 만주에 걸쳐 있던 고대 한국의 여러 종족은 동일한 혈통·언어·문화를 지녔기 때문에, 한족의 신라와 만주족의 부여·고구려를 구분한 논리도 비판의 대상이었다.[60]

---

56) 三品彰英, 1940, 『朝鮮史槪說』, 弘文堂書房, 2~4·34~35쪽.
   만선사관의 영토 중심의 논리와 달리 신라 통일의 종족적 의미에 유의한 논리는, 북방의 고구려족과 대립하던 신라가 남방의 한족을 통일한 것으로 이어지고 있었다(旗田巍, 1951, 『朝鮮史』, 岩波書店, 46쪽).

57) 申采浩, 1977, 『讀史新論』 『改訂版 丹齋申采浩全集』上, 螢雪出版社, 508~509쪽.

58) 張道斌, 1981, 『國史』 『汕耘張道斌全集』1, 汕耘紀念事業會, 57~58·66쪽; 權悳奎, 1926, 『朝鮮留記』, 尙文舘, 47쪽.
   장도빈은 나중에 『조선역사요령』에서 신라가 대동강과 덕원 이남에 이르는 한반도의 대부분을 통일한 것으로 수정했는데(앞의 책, 167쪽), 그 근거는 제시하지 않았다.

59) 安廓, 1923, 『朝鮮文明史』, 滙東書舘, 93~97쪽; 黃義敦, 1923, 『新編朝鮮歷史』, 以文堂, 38~40쪽.

60) 安在鴻, 1981, 「우리의 歷史와 現實」2 『民世安在鴻選集』1, 知識産業社, 485쪽; 1983, 「韓國과 韓國人」 『民世安在鴻選集』2, 知識産業社, 509~510쪽.
   그가 일제시기에 집필한 앞의 논설에서 고대 한국의 종족을 이해했던 방법에 비추어보면, 해방 후에 나온 뒤의 논설에서 개진한 비판 내용도 신라의 한족통일론과 만주족의 발해건국론이 제기된 일제시기에 이미 배태되어 있었을 것이다.

한편 조선사편수회에서 발해의 처리 방침까지 물었던 최남선은 신라의 반도통일론을 수용하여 발해를 따로 취급했다. 그는 1930년에『동아일보』에 연재했던『조선역사강화』의 '신라의 통일'에서 백제와 고구려의 멸망을 이어 신라에 의한 대동강과 원산 이남의 반도 통일을 언급한 다음, '발해의 따로남'에서 발해의 건국과 강토를 약술했던 논리를 반복하고 있었다.[61] 식민사학이 발해를 배제하려던 의도와 비교하면 다소 진전된 서술 내용일 수 있었다.

그러나 민족주의사학이 신라 통일을 부정함으로써 발해를 한국사로 인입할 논리적 기반을 마련했음에도, 발해의 '일어남'이 아닌 '따로남'은 반도를 통일한 신라에 발해를 부속시켜 서술한 식민사학의 변용에 지나지 않았다. 해방 이후에도 여전히 불식되지 않음으로써,[62] 그와 같은 서술체제와 논리가 지속될 수 있는 여건을 제공했던 셈이다. 여기에 식민사학의 세례로 지금까지 구속력을 발휘하는 신라통일론의 뿌리가 있는지도 모른다.

2. 해방 이후의 삼국통일론

1) 해방 공간의 민족통일론

해방 공간은 일제로부터 민족은 해방되었으나, 미·소 군정으로 국가는 부재하는 상황이었다. 조선총독부로 체현된 일제의 국가권력이

---

61) 崔南善, 1931,『朝鮮歷史』, 東明社, 10~13쪽; 1943,『故事通』, 三中書店, 33~35쪽.
62) 崔南善, 1946,『新板 朝鮮歷史』, 東明社, 10~12쪽.
　　이와 같은 최남선의 개설서가 임태보의『조선통사』및 삼품창영의『조선사개설』과 함께 끼친 영향력에 관해서는 이인영의 언급에서 확인할 수 있다(京城大學朝鮮史硏究會 編, 1949,「跋」『朝鮮史槪說』, 弘文書舘, 749쪽).

물러남으로써 담론의 주류도 바뀔 수밖에 없었다. 식민사학의 반도통일론에서 민족적 의미를 고려하지 않은 데 대한 비판의 성격도 띠는 민족의 강조였다. 사실 7세기 후반 동아시아의 국제전은 고대국가들의 전쟁이었을 뿐, 근대의 민족 개념을 개입시켜 이해할 수 있는 내용은 아니었다.[63] 다만 해방 이후 통일국가의 성립을 전망하는 현실이 민족통일의 계기로서 신라 통일의 의미를 포착한 배경이었다.

우선 경성대학 조선사연구회가 편찬한 『조선사개설』의 신라통일론을 주목하지 않을 수 없다. 손진태가 1946년 8월 15일자의 서문에서 해방 이후 민족사업의 일부로 정리한 결과라는 점을 밝혔지만, 실제 출판은 상당한 시간이 경과한 후에 이루어졌다. 이러한 사실을 고려할 때, 이인영의 지도 아래 이순복, 임건상, 김사억, 손보기, 한우근, 이명구 등이 분담한 원고는 그 이전에 탈고되었을 것이다. 임건상과 김사억이 나중에 북한에서 활동한 점을 감안하면 좌·우를 망라한 필진이었다.

신라의 통일 부분은 임건상이 담당했을 터인데, 월북한 뒤에도 같은 부분을 집필했기 때문이다. 그는 '고구려의 멸망과 신라의 반도통일'에서 신라가 675년에 점유했던 대동강 이남에 대한 당의 포기로 사실상 반도를 통일하고, 735년에 당으로부터 승인을 받음으로써 발해와 대치하게 되었다는 『조선사대계』의 내용을 거의 번안하는[64] 데 그쳤다. 남북국론과 같은 관점을 고려하지 않았기 때문에 발해를 신라에 부속시키는[65] 서술체제도 바뀔 수 없었다. 다만 이러한 신라의 통일이

---

63) 이러한 견해는 이미 안확이 신라의 통일을 민족적 관점에서 부정하는 논리를 비판한 데서 표명되고 있었다(앞의 책, 94~95쪽 참조).

64) 京城大學朝鮮史研究會 編, 앞의 책, 132쪽.

65) 京城大學朝鮮史研究會 編, 앞의 책, 133~142쪽.

갖는 역사적 의의에 관해서는 다음과 같이 설명했다.

그리하여 삼국의 하나로 반도의 東南嶼에서 일어난 후진국 신라는 내
외의 정세를 교묘히 이용하여 마침내 선진 2국을 멸하고 반도 최초의 統
一國家를 형성하는데 성공하였던 것이다. 신라는 설혹 其疆域이 大同江
이남에 한정은 되었기는 하나 其後 조선역사를 진전시킨 조선민족의 지
역적 결합은 이때에 비로소 이루어졌다고 말할 수 있는 것이다.[66]

이처럼 신라의 반도 통일로 대동강 이남의 영역이나마 확보함으로
써 한민족이 지역적으로 결합할 수 있는 계기를 마련한 데서 역사적
의미를 찾았다. 한민족의 결합 계기로서 신라의 반도 통일은 식민사학
의 한족통일론에서도 주목했던 바이지만, 반도통일론에서 배제했던
신라 통일의 종족적 의미가 민족적 차원에서 재해석되고 있었던 것이
다. 이와 같이 '영토의 한계에 유의한 민족/국가 중심의 민족통일론'
이 향후 신라통일론의 전개에서 기조를 이루게 되었다.

문헌실증사학의 이병도는 해방 후에 친일 행적과 관련하여 개인적
인 곤경을 겪을 정도로 역사연구에서 역사의식의 고취보다 방법으로
서의 실증에 치중했다.[67] 그는 해방 이후의 민족적 위기를 극복하기
위해 전란시에 국민의 생활은 국가에 집중되고 평화시에 국민의 생활
은 개인에게 집중되는 것을 조선정신의 특징으로 규정했다. 후자의 소
아정신을 희생시키고 전자의 대아정신으로 민족독립의 정기를 소생시
킬 것을 바라는[68] 관념적 입장에 입각하여 남북세력의 대립시대로 파

66) 京城大學朝鮮史硏究會 編, 앞의 책, 132쪽.
67) 한영우, 1994, 「이병도」 『한국의 역사가와 역사학』하, 창비, 257·265~266쪽.
68) 李丙燾, 1948, 『朝鮮史大觀』, 同志社, 492~494쪽.

악한 '신라의 통일과 발해의 건국'에서 피력한 신라통일론은 다음과 같다.

이후 唐軍의 형세는 위축하여 다시 떨치지 못하고 평양에 있던 당의 안동도호부도 문무왕 17년(서기 677)경에는 新城(今 奉天東北)으로 옮겨가게 되었다. 이리하여 당의 세력은 완전히 반도에서 구축되고 말았다. 신라의 세력범위는 겨우 大同江으로부터 德源 부근에 이르는 일선을 北境으로 삼아 그 이남의 땅을 차지한 데 불과하였다. 신라의 통일은 지역적으로 보아 물론 완전한 의미의 三國統一은 아니었다. 그러나 백제의 고지와 유민을 온전히 아우르고 고구려 고지의 일부와 그 다수한 유민을 합치었으므로 史家는 다소 과장적으로 (신라의) 三國統一이라 일러온 것이다. 하여튼 신라가 반도의 유일한 주인공이 되고 반도의 민중이 비로소 한 정부, 한 법속, 한 지역내에 뭉치어 單一民族, 單一國民으로서의 문화를 가지고 금일에 이른 것은 실로 이 통일에 기초를 가졌던 것이다. 삼국시대 이전을 대체로 보아 우리 민족의 部落割據時代라 한다면 정립시대를 民族小統一時代, 신라통일 이후를 民族大統一時代라 할 수 있다. 이런 점으로 보아 신라의 半島統一은 우리 역사상에 큰 의의를 갖고 큰 시기를 획한 것이라 하겠다.[69]

여기에서 신라 통일의 내용을 형식상의 삼국 또는 내용상의 반도로 볼 것인가에 대한 혼란이 없지 않았다. 그러나 만선사관에서 정립한 대동강과 원산만 이남의 반도통일론을 수용하면서도 달라진 점은 두 가지였다. 첫째, 통일의 시점은 고구려 남경에 주군을 설치한 675년이

---

69) 李丙燾, 앞의 책, 117~118쪽.

아니라, 안동도호부가 신성으로 옮겨간 677년이다.[70] 둘째, 통일의 과
정은 당의 반도 포기에 의한 것이 아니라, 신라가 당 세력을 구축함으
로써 '쟁취한' 통일이다. 이처럼 신라의 주체적 역할을 강조한 다음,
반도 통일이 민족과 국민의 단일화에 끼친 의의는 획기적인 것으로 파
악했다.

한편 해방으로 민족의식이 분출하고 있었으나, 좌·우 대립은 민족
의 분열을 부추기는 실정이었다. 이러한 현실에서 민족의 통일을 염원
하는 역사의식은 신라통일론에도 반영되기 마련이었다. 식민사학의
허구성을 폭로하고 민족주의사학의 관념성을 극복한 신민족주의사학
의 손진태는 참담한 현실을 타개하려는 실천적 입장에[71] 기초하여 '삼
국의 대외민족 투쟁과 신라의 통일'에서 신라통일론을 다음과 같이 개
진했다.

신라의 당에 대한 불만과 분노는 당연한 일이었다. 그러나 신라는 淵
蓋蘇文式 輕動을 경계하고 은인자중하여 외유내강 당에 대하여 외교적
으로는 恭順을 표하면서, 혹은 당군과 혹은 당·거란·말갈의 연합군과
8년간에 대소 50여 전을 감행한 후 실력으로써 반도 내의 당병을 점차적
으로 구축하여 676년 경(문무왕 16) 겨우 大同江 이남과 元山 이남의 반
도를 완전히 점령 통일하고 그 이상의 북진을 단념하였으니, 백제 降亡
후 실로 16년의 세월을 요하였다. (중략) 고구려에 의한 民族統一이 성취
되지 못하고 신라에 의하여 민족과 영토의 半分的 統一이 수행된 것이

---

70) 당은 676년에 안동도호부를 요동 고성으로 옮긴 뒤 677년에 다시 신성으로 옮겼는데,
   당 세력의 구축을 통한 신라의 통일시점을 설정하려면 오히려 요동 고성으로 옮긴 676
   년을 중시해야 할 것이다.
71) 정창렬, 1994, 「손진태」『한국의 역사가와 역사학』하, 창비, 251쪽.

민족적으로 커다란 不幸事이었다는 것은 이미 말하였다. 그러나 그것은 하여간, 신라의 이 통일에 인하여 朝鮮의 民族은 이에 결정되었던 것이니, 비록 未久에 고구려 고지에 발해국이 고구려 유민에 의하여 건설되기는 하였으나, 230여 년간 신라와의 사이에 주목할 만한 아무 교섭도 없이 극히 평온 무사히 지내다가 926년 遼(동몽고민족)에게 망하였다. 이리하여 시간의 경과에 따라 만주의 토지와 주민은 朝鮮民族 계열로부터 점점 이탈하게 되었다.[72]

신라에 의한 당 세력의 점차적 구축, 676년에 대동강과 원산 이남의 반분적 통일, 신라 통일이 한국의 민족형성에서 갖는 의의 등이 논점으로 제시되었다. 또한 식민사학이 신라와 발해의 관계를 대립적으로 본 데 대해 평온한 상태의 유지에 주목했다. 이와 같은 내용을 포함한 신라 통일의 한계와 의의는 다음과 같이 정리될 수 있을 것이다. 그 하나는 신라가 당과 연합한 정책은 반종족적이었지만,[73] 당의 구축을 통한 영토의 획정이다. 다른 하나는 대동강과 원산만 이남의 통일이 반분적이었더라도, 이에 의한 한국 민족의 결정이다. 따라서 삼국 통일을 이룬 신라에 대해 '통일신라'의 개념도 사용할 수 있었다.[74]

해방 후의 당면한 민족 문제와 관련하여 신라통일론은 시사하는 바가 적지 않았다. 신민족주의는 통일민족국가의 수립을 위해 제국주의

---

72) 孫晉泰, 1948,『韓國民族史槪論』, 乙酉文化社, 179~180쪽.
73) 孫晉泰, 앞의 책, 186쪽.
74) 孫晉泰, 앞의 책, 189쪽.
　　그는 '통일신라의 귀족적 융성과 문화의 전아세아적 교류'에서 '통일신라'의 개념을 사용했으나, 외족의 군사를 빌려 동족의 국가를 멸망시킨 귀족국가로서 신라의 본질적 죄악을 통일의 한계로 인식한 탓인지 '신라의 귀족적 융성과 문화의 아세아적 교류'에서는 '신라'로 환원하고 있었다(孫晉泰, 1949,『國史大要』, 乙酉文化社, 77~80쪽).

를 반대하는 진보적 지주·자본가와 농민·노동자가 공생하고,[75] 균등
사회와 공영국가를 지향하는 신민주주의의 토대 위에 존립하는 전민
족의 동일 운명을 위한 이념으로 규정되었다.[76] 이에 따라 단결하면
흥하고 분열되면 망한다는 민족적 관점과, 균등하면 단결하고 불균등
하면 분열된다는 계급적 관점에[77] 따라 민족통일로서 신라 통일의 의
미를 포착했던 것이다.

이병도와 손진태는 입장의 차이에도 불구하고, 당의 포기로 인한
신라 통일의 반도적 성격을 부각시킨 식민사학에 대해 당 세력의 구축
을 통한 신라 통일의 민족적 의미를 강조한 점에서는 같았다. 다만 전
자는 단일 민족으로서의 문화형성을 고려한 데 비해 후자는 민족 자체
의 형성 계기로서 주목했던 것이다. 그러나 신라가 한반도에서 당의
세력을 구축한 676년으로 통일시점을 수정했더라도 식민사학이 통일
영역으로 제시한 대동강 이남은 사실로 입증될 수 없었다.

임진강 일대에서 교착 상태에 빠졌던 당이 676년에 안동도호부를
요동으로 철수한 뒤, 신라가 곧바로 대동강 이남으로 진출한 것은 아
니었다. 신문왕대에 군현제와 10정을 일제히 정비하면서도 한강 이남
에 치중했고, 임진강 이북에는 방어시설로서 694년에 송악성(개성)과
우잠성(금천)을 쌓고 713년에 개성(개풍)을 축조했을 뿐이었다.[78] 그러
나 만선사관의 반도통일론을 수용하는 한 대동강 이남을 신라의 통일
영역으로 파악하는 관점은 변할 수 없었다. 이와 같은 식민사학의 선
험적 한계에 대한 비판의 결여는 발해에 대한 인식의 변주로도 나타

---

75) 安在鴻, 1983, 「新民族主義와 新民主主義」, 앞의 책, 50쪽.
76) 安在鴻, 1983, 「歷史와 科學과의 新民族主義」, 앞의 책, 242쪽.
77) 孫晉泰, 1948, 앞의 책, 속표지의 이면.
78) 『三國史記』卷8, 孝昭王 3年; 聖德王 12年.

났다.

먼저 반도통일론과 같이 대립관계로 보는 견해이다. 신라가 당의 세력을 몰아내고 불완전하나마 대동강 이남의 반도에서 통일국가를 이룩함으로써 동방의 한국이 하나가 되는 단서를 만들고, 북국 발해와는 대립한 것으로 보았다.[79] 또한 신라는 당으로부터 백제의 영토는 물론 대동강 이남의 고구려 영토를 회수한 뒤 승인을 받음으로써 하나의 민족으로 성장할 계기를 이루었고, 당은 신라로 하여금 만주의 발해를 견제시킨 것으로 이해하는 논리도 있었다.[80]

다음은 신라통일론 위에서 병존관계를 주목하는 견해이다. 신라가 당을 몰아내고 대동강과 원산 이남의 영토를 획득함으로써 한국 민족의 모체가 결정되었고, 당이 신라에 대항시키고자 후원했던 고구려인이 자각을 통해 발해를 건국하고 신라와 평온하게 지냈을 것으로 보았다.[81] 한편 화랑제도를 통해 국력을 기른 신라는 당까지 몰아냄으로써 삼국 통일을 이루고 고구려의 재생인 발해와 남북조시대를 이루었지만, 발해의 멸망으로 만주는 한국사의 범주에서 멀어진 것으로 파악하는 논리도 있었다.[82]

식민사학의 반도통일론과 민족주의사학의 남북국론 중에서 선택이 가능했던 해방 공간의 신라통일론에서 살필 수 있는 특징은 두 가지였다. 첫째, 비판의 결여에서 기인한 식민사학의 불가피한 답습이었다. 둘째, 해방 이후의 현실에서 연유한 민족적 의미의 부여였다. 결국 반도통일론에 대한 실증적 비판은 물론 남북국론에 대한 논리적 비판이

---

79) 文一平, 1945, 『朝鮮史話』, 靑丘社, 208~210쪽.
80) 李仁榮, 1950, 『國史要論』, 金龍圖書株式會社, 52~53쪽.
81) 孫晉泰, 1948, 앞의 책, 230~232쪽.
82) 김성칠, 1948, 『고쳐쓴 조선역사』, 大韓金融組合聯合會, 64 · 102쪽.

가능했음에도, 대동강 이남을 통일영역으로 보는 식민사학의 기본 논리 위에서 민족적 의미만을 부연했던 셈이다.

이처럼 해방 후에 문헌실증사학과 신민족주의사학의 삼국통일론이 주류를 이루는 한편, 일제시기에 식민사학의 타율성론과 짝하는 정체성론을 비판했던 맑스주의사학의 백남운과 이청원도 각각 신채호의 '특수사관'과 정인보의 '조선의 얼'을 비판하면서 신라의 통일을 사실로 받아들이고 있었다.[83] 백남운이 일본의 맑스주의와 실증사학을 수용하여 민족주의사학을 비판하고 한국사의 체계화와 식민지의 해방을 위한 실천적 과제를 제시한 것으로 이해하더라도,[84] 문헌실증사학과 신민족주의사학은 물론 맑스주의사학도 일본에 의해 민족/국가/영토의 담론을 매개로 제도화된 신라통일론의 도저한 근대성에 공명한 데 지나지 않았던 셈이다.[85]

한편 민족주의사학은 식민사학에 대한 실증적 비판을 통한 합리적 해석에 소홀함으로써 고식적인 남북국론에 머물 수밖에 없었다.[86] 다만 대한민국의 수립 이후 '신라 및 발해의 변천과 그 사회생활'과 같이 중등학교의 교수 내용으로서[87] 일시나마 이채를 띠었던 신라와 발해

---

83) 白南雲, 1933, 『朝鮮社會經濟史』, 改造社, 6~14・334쪽 참조; 李淸源, 1936, 『朝鮮社會史讀本』, 白揚社, 2~3・71~72쪽 참조.

84) 李成市, 앞의 논문, 213~214쪽.

85) 김택현, 2003, 『서발턴과 역사학 비판』, 박종철출판사, 155~158쪽 참조.

86) 그러한 실례로 장도빈은 대동강과 덕원 이남으로 수정했던 신라의 통일영역에 대한 사료 비판을 결여한 채, 『국사강의』에서 신라의 영역이 청천강과 덕원 이남으로 확장된 것만으로 보았던 수정 이전으로 돌아가는 한계를 드러내고 있었다(앞의 책, 483쪽). 그는 나중에 근거로서 신라가 675년에 관성을 설치한 안북하를 평안북도 안주의 청천강에 비정했으나(1982, 『國史槪論』 『汕耘張道斌全集』 2, 汕耘紀念事業會, 551쪽), 이미 함경남도 덕원의 북면천으로 비정한 견해(池內宏, 앞의 논문, 119~120쪽)와는 다른 것이었다.

87) 문교부, 1948, 『초・중등학교 각과 교수요목집』 12, 조선교학도서주식회사, 62~63쪽.

병립의 남북국론은 분단 이후 북한에서 본격적으로 재인식될 기회를 맞았다.

2) 분단 이후의 논리 분화

해방 공간에서 좌·우 대립은 한국전쟁을 야기했고, 분단은 역사인식의 이질화를 유발했다. 민족/국가의 분단이라는 현실은 두 담론마저 선택적으로 적용할 수밖에 없는 상황을 초래했다. 남한과 북한에서 국가 혹은 민족의 상대적 강조는 체제 경쟁에서 우위를 점하는 수단의 하나였다. 이러한 목적에서 신라통일론도 예외일 수 없었는데, 분단의 현실에 비추어 재해석될 수 있는 다중의 의미를 내포하고 있었기 때문이다.

먼저 북한학계의 후기신라론에 대한 검토이다. 한국전쟁 이후 북한학계에서는 기존 신라통일론의 수용으로부터 민족 중심의 관점에서 신라의 통일을 부정하는 방향으로 전개되었다. 이러한 입장의 공식적인 견해는 『조선통사』 1956년판에서 처음으로 표명되었다. 다음은 임건상이 집필한 '신라에 의한 삼국통일'에서 관련 내용이다.

군사적으로 패배를 맛본 당의 고종은 평양성도 유지할 수 없게 되자, 676년에는 안동도호부를 요동으로 옮기지 않을 수 없었다. 이리하여 당의 침략군은 조선인민의 용감한 투쟁에 의해 최후적으로 구축되고, 삼국통일의 위업은 한층 추진되었다. (중략) 이때 조선인민의 통일 단결은 급속히 진행되어, 고구려의 많은 성의 인민들은 신라로 결집하였다. 이리하

교수 요목 가운데 '신라 및 발해의 융성', '신라 및 발해의 쇠망'은 '남북양조의 흥륭', '남북양조의 침쇠'(黃義敦, 앞의 책, 40~42쪽)와 매우 유사한데, 해방 후에 문교부의 편수관으로 활동한 황의돈의 신라 및 발해인식이 반영된 것으로 추측된다.

여 735년에 당은 대동강을 경계선으로서 신라와의 국경선을 확인하지 않을 수 없게 되었다.[88]

신라가 676년에 당의 침략군을 구축함으로써 삼국 통일을 달성할 계기를 마련하고, 735년까지의 통일 과정을 거쳐 대동강 이남의 영역을 확보한 것으로 보았다. 이를 통해 준민족(準民族)이 형성되었는데, 기왕에 모호했던 전근대의 민족 개념도 분명해질 수 있었다. 당과의 투쟁 과정에서 촉진된 준민족의 형성이 국토통일로 완수됨으로써 근대적 민족의 형성 토대를 마련한 것으로 이해했다.[89]

이처럼 신라 통일의 민족적 의미를 인정하던 북한학계에서도 변화가 나타나기 시작했다. 신채호가 긍정적으로 평가되었을[90] 뿐만 아니라 신라와 발해 병존의 남북국론을 받아들인 결과로 추측된다.[91] 발해는 고구려의 후계자라는 입장에서 박시형은 신라의 삼국 통일을 부정하고, 『조선통사』 1962년판에서 '신라에 의한 국토 남부의 통합과 고구려 고지에서의 발해국의 성립'으로 서술했다.

신라는 660년 경부터 시작된 근 20년간의 가열한 투쟁-백제 전역, 고구려 전역 및 당나라 침략자를 반대한 전쟁의 3단계를 거쳐서 결국 구백제의 전 지역과 구고구려 대동강 이남의 지역을 통합하고 이 지역으로부터 침략자 당군을 완전히 구축하였다. 이 과정에 구백제의 전체 유민들과 구고구려 유민의 많은 부분이 신라의 주민으로 융합되었다. 대동강 이남

---

88) 科學院 歷史研究所, 朴慶植 譯, 1961, 『朝鮮通史』上, 未來社, 61~62쪽.
89) 科學院 歷史研究所, 朴慶植 譯, 앞의 책, 63~65쪽.
90) 조인성, 2007, 「남북국시대론」 『韓國古代史研究』47, 210~212쪽.
91) 김영하, 앞의 책, 273~275쪽.

지역 고구려인들은 물론이요, 그 이북 지역 주민들도 반침략 전쟁 과정 및 그 이후 수십 년간에 적지 않게 신라 지역으로 투화하였다. 신라는 전쟁의 최초 시기에 추구한 목적, 즉 3국의 전체 지역과 주민들을 전부 통일하려던 목적을 완전히는 달성하지 못하였다. 그것은 그가 원래 조선을 침략하려던 강대한 적 당나라를 최초에 자기의 '동맹자'로 인입한 엄중한 착오의 후과였다.[92]

신라에 의한 당 침략자의 구축, 대동강 이남지역의 통합, 백제와 고구려 유민의 융합이라는 측면에서 신라 통일의 민족적 의의를 일정하게 인정했다. 한편 신라가 삼국을 완전히 통일하지 못하고 국토 남부의 통합에 그친 원인을 당과 연합한 신라의 근본적인 한계에서 찾았다. 소련의 내정 간섭으로부터 독자노선을 모색하던 시기에 발해 건국의 정당성을 밝히려는 자주적 입장과 무관하지 않았을 것이다.[93] 이러한 논리는 『조선통사』 1977년판에서 신라에 의한 국토남부통합론과 고구려 유민의 반침략투쟁에 의한 발해성립론으로 강화되고 있었다.[94]

그러나 인민 중심의 반외세투쟁이라는 주체사관의 『조선전사』에서 일대 전환이 일어났다. 당을 쫓아낸 영역은 물론 신라와 발해에 대한 인식 방향도 바뀌었는데, 다음은 '당나라 강점군을 몰아내기 위한 인민들의 투쟁'에서 관련 내용이다.

676년의 전쟁에서 당나라 침략군은 섬멸적 타격을 받고 압록강 이남

---

92) 과학원 력사연구소 편, 1962, 『조선통사』상, 과학원출판사, 167~168쪽.
93) 김광운, 2011, 「북한 민족주의 역사학의 궤적과 환경」『韓國史硏究』152, 286~287쪽 참조.
94) 사회과학원 력사연구소 편, 1977, 『조선통사』상, 과학·백과사전출판사, 151~158쪽.

지역에서 종국적으로 쫓겨나고 말았다. 이것은 668년 고구려 왕조가 망한 후 신라의 군민들과 고구려 및 백제 유민들이 단합하여 장기적인 피어린 반침략투쟁을 벌인 결과 이룩된 큰 승리였다.[95]

민족적 입장의 결기가 느껴지는 서술로서 신라에 의한 국토 남부의 통합마저 부정하고, 신라가 고구려 및 백제 유민과 연합하여 676년에 당의 침략군을 압록강 이남에서 쫓아낸 사실을 강조했다. 당이 675년에 토번과의 전쟁을 위해 안동진무대사(安東鎭撫大使) 이근행(李謹行)을 차출함으로써,[96] 안동도호부는 군사력의 불비로 요동으로 철수할 수밖에 없는 정세가 조성되었다. 이러한 상황에 대해 한국사의 입장에서는 당 세력을 압록강 이북으로 쫓아낸 것으로 해석할 수도 있다.

기실 안동도호부가 철수한 676년부터 대동강 이남이 신라에 귀속된 735년까지 임진강 이북에 대한 지배의 실상은 해결해야 할 과제이다. 당이 압록강 이남에 대해 공지로 방임하고, 신라는 예성강 이서에 완충지대를 설정한 것으로도 파악한다.[97] 그러나 대동강 이남에 대한 명목상 관할권은 735년까지 아직 당에게 있었고, 신라가 영유한 다음 경덕왕과 헌덕왕대에 비로소 예성강 이북에 군현을 설치함으로써 영역화를 시도했다. 식민사학이 대동강 이남을 신라의 통일영역으로 오해했던 사료조차 비판하지 않은 채, 압록강 이남에서 당을 몰아낸 듯이 해석하는 것은 주체성의 과잉에 지나지 않았다.

이제 북한학계는 신라 지배층이 계급적 이해관계 때문에 압록강 이북의 고구려 유민과 연합하여 고구려 고지에서 당을 완전히 축출하

95) 사회과학원 력사연구소 편, 1979, 『조선전사』4, 과학 · 백과사전출판사, 246쪽.
96) 서영교, 2006, 『羅唐戰爭史研究』, 아세아문화사, 287~289쪽.
97) 노태돈, 앞의 책, 245쪽.

지 못한 사실을 비판하는[98] 한편, 고구려 고지에서 건국한 발해에 민족사의 비중을 두고 '발해와 후기신라'로 전도하여 인식하기에 이르렀다. 여기에는 당과의 투쟁을 통해 건국한 발해와 한국전쟁에서 미국을 상대한 북한 정권을 무매개적으로 등치시키는 현재성이 투영되어 있었다.[99]

다음은 남한학계의 삼국통일론에 대한 검토이다. 대한민국이 유엔으로부터 유일한 정부로 승인을 받은 뒤, 남한학계에서는 국가 위주의 관점에서 신라의 삼국 통일을 인정하고 민족적 의미를 부연하는 방향으로 전개되었다. 1948년에 대한청년단과 1949년에 중앙학도호국단의 발족에 즈음하여 민족통일의 동력으로 화랑도를 강조했던 견해가 한국전쟁의 발발 이후에는 남북 혹은 북진 통일의 구호에 편승하여 더욱 확산되는 실정이었다.[100] 신라와 발해의 관계는 당의 견제정책으로 말미암아 여전히 대립적인 것으로 파악되는[101] 가운데, 진단학회가 편찬한 『한국사』의 '신라의 반도통일과 그 정책'에서 이병도가 피력한 신라통일론은 상당한 영향을 미쳤다.

이리하여 당의 세력은 완전히 반도에서 구축되고 신라는 반도의 민중을 통치하는 본궤도에 오르게 되었다. 신라의 세력범위는 겨우 大同江

---

98) 사회과학원 력사연구소 편, 1979, 앞의 책, 249쪽.

99) 김영하, 앞의 책, 277~279쪽 참조.

100) 丁一權, 1950, 「再版序文」; 李瑄根, 1954, 『花郎道研究』, 東國文化社, 1·1~2쪽.
이선근이 화랑도를 우리 민족의 독립정신이자 자주통일의 기본 이념으로 파악한 논법 속에는 남한/신라와 북한/고구려·백제의 도식이 암묵적으로 작동하고 있었던 것으로 추측하기도 한다(정종현, 2008, 「국민국가와 '화랑도'」, 『신라의 발견』, 동국대출판부, 248쪽).

101) 李丙燾, 1955, 『新修 國史大觀』, 普文閣, 137~138쪽; 李弘稙 外, 1958, 『國史新講』, 一潮閣, 69~70쪽.

으로부터 元山灣에 이르는 반도의 細腰部를 한계로 하여 그 이남의 땅을 차지한 데 불과하였다. 신라의 통일사업이 지역적으로 보아 완전한 의미의 三國統一이 되지 못하고 오직 백제의 全域과 유민을 합한 외에, 고구려의 南界와 그 유민의 일부를 소유하게 된 것은 약소국가로서의 우리의 운명을 정히 이때에 결정지어 준 것과 다름이 없으니, 오늘날 우리의 감각과 의식으로 볼 때는 더욱 불행과 불만을 느끼지 아니할 수 없다. 그러나 이때 신라로서 이 이상 더 북진을 계속한다면 압록강까지는 몰라도 요동을 포함한 全滿洲 지역을 경략한다는 것은 큰 문제였을 것이다.[102]

신라의 통일로 인한 대동강과 원산만 이남의 영토적 한계, 삼국 통일의 불완전성과 약소국가로서 숙명, 만주에 대한 경략의 현실적 곤란 등이 논점으로 제시되었다. 한국전쟁 이후의 시점에서 국가적 차원의 유감이 읽히는 서술이지만, 신라의 삼국 통일이 갖는 의미만큼은 반도의 민중이 단일 국민으로서의 문화를 형성한 데서 찾았다.[103] 신라의 반도 통일이 아니라 삼국 통일을 거론하면 할수록 불완전성의 지적은 더욱 필요했고, 그것으로 인한 영토적 한계는 민족과 문화형성의 의미로 보완할 수밖에 없는 논리 구조였다.

신라의 삼국통일론이 남한학계에서 정착되는 한편, 발해에 대한 서술 방법에서도 변화가 나타났다. 식민사학의 반도성론을 비판하면서도 정작 그것의 역사적 근거였던 신라의 반도통일론을 따라 통일신라에 발해를 부속시킨 서술도 있었다.[104] 그러나 고구려와 발해의 계승관

102) 震檀學會 編, 1959,『韓國史』古代篇, 乙酉文化社, 624쪽.
103) 震檀學會 編, 앞의 책, 625쪽.
104) 李基白, 1963,『國史新論』, 第一出版社, 1~2・104~107쪽.

계에 기초하여 주체적 관점에서 한국사로서의 체계화를 위한 새로운 해석이 요구되는[105] 가운데 발해를 독립된 절로 서술하기 시작했고,[106] 신라의 삼국 통일을 인정하면서도 제한된 범주에서나마 남북조시대로 이해하는 서술도 등장했다.[107]

이처럼 발해에 대한 인식이 점진적으로 높아짐에 따라 신라의 통일에 관한 표현도 변화하고 있었다.[108] 남한학계에서 신라와 발해에 대한 현재의 인식을 공식적으로 집약한 것이 『고등학교 국사』의 '대외 항쟁과 신라의 삼국 통일'에서 다음과 같은 내용일 것이다.

신라는 고구려 부흥 운동 세력을 후원하는 한편, 백제 땅에 대한 지배권을 장악하였다. 이어 남침해 오던 당의 20만 대군을 매소성에서 격파하여 나·당 전쟁의 주도권을 장악하였고, 금강 하구의 기벌포에서 당의 수군을 섬멸하였으며, 평양에 있던 안동도호부도 요동성으로 밀어내는 데 성공함으로써 삼국 통일을 이룩하였다(676). 신라의 삼국 통일은

그는 반도적 성격론의 이론 기반인 지리적 결정론이 갖는 허점을 다시 비판하면서도, 고려 이후의 사실로 예증할 뿐 역시 신라의 반도 통일에 관해서는 언급하지 않고 있었다(1987, 「半島的 性格論 批判」『韓國史市民講座』1, 一潮閣).

105) 李龍範, 1964, 「渤海史硏究의 回顧와 國史」『韓國思想』7, 46~49쪽 참조.
106) 李基白, 1967, 『韓國史新論』, 一潮閣, 99~103쪽.
107) 韓㳓劤, 1970, 『韓國通史』, 乙酉文化社, 104~106쪽.
   이처럼 한국사학계가 남북국론의 수용에 소극적이었던 데 비해, 국문학계에서는 신라의 통일을 인정한 위에서 남북국론을 받아들여 한국문학사를 서술하는 경우도 있었다(조동일, 1982, 『한국문학통사』1, 지식산업사).
108) 그러한 실례로 이기백은 '신라의 삼국 통일'(1967, 앞의 책)에서 '신라의 반도 통일과 발해의 건국'(1976, 『改正版 韓國史新論』, 一潮閣)으로 표제를 바꾸면서 '통일신라'가 발해와 남북국의 형세를 이룬 사실을 언급했다. 그러나 사론과 사실의 검토를 통해 신라의 백제 통합에 불과하다는 견해가 제출된 이후에는 다시 '신라'와 발해가 남북국의 형세를 이룬 것으로 수정하고, 서술 내용에서는 '통일' 또는 '통일신라'의 사용 빈도를 현저히 줄이고 있었다(1990, 『新修版 韓國史新論』, 一潮閣).

외세의 이용과 대동강에서 원산만까지를 경계로 한 이남의 땅을 차지하는 데 그쳤다는 한계성을 가지고 있다. 그러나 당의 세력을 무력으로 몰아 낸 사실에서 자주적 성격을 인정할 수 있다. 또 고구려·백제 문화의 전통을 수용하고 경제력을 확충함으로써 민족 문화 발전의 토대를 마련하였다.[109]

신라는 676년에 당의 안동도호부를 밀어내고 대동강에서 원산만 이남을 차지하는 삼국 통일을 이루었으며, 외세 이용과 통일영역의 한계에도 불구하고 민족문화가 발전할 토대 조성의 의의를 지닌 것으로 평가되었다. 여기에서 대동강과 원산만 이남의 통일이 갖는 영토적 한계는 고구려 고지와 유민의 부분 흡수 및 발해의 건국으로 보완하고, 당을 이용한 외세 이용의 한계는 당과의 전쟁에서 보여준 신라의 반당의지로 상쇄시키고 있었다.[110]

다만 발해의 건국과 발전을 서술하기 위해 '남북국 시대의 정치 변화'라는 표제를 설정함으로써[111] 남북국시대의 개념은 사용했다. 남북국론에 대한 재인식, 신라의 삼국 통일에 대한 부정, 발해에 대한 연구의 심화 등으로[112] 말미암아 신라와 발해가 공존하여 남북국의 형세를 이룬 것으로 서술하고 있지만, 이와 같은 인식이 갖는 사학사상의 위치와 한계는 자명하다. 신라가 삼국을 통일했을 뿐만 아니라 발해도 한국사라는 이중선의 추구는 사실과 논리에 맞지 않기 때문이다.

---

109) 국사편찬위원회·국정도서편찬위원회 편, 2006, 『고등학교 국사』, 두산동아, 55쪽.
110) 申瀅植, 1988, 「三國統一의 歷史的 性格」 『韓國史硏究』61·62, 82~84쪽; 邊太燮, 1989, 「三國의 鼎立과 新羅統一의 민족사적 의미」 『韓國史市民講座』5, 11~13쪽.
111) 국사편찬위원회·국정도서편찬위원회 편, 앞의 책, 56쪽.
112) 김종복, 2009, 『발해정치외교사』, 일지사, 309~314·320~322쪽.

요컨대 신라는 '삼국 통일'을 바랐지만 불완전한 '반도 통일'에 그쳤고, 발해와의 관계에서는 '신라'로 표현하더라도 일반적으로는 '통일신라'를 관용하는 등의 개념어 사용은 편의적이라고 아니할 수 없다. 더구나 신라의 삼국 통일을 전제함으로써 파생될 수밖에 없는 한계의 지적은 백제 통합만으로 이해하고, 발해를 정녕 한국사로 인식하면 거론할 필요조차 없는 것이었다.[113] 남한과 북한학계에서 신라 통일에 대한 인식의 변화는 근대 이후 민족과 국가의 담론은 물론 현실에서 통일을 이루지 못한 역사인식의 현주소를 반영하고 있었다.

맺음말

근대 이후의 신라통일론에는 현실인식과 발해인식이라는 두 함의가 교직되어 있었다. 전근대의 일통삼한론이 왕조 중심이었던 데 비해 신라통일론은 민족/국가/영토 중에서 취사선택한 담론구조에 따라 달라질 수밖에 없었다. 그러한 결과로서 식민사학 이래 대동강 이남의 신라통일론은 역사적 사실로 뒷받침되기 어려운 또 다른 허상일 수 있었던 것이다.

우선 식민사학과 반도통일론의 관계에 관한 정리이다. 근대적 의미에서 신라 통일의 개념은 일본 근대사학에 의해 처음으로 제기되었다. 신라가 고구려의 남경에 주군을 설치함으로써 통일을 이룬 사실을 거론했던 것이다. 이러한 내용이 한말에 수용됨으로써 한국사에서 신라통일의 개념이 자리를 잡게 되었다. 그러나 일제는 한국과 만주에 대

---

113) 김영하, 앞의 책, 123~124쪽.

한 식민 지배의 방법 차이로 인해 내부 경계의 설정이 필요했다. 한국사에서 신라의 통일을 강조하고 발해를 배제하는 논리가 등장한 배경이었다.

신라통일론은 동일한 식민사학의 범주 내에서도 함의를 달리하면서 두 방향으로 전개되었다. 조선총독부 중추원이 기획한 『조선반도사』의 원고에서 금서룡은 신라의 한족통일론을 제기했다. 이것은 한민족에 대한 동화정책을 추진하는 일제의 식민정책에는 부합하지 않을 수 있었다. 식민사학의 공식적 견해는 만선사관이 추구한 바 '민족의 의미를 배제한 국가/영토 위주의 반도통일론'으로 귀결되었다. 신라가 675년에 고구려의 남경에 주군을 설치하고, 당은 대동강 이남을 포기함으로써 '소여된' 통일이었던 것이다.

그러나 타율성과 반도성을 부각시킨 만선사관의 사실 해석에는 근본적인 한계가 있었다. 신라는 675년에 고구려의 '남쪽 경계'인 임진강 일대로 진출했을 뿐, 고구려의 '남쪽 경역'인 대동강 이남까지 통일한 것은 아니었기 때문이다. 이와 같은 내용의 사료 비판을 결여한 신라의 반도통일론임에도 불구하고 실증을 표방한 논리와 식민정책에 편승하여 무비판적으로 확산되었다. 이러한 의미에서 식민사학에 의해 굴절된 근대사학의 신라통일론이 전근대의 일통삼한론과 같은 층위에서의 전위일 수는 없었다.

다음은 해방 이후 삼국통일론의 전개에 관한 정리이다. 해방 공간의 국가 부재와 이념 대립은 '영토의 한계에 유의한 민족/국가 중심의 민족통일론'을 전개할 수 있는 토양이었다. 그러나 식민사학 이래 제도화된 신라통일론에 공명한 결과 민족적 의미의 부연만이 가능했다. 신라가 676년에 당 세력을 구축함으로써 '쟁취한' 통일이었으며, 그것은 민족 자체 또는 민족문화의 형성 계기로서 의미를 지니게 되었다.

그러나 통일의 시점이 676년으로 수정되었더라도, 신라가 735년까지 임진강 이북을 영역화하지 않음으로써 대동강 이남의 통일영역은 사실로 입증될 수 없는 것이었다.

한국전쟁으로 인한 분단체제는 민족과 국가 담론의 통일적 파악을 저해하고 있었다. 북한학계의 후기신라론은 신라의 삼국 통일을 인정하는 단계, 신라에 의한 국토 남부의 통합으로 보는 단계, 당을 압록강 이남에서 쫓아낸 것으로 인식하는 단계를 거쳐 성립되었다. 이와 같은 변천은 남북국론의 수용과 주체사관의 관철로 발해 건국에 민족사적 정당성을 부여하려는 파격적인 인식 과정과 맞물려 있었다. 그러나 '발해와 후기신라'로의 인식 방향에서 당의 침략자가 축출된 지역을 압록강 이남으로 설정한 것은 역사적 사실과 맞지 않는 주체적 해석의 과잉이었다.

한편 남한학계에서는 기본적으로 해방 공간의 신라통일론을 계승하는 수준에 머물렀다. 신라는 676년에 당 세력의 구축을 통해 대동강 이남이나마 통일할 수 있었고, 획기적 의미는 단일 민족과 국민으로서의 문화를 형성한 데에 있는 것으로 파악했다. 신라의 삼국통일론에서 영토적 한계와 그것을 보상해주던 민족과 문화형성의 의의는 불변이었던 반면, 발해에 대한 이해는 점진적인 수정 과정을 거치고 있었다. 신라의 삼국 통일에서 국가사적 정통성을 확인하려는 관점은 '통일신라와 발해'와 같이 교육하는 데로 집약되었다.

결국 근대 이후에 전개된 신라통일론의 궤적은 진실 추구의 명분으로 역사학자의 시공적 유한성이 드러나는 또 다른 역사였다. 민족과 국가 담론의 통일적 파악도 이루지 못한 근대사학의 경험 위에 다시 두 담론의 극복이라는 과제가 제기된 데에 현재의 난맥상이 자리하고 있다. 그러나 7세기 후반 동아시아의 국제전에 대한 한국사의 해석에서 신라의 백제 통합과 고구려 고지에서 발해 건국이라는 기본 사실 위에 '신라와 발해'로 인식하는 일이 중요하다. 역사적 사실이 불편하게 여겨지지 않을 때, 역사와 더불어 역사학의 발전도 가능할 것이기 때문이다.

(「新羅統一論의 궤적과 함의」『韓國史硏究』153, 2011)

제3편

고대사회의 구조와 전환

삼국의 형성과 사회구조

1. 삼국의 형성과 발전

1) 삼국 형성을 보는 관점

고대국가는 물질적 재화의 생산수단으로서 타인의 노동력을 자기의 것으로 소유하는 생산관계 위에서 출현한 정치적 사회이다. 한국고대에서 고구려, 백제, 신라의 삼국과 가야도 예외가 아니었다. 이러한 나라들은 원시공동체가 해체된 이후에 속출한 소국들 가운데 중심부 소국이 전쟁 또는 교역을 통해 주변부 소국을 병합함으로써 발생한 계급관계 위에서 새로운 사회를 성립시켰던 것이다.

『삼국사기』는 신라 중심의 편찬으로 인해 기원전 57년에 신라, 기원전 37년에 고구려, 기원전 18년에 백제가 차례로 건국한 것으로 서술했다. 한편 고대국가의 형성에 관한 또 다른 사실을 전하는 중국 사서인 『삼국지』 동이전은 삼국의 형성시기와 발전의 정도를 다르게 기술했다. 고구려의 형성과 발전이 가장 빨랐으며, 『삼국지』가 저술된 3

세기 후반까지도 백제와 신라는 각각 마한의 백제국(伯濟國)과 진한의 사로국(斯盧國)처럼 소국의 상태에 머물러 있었던 듯이 묘사되었던 것이다.

두 사서가 전하는 내용이 달랐기 때문에 삼국의 형성을 보는 시각에도 차이가 있었다. 그러한 차이는『삼국사기』의 초기 기록에 대한 신빙 여부에서 연유하는 것이었다. 타자의 기록으로서『삼국지』가 갖는 객관성에 기초하여 일제시기에 일본학자들이『일본서기』에 대해서도 비판적으로 검토했다고 하더라도, 한국에서 고대국가의 성립 연대를 낮추어 보려는 식민사학의 논리에 따라『삼국사기』의 초기 기록을 부정했다. 백제에서 계왕 이전과 신라에서 실성왕 이전의 사실을 부정하거나,[1] 신라에서 내물왕 이전을 전설시대의 사실로 파악하는[2] 관점에서는 소국이 삼국으로 발전하는 과정을 설명하기 어려웠다.

한편 한국학자들은 삼국에 선행한 소국을 고전적인 국가기원론에 입각하여 원시부족국가로 규정함으로써,[3] 이로부터 노예국가로서 삼국의 국가형성이 갖는 역사적 계기성에 주목했다. 이러한 인식 방법은 나중에 부족국가—부족연맹—고대국가의 발전단계론이 성립할 수 있는 기반이 되는 한편, 고대국가의 발전 과정을 설명하는 유용한 개념적 장치로서 변용 과정을 겪게 되었다. 그러한 결과 삼국이 고대국가를 성립한 시기로 고구려의 태조왕(53~145), 백제의 고이왕(234~285), 그리고 신라의 내물왕(356~401) 때를 주목했던 것이다.[4]

---

1) 津田左右吉, 1921,「百濟に關する日本書紀の記載」『滿鮮地理歷史硏究報告』8, 128~132 쪽 참조; 1924,『古事記及日本書紀の硏究』, 岩波書店, 513·522쪽 참조.
2) 末松保和, 1954,『新羅史の諸問題』, 東洋文庫, 78~79·97~98쪽 참조.
3) 白南雲, 1933,『朝鮮社會經濟史』, 改造社, 144쪽.
4) 金哲埈, 1964,「韓國古代國家發達史」『韓國文化史大系』I, 高麗大民族文化硏究所, 492 ~493쪽.

이러한 삼국의 발전단계론과 그에 따른 성립시기의 설정에는 두 가지 문제점이 있었다. 그 하나는 부족국가 개념의 적합성에 관한 것으로서, 신석기시대도 포함될 수 있는 '부족' 단계에서는 평등한 사회가 존재할 뿐 계급적인 국가를 성립시킬 수 없다는 이론상의 문제였다.[5] 다른 하나는 선행한 고대국가로서 기원전 108년에 멸망한 위만조선과의 불연속성에 관한 것인데, 적어도 고구려와는 150년, 백제와는 350년, 신라와는 450년 이상의 시차가 발생하는 계통상의 문제가 있었다. 고대국가로서 삼국 형성의 시기 설정이 옳다면 위만조선의 국가적 성격을 재검토해야 하고, 위만조선을 고대국가로 파악한다면 삼국의 형성시기가 재조정되지 않을 수 없기 때문이다.

이로써 삼국의 기원과 형성에 관한 새로운 논의는 두 방향에서 이루어졌다. 그 하나는 부족국가를 대체하는 새로운 용어로서 유럽의 도시국가와 중국의 읍제국가(邑制國家)의 개념에 유의한 성읍국가(城邑國家)의 안출이었다. 이에 따르면 고대국가의 발전은 성읍국가-영역국가-고대 제국의 단계를 경과하며, 『삼국사기』의 초기 기록을 긍정하는 입장에서 백제의 온조왕(기원전 18~기원후 27)과 신라의 파사왕(80~111) 무렵에는 영역국가로서 고대국가의 형성 단계에 들어선 것으로 보았다.[6] 성읍국가설에 입각한 발전단계론은 성읍국가-연맹왕국-중앙집권적 귀족국가로 정리되기도 했는데,[7] 다만 영역국가의 단계에 해당하는 연맹왕국의 성립시기에 관해서는 『삼국사기』의 초기 기록을 보는 입장의 차이 때문에 견해를 달리했다.

다른 하나는 신진화주의 인류학자들이 L. H. 모오건에 의한 인류사

---

5) 金貞培, 1986, 『韓國古代의 國家起源과 形成』, 高麗大出版部, 47~50쪽 참조.
6) 千寬宇, 1989, 『古朝鮮史·三韓史研究』, 一潮閣, 349~351쪽.
7) 李基白, 1976, 『改正版 韓國史新論』, 一潮閣; 1990, 『新修版 韓國史新論』, 一潮閣.

회의 발전단계론과, 이에 입각한 F. 엥겔스의 고전적인 국가기원론을 비판적으로 극복하는 과정에서 제시한 'chiefdom' 개념의 수용이었다. 그러한 사례로 E. R. 서비스는 고대국가의 출현에 이르는 인류사회의 발전 과정을 군집사회(band)−부족사회(tribe)−군장사회(chiefdom)−초기국가(primitive state)의 단계로 정리했다. 여기에서 종래 부족국가로 파악한 삼한의 소국은 평균 인구가 1만 명 정도의 군장사회(君長社會)에 해당할 터인데,[8] 군장사회설은 군장사회−초기국가−고대국가의 발전단계론으로 정리되어 한국사의 서술에 적용되기도 했다.[9]

이러한 논의에서 성읍국가설은 도시국가의 도시와 같은 속성을 갖는 성읍의 실재 여부와, 외형 묘사에 그친 성읍국가의 정치적 기능에 관한 설명 부재 등이 문제점으로 지적되었다.[10] 한편 군장사회설은 추장·족장·추방사회와 같은 다양한 번역 용어와, 그 개념을 적용할 시기 및 대상의 불일치 등이 문제점으로 거론되었다.[11] 여기에 더하여 성읍국가설의 연맹왕국에서 '연맹'은, 삼국이 복속시킨 소국에 대한 통합 방법이기 때문에 국가의 발전 단계로 설정할 수 있는지에 대한 의문도 없지 않다.

삼국의 국가형성에 관한 논의에서 제기된 문제점은 결국 소국에 대한 다양한 이해는 물론 소국에서 이행한 고대국가에 관한 기본 개념을 공유하지 않은 데서 파생된 것이었다. 그러나 고대국가의 기원과 형성에 관한 새로운 논의는 무엇보다 고전적인 국가기원론에 입각한

---

8) 金貞培, 앞의 책, 224~226쪽.
9) 邊太燮, 1986, 『韓國史通論』, 三英社.
10) 金貞培, 앞의 책. 302~303·311~312쪽.
11) 朱甫暾, 1990, 「韓國 古代國家 形成에 대한 연구사적 검토」『한국 고대국가의 형성』, 民音社, 236~244쪽 참조.

고대국가의 형성 문제를 재검토할 기회를 제공함으로써, 원시공동체에서 계급사회로의 이행 과정에 관한 새로운 추론을 가능하게 했다. 또한『삼국사기』의 초기 기록을 재인식할 수 있는 논리적 기반을 제공함으로써『삼국지』의 서술 내용으로 소국의 구조와 성격을 살핀 다음,『삼국사기』의 연대기를 통해 소국이 삼국으로 발전하는 과정을 유추할 수 있게 되었다.

이러한 관점에서 소국은 미약한 계급관계가 발생한 새로운 사회이기는 하지만, 아직 국가의 단계로 규정하기에는 원시공동체의 유제가 다분한 '소국공동체'에 지나지 않았다.[12] 이러한 소국이 영역성과 계급성을 갖춘 고대국가로 전환하는 방법은 교역 또는 전쟁을 통한 소국 간의 병합 작용이었다. 삼국의 경우 교역에 의한 병합도 물론 있었겠지만,『삼국사기』에 따르면 전쟁의 병합 기능이 한층 두드러졌다. 삼국은 전쟁을 통해 주변의 소국을 병합함으로써 국가형성에 필요한 영역적 기반을 마련했던 것이다. 이러한 양적 변화 위에서 삼국은 소국의 공동체적 질서를 탈피하고 고대국가로의 질적 전환을 이룰 수 있었다.

고대국가를 형성한 삼국에서는 고조선 및 부여와 마찬가지로 건국신화가 생성되었다. 건국신화는 왕의 출현과 더불어 해당 사회의 국가형성을 가늠할 수 있는 지표이며, 여기에는 건국에 관한 역사적 사실이 일정하게 반영되어 있었다. 한국 고대의 건국신화는 동북아시아의 보편적 관념체계였던 샤머니즘의 세계관으로 분석되었는데, 기본적인 서사구조는 천신족(天神族)과 지신족(地神族)의 수직적 결합에 의한 건국 시조의 출생으로 이루어졌다. 이러한 서사구조는 바로 선진문화의

---

12) 김영하, 2000,「韓國 古代國家의 政治體制發展論」『韓國古代史硏究』17, 73~74쪽.

유이족과 후진문화의 토착족이 수평적으로 결합하여 새로운 정치적 사회를 성립시킨 역사적 현실과 무관하지 않았다.

해모수와 유화의 주몽 출생, 주몽과 졸본부여 왕녀의 비류와 온조 출생, 신라에서 혁거세와 알영의 남해 출생에 관한 신화 또는 설화는 고조선의 단군신화 및 부여의 동명신화와 함께 한국 고대사회에서 국가의 형성 과정에 상응하는 건국신화로서의 유형성을 보여주고 있다. 다만 신라에서 박·석·김 3성의 시조 설화와 같은 다양성은 북방으로부터 선진문화가 파상적으로 전파됨에 따라 나타난 토착문화와의 복합 과정을 반영한 것으로 이해된다. 신라의 국가형성이 고구려와 백제에 비해 그만큼 늦었음을 의미하는 것일 수도 있었다.

2) 삼국 발전의 두 방향

삼국이 생산력과 군사력에 기초하여 고대국가로 발전하는 길은 크게 두 방향이었다. 그 하나는 국가가 존립할 토대로서 토지와 인민이 결합된 통치영역을 확장하는 것이고, 다른 하나는 영역 통치의 효율성을 높이기 위해 국가의 지배체제를 정비하는 일이었다. 양자는 서로를 전제조건으로 삼는 상호 보완관계에 있었으므로, 삼국의 발전 과정은 영역 확장과 체제 정비의 상승 작용이기도 했다. 그러한 과정에서 삼국은 왕제(王制)를 성립시키는 한편 귀족 중심의 평의체제를 거쳐 대왕 중심의 전제체제로 전환했다.

삼국은 기본적으로 동일한 문화 배경 속에서 정치적 사회를 성립시켰으므로, 발전 과정에서도 동질성을 유지했다. 그것은 삼국이 각각 고대국가로서 유사한 과정을 필연적으로 경과한 사실을 의미한다. 그러나 다른 한편으로 삼국은 선진문화의 수용시기와 사회경제적 조건의 차이로 발전 단계에서는 일정한 시차가 있었다. 문화 전파의 선후

관계와 해당 사회의 역동성에 따라 백제는 고구려, 신라는 백제에 비해 상대적 후진성을 면치 못했다. 이러한 시차적 동궤성(同軌性)은 삼국의 형성과 발전의 모든 단계에서 일정하게 나타나고 있었다.[13]

우선 형성 단계에서 나타나는 특징은 주변의 소국에 대한 병합의 전개와 지배체제의 미숙이다. 청동기문화의 세례로 원시공동체가 해체되면서 중국의 동북지방과 한반도 일대에는 수많은 소국이 속출했다. 이러한 소국 중에는 삼국과 가야의 모체였던 졸본부여(卒本夫餘), 백제국, 사로국, 그리고 구야국(狗邪國) 등이 포함되어 있었다. 중심부 소국이 고대국가로 이행하기 위해서는 같은 조건에 있던 주변부 소국의 병합이 필수였다. 고조선과 부여의 외곽지역에서 고구려는 동명왕대에 비류국, 고조선의 준왕(準王)이 이주한 마한지역에서 백제는 온조

---

13) 고구려의 존립기간에 관해서는 『신당서』권220, 열전145, 고구려의 900년설, 『삼국사기』권6, 문무왕 10년의 800년설, 『일본서기』권27, 천지천황 7년의 700년설, 〈고자묘지명〉(700)의 708년설 등으로 다양하다. 이것은 근대적인 국가의 개념보다 전근대의 왕조, 즉 종묘와 사직의 성립에 기준한 것이겠지만, 정치적 사회로서 삼국의 성립을 이해하는 데 시사하는 바가 적지 않다. 삼국이 시차는 있더라도 유사한 과정을 거쳐 발전한 점을 감안할 때, 고구려의 존립기간에 관한 여러 설은 백제와 신라의 성립시기를 재조정하는 데 하나의 준거가 될 수 있기 때문이다. 특히 고구려와 신라의 경우를 비교해보면, 불교 공인에서 372년과 528년, 율령반포에서 373년과 520년, 역사편찬에서 광개토왕대(391~412) 이전에 성립되었을 『유기』와 진흥왕 6년(545)의 『국사』, 역사·영토·대왕 의식이 집약된 기념비의 건립에서 414년의 〈광개토대왕비〉와 560년대의 〈진흥대왕순수비〉 등 여러 분야에서 대략 150년의 시차를 보이고 있었다. 따라서 사료적 가치가 높을 뿐만 아니라 존립기간이 짧았던 708년설을 따르더라도 668년에 왕조가 망한 고구려는 기원전 40년 경에 성립했으며, 여기에 150년을 더하면 신라는 기원후 110년 경에 성립된 것으로 추산할 수 있다. 이러한 의미에서 신라의 파사왕대(80~111)는 주목되어도 좋을 것 같으며, 박사 고흥이 『서기』를 편찬했을 뿐만 아니라 돌을 쌓아 경계를 표시하는〔積石爲表〕 영토의식이 드러난 근초고왕대(346~374)와 불교를 수용한 침류왕 즉위년(384)은 고구려와 큰 시차 없이 발전한 백제의 형성시기를 추정하는 데에 시사하는 바가 있을 것이다. 더구나 백제가 『삼국지』동이전의 내용과 같이 3세기 후반까지도 소국의 상태에 머물러 있었다면, 근초고왕대의 발전을 '비약' 이외에 달리 설명할 수 없는 어려움이 있다.

왕대에 마한 통합의 주체였던 목지국, 그리고 위만조선의 유민이 유입해온 진한지역에서 신라는 파사왕대에 음즙벌국 등을 각각 병합하기 시작했다.[14]

삼국은 형성기에 복속된 소국에 대해 정치적 자치는 인정한 반면, 경제적 공납과 군사적 동원의 의무를 부과했을 것이다. 이와 같은 간접 지배는 직접 지배를 관철시킬 수 있는 국가적 역량의 부족에서 기인하는 바, 아직 지배체제의 질적 변화를 유도할 만한 수준에는 이르지 못한 사실의 반영이었다. 『삼국사기』에서 고구려의 대보(大輔)와 좌·우보, 백제의 좌·우보, 신라의 대보와 이찬 등이 국가의 업무를 총괄한 듯이 서술된 당시의 지배체제는 국가적 미숙성을 드러낸 것에 다름 아니다.

다음으로 발전 단계에서 보이는 특징은 영역 확장의 지속과 그에 상응하는 지배체제의 정비이다. 고구려가 요동으로 진출하려는 기도는 후한과 위의 침입을 유발하기도 했지만, 미천왕은 요동군 서안평현을 공취하고 대동강유역의 낙랑군과 대방군을 축출함으로써 중국세력 및 백제와 대치했다. 백제는 초고왕 이후 신라에 대한 파상적인 공세를 통해 소백산맥 이동으로 진출함으로써 낙동강유역으로 진출할 통로를 확보하고 신라와 접경하게 되었다. 한편 신라는 국가형성이 늦었으므로 소국에 대한 병합을 계속하여 서북 방면에서 실제로 백제를 상대하던 소국인 소문국(召文國; 의성), 감문국(甘文國; 김천), 사벌국(沙伐國; 상주) 등을 병합함으로써 직접 백제와 접촉할 수 있었다.[15]

삼국은 발전기에 있었던 정복 활동의 결과 삼국 사이에 개재한 소

---

14) 金瑛河, 2002, 『韓國古代社會의 軍事와 政治』, 高麗大民族文化硏究院, 102~111쪽.
15) 金瑛河, 앞의 책, 113~121쪽.

국들을 흡수함으로써 정립하는 형세를 이루었다. 이러한 대외적인 영역 발전은 대내적인 체제 정비의 필요조건으로서, 삼국에서는 소국적 질서를 탈피하고 고대국가로 발전하려는 질적 변화가 일어났다. 왕제 (王制)가 확립되는 한편, 전쟁을 통해 경제적 기반을 확대한 귀족세력은 자신들의 이익을 보장할 귀족회의를 구성하고 귀족평의체제를 통해 군국의 정사를 관장했다. 고구려에서 신대왕대(165~178)의 국상(國相), 백제에서 고이왕대의 좌평(佐平), 신라에서 첨해왕대(247~261)의 남당(南堂)[16] 설치는 그런 변화의 산물이었다.

끝으로 완성 단계에서 삼국은 지배체제를 재정비하고 삼국 간의 주도권을 장악하기 위한 세력각축전을 전개했다. 이러한 변화 속에서 국가운영의 효율성을 높이기 위한 대왕전제체제로의 전환은 새로운 통치규범과 이념인 율령과 불교의 수용으로 구체화되었다. 율령반포는 귀족 평의의 관습법체제를 극복하고 대왕 전제를 뒷받침할 성문법체제로의 지향이었고, 기존의 고유신앙을 대체할 불교공인은 대왕 중심의 정치체제를 확립하는 데 적합한 이념의 수용이었다. 고구려의 소수림왕(371~383), 백제의 침류왕(384~385), 신라의 법흥왕(514~539) 때에 취해진 일련의 조치는 귀족세력에 대해 왕권을 격상시켰을 뿐만 아니라, 대왕은 자신의 통치권력이 미칠 공간의 확대를 적극적으로 모색하게 되었다.

삼국은 완성기에 추진한 정복전쟁을 통해 대왕이 지배할 왕토의 확장을 도모했다. 고구려의 광개토왕은 신라, 백제, 동예, 임나가라를 복속시키고 거란과 후연에 대한 정벌로 요동지방을 확보했으며, 장수왕

---

16) 이종욱은 신라의 국가형성에서 차지하는 남당의 정치적 의미에 대해서 주목한 바가 있다(1982, 『新羅國家形成史硏究』, 一潮閣, 212~216쪽).

이 한성을 함락시킴으로써 한강유역까지 지배권을 확대한 데 이어 문자왕은 북부여를 흡수했다. 백제의 근초고왕은 영산강유역의 마한의 잔여세력을 복속시키고, 고구려의 평양성을 공격하여 고국원왕을 전사시킴으로써 일시나마 대동강유역까지 진출할 수 있었다. 한편 신라의 법흥왕은 금관가야를 흡수했으며, 진흥왕은 고구려와 백제를 상대로 한강유역을 탈취하고 대가야마저 토벌하여 낙동강유역을 장악함으로써 뒤늦게 삼국 간의 세력각축전에 뛰어들었다.[17]

삼국의 왕들이 대왕의 칭호를 사용하는 대왕전제체제하에서 국가의 업무를 분담할 각종 행정관부가 귀족회의체로부터 분리되기 시작했고, 왕은 귀족세력을 행정관부의 관료로 임명하는 통치의 주체로서 지배체제의 일원화를 추구했다. 이로써 기왕에 군국의 정사를 관장하던 귀족회의의 기능과 대표의 권능은 약화될 수밖에 없었으며, 대왕 중심의 고양된 국가의식은 독자적인 연호(年號)를 사용하거나 역사편찬을 추진한 배경이었다. 그러한 저간의 사정이 고대국가의 완성을 알리는 세 지표로서 역사·영토·대왕의식을 응축한 〈광개토대왕비〉와 〈진흥대왕순수비〉에 반영되었던 것이다.

2. 삼국시대의 사회구조

1) 삼국의 사회와 경제

삼국시대의 사회와 경제에 관한 검토는 한국사의 시대구분과도 직결되는 문제이다. 삼국이 주변부 소국의 누적적 병합을 통해 국가를

---

17) 金瑛河, 앞의 책, 125~132쪽.

형성한 이후의 사회경제적 현상은, 공동체의 강인한 유제와 그것을 탈각하려는 국가적 지향이 병존한 까닭에 다양할 수밖에 없었다. 이러한 다양성에 더하여 사료의 절대 부족은 당시의 사회와 경제를 구명하는 데 장애로 작용하고 있다. 다만 사회구성의 관점에서 접근할 때, 삼국의 사회구조에 대한 유추는 물론 시대구분의 의미를 담보하는 정합적 설명이 불가능한 것만은 아니다.

삼국은 각국이 처한 생태적 환경에 차이가 있었을 뿐만 아니라 발전 과정에서도 시차가 있었으므로, 일률적인 성격 규정은 쉽지 않다. 다만 삼국의 형성이 유사한 과정을 거쳤기 때문에 동일한 구조를 유지했을 것이라는 전제 아래 상당한 논의가 있어왔다. 남한학계에서는 부여와 삼한을 고대의 노예제사회로 파악하기도 하지만,[18] 대체로 삼국시대가 고대사회라는 점에서는 일치하고 있다. 한편 북한학계에서는 이른바 노예제와 봉건제의 논쟁 과정에서 삼국시대의 사회경제 구성에 관해 활발한 연구와 토론이 이루어진 바 있었다.[19]

그러한 결과 삼국시대의 사회와 경제를 파악하는 견해는 고대사회론과 중세사회론으로 나누어졌다. 이러한 차이는 이른바 유물사관의 역사발전 법칙이 삼국사회에 관철되면서 드러난 개별 사실에 대한 해석에서 기인했지만, 고대 노예론자와 중세 봉건론자는 역사해석의 이론적 기반을 사적 유물론에 두었으므로 본질적인 대립은 존재하지 않

---

18) 金三守, 1965, 「韓國社會經濟史」『韓國文化史大系』Ⅱ, 高麗大民族文化研究所, 613~629쪽.

19) 과학원 역사연구소 편, 1989, 『삼국시기의 사회경제구성에 관한 토론집』번각본, 일송정. 북한학계에서 이루어진 삼국시대의 사회경제구성에 관한 연구와 토론의 결과에 대한 논점의 정리와 해설로는 다음과 같은 논문이 있다(송호정, 1989, 「북한에서의 고·중세사 시기구분」『역사와 현실』1; 盧泰敦, 1991, 「北韓學界의 三國時代史 研究動向」『北韓의 古代史研究』, 一潮閣).

았다. 삼국시대에 존재했던 노예를 노동노예(勞動奴隸)와는 다른 가내노예(家內奴隸) 혹은 사치노예(奢侈奴隸)로 이해하고, 촌락공동체가 강인하게 잔존한 조건 속에서 그 구성원인 농민을 생산 노동의 주체로 파악했기 때문이다. 이처럼 삼국시대를 고전고대적 형태의 '노예제사회'로 보지 않는 데서는 인식을 공유하고 있었다.

다만 노예론자는 역사발전의 일반적인 보편성에 의거하여 원시공동체의 붕괴 이후 고대동방형(古代東方型)의 총체적 노예제사회가 계기한 것으로 보는 누적적 이행론을 강조했다. 삼국시대에는 비록 노예가 완만하게 분화하던 촌락공동체의 농민보다 양적으로는 적었으나, 노예소유자적 생산 방법이 공동체적 경제제도를 비롯한 다른 경제제도를 희생시키면서 발전했다는 입장이었다. 그러므로 노예 노동이 가장 선진적인 경제형태였으며, 지배계급은 기본적으로 노예 노동의 착취 위에서 생활한 것으로 이해했다.

이에 반해 봉건론자는 역사발전의 구체적인 특수성에 입각하여 노예제사회를 결여하고 조기봉건제사회(早期封建制社會)로 진입한 비약적 이행론을 전개했다. 삼국시대의 광범한 농민층은 촌락공동체의 구성원으로부터 분화한 농노적 농민으로서, 봉건적 경제제도가 매우 미약한 발전 수준에 머물러 있던 노예적 경제제도를 밀어내고 급속히 발전했다는 관점이었다. 따라서 농노적 경제형태가 가장 선진적이었고, 지주로서 지배계급은 기본적으로 농노적 농민에 대한 수취로써 생활을 영위한 것으로 파악했다.

결국 소국 병합을 통한 삼국의 형성 과정에서 파생된 사회와 경제에 관한 사실 가운데 어느 것을 지배적인 현상으로 파악할 것인가에 대한 방법의 차이에 따라 삼국사회의 성격도 달리 규정되었던 셈이다. 이러한 차이점은 생산력의 발전 수준, 계급관계의 설정, 그리고 토지

소유관계와 수취형태 등에 관한 여러 사실의 해석에서 구체적으로 드러나게 되었다.

우선 노예론자는 기원전 3~4세기에 철기의 사용과 더불어 노예소유자사회가 시작된 이래 생산력의 점진적인 발전에 유의했다. 계급관계에서 노비를 삼국사회의 기본 계급, 하호(下戶)를 노예적 상태에 있는 피정복공동체의 구성원, 촌락공동체의 농민을 노예적 처지로 몰락 가능한 계층으로 각각 파악했다. 토지소유관계에서는 기본적으로 공동체적 소유 및 국유제의 입장이라고 하더라도, 제한된 범주에서 세습적 점유지의 상속과 매매 및 양도 등은 어느 정도 허용된 것으로 보았다. 이러한 국유제적 토지 소유로 인해 『수서』 고구려전에서 인민에 대한 과중한 수취가[20] 나타날 수밖에 없었던 사실에 주목했다. 당시 수취의 본질은 토지보다 조세의 형식으로 은폐한 국가적 규모의 농민 노동력에 대한 수탈에 지나지 않았던 것이다.

한편 봉건론자는 기원후 1~2세기에 철기의 확대 보급으로 인한 생산력의 비약적인 발전을 강조하면서 논지를 전개했다. 계급관계에서 자기경리(自己經理) 부분을 가진 노비를 농노, 하호를 봉건적 예속민, 촌락공동체의 소농민을 양인 농민의 시원에 해당하는 농노적 농민의 범주로 각각 이해했다. 토지소유관계에서는 촌락공동체 내에서 토지에 대한 사적 소유가 발생한 기초 위에서 삼국의 성립이 이루어졌기 때문에 사유제가 기본이며, 국유제적 관계는 외피(外皮)에 불과한 것으로 보았다. 이러한 조건에서 토지소유관계의 분화와 국가에 의한 호구의 파악이 가능하게 되었고, 결국 『주서』 고구려전에서 소유의 다소와

---

20) 『隋書』卷81, 列傳46, 高麗. "人稅布五匹 穀五石 遊人則三年一稅 十人共細布一匹 租戶一石 次七斗 下五斗."

빈부를 헤아린 수취는[21] 호구에 근거한 조세의 징수와 다를 바 없었던 것이다.

이와 같이 양자는 기본 이론과 해석 방향에 대한 합의에도 불구하고, 삼국시대의 사회경제 구성에 관한 구체적인 사실의 해석에서는 상당한 차이점을 드러냈다. 이러한 차이는 근본적으로 노예론자가 삼국사회를 선행사회의 연속선상에서 파악한 데 대하여, 봉건론자는 후발사회의 소급선상에서 이해한 데서 연유하는 것이었다. 삼국시대의 사회경제 구성에 관한 토론은 삼국시대에 이미 봉건사회로 진입한 것으로 종결되었는데, 삼국에 선행한 고조선, 부여, 진국(辰國)을 '노예소유자사회'로 규정함으로써 이른바 유물사관의 역사발전 법칙이 한국사에서도 계기적으로 관철된 데 대한 합의가 있었기 때문이다.

이처럼 삼국시대의 사회와 경제에 관한 연구는 국가형성 이후에 나타난 경제제도의 다양성과, 한정된 사실에 대한 해석의 양면성으로 어려움이 가중된 바가 없지 않다. 북한학계에서는 삼국시대의 중세사회설이 정설로 자리를 잡았지만, 주체사관의 경직된 해석으로 인해 삼국의 사회와 경제에 관한 성격 규정은 앞으로 해결해야 할 과제로 남았다. 이러한 경우 상부구조인 정치와 이념의 검토를 통해 사회경제적 토대를 역으로 유추하는 것도 하나의 방법일 수 있다. 노예소유자로서 삼국시대의 정치를 주도했던 귀족세력이 정치체제를 운영한 방향에 대한 검토가 필요한 이유이다.

---

21) 『周書』卷49, 列傳41, 高麗. "賦稅則絹布及粟 隨其所有 量貧富差等輸之."
   한편 백제에 대해서는 같은 맥락에서 "賦稅以布絹絲麻及米等 量歲豊儉 差等輸之"라고 서술했는데, 해마다 풍흉을 헤아려 조세를 부과했던 것이다.

2) 삼국의 정치와 이념

삼국시대의 정치와 이념은 사회경제적 토대에 조응한 상부구조로 서의 의미를 지닌다. 고대사회에서 정치와 종교가 차지하는 비중은 전 쟁과 제사가 정치의 요체임을 명시한 고대 중국의 관념에서도 확인된 다. 전쟁이 고대 정치의 핵심이었고, 고대사회의 이념은 제사의 형식 으로 구현되었기 때문이다. 삼국은 효율적인 통치를 담보하기 위해 여 러 부문에 걸친 지배기구를 편성했다. 삼국시대의 통치구조는 바로 정 치체제의 운영에서 차지하는 왕과 귀족세력의 권력관계에 다름 아니 었다.

삼국시대의 정치체제에 관해서는 연맹왕국-중앙집권적 귀족국가 론, 부체제-영역국가적 중앙집권체제론 등이 있지만, 대체로 상부구 조 내에서는 다음의 두 경향이 맞물려 있었을 것으로 추측된다. 그 하 나는 발전기에 성립된 귀족평의체제(貴族評議體制)의 유지이고, 다른 하나는 완성기에 확립되는 대왕전제체제(大王專制體制)로의 전환이다. 이러한 관점에서 대왕의 전제화는 왕권에 대한 귀족세력의 견제력을 배제하는 과정과 표리의 관계에 있었다. 다만 특정 시간 속에서 어느 체제가 지배적이었는가를 밝히는 것이 정치체제를 해명하는 관건일 수 있다.

삼국은 국가형성 이후 소국의 수장 출신인 왕이 존재하고 있었지만, 국가발전의 단계에 따라 왕권의 위상은 달라졌다. 신라의 왕호가 변화 하는 데서 살필 수 있듯이, 사회적 지도자인 거서간에서 최고의 정치 적 지배자인 대왕에 이르기까지 다양한 편차가 있었다. 그와 같은 편 차는 지배체제의 정비 과정을 거치면서 강화되는 왕권의 반영으로서 대왕 중심의 전제체제로 귀결되었다. 따라서 대왕전제체제가 수립되 기 이전에 통치권력은 귀족 중심의 평의체제에 있었을 가능성이 크다.

귀족회의체는 일찍이 위만조선과 부여에서 출현한 이래 국가형성의 유사성으로 인해 삼국에서도 나타나게 되었다. 중심부 소국에 의한 주변부 소국의 병합으로 국가가 형성되었고, 왕족과 전왕족 및 왕비족에서 분화한 귀족세력과 중심부로 진출한 수장층으로 귀족회의를 구성하는 과정이 같았기 때문이다. 고구려의 제가회의, 백제의 제솔회의, 신라의 제간회의 등은 그런 귀족회의체였다. 삼국시대의 귀족세력은 기본적으로 전리품을 통해 경제적 기반을 확대한 노예소유자로서 신분을 세습했을 뿐만 아니라, 자신들의 이익이 보장될 수 있는 귀족회의를 구성하고 대표를 선출했다. 이에 대한 왕의 임명은 형식적인 절차에 지나지 않았을 것이며, 고구려의 국상, 백제의 좌평, 신라의 이벌찬 등은 모두 수석 관등의 보유자로서 그 권능은 왕에 못지않았다.[22]

귀족세력의 제도적 지위는 세력 기반의 크기에 따른 관등으로 표시되었고,[23] 관등과 관직이 미분화된 무임소(無任所) 상태에서 직능에 따라 국가의 업무를 수행하고 있었다. 통치의 실질적인 주체로서 귀족세력의 정치적 위상은 국가의 주요 사안이었던 왕위계승의 후보와 전쟁수행의 여부를 결정하는 데서 드러났다. 이러한 경우 대체로 귀족회의의 의사가 관철되었는데, 여기에는 귀족세력의 기득권을 유지하거나 재생산하는 이해관계가 첨예하게 걸려 있었기 때문이다.

그러나 삼국이 세력 각축을 벌이는 정세 속에서 국가운영의 효율성을 위해 대왕전제체제로 전환하지 않을 수 없었다. 이때 살필 수 있는 특징의 하나가 기존의 귀족회의체로부터 행정관부의 분화와 독립에 따른 관등과 관직의 분리였다. 이제 왕은 종래의 귀족세력을 관직에

---

22) 金瑛河, 앞의 책, 306~309쪽.
23) 金哲埈, 1975, 『韓國古代社會硏究』, 知識産業社, 137~139쪽 참조.

임명함으로써 일원적인 통치체제를 추구했다. 이로써 귀족회의의 기능은 위축되고, 대표의 권능은 약화되는 현상이 나타났다. 고구려의 대대로(大對盧), 백제의 상좌평(上佐平), 신라의 상대등(上大等) 등은 모두 정치체제의 변동 과정에서 위상이 변화한 귀족회의의 대표였다.[24]

정치체제의 전환은 이념에도 영향을 미쳤는데, 그것은 고유신앙에서 불교수용으로의 변화로 나타났다. 삼국시대의 지배적인 관념체계는 고유신앙이었는데, 그 본질은 고대 동북아시아의 샤머니즘이었다. 샤머니즘은 망아경(忘我境)의 상태에서 천상계와 지하계로의 영적 여행이 가능한 샤먼을 매개한 종교 현상으로서, 제의를 주재하는 샤먼은 경제적 풍요의 기원과 사회적 갈등의 해소라는 기능을 수행함으로써 정치적 권위를 획득할 수 있었다. 이러한 고유신앙은 불교가 수용되기 이전까지 통치이념으로서의 기능도 수행하고 있었다. 그것은 제의의 형식으로 구체화되었는데, 제의 대상에 따라 시조신과 천지신에 대한 신앙으로 구분되었다. 제의주재자의 지위에 따른 신격(神格)의 서열화는 삼국의 발전 과정에서 분화된 사회의 계층화와 표리의 관계에 있었을 것이다.

먼저 삼국은 시조신신앙에 입각하여 시조묘(始祖廟)에 대한 제의를 거행했다. 삼국의 시조는 천신과 지신의 결합으로 태어난 인격신이었으므로, 이에 대한 왕의 제의 주재는 당연한 것이었다. 고구려에서는 시조묘가 있는 졸본으로 왕이 순행하는 형식으로 이루어졌으며, 환도할 때에는 백성들을 진휼하거나 사면을 베풀었다. 신라에서는 남해왕 때에 박혁거세를 제사하기 위한 시조묘를 세우고 대대로 제의를 거행한 다음 사면을 실시하거나 관리를 임명하고 있었다. 한편 백제에서 건

---

24) 金瑛河, 앞의 책, 314~316쪽.

국 시조인 온조는 고구려의 건국 시조인 주몽과 부자관계로 묘사되었으므로, 시조묘에 대한 제사 대신에 범부여계 공통의 조상신인 동명묘(東明廟)를 배알할 따름이었다. 이에 백제 왕실은 초월적인 권위 획득을 위해 천지신에 대한 제의를 따로 거행하지 않을 수 없었다.[25]

다음으로 삼국은 천지신신앙에 입각한 제의를 거행했는데, 천지신에 대한 대표적 제의로는 고구려의 동맹(東盟)을 들 수 있다. 동맹은 10월에 천신인 동명(東明)과 더불어 지신인 수신(隧神)에 대한 제의였다. 제의의 대상이 천지신이었으므로, 왕이 역시 제의를 주재할 수밖에 없었다. 제의기간에는 귀족회의를 구성하는 제가가 범죄자의 형벌을 평의하여 죽이고 처자를 적몰하여 노예로 삼았다.[26] 한편 신라에서는 왕권의 강화 추이에 따라 왕실이 천신에 대한 제의를 독점하게 되었다. 부자상속에 의한 김씨의 세습 왕권이 확립된 이후의 소지왕은 시조의 첫 출생지인 나을(奈乙)에 신궁(神宮)을 설치하고,[27] 인격신인 김씨 시조를 천신으로 격상시켜 제사하기 시작함으로써 기존의 시조묘는 배알의 대상으로 바뀌게 되었다.

이와 같이 삼국시대에 왕이 거행한 제의에서 주목되는 사실의 하나는 제의시기이다. 거행한 해가 주로 즉위 초라는 사실은 천손의 후예로서 왕위에 올라 정통성을 천명하는 즉위의례임을 의미하며, 거행한 달이 춘계와 같은 특정 계절에 집중된 사실은 경제적 풍요를 기원하는

---

25) 金瑛河, 앞의 책, 45~46쪽.
26) 『三國志』卷30, 魏書30, 高句麗.
27) 『三國史記』卷3, 照知麻立干 9年.
   신궁의 주신에 관해서는 박혁거세설, 김씨 시조설(알지설, 성한설, 미추설), 천지신설 등이 있는데, 강종훈은 이에 관한 연구사를 정리한 다음 신궁의 주신은 알지의 아들로서 문무왕의 15대조에 해당하는 세한(勢漢), 즉 성한왕(星漢王)일 것으로 추정하고 있다 (1994, 「神宮의 設置를 통해 본 麻立干時期의 新羅」『韓國古代史論叢』6, 209~210쪽).

농경의례임을 의미했다.[28] 다른 하나는 후속 조치로 취해진 관리 임명, 사면 실시, 인민 관리 등인데, 그것은 사회적 갈등을 해소하는 기능에 다름 아니었다. 이처럼 왕이 제의권과 은사권을 통해 정치적 권위를 획득한 사실은 샤머니즘의 일반적 속성과 크게 다르지 않았다. 여기에 바로 삼국사회의 상부구조에서 차지하는 고유신앙의 통치이념적 기능이 있었던 것이다.

그러나 삼국의 정치체제가 대왕전제체제로 전환함에 따라 고유신앙의 통치이념적 성격도 한계에 이르렀다. 그것은 샤머니즘이 고대 동북아시아에서 보편적인 종교의 기능을 담당하고 있었더라도, 기본적으로 삼국이 형성되기 이전부터 소국 단위로 내재화된 관념체계라는 데서 연유하는 것이었다. 이에 삼국시대의 왕은 고유신앙을 견지하고 있던 귀족세력의 반대를 무릅쓰고 국가 단위의 통치이념으로서 불교를 공인하지 않을 수 없었다.

이제 불교는 신앙 주체의 신분에 따라 왕과 석가불신앙, 귀족과 윤회전생사상의 관계를 강조하게 되었다. 신라에서 원광, 자장과 같은 승려가 불법의 수호뿐만 아니라 세속의 호국 활동에도 종사함으로써 대왕에 의해 추진된 정복전쟁을 정당화했던 것이다. 또한 불교는 민간에서 고유신앙과 갈등이 없지 않았지만, 기복(祈福)에서 비롯된 융합 현상이 일어나기도 했다. 결국 고유신앙에서 불교로의 통치이념 변화는 제사장의 성격을 탈각하지 못한 채 존재하던 왕이 전륜성왕의 성격을 띠고 통치하는 대왕으로 전환한 정치 현실과 밀접하게 연관되어 있었다.

---

28) 井上秀雄, 1978, 『古代朝鮮史序說－王者と宗教』, 寧樂社.

3. 삼국사회의 구조 변동

1) 삼국 말기의 정치 과정

삼국이 고대국가로서 완성 단계에 이르렀을 때, 주목되는 현상은 대왕전제체제의 성립으로 인한 귀족세력과의 갈등으로서 고대국가의 대내적 모순이었다. 삼국의 발전 과정에서 귀족세력의 범위는 확대되었으며, 그들은 기왕에 전쟁을 통해 자신의 세력 기반을 확대하고 있었다. 그러나 삼국이 고대국가를 완성함으로써 야기된 왕권의 전제화 추세와 전쟁의 성격 변화는 귀족세력으로 하여금 분열과 대립하는 현상을 유발했다. 구귀족세력은 귀족평의체제를 회복함으로써 기득권을 유지하려는 반면, 신귀족세력은 대왕전제체제에 편승함으로써 세력 기반을 확보하고자 도모했다.

이러한 경우 정치권력의 장악이 경제적 이익을 배타적으로 독점하는 수단이었다. 귀족세력은 자신들의 정치적 이해관계와 밀접한 왕위계승을 둘러싸고 권력투쟁을 전개하게 되었다. 삼국은 나라마다 다른 정치적 조건으로 권력투쟁의 전개 양상에도 차이가 없지 않았다. 그러나 기본적으로 왕위계승을 둘러싼 귀족세력 간의 권력투쟁이라는 공통점은, 과거에 합의로 왕위계승의 후보를 추대하던 관행과는 매우 달라진 현상이었다.

고구려는 광개토왕대에 대왕 칭호의 사용과 장수왕대에 대대로제의 실시로 상징되는 대왕전제체제를 성립시켰다. 더구나 장수왕은 귀족세력에 대한 대규모 숙청을 단행하고 국내성에서 평양성으로 천도함으로써 왕권을 전제화했다. 그러나 문자왕대 이후 안원왕과 양원왕이 왕위를 계승하는 과정에서 귀족세력들의 권력투쟁이 일어났다. 모종의 음모로 희생되었을 안장왕을 이어 안원왕이 즉위했으며, 안원왕은 세군(細群)과 추군(麤群)의 투쟁 와중에 죽고 추군의 지원 속에 양원왕이 즉위했던 것이다.

이러한 권력투쟁의 과정에서 주목할 점은 분열 양상을 보인 귀족세력의 실체이다. 그 하나는 장수왕의 평양 천도로 말미암아 세력 기반이 위축된 국내계(國內系) 구귀족세력이고, 다른 하나는 평양 천도를 전후하여 정치체제의 개편에 참여한 평양계(平壤系) 신귀족세력이었다. 다만 국내계 귀족세력이 문자왕대 말기에 다시 중앙 정계의 변수로 등장함으로써 평양계 귀족세력과의 대립이 불가피해졌다. 안장왕은 국내계와 정치적 타협을 모색하던 중에 평양계에게 피살당한 것으로 추측되며, 양원왕은 외척세력인 평양계의 추군이 국내계의 세군을 제압함으로써 즉위할 수 있었다.[29]

두 세력이 정국의 주도권을 번갈아 장악했으며, 그들의 권한은 오히려 왕권을 능가할 정도였다. 대대로는 자신의 실력으로 취임하여 원칙상의 3년 임기에 구애받지 않았을 뿐만 아니라 심지어 왕의 임명조차 불필요한 지경에 이르렀다.[30] 이에 신귀족 출신의 연개소문이 정변을 일으켜 대왕전제체제하에서 귀족회의의 대표로서 권능이 부활된 대대로 중심의 권력투쟁을 종식시켰다. 그는 대대로의 다음 관등인 막리지(莫離支)를 중심으로 권력구조를 재편하고, 귀족세력과 결탁한 불교 대신에 도교의 수용을[31] 통해 민을 견인함으로써 권력 기반을 강화했다.

백제에서 대왕전제체제는 근초고왕 때에 후왕(侯王) 개념의 발생[32]

---

29) 林起煥, 1992, 「6·7세기 高句麗 政治勢力의 동향」『韓國古代史硏究』5, 7~15쪽.
30) 이러한 고구려 후기의 정치 상황을 중앙집권적 영역국가의 다음 단계로서 귀족연립정권으로 규정하기도 한다(노태돈, 1999, 『고구려사연구』, 사계절, 447~448쪽).
31) 李乃沃, 1983, 「淵蓋蘇文의 執權과 道敎」『歷史學報』99·100, 87~89쪽 참조.
32) 梁起錫, 1984, 「五世紀 百濟의 '王'·'侯'·'太守'制에 對하여」『史學硏究』38, 61~63쪽 참조.

및 전지왕 때에 상좌평제의 실시를 거쳐 개로왕대에 대왕제의 성립[33]과 더불어 확립되었을 것으로 추측된다. 근초고왕 이후 대왕전제체제로의 지향은 왕비족인 진씨세력과의 정치적 연합으로 가능했으나, 침류왕 이후 진사왕과 아신왕이 왕위를 계승하는 과정에서 권력투쟁이 나타나기 시작했다. 침류왕이 죽은 뒤에 태자 아신의 숙부인 진사왕이 왕위를 찬탈했으며, 진사왕이 의문의 죽음을 당한 후에 아신왕이 즉위할 수 있었다. 두 왕이 왕위를 계승하는 과정에도 왕비족인 진씨세력의 개입이 있었을 것으로 추측된다.[34]

또한 아신왕이 고구려의 군사적인 외압 속에서 죽고, 아신왕의 동생 설례(䚟禮)를 지지하는 진씨세력과 태자 전지(腆支)를 지원하는 해씨세력 사이에 권력투쟁이 본격화되었다. 해충(解忠)을 추종하는 국인세력이 설례를 죽임으로써 전지왕이 즉위할 수 있었으며, 진씨에서 해씨로의 세력 교체가 이루어졌다. 해씨는 웅진으로 천도한 이후 진씨세력이 동성왕의 옹립을 통해 다시 부상할 때까지 정치권력을 장악한 실세였다. 진씨와 해씨는 한강유역권에 세력 기반을 둔 한성시기의 외척세력으로서, 왕위계승을 둘러싼 이들의 분열과 대립으로 왕권은 약화될 수밖에 없었다.

이러한 배경에서 동성왕은 새로운 귀족세력으로 금강유역권의 사씨·연씨·백씨 등을 등용하는 한편, 신라와의 혼인을 통해 왕권 강화를 도모했다. 왕비족 중심의 외척세력을 배제하는 왕권 강화의 기본 방향은 이후에도 단속적으로 나타났다. 성왕이 사비로 천도한 이후에 법왕은 익산의 지방 귀족과 혼인한 것으로 추측되며,[35] 무왕은 말년에 왕

---

33) 坂元義種, 1978, 『古代東アジアの日本と朝鮮』, 吉川弘文館, 143~144쪽.
34) 盧重國, 1988, 『百濟政治史硏究』, 一潮閣, 134쪽.
35) 金壽泰, 1999, 「百濟 武王代의 政治勢力」『馬韓百濟文化』14, 123~124쪽.

경 출신의 왕비족인 사(沙)씨에 대해 기피하는 듯한 현상을 보이고 있었다.[36] 따라서 의자왕은 즉위한 다음 해에 왕모족(王母族)을 비롯한 귀족세력을 숙청하는 친위적 정변을 단행함으로써 왕권을 강화했던 것이다.

신라에서 대왕전제체제는 법흥왕 때에 병부령제와 상대등제의 실시로 군정과 국정을 분리함으로써 수립되었다. 이와 같이 왕권이 전제화되는 추세하에서 귀족세력은 귀족평의체제를 회복하려는 세력과 대왕전제체제에 편승하려는 세력으로 분열되었는데, 양자의 권력투쟁도역시 왕위계승을 둘러싸고 노정되었다. 진흥왕이 죽은 뒤에 거칠부로대표되는 전자는 태자였던 동륜의 아들 백정(白淨)을 배제하고 차자인사륜을 진지왕으로 추대한 것으로 추측되며, 그런 반면 노리부로 대표되는 후자는 진지왕을 폐위시키고 동륜계의 백정을 진평왕으로 즉위시켰다.[37]

그러나 진평왕은 말년에 이르러 차기 왕위계승자로서 성골 신분의남성 부재가 확인되자 권력구조를 개편했다. 이로써 권력에서 소외되었던 사륜계의 김용춘이 신설된 내성사신(內省私臣)으로 복귀함으로써사륜계와 금관가야계의 연합에 의한 신귀족세력이 등장했다. 이제 진평왕 이후의 왕위계승권을 둘러싼 범내물왕계의 구귀족세력과 신귀족세력의 권력투쟁은 불가피해졌다. 칠숙과 석품의 모반이 진압된 뒤에양자의 세력 균형 위에 선덕왕의 즉위가 가능했으나, 신귀족은 선덕왕말년에 구귀족 출신인 상대등 비담의 반란을 진압하고 진덕왕을 즉위시켰던 것이다.

---

36) 이러한 사실은 무왕이 39년(638)에 궁성 남쪽의 큰 못에서 후궁들과 배를 띄우고 놀았을 뿐만 아니라, 40년(639)에 조성된 〈미륵사지서탑사리봉안기〉에서 가람 조영과 사리봉안의 주체는 '대왕'으로 불린 무왕이 아니라 좌평 사탁적덕(沙乇積德)의 딸로서 왕비인 사실로부터 유추한 것이다.

37) 金瑛河, 앞의 책, 247~250쪽.

신귀족세력은 백제로부터의 외압 극복과 왕권 강화를 위해 친당노선을 표방하고 내정개혁을 추진했다. 행정적 성격의 집사부와 율령적 성격의 좌이방부의 설치에는 사륜계인 김춘추와 금관가야계인 김유신의 정치적 이해가 집약되어 있었다.[38] 이와 같은 조치는 진덕왕의 왕권을 강화하기 위한 것은 아니었으며, 신귀족세력의 왕위계승을 전망한 정지작업으로서의 성격이 짙었다. 진덕왕이 죽은 뒤에 상대등 알천의 섭정 추대를 매개로 왕위계승권을 확보하려는 구귀족세력의 의도를 다시 한 번 무산시키고, 김춘추가 진골 출신으로 처음 왕위에 오를 수 있었다. 무열왕에게 부과된 정치적 과제는 밖으로 백제의 압력을 극복하고, 안으로 율령체제에 입각하여 명실상부한 중앙집권체제를 확립하는 일이었다.

삼국이 대왕 중심의 전제체제를 확립함으로써 드러나기 시작한 귀족세력 간의 권력투쟁은 정치구조가 변동한 결과로서 각각 연개소문의 집권, 의자왕의 권력 강화, 김춘추의 집권과 즉위로 일단락되었다. 이처럼 삼국 말기에 나타난 권력의 집중 현상이 각각 다른 모습으로 귀결되었더라도, 본질적으로 고대국가의 정치 과정에서 파생될 수밖에 없었던 형식의 차이에 지나지 않았다. 그것은 중앙집권적 통치체제를 기본 구조로 삼는 새로운 사회로 이행하기 위한 소용돌이에 다름 아니었다.

2) 삼국 말기의 국제 정세

삼국이 정립하는 형세를 이루었을 때, 문화적 동질성에도 불구하고 영토적 통일성의 결여로 인한 상호 전쟁은 고대국가의 대외적 모순이

---

38) 金瑛河, 앞의 책, 270~274쪽.

었다. 당시의 전쟁은 종전과 달리 전제화된 왕권의 통치 공간을 배타적으로 확장하는 한편, 삼국 간의 주도권을 쟁탈하기 위한 대규모의 세력각축전이었다. 따라서 당시 정복전쟁의 본질이 대왕을 위한 왕토와 왕민의 확보에 있었으므로, 이와 관련된 귀족세력의 이해관계에 따라 대외인식에도 영향을 미쳤다. 구귀족세력은 소극적이었던 반면, 신귀족세력은 적극적이지 않을 수 없었다.

고구려는 평양 천도 이후 북위와의 전략적 이해가 일치함으로써 요동지방의 안정적인 확보가 가능해졌다. 이에 고구려는 신라와 백제를 상대로 교차적인 남진정책을 추진하여 일시 한강유역을 확보하는 성과를 거둘 수 있었다. 그러나 곧바로 이어진 귀족세력들의 권력투쟁으로 고구려의 영역 발전은 한계에 봉착했다. 더구나 중국에서 통일왕조로 등장한 수와 당은 강력한 군사력을 바탕으로 중국 중심의 제국질서를 구축하기 위해 고구려에 대해 파상적인 공세를 취했다.

이러한 동아시아의 정세 변화 속에 고구려의 귀족세력들은 입장의 차이를 보이고 있었다. 영양왕대의 평양계 귀족세력은 수가 침입했을 때에 강경책을 견지한 데 반해, 영류왕대의 국내계 귀족세력은 고구려에 대한 당의 유화정책과 맞물린 온건책을 따르고 있었다.[39] 수와 당의 외압 속에서 고구려의 대외정책이 강경과 온건으로 혼선을 빚는 가운데, 신귀족 출신의 연개소문이 일으킨 정변과 집권은 강경책의 추진을 예고했다. 그는 한강유역의 실지 회복을 위해 신라에 대한 압박을 강화하는 한편, 요동에 대한 당의 단기점령책은 물론 장기소모책도 모두 좌절시켰다. 당의 단독작전에 의한 요동공략책의 실패는 전략 수정의 필요성을 제기했으며, 그것은 고구려와 백제로부터 압력을 받고 있

---

39) 林起煥, 앞의 논문, 39~41쪽.

던 신라와의 연합작전으로 평양을 직접 공격하는 전략이었다.[40]

한편 고구려가 추진한 남진정책의 목적이 한강유역의 점령에 있었기 때문에 백제에게는 큰 위협이었다. 백제는 난국을 타개하기 위해 북위와 외교적 교섭을 시도했으나, 고구려와 우호관계에 있던 북위의 소극적인 태도로 말미암아 실패하고 말았다. 이에 기왕에는 적대관계에 있었지만, 이제는 동병상련의 신라와 나·제동맹을 맺지 않을 수 없었다. 그러나 아신왕의 사후에 동생 설례를 지지하는 친고구려 성향의 진씨세력과 태자 전지를 지원하는 친왜 성향의 해씨세력 간의 권력투쟁에서 보듯이,[41] 귀족세력이 외세와 연결하여 벌인 권력투쟁으로 백제의 국가적 역량은 더욱 약화되어갔다.

고구려의 침공으로 한성이 함락당하고 웅진으로 천도한 초기에도 상황은 개선되지 않았다. 한성시기 이래 왜 및 남조와의 고식적인 관계만을 유지할 뿐, 고구려에 대해서는 적극적으로 대처하지 못하고 있었다. 이것은 기득권에 집착하는 구귀족세력이 권력을 장악한 사실과 무관하지 않았을 터이다. 그러나 동성왕이 신라와의 혼인을 통해 기존의 동맹관계를 더욱 강화한 위에서, 무령왕은 고구려에 대해 한강유역을 회복하기 위한 공세를 취할 수 있었다. 이러한 변화는 왕비족의 배제를 통한 왕권의 강화와 더불어 새로운 귀족세력의 등장이라는 정치상황에서 말미암았을 것이다.

사비 천도 이후 성왕은 신라와 연합하여 숙원인 한강의 하류유역을 탈환할 수 있었다. 그러나 신라에게 곧바로 탈취당한 다음 관산성 전투에서 대패함으로써 나·제동맹도 파탄되고 말았다. 무왕은 고구려

---

40) 김영하, 2007, 『新羅中代社會硏究』, 일지사, 138~139쪽.
41) 金瑛河, 2012, 「廣開土大王陵碑의 정복기사해석」 『韓國古代史硏究』66, 243쪽.

와 신라를 상대로 다시 싸울 수밖에 없는 상황에서 수에 고구려 원정을 요청하는 군사외교를 추진했다. 그러나 수가 고구려를 공격하는데도 고구려와 내통한 백제는 수를 후원하지 않는 실지양단책(實持兩端策)을 구사했는데,[42] 이것은 신라와의 전쟁에서 성과를 담보하려는 데 전략적 목적이 있었기 때문이다. 한편 친위적 정변을 통해 왕권을 강화한 의자왕은 고구려와의 우호관계 위에서 신라에 대한 파상적 공세를 취했다. 백제의 신라에 대한 강경책은 대야성 공함과 같은 소기의 성과를 거둘 수 있었으나, 그것은 신라로 하여금 대당외교를 추진하는 배경이 되었다.

신라는 국가발전이 고구려와 백제에 비해 늦었던 만큼 삼국 간의 세력각축전에도 가장 늦게 뛰어들었다. 신라는 나·제동맹을 계기로 고구려에 대한 기왕의 종속관계로부터 벗어났으며, 실직(悉直)에서 고구려의 변장을 살해하는 도발도 감행할 수 있었다.[43] 고구려가 추진한 남진정책은 백제를 주된 목표로 삼은 것이었지만, 실제의 군사 행동이 신라에 대해 먼저 취해진 원인이었다. 신라는 백제와 함께 고구려의 남진에 공동 대처함으로써, 백제·가야·왜의 연합과 고구려·신라의 연합을 중심으로 움직이던 삼국 간의 역학관계도 변하고 있었다.

신라는 백제와의 우호관계 속에서 죽령 이외 고현 이내의 고구려 10군을 공취하여 강원도 북부의 철령까지 진출함으로써, 고구려의 세력 아래 있던 동예와 동옥저지방도 복속시킬 수 있었을 것이다.[44] 또한 백제로부터 한강의 하류유역마저 탈취함으로써 삼국 간의 주도권

---

42) 『隋書』卷81, 列傳46, 百濟.
43) 『三國史記』卷3, 訥祇麻立干, 34年.
44) 金英河, 1999, 「三國과 南北國時代의 東海岸地方」『韓國古代社會와 蔚珍地方』, 蔚珍郡·韓國古代史學會, 85~86쪽 참조.

장악에 긴요한 전략거점을 확보하게 되었다. 그러나 신라의 한강유역 진출은 고구려와 백제를 자극하여 두 적을 동시에 상대할 수밖에 없는 위기 국면을 초래했다. 북한강의 상·중류유역을 탈취당한 고구려는 신라에 대해 공세를 강화했으며, 이에 신라는 수에 대해 청병외교를 펼치지 않을 수 없었다. 또한 신라는 백제의 영향하에 있던 대가야마 저 정벌함으로써 백제의 적극적인 공세를 유발했다.

이러한 위기 상황을 극복하는 데서 구귀족세력보다 신귀족세력의 활약이 두드러졌다. 김춘추는 먼저 고구려에 대한 청병외교를 추진했 으나, 백제와 전략적 이해가 같았던 연개소문의 거부로 실패했다. 한 편 구귀족세력은 당에 대해 여·제연병을 명분으로 교섭에 임했으나, 이들의 소극적인 태도와 고구려 원정에 치중하려는 당의 입장 때문에 역시 실패하고 말았다. 이에 김춘추는 왜의 대화개신(大化改新) 정권을 상대로 성립시킨 나·일동맹을 배경으로[45] 친당노선을 표방한 대당외 교를 추진함으로써 마침내 나·당관계를 성립시킬 수 있었다.

이제 삼국의 자기 발전인 동시에 삼국 간의 주도권을 장악하기 위 한 세력각축전의 외연에 당의 개입이라는 국제 정세의 변화가 중첩됨 으로써 복잡한 양상을 띠게 되었다. 결국 삼국의 대외적 모순은 고구 려·백제의 남북 진영과 신라·당의 동서 진영의 대립 구도에 의한 7 세기 동아시아의 국제전으로 전화했다. 이것은 기존의 국제관계가 변 화한 결과였으며, 새로운 동아시아의 국제질서를 모색하려는 태동의 시작이었다.

(「삼국과 남북국의 사회성격」『한국사』3, 한길사, 1994)

---

45) 金鉉球, 1983,「日唐關係의 成立과 羅日同盟」『金俊燁教授華甲紀念中國學論叢』, 564 ~569쪽.

남북국의 성립과 사회구조

1. 남북국의 성립과 전개

1) 남북국 성립을 보는 시각

한국사의 전개 과정에서 남북국, 즉 신라와 발해의 성립을 보는 시각은 신라의 삼국 통일에 대한 평가와 맞물려 있다. 신라의 삼국 통일을 이해하는 견해는 크게 긍정론과 부정론으로 나누어진다. 긍정론은 그야말로 신라의 삼국 통일을 인정하는 관점이고, 부정론은 신라의 삼국 통일이 내포한 근본적인 한계를 주목하는 입장이다. 이러한 시각의 차이에 따라 한국사에서 차지하는 발해의 위상도 달리 설정될 수밖에 없었다.

이른바 신라의 삼국 통일로부터 조선 전기까지는 긍정론이 지배적이었다. 나·당연합이 백제와 고구려를 멸한 이후, 경주 거주의 골품 귀족은 일통삼한의식으로 신라의 삼국 통일을 정당화하고 있었다. 이러한 사실은 〈황룡사구층목탑사리함기〉(872)를 비롯한 9세기 이전의 여러 금석문 자료에서 확인된다. 그러나 백제와 고구려 고지의 지방민은 그와 같은 의식에 쉽게 동의하지 않았던 것 같다. 궁예와 견훤이나·당연합에 의한 백제와 고구려 멸망의 부당성을 지적하고 각각 두 나라의 계승을 표방했을 때, 해당 지방세력이 호응한 데서 알 수 있기 때문이다.

고려시대의 인식은『삼국사기』에 기술된 관련 내용을 통해 짐작할 수 있다. 김부식(金富軾; 1075~1151)은 신라계 문벌귀족이었으므로, 신라가 삼한을 통일한 의미를 일정하게 받아들이고 있었다. 김유신이 삼한은 한 집안이 되고 백성은 두 마음을 갖지 않게 되었다〔三韓爲一家, 百姓無二心〕고 언급한 데 대해, 김부식은 상국인 당과 함께 모의하여 세 땅을 한 집안으로 만들었다〔與上國協謀, 合三土爲一家〕고 논평할 수 있었던 것이다. 이러한 인식은 개경의 문벌귀족이 서경의 묘청세력을 진압한 뒤에 편찬한『삼국사기』에서 신라의 일통삼한의식을 변용한 것이지만, 그런 의식의 사회적 공감대의 형성에 관해서는 의심스러운 바가 없지 않다. 그러나『삼국사기』의 긍정론은 유가사학에서 술이부작(述而不作)의 편찬 방법으로 인해 조선 전기의 대표적 관찬 사서인『삼국사절요』와『동국통감』으로 계승되었다.[1]

결국 조선 전기까지 긍정적인 인식 경향은 큰 변화 없이 유지되고 있었던 셈이다. 이른바 신라의 삼국 통일 이후 조선시대에 이르는 동안 왕조 교체는 있었지만, 역사인식의 변화를 유발할 만한 사회 변동이 수반되지 않았기 때문이다. 이와 같이 중세사회에서 지속된 신라의 삼국 통일에 대한 긍정론은 조선 후기를 거쳐 근대적인 역사서술을 표방하는 한말·일제시기로 이어지면서 하나의 조류를 이루었다.

---

1) 김영하, 2007,『新羅中代社會硏究』, 일지사, 242~244쪽 참조.

다만 근대사회에서 제기된 긍정론 가운데 주목되는 것은 일본학자의 인식 경향이다. 임태보(林泰輔)가 1892년에 출간한 『조선사』에서 '신라의 통일'로 규정한 이래 식민사학자들은 '신라의 반도 통일'로 다시 정리했으며, 친일사학자들도 실증사학의 명분 아래 제도화된 신라 통일론을 따르지 않을 수 없었다. 그러나 신라의 통일에 대한 식민사학의 긍정론은 당면한 전략적 목표인 만주의 발해를 한국사에서 배제하고, 한국사는 반도를 통일한 신라로 국한하려는 만선사관(滿鮮史觀)의 산물이었다.[2] 여기에서 신라의 삼국 통일을 긍정하는 논리의 사학사적 위치는 자명해진 셈이다.

한편 발해는 『삼국사기』에서 북국으로 표현되었으며, 신라가 두 차례에 걸쳐 사신을 파견한 것으로 기술되어 있다. 그러한 이후 조선 전기까지 어떠한 사서도 발해에 대한 적극적인 인식을 결여하고 있었다. 이와 같은 현상은 발해가 멸망한 이후 그곳에 대한 연고권을 상실한 상황에서, 중세의 유가사학이 보인 무관심과 인식 능력의 한계에서 비롯되었을 것이다. 그러나 조선 중기부터 발해에 대한 새로운 인식의 맹아가 싹텄으며, 후기에 이르러 신라의 삼국 통일에 대한 부정적인 인식이 대두하기 시작했다.

조선 후기에는 근대사회로의 지향이라 일컬을 만한 사회경제적 변화가 일어났다. 이러한 변화가 실학사상을 배태시켰으며, 실학자의 역사편찬에서 인식의 변화는 불가피했다. 신라와 상대적 관계에 있던 발해의 역사도 편찬 대상으로 주목받기 시작했던 것이다. 안정복(安鼎福; 1712~1791)은 『동국통감』과 마찬가지로 발해를 자국의 역사로 인식하지는 않았지만, 『동사강목』에서 특정 왕의 재위기간, 건국과 멸망 과

---

2) 김영하, 2011, 「新羅統一論의 궤적과 함의」 『韓國史硏究』153, 48~49쪽.

정, 당 및 신라와의 관계 등에 관한 사실들을 신라의 편년체계에 부기하고 있었다. 이처럼 발해에 대한 인식 변화는 조선 후기에 나타난 사실 중시의 풍조와 관련이 있었으므로, 한말의 유가사학자인 김택영(金澤榮; 1850~1927)도『역사집략』에 반영하지 않을 수 없었다.

그러한 반면에 발해를 신라와 대등한 독립국으로 인식하는 저술도 나오게 되었다. 그 하나는 발해를 독립된 세가(世家) 또는 세기(世紀)로 취급하는 경우이고, 다른 하나는 한 걸음 더 나아가 신라와 발해를 남북국으로 인식하는 경우이다.[3] 이 중에서 후자의 유득공(柳得恭; 1748~1807)은「발해고」에서『삼국사기』에 삼국과 신라의 역사만이 있고, 발해의 역사가 빠진 사실을 고려 왕조의 취약성과 결부시켜 비판함으로써 신라 통일에 대한 회의적 인식을 드러냈다. 이로써 신라와 더불어 발해가 언급될 수 있는 남북국론의 단서가 마련되었으며, 발해에 대한 인식 전환은 한국사의 인식 공간을 확대시키는 결과를 가져왔다. 또한 김정호(金正浩; 생몰년 미상)는『대동지지』(1864)에서 신라의 삼국 통일을 부정하는 반면에 고려 태조에 의한 남북국의 통일을 강조함으로써 고려를 최초의 통일 왕조로 파악했다.

그러나 근대사학의 본령은 역사편찬의 방법 변화에 있는 것이 아니라, 역사서술의 내용이 질적으로 전환된 데 있었다. 남북국의 당위적 설정에 부합하는 논리적인 설명이 필요했던 셈인데, 그와 같은 과제는 신채호(申采浩; 1880~1936)에 의해 해결되었다. 그는 역사이해의 중점을 민중과 민족에 두었으므로, 무엇보다 먼저 사료로서『삼국사기』가 갖는 봉건성과 사대성을 신랄하게 비판했다. 이러한 사료 비판에 근거하여 신라의 삼국 통일에 대한 부정론을 심화시킴으로써 역사인식에

---

3) 宋基豪, 1991,「조선시대 사서에 나타난 渤海觀」『韓國史研究』72, 62쪽.

서 일대 전환을 가져왔다. 신채호의 인식 논리는 삼국시대에서 백제를 통합한 신라와 고구려를 계승한 발해로의 왕조 변화만을 인정하는 양국시대론(兩國時代論)으로 귀결됨으로써[4] 이후 남북국론의 전개에 지대한 영향을 미쳤다.

이러한 인식의 연장선상에서 일제시기의 민족주의사학자들은 개설서에서나마 '남북국' 또는 '남북조'를 표제어로 사용함으로써, 신라의 삼국 통일을 부정하고 남북국론이 자리를 잡을 수 있는 또 다른 하나의 조류를 형성했다. 남북의 분단 이후 남북국론은 북한학계에 수용되었지만, 주체사관이 고구려-발해 중심의 역사인식에서 신라와 발해를 전도시켜 '발해 및 후기신라사'로 정리하는 한계를 안고 있었다.[5]

이처럼 신라의 삼국 통일과 발해에 대한 역사적 평가는 한국사의 전개와 불가분의 관계에 있었다. 중세사회에서는 긍정적 관점의 신라 통일론이 지배적이었으나, 근대사회로 내려오면서 부정적 입장의 남북국론이 심화되어갔던 것이다. 남북국의 성립을 보는 시각의 차이는 사료 자체에서 기인하는 바이지만, 역사를 인식하는 주체의 당파성 및 해석의 현재성에서 연유한 담론과도 무관하지 않았다. 이러한 의미에서 긍정론에 대한 부정론의 제기는 남북국의 성립에 관한 사실을 한국사의 차원에서 새롭게 인식할 수 있는 지평을 열어주었던 셈이다.

2) 남북국의 성립과 전개

삼국 말기에 국내외의 정세 변화로 인한 7세기 동아사아의 국제전은 남북국의 성립 배경이었다. 신라는 당과 연합하여 백제와 고구려를

---

4) 김영하, 앞의 책, 78~79쪽.
5) 김영하, 앞의 논문, 64~65쪽.

멸한 다음 당의 세력을 축출함으로써 백제를 통합했고, 고구려 유민이 고구려 고지에서 발해를 건국했던 것이다. 이러한 역사적 사실에 대해서는 대부분 신라의 삼국 통일로 이해하고 있었다. 그러나 그것은 결과에서 연역한 역사해석일 뿐, 당시의 사실과 일정한 거리가 없지 않았다. 따라서 원인으로부터 귀납적으로 접근할 때, 신라의 통일을 부정하고 남북국의 성립 과정에 대한 새로운 인식이 가능할 것이다.

삼국 말기의 정세는 삼국이 주도권을 장악하기 위해 세력각축전을 벌이는 상황이었다. 그러나 삼국 가운데 어느 한 나라가 다른 두 나라를 동시에 적대할 수 있는 여건은 아니었다. 고구려의 남진정책은 나·제동맹에 의해 견제되었고, 신라가 한강유역으로 진출함으로써 여·제연병을 유발했던 것이다. 삼국이 이해관계에 따라 합종연횡하는 정세 속에서 고구려에 대한 당의 원정 실패와 신라에 대한 백제의 파상적 공세는 나·당관계의 성립을 촉진시킴으로써 삼국은 물론 동아시아의 정세에도 변화를 초래했다.

신귀족세력인 사륜계의 김춘추는 금관가야계인 김유신의 도움을 얻어 진골 출신으로서 처음 왕위에 오를 수 있었다. 그에게 부과된 정치적 과제는 중대 왕실에 대한 다른 진골 귀족의 체제 도전이라는 대내적 모순과, 신라의 존립 자체를 위협하는 백제의 침공이라는 대외적 모순의 해결이었다. 무열왕은 두 모순을 동시에 해소하는 방법으로 체제 안정을 위한 대외전쟁의 길을 추구했다. 이에 구귀족세력과의 경쟁에서 우위를 확보하기 위해 활용했던 외교적인 나·당관계를 군사적인 나·당연합으로 전환시키고 여·제연병의 백제를 상대로 통합전쟁을 추진하게 되었다.

신라의 백제 통합과 당의 고구려 점령이라는 전략적 이해가 일치함으로써 국제전은 불가피했다. 당이 주도하고 신라가 후원하는 나·당

연합군의 협공으로 660년에 백제, 668년에 고구려는 망하고 말았다. 백제에서는 의자왕의 친위적인 정변으로 인한 귀족세력의 반발이 있었으며, 고구려에서는 요동공략책(遼東攻略策)과 평양직공책(平壤直攻策)의 실패 이후 당이 추진한 내분 공작으로 연개소문의 자제 사이에 알력이 야기됨으로써[6] 외압에 탄력적으로 대처할 수 없었던 결과이기도 했다.

당은 전쟁 과정에서 작전권을 장악한 만큼, 전후 처리에서도 주도권을 행사했다. 백제와 고구려 고지에는 각각 5도독부와 9도독부를 위시한 주·현을 설치하고, 유인궤와 설인귀를 각각 웅진도독(熊津都督)과 안동도호(安東都護)로 삼아 지배·점령정책을 실시했던 것이다. 이러한 조치는 일찍이 김춘추와 당 태종이 나·당관계를 성립시킬 때에 협의한 평양 이남 백제 토지의 신라 귀속에 관한 약속의 위반이었다. 당의 전략 핵심은 신라의 후원을 통해 백제와 고구려를 멸망시키고 신라마저 지배함으로써 당 중심의 제국질서를 구축하려는 데 있었다. 한편 신라의 기본 전략은 당의 고구려 점령에 대한 후원을 약속하는 대가로 당의 지원을 얻어 백제를 통합하려는 데 있었다. 그러나 신라는 백제의 멸망 이후에 변화된 정세 속에서 당과 다시 싸울 수밖에 없는 곤경에 처하게 되었다.

당의 지배정책에 대해 백제의 복신과 도침은 왜로부터 왕자 부여풍(扶餘豊)을 맞이하여 왕으로 추대하고 부흥운동을 전개했다. 당은 665년에 의자왕의 아들 부여융(扶餘隆)을 웅진도독으로 삼아 백제 유민을 회유하는 한편, 신라와는 회맹을 통한 화친을 주선했다. 이것은 부여융을 매개로 백제에 대한 관할권을 확보하고, 신라의 백제 고지에 대

---

6) 김영하, 앞의 책, 111~113쪽.

한 연고권의 포기를 겨냥한 기미 지배의 본질이었다.[7] 이에 신라는 보장왕의 서자 안승(安勝)을 맞아들여 고구려왕에 책봉하는 한편, 검모잠이 주도하는 고구려 유민의 부흥운동을 지원함으로써 백제 통합에 유리한 여건을 조성했다. 신라는 671년에 사비성에 소부리주(所夫里州)를 설치함으로써 실제적인 백제 통합의 숙원을 이룰 수 있었다.

이러한 신라의 행동에 자극을 받은 당은 문무왕의 동생 김인문을 왕으로 삼아 귀국시키는 동시에 유인궤와 이근행을 파견하여 신라를 공격했다. 문무왕의 사과로써 왕의 관작은 회복되었으며, 신라는 매초성과 기벌포 전투에서 당군을 대파함으로써 안동도호부는 676년에 평양에서 요동 고성으로 철수하지 않을 수 없었다. 이로써 신라가 임진강 이남의 백제 고지를 통합한 데 대해서는 신라사의 차원에서 일정한 의미 부여가 가능하다. 그러나 이러한 사실에 대해 신라가 고구려를 포함하여 삼국을 통일한 것으로 해석하는 데는 동의하기 어렵다. 그것은 전쟁의 동기 및 결과에 관한 사실과 맞지 않을 뿐만 아니라, 한국사의 차원에서는 발해가 고구려 고지에서 건국했기 때문이다.

고구려 고지에 대한 당의 점령정책은 고구려 유민의 강력한 저항을 불러일으켰다. 압록강 이남에서 벌어진 고구려 유민의 저항은 당의 내지화(內地化) 정책을 불구화시켰고, 압록강 이북에서는 요동지방으로 강제 이주된 고구려 유민이 당에 대한 투쟁을 전개했다. 이에 당은 677년에 보장왕을 요동주도독 조선왕(遼東州都督朝鮮王)으로 삼아 고구려 유민을 무마하려는 고식적 수법을 구사했다. 이러한 시도는 물론 안동도호부의 기능마저 유명무실해졌는데, 이것은 당을 반대한 고구려 유민의 항쟁 결과였다. 이때 고구려 출신의 대조영(大祚榮)은 말갈인과

---

7) 김영하, 2010, 「一統三韓의 실상과 의식」 『韓國古代史硏究』59, 303~304쪽.

함께 696년에 거란의 송막도독 이진충이 당의 영주도독 조문홰의 학정에 항거하여 일으킨 폭동에 가담한 이후, 천문령 전투에서 이해고의 당군을 격파하고 동모산으로 이동하여 698년에 진국(振國), 즉 발해를 건국했던 것이다.

7세기 동아시아의 국제전은 한국사에서 신라의 백제 통합과 고구려 고지에서 발해 건국이라는 남북국의 성립으로 귀결되었다. 이러한 과정에서 고대국가로서 삼국 말기의 모순이 일정하게 해소됨으로써 신라와 발해는 새로운 사회로 이행할 수 있었다. 신라는 전쟁 과정에서 체제에 불만을 품은 진골 귀족을 제거함으로써 태종무열왕계의 왕권을 안정시켰고, 발해에서는 고구려의 상당수 귀족들이 당의 포로로 잡혀감으로써 발해의 건국 과정에 참여하지 않았기 때문이다.

다만 신라와 발해는 당 중심의 제국질서 속에 편입됨으로써 이이제이에 따른 또 다른 모순을 배태하게 되었다. 당은 고구려를 계승한 발해에 대한 잠재적 적대의식에서 배후의 흑수말갈과 연결하여 발해를 견제하고자 했다. 이러한 과정에서 파생된 대문예의 망명 사건으로 당과 발해의 외교적 갈등이 고조되었다. 무왕 대무예는 732년에 장문휴를 보내 등주자사 위준을 공격했는데, 이때 당은 김사란을 신라에 보내 발해의 후방을 견제하도록 요구했다.[8] 신라에게 기대했던 성과는 거두지 못했지만, 당은 발해 견제에 이용할 가치 때문에 735년에 비로소 패강 이남의 신라 귀속을 허락했다.[9] 신라와 발해를 상호 견제시키려는 당의 의도 때문에 두 나라는 당에서 우열 다툼을 벌이게 되었다.

---

8) 『舊唐書』卷199下, 列傳149下, 渤海靺鞨.
9) 『三國史記』卷8, 聖德王 34年.
   이러한 사정은 당 현종이 〈칙신라도호김흥광서〉, 즉 성덕왕에게 보낸 칙서에서 당이 조그만 발해를 오랫동안 멸하지 못하고 있었는데, 신라가 패강에 진수하여 발해를 대비할 뿐만 아니라 매우 중요하고 있었던 사실을 격려한 데서도 확인된다.

발해의 왕자 대봉예는 897년에 하정사로 가서 신라의 사신보다 높은 석차를 요구했으며, 발해의 재상 오소도가 아들 오광찬의 빈공과(賓貢科) 석차를 신라의 최언위보다 높여줄 것을 요청했으나 모두 받아들여지지 않았던 것이다.

신라와 발해는 당의 이이제이에 따라 대립하는 한편, 자국의 필요에 따라 교섭하기도 했다. 대조영은 건국 초기의 안정을 위해 신라에 사신을 파견했고, 신라는 대조영에게 대아찬을 제수한 바 있었다. 또한 김주원을 배제하고 즉위한 원성왕과 애장왕을 죽이고 즉위한 헌덕왕은 각각 790년에 일길찬 백어(伯魚)와 812년에 급찬 숭정(崇正)을 북국인 발해에 파견했다. 이러한 단발적인 교섭은 두 왕의 즉위 과정에서 드러난 정치적 한계를 극복하고, 당 또는 일본과 소원해진 신라가 외교적 고립을 모면하려는 목적도 있었다. 이와 같은 맥락에서 발해의 마지막 왕 대인선도 거란에 대항하기 위해 신라와의 연합을 도모했던 것이다.[10] 신라와 발해의 교섭과 교류는 발해의 상경 용천부에서 동경 용원부와 남경 남해부를 경유하여 신라의 경주에 이르는 신라도(新羅道)의 존재로 상징되고 있다.

2. 남북국시대의 사회구조

1) 남북국의 통치체제와 이념

신라와 발해의 성립은 위로부터의 변화에 의해 유도된 측면이 없지 않았다. 삼국 말기의 대왕전제체제하에서 야기된 귀족세력 간의 갈등

---

10) 韓圭哲, 1994, 『渤海의 對外關係史』, 신서원.

과 대립은 새로운 통치체제를 모색하는 과정이었기 때문이다. 그러한 결과 삼국 말기에 나타난 권력의 집중 현상은 남북국시대에 중앙집권 체제의 수립으로 귀착되었다. 남북국은 왕의 율령적 위상을 확립한 위에서 지배기구를 편성했다. 특히 신라는 전쟁 중에 당의 총관제를 수용하여 군사지휘체계에서 왕의 군사통수권을 확립함으로써[11] 중앙집권체제를 수립할 수 있는 기반을 마련했던 것이다.

무열왕의 즉위로 성립된 중대의 정치 과정은 중앙집권적 귀족관료 체제의 수립으로 수렴되었다. 무열왕이 자파의 김유신을 상대등에 임명한 사실은 저간에 변화한 귀족회의의 위상을 단적으로 보여주었다. 또한 문무왕과 신문왕은 불만을 품은 진골 귀족들을 율령에 따라 숙청함으로써 체제를 안정시킬 수 있었다. 이러한 중대의 정치적 성격은 고대사회의 연속선상에서 전제주의에[12] 입각한 전제왕권체제(專制王權體制)로 파악되었다. 그러나 한국 중세사회의 특징인 중앙집권성을 고려할 때, 신라에서 중대의 성립은 신라사를 포함하는 한국사의 차원에서 새로운 사회로의 이행이기도 했다.

한편 고구려 유민이 세운 발해 초기의 정치 과정은 신라와 다소 다르게 진행되었다. 그것은 고구려의 지배 아래 있던 말갈세력을 다시 흡수하여 재편성하는 데서 연유하는 것이었다. 고왕 대조영은 당으로부터 홀한주도독 발해군왕(忽汗州都督渤海郡王)에 책봉될 만큼 기초를 닦았으며, 무왕 대무예는 대외적인 정복전쟁을 추진하여 흑수말갈을 제외한 나머지 말갈세력을 통치영역으로 아우를 수 있었다. 이러한 기반 위에서 문왕 대흠무는 대내적인 지배체제를 정비했는데, 역시 왕을

---

11) 김영하, 앞의 책, 145~148쪽.
12) 李基白, 1974, 『新羅政治社會史研究』, 一潮閣, 170·251~252쪽.

정점으로 편성한 중앙집권체제의 수립이었다.

이러한 발해사회의 역사적 성격에 대해 남한학계에서는 일반적으로 고대사회로 이해한다. 그러나 삼국시대를 이은 중세사회의 연속으로 파악하는 북한학계의 견해가 있는가 하면, 당의 문화적 영향으로 말미암아 봉건사회로 진입한 것으로 보는 중국학계의 견해도 있다. 남북국이 고대사회로서 삼국의 대내외적 모순을 지양하는 과정에서 성립되었으므로, 신라의 경우에 비추어 발해사회의 역사적 성격도 유추할 수 있을 것이다.

남북국은 공히 중앙집권적 통치체제를 수립하는 데 필요한 지배기구를 편성했다. 우선 왕권의 안정을 위해 왕위의 직계계승 원칙을 확립했으며, 율령적 지배를 담보할 당제(唐制)를 수용하여 중앙과 지방의 통치조직을 정비했다. 백제와 고구려를 상대하여 이긴 신라의 귀족세력은 자기 체제에 대한 확집으로 근본적인 개혁보다 당제를 변용하는 데 그쳤지만, 기존 체제에서 기득권을 누렸던 고구려의 귀족들이 당으로 잡혀간 이후에 건국한 발해에서는 새로운 지배세력이 당제를 전면적으로 수용한 차이가 있었다. 남북국이 수립한 중앙집권체제의 역사적 의미는 한국 중세사회의 통치구조를 전형화한 데 있었다.

신라의 중앙통치조직은 당의 상서 6부를 포함하는 13행정관부의 병렬과 5등관제에 준하는 영-경-대사-사지-사의 조직으로 이루어졌다. 지방통치조직은 기왕의 복속관계와는 달리 중앙집권체제에 걸맞게 중앙의 지방에 대한 지배관계를 강화하는 방향이었다. 왕경의 부리방제(部里坊制)는 당의 조방제(條坊制)를 가미한 것이며, 지방은 9주 5소경과 117군·293현 및 특수 행정구역인 향·부곡으로 편제했다. 주의 장관이 총관에서 도독으로 바뀐 데서 보듯이, 지방민에 대한 전시의 동원체제가 평시의 지배체제로 전환함으로써 총관/도독-태수-소수/

현령에 의한 전면적인 지방통치가 이루어졌다. 체제 유지의 무력 장치인 군사제도는 중앙과 지방에 각각 9서당과 10정을 나누어 배치함으로써 국방과 아울러 국내의 치안을 담당했다.

한편 발해는 새로 건국한 나라인 까닭에 당제의 모방도가 신라보다 높았다. 발해의 중앙통치조직은 당제를 따라 3성 6부를 비롯한 각종의 단위 행정관부를 갖추었다. 지방통치조직으로서 수도인 상경성에는 당의 장안성을 본뜬 조방제를 실시했으며, 지방은 5경 15부 62주 100여 현으로 편제했다. 발해의 지배층인 고구려인은 도독-자사-현승의 지방관제를 통해 피지배층인 말갈인을 지배했으며, 자연 촌락은 토착의 유력자인 수령(首領)이 관할했다. 발해의 군사제도는 8위(衛)로 운영되었는데, 그것은 당의 16위제를 변용한 것으로 추측된다.

남북국시대에 수립된 중앙집권체제에 상응하는 통치이념의 근간은 물론 불교였다. 삼국시대에 왕실 주도로 수용된 불교는 남북국시대에 국가 불교로 성격이 바뀌었으며, 특히 신라 중대의 화엄사상은 개체와 전체의 상호관계에 관한 일즉다(一卽多) 다즉일(多卽一)의 원융사상에 입각하여 통치이념으로서 기능하고 있었다.[13] 중대 왕권과 화엄종의 관계에 관해서는 초역사적 보편성과 비세속적 평등성에 기초한 화엄사상이 세속 왕권을 위한 통치이념일 수 없다는 비판도 있었다.[14] 그러나 불교의 화엄사상이 보편적 가치와 평등사상을 절대적으로 추구했더라도, 그것이 수용된 신라에서 작동한 사회사상으로서의 상대적 의미를 간과할 수는 없다. 신라 중대의 불교는 사회의 발전에 상응하여 교리를 발전시켰으며, 이에 따른 종파의 분립 현상도 나타나게 되

13) 李基白, 1986, 『新羅思想史硏究』, 一潮閣, 255~263쪽.
14) 金相鉉, 1984, 「新羅 中代 專制王權과 華嚴宗」 『東方學志』44.

었다.

이제 불교의 교리는 수용 당시의 왕과 석가불신앙 및 귀족과 윤회전생사상처럼 단순할 수 없었다. 6두품 출신의 원효는 무열왕이 신귀족세력을 기반으로 중대 왕권을 성립시킬 때에 민의 포섭에 기여한 바가 있었다. 그는 인간평등의 원칙 위에서 화쟁사상(和諍思想)을 강조했는데, 그것은 역사적 의미를 띠기 시작한 피지배층 위주의 화합사상이었다. 한편 진골 출신의 의상은 당에서 귀국하여 화엄종을 개창하고 부석사를 비롯한 10개 사찰을 통해 지방 교화에 진력했다. 그는 지배층 중심의 통화사상(統和思想)을 기반으로 문무왕 이후의 중앙집권적 지방통치에 기여하고 있었던 셈이다.

이 밖에도 다양한 사회계층이 아미타불에 귀의하여 서방 정토에 극락왕생하기를 바라는 정토신앙(淨土信仰)이 성행했다. 여기에는 특히 중앙집권적 귀족관료체제의 확립으로 몰락한 사회계층의 정서가 반영되기도 했다. 경덕왕대에 강주지방의 귀족인 귀진의 노비 욱면이 주인의 방해에도 불구하고, 염불을 통해 살아 있는 육신의 몸으로 왕생한 사실은 당시 정토신앙의 대표적 사례에 해당한다.[15]

발해의 불교에 관해서는 구체적인 자료가 없기 때문에 관련 사실을 통해 유추할 따름이다. 사원지를 비롯한 불상, 불탑, 석등 등의 유물이 남아 있어서 발해의 불교가 융성했던 사실을 알 수 있다. 또한 문왕 대흠무의 존호가 대흥보력효감금륜성법대왕(大興寶曆孝感金輪聖法大王)으로 불교식인 점과 인정(仁貞), 정소(貞素)와 같은 승려가 종교 활동뿐만 아니라 외교 활동에도 종사한[16] 점으로 미루어볼 때, 발해의 불교

---

15) 李基白, 1986, 앞의 책, 142~145쪽.
16) 王承禮, 宋基豪 역, 1987, 『발해의 역사』, 翰林大出版部, 233~236쪽.

도 역시 신라와 같이 국가 불교로서의 성격을 띠었을 것이다.

남북국시대에 불교 못지않게 체제 유지에 기여한 사상으로 유학을 언급하지 않을 수 없다. 신라 중대에는 불교에서 왕권 강화의 관념적 요소를 받아들이는 한편, 유학의 예제(禮制)를 통해 현실적인 상하의 지배질서를 편성했던 것이다. 신라에서 유학의 발전은 김춘추가 당에서 그 정치적 의미를 재인식하고 수용한 이후, 신문왕이 국학을 설립함으로써 본 궤도에 올랐다. 신라가 수용한 유학은 한·당시대의 유학이 기본이었으므로 국가적 성격을 띨 수밖에 없었다. 이러한 신라 유학의 특징은 국학에서 『논어』와 『효경』을 필수로 교육하고, 독서삼품과의 시험에서 『효경』과 『곡례』를 공통으로 부과한 데서 잘 드러난다.[17]

신라에서 유학을 학습한 사회계층은 강수, 설총, 최치원과 같은 6두품 출신이 주류였다. 골품체제의 폐쇄성으로 말미암아 사회적 진출에 제약을 받았던 6두품은 유학을 매개로 왕권과 결탁함으로써 정치적 역할의 확대를 도모했다. 한편 중대 왕권은 진골 귀족세력을 억제할 필요에서 그들에 반대하는 성향을 지닌 6두품세력의 협조가 필요했다. 이와 같이 양자의 이해가 일치한 가운데 유학은 도덕정치의 이념을 강조함으로써 왕권 강화에 기여할 수 있었던 것이다.[18]

또한 중앙집권체제의 운영에는 유학적 교양을 갖춘 관리가 필수인데, 원성왕 때에는 국학에서 교육시킨 인재를 독서삼품과로 등용하는 제도가 마련되었다. 이러한 현상은 당제를 모방하여 중앙집권체제를 운영하고, 유학교육의 기관으로서 주자감(冑子監)을 설치했던 발해에서도 마찬가지였을 것이다. 이처럼 남북국시대에 유학이 차지하는 지

---

17) 김영하, 앞의 책, 213~217쪽.
18) 李基白, 1986, 앞의 책, 243~246쪽.

배이념으로서의 성격은 왕의 시호를 유학적인 의미로 지었을 뿐만 아니라, 가부장적 통치구조의 정점에 위치한 왕을 위해 국사와 가사의 분리에 따른 공·사 개념의 발생과 충·효 윤리의 강조에서도 찾을 수 있을 것이다.[19]

2) 신라의 신분과 토지제도

삼국에서 남북국으로의 전환은 왕조의 양적 변화일 뿐만 아니라 시대구분의 의미를 내포하는 사회구조의 질적 변동도 수반했다. 신라와 발해의 성립으로 항시적 전쟁 상태는 종식되었고, 전쟁포로의 공급 단절은 사회경제에 관한 제도를 재편할 수밖에 없는 근본 배경이었다. 이러한 주요 요인의 변화에도 불구하고 남북국사회의 성격 규정에 관한 다양한 견해가 있었다. 고대사회 연속설과 중세사회 이행설로 크게 나누어지지만, 여기에서는 발해의 사회경제를 밝힐 수 있는 사료가 없는 까닭에 신라 중대의 신분과 토지제도만을 다루기로 한다.

4~5세기부터 철제 농구와 우경 농법의 확대 보급은 농업생산력의 증대를 가져왔다.[20] 이로써 촌락공동체의 해체 과정에서 호민이 출현하는 한편, 몰락하는 계층도 나타났다. 기실 대왕전제체제는 호민을 매개로 왕민을 지배하려는 데서 등장한 정치체제이기도 했다. 중고시기에 전제화된 왕권은 귀족세력을 관직에 임명하고, 인간노동력 자체를 수취하던 귀족의 대토지에 대해 전기 녹읍(前期祿邑)의 형식으로 추인함으로써 개입의 여지를 만들기 시작했다. 여기에 더하여 7세기 동아시아 국제전의 과정에서 지방민에 대한 전면적인 군역동원체제와

---

19) 김영하, 앞의 책, 235~236쪽.
20) 전덕재, 2006, 『한국고대사회경제제사』, 태학사, 87~99쪽.

위세품 및 생산물을 지급하는 전공포상체계의 변화는 전후에 신분과 토지제도의 개편 방향을 예고하고 있었다.[21]

중대 왕권은 권력 기반으로서 양인층의 확보가 필요했으며, 그것이 중앙집권적 군현제를 실시한 직접적인 동기였다. 중대시기의 신분 편제는 거주지역에 따른 이원적 구분을 해소하는 양천화(良賤化)의 방향이었다. 골품체제의 제한된 범주 내에서나마 양인의 확보와 관련한 두 가지 조치가 취해졌다. 그 하나는 4두품 이상의 관인층에 대해 3~1두품의 왕경인을 하향 평인화하고, 4두품 이상의 촌주층에 대해 지방민을 상향 백성화했다. 다른 하나는 전쟁 중에 지방민의 공로에 대해 경위를 수여하던 관행을 이어 지방민을 차별하던 외위제를 폐지하고 경위제로 일원화했다.[22] 이러한 추이 속에서 노비도 사회경제적 노예가 아니라 법제적 신분의 하나로 편제되었다.

이와 같이 양인층의 평인 및 백성과 천민층의 노비로 일원화된 중앙집권적 신분체제 아래에서, 종래의 왕경인과 지방민은 광의의 양인인 동시에 협의로는 담세자인 법제적 공민으로 재편되지 않으면 안 되었던 것이다. 그것은 관인이 왕에 대한 충성을 바탕으로 능력으로 봉사하는 데 대해, 양인은 왕에게 보호를 받는 대가로 조세의 납부로 기여하는 존재였기 때문이다.

한편 중대 왕권은 귀족세력과의 역학관계 속에서 일련의 토지제도를 시행했다. 신문왕 7년(687) 5월에는 문무관료전(文武官僚田)의 차등 지급에 이어 9년(689) 정월에는 내외 관료의 녹읍 혁파에 따른 세조(歲租)의 차등 지급이 항식(恒式)이 되었으며, 성덕왕 21년(722) 8월에는 처

---

21) 김영하, 앞의 책, 149~155쪽.
22) 김영하, 앞의 책, 182~186쪽.

음으로 백성들에게 정전(丁田)을 지급했던 것이다. 세조는 중간에 월봉(月俸)으로 지급 방법이 바뀌었을[23] 뿐, 경덕왕 16년(757) 3월에 내외 관료의 월봉을 폐지하고 이른바 후기 녹읍(後期祿邑)을 다시 지급할 때까지 지속되었다. 이처럼 단편적으로 남아 있는 사실에 더하여 식읍(食邑)과 촌락문서(村落文書)에 대한 해석 방향에 따라 신라사회의 역사적 성격도 다르게 규정되었다.[24]

고대사회 연속설의 입장에서 녹읍은 귀족관료에게 사여한 토지로서, 토지만을 지배한 것이 아니라 그곳에 거주하는 인간에 대한 지배도 포함하는 것으로 파악했다. 따라서 녹읍에 대한 수취는 고대적 지배 방법을 청산하지 못한 까닭에, 조세는 물론 공부와 역역까지 수취하는 식읍에서의 인간노동력 지배와 다를 바 없는 것이었다. 한편 문무관료전은 중앙집권적 토지제도의 정비 과정에서 귀족관료의 경제적 기반을 마련해주기 위한 일종의 직전(職田)이었으며, 고려시대 전시과(田柴科)의 선구적인 형태로 이해했다. 다만 문무관료전의 존속기간에 관해서는 견해의 차이를 보이고 있었다. 그 하나는 경덕왕대에 녹읍이 부활하면서 폐지된 월봉과 함께 혁파된 것으로 이해했고,[25] 다른 하나는 부활된 녹읍과 더불어 나말까지 존속한 것으로 파악했던 것이다.[26]

중세사회 이행설의 입장에서는 녹읍을 귀족관료에 대해 수조권(收租權)을 분급한 토지로 이해했다. 녹읍은 대토지 또는 식읍에서의 인신적 수취 방법이 삼국 말기에 이르러 쇠퇴하고, 토지소유관계에 기초한

---

23) 이러한 조치는 『자치통감』 권214, 당기30, 현종 개원 24년(736) 6월에서 "初分月給百官俸錢"한 사실과 관련이 있을지도 모르겠다.

24) 이와 같은 신라 중대의 토지제도에 관한 연구사의 정리는 이경식에 의해 이루어진 바 있다(1989, 「古代・中世初 經濟制度硏究의 動向과 '국사'敎科書의 敍述」『歷史敎育』45).

25) 姜晉哲, 1969, 「新羅의 祿邑에 대하여」『李弘稙博士回甲紀念韓國史學論叢』, 59~60쪽.

26) 金哲埈, 1975, 『韓國古代社會硏究』, 知識産業社, 233~234쪽 참조.

새로운 지배·예속관계가 확산되는 과정에서 등장한 토지제도였다. 따라서 대토지 또는 식읍의 쇠퇴와 녹읍의 등장은 인간노동력을 단위로 농민을 직접 지배하던 사회에서 토지를 매개로 농민을 수취하는 사회로의 발전을 의미하는 것이었다. 이러한 입장에서 문무관료전은 전쟁 과정에서의 전공을 기리는 한편, 중앙집권체제의 정비 과정에서 경제적 불균등으로 인한 귀족관료의 대립과 갈등을 조정하기 위해 한시적으로 실시한 사전(私田)의 분급으로 이해했다. 이 중에서 녹읍이 토지제도의 기본으로서 고려시대의 전시과로 연결되었던 것이다.[27]

이와 같이 두 설은 토지의 지배 방법 및 전시과와의 관계에서 차이를 보였지만, 토지 지급의 대상으로서 귀족관료와 그 내용으로서 녹읍에 비중을 둔 점에서는 같았다. 그러나 신라 중대에는 선행사회의 모순이 일정하게 지양된 데 더하여, 중앙집권체제를 지향한 사실과 관련하여 토지제도의 변천도 살펴볼 필요가 있다. 이러한 경우에 새로운 토지제도로서 문무관료전의 분급은 중요한 역사적 의미를 지니며, 녹읍의 부활은 위로부터 추진된 중대사회의 변화가 내포한 한계에서 기인하는 것일 수도 있다. 역시 억측의 범주를 벗어날 수는 없지만, 다음과 같은 논리적 이해도 가능할 것 같다.

중대 왕권은 중앙집권적 귀족관료체제를 확립하기 위해 귀족세력의 기반 축소와, 농민의 생활안정을 통한 재정 기반의 확대가 필요했다. 문무관료전은 687년 5월에 이미 영농 중이던 귀족관료의 전기 녹읍에서 복무의 대가로 일정량의 토지를 차등 있게 분할하여 지급한 직전으로서, 수조권만이 지급됨으로써 전기 녹읍에서 분급하고 남은 토

---

27) 李景植, 1988, 「古代·中世의 食邑制의 構造와 展開」『孫寶基博士停年紀念韓國史學論叢』; 金容燮, 2000, 『韓國中世農業史研究』, 지식산업사.

지와 수조권 이외의 수취원에 대한 국가의 지배를 예고하고 있었다. 이로써 귀족세력의 수입은 문무관료전의 수조만으로 대폭 축소될 수밖에 없게 되었는데, 689년 정월의 녹읍 혁파에 따른 세조의 지급 조치는 전기 녹읍에서 삭감된 인신적 수취의 일정 부분을 국가가 직접 수취한 조로써 보충해준 것으로 추측된다. 결국 신문왕대에 2년의 시차를 두고 실시된 두 제도는 중앙집권체제를 확립한 중대 왕권이 우위에서 귀족세력과 타협한 결과였던 셈이다. 이제 노예소유자였던 고대의 귀족은 문무관료전의 수조자인 동시에 세조=월봉의 수급자인 중세의 귀족관료로 전환되었던 것이다. 이러한 변화는 문무왕이 여·제 평정에 강수가 문장으로 기여한 공로로 기왕에 받았던 세조 1백 석에다 1백 석을 증봉해준[28] 데서 이미 나타나고 있었다.

그러나 경덕왕대에는 귀족관료가 다시 귀족세력화하는 권력 지형의 변화가 일어났다. 귀족세력의 기반 확대는 국가의 재정 축소와 맞물릴 수밖에 없었는데, 저간의 변화가 월봉 폐지와 녹읍의 부활이라는 토지제도에 반영되었다. 후기 녹읍의 지배 방법에 관해서는 첫째, 문무관료전과는 별도로 인신적 수취가 가능했던 녹읍의 부활인지, 둘째, 분급 받은 문무관료전 내에서 수조권은 물론 공부와 역역을 포함한 인신적 수취라는 지배 방법의 부활인지, 셋째, 문무관료전 이외에 특정 군현에서 수조권만을 갖는 녹읍의 지급인지[29] 등에 대해서는 잘 알 수 없다. 이 중에서 적어도 월봉을 대체한 후기 녹읍의 지배 방법으로서 첫째 방법은 기실 고대사회로의 회귀이기 때문에 이미 변화한 중대시기의 현실에 맞지 않았을 것이다. 따라서 중앙집권적 토지제도의 세례

---

28) 『三國史記』卷46, 强首.
29) 金容燮, 앞의 책, 20~21쪽.

를 받은 중대 말기의 귀족세력은 수조권만이 지급된 문무관료전의 존속 위에서, 실익이 적은 둘째보다 셋째 방법으로 왕권과 타협한 것으로 이해할 수도 있다. 이러한 녹읍의 지배 방법을 감안하지 않고서는 소성왕이 청주의 거로현을 국학 학생의 녹읍으로 삼은[30] 사실을 이해하기 어렵기 때문이다.

한편 중대 왕권은 전쟁의 종식으로 인한 농업노동력의 안정적 수급에 더하여 양인화 조치로 농민의 생산의욕을 고취시켰으며, 무기제조술이 전후에 농구제조술로 이전됨으로써 노동 도구의 개선을 가져왔다. 이러한 요인은 농업생산력을 제고하는 동시에 새로운 사회구조의 물적 토대가 되었다. 이에 중대 왕권은 722년 8월에 역시 영농 중이던 백성의 토지에 대해 정전(丁田)으로 지급하는 형식을 취함으로써 경작권을 보장해주었을 것이다. 이것은 촌락공동체의 해체 과정에서 소농(小農)이 보유했던 토지에 대한 제도적 추인을 통해 귀족세력의 침탈 방지와 아울러 담세층의 확보를 도모한 시책이었다.

이와 같은 정전이 서원경 관하의 네 촌락에 관한 〈촌락문서〉(755)의 연수유전답(烟受有田畓)이었다. 촌락문서는 촌역(村域)을 비롯한 호구, 인구, 우마, 토지면적, 유실수 등의 증감 상황을 3년마다 기재하고 있었다. 이 중에서 공연(孔烟)은 소가족의 자연상태적 결합인 세대공동체로서 자립도가 매우 낮았기 때문에 조세 부과의 과표인 계연(計烟)의 편성과 같은 행정적 조치가 뒤따랐다. 여기에 법제적 양인화를 통해 일률적인 담세층으로 파악한 공민화 정책의 이면이 있었다. 다만 촌락공동체의 해체 과정에서 출현한 호민 중에는 가부장적 세대공동체의 가부장으로서 진촌주(眞村主) 또는 차촌주(次村主)와 같은 존재도

---

30)『三國史記』卷10, 昭聖王 元年.

있었을 것이다. 연수유답에 포함된 촌주위답(村主位畓)은 그들이 세습한 신분[31]과 보유한 토지를 제도적으로 보장하는 명목 토지일 수 있었다.

결국 중대에 중앙집권체제의 수립으로 골품귀족의 관료화와 백성의 공민화에 대응하는 문무관료전과 백성 정전의 지급이 가능했다. 비록 녹읍이 부활한 한계는 있었지만, 이제 중대사회의 농민은 수취자의 자의성이 배제되지 않았던 삼국시대의 농민과 달리 토지 경작을 매개로 일정액의 조·용·조를 부담하는 중세적 농민으로 바뀌었던 것이다.

3. 남북국사회의 변화 양상

1) 신라의 통치체제 파탄

신라 중대의 중앙집권적 통치체제는 경덕왕대에 이르러 이완 현상을 드러냈고, 혜공왕대에 정치적 반란의 빈발은 하대로의 전환을 촉진했다. 하대는 상대등 김양상이 이찬 김경신과 함께 군사를 일으켜 혜공왕을 살해하고 선덕왕으로 즉위함으로써 시작되었다. 그러나 실질적인 하대는 내물왕의 후손으로서 선덕왕대의 상대등이던 김경신이 원성왕으로 즉위한 데서 비롯한다. 선덕왕과 원성왕이 모두 상대등을 역임한 사실은 중대 말기의 체제 이완이 귀족세력의 부활에서 연유했음을 상징하고 있다.

원성왕은 태종무열왕계의 김주원을 배제하고 즉위했으므로, 하대

---

31) 이러한 사실은 『삼국사기』권11, 진성왕 3년에서 원종과 애노가 사벌주를 근거로 반란을 일으켰을 때, 촌주 우련이 그들과 싸우다가 죽자 왕명으로 10여 세의 어린 아들로 하여금 촌주직을 잇도록 조치한 데서 유추할 수 있다.

의 왕위는 기본적으로 부활한 내물왕계로 계승되었다. 원성왕은 5묘제 (五廟制)의 확립과 독서삼품과의 실시로 중대와 같은 중앙집권체제를 복구하려고 시도했다. 그러나 하대에 새로이 조성된 역사적 조건으로 신라사회는 변화할 수밖에 없었다. 이러한 하대시기의 변화를 정치사 적 관점에서 고대의 전제왕권체제가 귀족연립체제로 변화한 것으로 이해하거나,[32] 사회사적 관점에서 고대에서 중세로의 전환기적 현상으 로 이해하기도 한다.[33] 그러나 한국 중세사회의 전개를 왕조의 교체에 따른 중앙집권체제의 편성과 해체의 반복 과정으로 이해하면, 신라의 하대는 중앙집권체제가 해체되는 첫 단계에 해당할 수 있었다.

하대에서 근친 왕족 중심의 정국운영은 왕위계승을 둘러싼 권력투 쟁을 심화시켰다. 잦은 왕위 교체로 인한 왕족의 분지화(分枝化)는 왕 위계승이 가능한 진골 귀족의 가계 확대를 가져왔다. 더구나 직계와 방계의 구별을 강조하는 5묘제의 확립은 가계 단위의 왕위쟁탈전을 격화시킴으로써 몰락 귀족층을 유발했다. 원성왕계의 왕위계승에서 두 아들인 인겸계(仁謙系)와 예영계(禮英系)의 대립이 있었고, 예영계가 왕위계승을 독점한 뒤에도 역시 두 아들인 헌정계(憲貞系)와 균정계(均 貞系)의 갈등이 있었다. 이로써 왕족으로부터 분화한 진골 출신의 가계 집단이 독자적인 세력 기반에 입각하여 왕위계승전을 벌이는 사회적 단위로 기능하기에 이르렀다.[34] 이러한 사회 현상의 일반화가 바로 중 앙집권적 통치체제를 동요시킨 원인이었다.

중앙에서 왕위쟁탈전으로 인한 통치체제의 이완은 지방세력의 대

---

32) 李基白, 1974, 앞의 책, 252~254쪽.
33) 金哲埈, 1970,「韓國 古代社會의 性格과 羅末·麗初의 轉換期에 대하여」『韓國史時代 區分論』, 乙酉文化社.
34) 李基東, 1984, 『新羅骨品制社會와 花郎徒』, 一潮閣, 178~180쪽.

두를 유발했다. 중앙집권체제의 모순에서 기인한 지방세력의 대두는 웅천주도독 김헌창의 반란에서 비롯되었다. 그는 아버지 김주원의 즉위가 원성왕에 의해 좌절된 데 대해 불만을 품고 반란을 일으켰던 것이다. 김헌창의 반란은 장안이라는 국호와 경운이라는 연호를 사용했을 뿐만 아니라, 옛 백제의 지방세력을 이용한 점에서 중앙 정계에서의 정치적 반란과는 자못 다른 것이었다. 또 다른 지방세력인 청해진의 장보고는 예영계의 김우징이 인겸계의 민애왕을 살해하고 신무왕으로 즉위할 때 군사적으로 도왔다. 이처럼 지방세력이 중앙의 정치에 도전하거나 개입하는 현상은 지배체제의 모순을 지방으로 확산시키는 결과를 초래했다. 이에 중앙의 진골 귀족은 자기 방어의 필요에서 연립체제를 모색했으나,[35] 그것은 이미 근본적인 해결책이 될 수 없었다.

더구나 지배체제의 동요가 사회경제적 모순과 결합됨으로써 통치체제의 파탄을 촉진했다. 경덕왕대에 부활한 녹읍은 주지하다시피 귀족세력의 경제적 이해관계가 집약된 토지제도로서, 중앙집권체제가 작동할 때에는 군현제를 통한 국가의 공적 통제가 가능했다. 그러나 하대 말기에는 녹읍을 매개한 귀족세력의 사적 지배가 강화됨으로써 자의적인 수탈이 이루어지고 있었다. 더구나 국가의 경제적 부담을 견디지 못한 농민의 유망은 귀족세력의 경제적 기반인 녹읍의 농민에게도 영향을 미쳤다. 진골 귀족이 세력 기반의 유지와 배타적 확대, 즉 녹읍의 확보를 정치적으로 보장해주는 왕위쟁탈전을 계속할 수밖에 없었던 배경이었다. 이와 같은 구조적 모순의 악순환 속에서 귀족세력의 녹읍과 전장은 더욱 확대되어갔다.

귀족세력에 의한 전장화(田莊化)의 진전은 필연적으로 농민의 토지

---

35) 李基白, 1974, 앞의 책, 125~126쪽.

상실을 수반했다. 이로써 국가의 재정은 더욱 악화되었으므로 농민에 대한 국가의 수탈은 가중될 수밖에 없었다. 토지 상실과 부담 과중으로 몰락한 농민층은 귀족세력의 예속민으로 전락하거나 유망민이 되었다. 국가와 지배세력에 대한 소극적인 저항으로서 농민의 유망은 전근대사회에서 흔한 현상이었다. 유망민은 도적이 될 수밖에 없었는데, 하대 말기에는 농민봉기가 일반화됨으로써 마침내 농민항쟁으로 발전했다. 이러한 추세에 편승하여 성주와 장군으로 불리는 지방세력이 출현했고, 농민의 이익 보호보다 자신의 이익을 추구하는 호족세력에 의해 후삼국시대가 성립함으로써 신라의 중앙집권적 통치체제는 파탄되고 말았다. 이것은 중앙집권국가의 왕과 지방민 사이에서 야기된 중앙집권체제의 모순이 드러난 결과였다.

하대 말기의 사회적 변화는 사상계의 동향과도 관련되었는데, 교종이 지배적이던 불교계에 선종이 수용되었던 것이다. 당시 화엄종은 주류인 의상계를 비롯하여 비주류인 원효계와 연기계 등이 사제관계의 전승을 통해 지속되고 있었다. 그러나 화엄종은 중대와 달리 형해화한 하대 왕실과의 관계를 유지할 뿐, 사회에 대한 교화력은 약화됨으로써 통치이념으로서의 기능도 쇠퇴하고 말았다. 화엄교학의 정비와 세력 유지를 위한 화엄결사를 통해서 확산되고 있던 선종과의 공존을 모색할 따름이었다.[36]

한편 선종은 사회적 모순이 심화된 나말에 당에 유학했던 승려들에 의해 수용되었다. 신라에 수용된 남종선(南宗禪)은 불타의 절대성에 귀의하지 않는 대신에 유독 개인 본래의 불성 계발을 강조했다. 몰락 진골, 6두품, 지방 호족 등 다양한 출신의 선종 승려들은 지방에 선종 산

---

36) 金福順, 1990, 『新羅華嚴宗硏究』, 民族社; 金相鉉, 1991, 『新羅華嚴思想史硏究』, 民族社.

문을 개창했는데,[37] 중앙집권체제의 파탄으로 속출한 호족세력의 사회
적 성향과 잘 맞았다. 호족세력은 선종 산문의 물질적 후원자였으며,
선종은 호족세력의 정신적 가호자라는 상보관계에 놓이게 되었다. 특
히 후삼국시대에 이르러 선종은 개인적 성향으로부터 벗어나 대호족
에 의한 여러 소호족의 흡수를 합리화하는 사회적 성격을 띠어갔다.
사회 변화의 사상적 반영으로서 선종 수용은 교종에 대한 이념의 대체
이기보다 신라 불교의 지양 과정이었으며, 고려시대에 교선일치(敎禪一
致)의 사상이 등장할 수 있는 배경이었다.

이 밖에도 하대시기의 불교계에서 주목되는 현상은 미륵신앙(彌勒
信仰)의 확산이었다. 불교는 사상적 측면뿐만 아니라 신앙적인 측면에
서도 사회에 영향을 미치고 있었다. 중대에는 정토신앙이 지배적이었
으나, 하대에는 미륵신앙이 주도적인 위치로 부상했다. 미륵신앙은 현
세불이 아닌 미래불에 대한 신앙으로서 사회의 변화를 염원하는 사회
계층의 처지를 반영한 신앙의 한 형태였다. 후삼국에서 태봉의 궁예
가 미륵불을 자칭한 사실은 저간의 동향을 짐작할 수 있는 좋은 사례
이다.

2) 발해 멸망과 부흥운동

발해는 문왕 대흠무가 통치하는 동안 중앙집권적 통치체제를 확립
하고, 선왕 대인수 때에는 해동성국(海東盛國)으로서 전성을 구가할 수
있었다. 그러나 발해의 지배체제에 내포된 대내적 모순에 더하여 발해
말기에 조성된 동아시아의 정세 변화가 대외적 모순으로 작용함으로
써 발해의 멸망을 촉진했다. 발해의 멸망 원인은 중앙집권체제에서 파

---

37) 崔柄憲, 1972,「新羅下代 禪宗九山派의 成立」『韓國史研究』7, 101~105쪽.

생된 것이라는 계급적 입장과, 고구려인과 말갈인의 이중적 주민 구성에서 연유한 것이라는 종족적 입장에 따라 강조점이 달라질 수 있다.

발해에서 지배체제의 모순도 역시 왕위계승을 둘러싼 권력투쟁에서 촉발되었다. 문왕은 장자를 부왕(副王)으로 삼는 동궁제를 통해 직계계승 원칙을 확립하고,[38] 강화된 왕권을 바탕으로 중앙집권체제의 효율적 운영을 도모했다. 그러나 직계 중심의 왕위계승은 소외된 방계세력의 도전을 유발함으로써 중앙집권체제를 동요시켰다. 문왕이 죽은 뒤에 대굉림의 아들로서 직계손인 대화여가 있음에도 불구하고, 방계인 폐왕 대원의의 즉위는 그런 단서였던 셈이다. 그러나 문왕의 치세 동안에 형성되었을 직계계승 원칙과 중앙집권체제를 지지하는 세력이 대원의를 폐위시키고 성왕 대화여를 추대했다. 이로써 비록 왕통은 회복할 수 있었지만, 정치적 상황에 따라 직계 중심의 왕위계승이 바뀔 수 있는 여건을 조성했다.

성왕 이후 문왕의 손자로서 대화여의 동생에 해당하는 대숭린이 형제상속에 의해 강왕으로 즉위했다. 그리고 강왕의 아들들인 정왕 대원유, 희왕 대언의, 간왕 대명충의 형제가 차례로 즉위함으로써 직계계승 원칙이 지켜지지 않았을 뿐만 아니라,[39] 하나같이 재위기간이 짧았던 데 대해서는 의문의 여지가 없지 않다. 또한 간왕 이후에 대인수는 대조영의 동생인 대야발의 후손으로서 선왕에 즉위함으로써, 왕위계승권은 대조영계에서 아예 방계인 대야발계로 넘어갔다. 이러한 현상은 직계계승을 표방했음에도 불구하고, 방계계승이 관행될 수밖에 없

---

38) 酒寄雅志, 1979, 「渤海王權の一考察」 『朝鮮歷史論集』上, 龍溪書舍, 346~348쪽.

39) 이러한 판단은 金毓黻, 『渤海國志長編』卷9, 宗臣列傳1에서 정왕 대원유에게 당에 사신으로 파견되었던 대연진(大延眞)이라는 아들이 있었는데도, 왕위계승은 형제상속으로 이루어진 사실에 근거한다.

었던 정치 과정의 파행성을 드러내고 있었다. 그러한 다음 선왕의 직계손인 대이진과 그의 동생인 대건황이 차례로 즉위한 이후의 왕위는 대건황계로 계승되었던 것이다.

이와 같은 왕위계승의 난맥상으로 중앙집권체제는 안으로부터 동요하고 있었다. 직계와 방계 간의 왕위쟁탈전은 귀족세력을 분열시켰고, 중앙집권체제의 이완은 귀족세력의 민에 대한 과중한 수탈을 유발했다. 다만 발해는 반농반렵(半農半獵)의 사회로서 농업에 못지않게 말갈인이 주로 종사한 수렵과 어로의 비중도 컸던 만큼,[40] 수탈 내용에는 차이가 있었을 것으로 추측된다. 발해는 자연조건에 맞는 특산물을 산출하고 있었지만, 농경지역에서의 생산이 충분치 않아 이웃 나라로부터 수입하는 실정에서[41] 농민에 대한 과중한 부담은 수탈에 다름 아니었을 것이다. 또한 왕위계승을 통해 교역권을 확보한 귀족세력은 대외교역을 통해 막대한 이익을 누리고 있었다. 특히 발해 말기에 증가한 국가 주도의 대일교역은 귀족세력과 수령들의 경제적 욕구를 충족시키는 통치 수단의 하나로 변질되었으며, 일본에서 발해 사신은 외교사절이기보다 상인집단으로 취급될 정도였다.[42] 이때 교역품 중에서도 대종을 이루었던 모피물의 지나친 수집은 말갈인과 같은 수렵민의 반발을 불러일으켰을 수도 있다.[43]

---

40) 王承禮, 宋基豪 역, 앞의 책, 138~139쪽.
41) 金毓黻, 『渤海國志長編』卷17, 食貨考4.
42) 濱田耕策, 2000, 『渤海國興亡史』, 吉川弘文館, 149~150・201쪽.
43) 모피는 한대와 온대지역을 이어주는 대표적인 교역품으로서 방한재인 동시에 위신재로서의 기능을 갖고 있었다. 현재 모피의 주요 산지의 하나로 백두산 일대가 꼽히고 있는데, 이런 사정은 발해에서도 마찬가지여서 '담비길'이라 일컬어지는 교역로가 상정될 정도이다. 이것은 당 또는 일본을 상대한 공적 교역 이외에도 사적 교역이 있었을 가능성을 시사하며, 모피 교역은 획득-가공-중계-교역의 분업체계에 의해 이루어진다고 한다(강인욱, 2011, 「古朝鮮의 毛皮貿易과 明刀錢」『韓國古代史硏究』64). 이처럼

이러한 발해의 사회경제적 모순과 주민 구성의 이중성은 불가분의 관계에 있었다. 발해의 주민은 소수의 고구려인과 다수의 말갈인을 비롯한 여러 종족으로 구성되어 있었다. 여기에서 고구려인은 지배층을 형성한 데 반해 다른 종족은 대체로 피지배층으로서 수탈당하는 존재였다. 결국 발해의 중앙집권체제가 내포한 기본적인 계급모순에 부차적인 종족모순이 결합됨으로써[44] 국가적 위기를 더욱 심화시켰을 것이다.

이와 같은 발해의 대내적 모순에 요의 등장이라는 대외적 모순이 중첩됨으로써 멸망은 불가피했다. 발해를 둘러싼 동아시아의 국제 정세는 10세기 초에 크게 변화하기 시작했다. 발해에 대해 이이제이의 동방정책을 구사하던 당은 후량에게 망하고, 후량은 다시 후당으로 교체되었던 것이다. 또한 국내외의 정세 변화에 따라 발해와 대립과 교섭을 거듭하던 신라도 후삼국시대에는 주변 국가의 변화에 대처할 능력을 상실하고 있었다. 따라서 발해에 대해 긴장관계를 유발한 당의 간섭 및 신라와의 대립 같은 요인이 없어진 대신에, 서북지방에서 급속히 세력을 팽창시킨 유목사회의 거란은 발해의 멸망을 촉진한 밖으로부터의 새로운 위협이었다.

이러한 정세 변화에도 발해는 신라를 비롯한 후량과 후당에 대해 구원을 요청할 뿐,[45] 요의 세력 팽창에 대해서는 근본적인 대책을 마련할 수 없었다. 발해는 924년에 거란의 요주를 공격하여 자사 장수실을 죽임으로써 요의 반격을 유발했다. 이에 발해는 다음 해에 배구를

교역의 주체가 수렵인의 모피 생산을 직접 지배하지 않는다고 하더라도, 발해의 귀족세력과 수령들이 교역 과정에서 증가한 모피 수요를 충당하기 위해 과도한 수집을 요구할 경우에는 분업체계의 교란으로 인한 수렵인의 이탈을 초래했을 수도 있겠다.
44) 박시형, 송기호 해제, 1989, 『발해사』, 이론과실천, 97쪽.
45) 韓圭哲, 앞의 책, 130~131쪽.

후당에 보내 외교로써 난국을 극복하고자 했으나, 후당은 통일제국이었던 당과 같이 발해를 도울 수 있는 나라가 아니었다. 서방의 여러 세력에 대한 정벌을 성공적으로 마친 야율아보기가 직접 지휘하는 거란군은 926년에 서북지방의 전략거점인 부여성을 함락시키고 곧바로 발해의 수도인 상경 용천부로 진격하여 홀한성을 포위했다. 발해의 마지막 왕인 대인선 이하 300여 명의 귀족관료가 항복함으로써 발해는 멸망하고 말았다.

요는 발해를 멸망시킨 다음 동단국(東丹國)을 세워 야율아보기의 장남인 야율배를 왕으로 삼고, 발해의 옛 관료를 등용하여 발해 유민에 대한 간접 지배를 실시했다. 이에 발해 유민은 요의 지배정책에 대한 적극적인 항쟁으로서 부흥운동을 전개했다. 사서에 보이는 후발해(後渤海), 정안국(定安國), 대발해국(大渤海國) 등은 모두 부흥운동의 과정에서 이름을 남긴 나라들이다. 한편 발해 유민의 일부는 요의 지배에 대한 소극적인 저항으로서 고려로 망명했다. 왕족 대광현의 망명으로 상징되는 이들의 내투는 태조가 재위하는 동안 집중적으로 이루어졌으며, 발해 고지가 요의 지배를 받는 상황에서 유민의 망명은 부흥운동이 좌절된 12세기 초까지 산발적으로 이어졌다.

이제 발해의 옛 땅은 거란족의 요를 이어 여진족의 금이 지배하는 영역으로 편입됨으로써 한국사의 무대로부터 멀어졌다. 다만 동족의식에서 발로한 발해 유민의 고려 망명은 한국의 전근대사회에서 민족체의 근간을 형성하는 중요한 요소의 하나가 되었다. 발해가 한국사로 인식되어야 할 역사적 근거이며, 여기에 남북국시대를 설정할 또 다른 이유가 있다.

(「삼국과 남북국의 사회성격」『한국사』3, 한길사, 1994)

III

삼국·남북국시대의 동해안지방

머리말

한국사에서 고대국가는 청동기문화의 영향으로 속출한 소국을 병합함으로써 형성되었다. 그러한 과정에서 병합의 주체와 객체가 구분되었으며, 지배 방법은 주변부의 중심부에 대한 간접적인 복속으로부터 중앙의 지방에 대한 직접적인 지배로 전환했다. 이러한 추세는 동해안지방에서도 예외가 아니었으며, 그것이 갖는 의미는 변방이라는 지역적 특수성 때문에 다른 지방보다 오히려 각별한 바가 있었다.

『삼국사기』 지리지는 고구려의 영역이 일시나마 경주 부근의 영일지방에 이르렀던 사실을 밝히고 있다. 한편 신라의 법흥왕은 울진에 〈울진봉평비〉(524)를 세웠으며, 진흥왕은 동북지방을 순수하고 황초령비와 마운령비(568)를 남겼다. 이러한 사실은 문헌에 보이지 않는 대신에 사료적 가치가 높은 금석문의 형태로 남아 있어서 일찍부터 주목을 받았다. 지리지와 순수비의 내용은 각각 고구려의 남하와 신라의 북진

을 반영하는 바, 고대사회에서 동해안지방이 차지하는 중요성을 알려
준다.

더구나 마운령비의 기사 말미에는 진흥왕이 순수를 마치고 섭시달
과 비리를 지나 경주로 귀환하는 도중에 변방의 민심을 선무한 일이
약술되어 있다.[1] 여기에서 경유지로 나타난 비리는 비열홀(比列忽)로서
안변에 비정되기[2] 때문에 진흥왕의 귀환 노정에 관한 추측이 가능할
뿐만 아니라 동해안지방이 차지하는 배후의 거점으로서 전략적 의미
도 확인할 수 있다. 한국 고대의 동해안지방에는 옥저, 동예, 실직국
등이 존재한 것으로 문헌 자료에 나타난다. 이러한 정치적 사회를 복
속 또는 점령한 고구려와 신라의 세력 진퇴에 따라 지배의 양상도 달
라졌다.

고대의 동해안지방에 관한 연구는 일제시기에 역사지리적인 검토
가 있었던 이래, 고고학 및 금석문 자료와의 관련 속에서 단편적으로
이루어진 바가 있었다.[3] 이 밖에 지방사의 편찬 과정에서 해당 지역이
부분적으로 정리되기도 했다. 이 중에서 역사지리적 입장의 실증적 연
구는『삼국사기』에 대한 불신과 점령－직접 지배의 관점으로 인해 사
료 해석에서 일정한 한계가 없지 않았다. 따라서 여기에서는 동해안지
방의 지리적 특성에서 연유한 복속－간접 지배의 불가피성에 유의하
는 한편, 부분으로서의 지방과 전체로서의 중앙의 상호관련성을 고려
하며 살펴볼 생각이다.

---

1) 〈眞興大王巡狩碑〉磨雲嶺碑. "引駕日行 至十月二日癸亥 向涉是達非里□廣□ 因論邊堺
   矣."
2) 李丙燾, 1976,『韓國古代史硏究』, 博英社, 679쪽.
3) 金貞培, 1988,「高句麗와 新羅의 영역문제」『韓國史硏究』61・62; 李明植, 1989,「蔚珍地
   方의 歷史・地理的 環境과 鳳坪新羅碑」『韓國古代史硏究』2.

이러한 관점에 입각하여 동해안지방의 변천상을 세 시기로 나누어 고찰하고자 한다. 우선 고구려와 신라가 각각 옥저 및 동예와 실직국의 복속을 통해 동해안으로 진출하는 과정이다. 다음으로 동해안지방에서 일진일퇴하는 고구려 남하와 신라 북진의 선후관계에 따른 정리이다. 끝으로 신라와 발해의 동해안지방에 대한 지배 양상과 지방민의 동향을 검토하고자 한다. 이러한 과정에서 사실을 새롭게 해석하는 경우도 없지 않겠지만, 장기간에 걸친 동해안의 모든 지역을 취급하는 데서 기인하는 한계도 있을 것이다.

1. 고구려와 신라의 동해안 진출

고대국가로서 고구려의 모체는 졸본부여이며, 신라는 사로국을 모태로 고대국가로 발전했다. 중심부 소국이 주변부 소국을 복속시킴으로써 공동체적 성격을 탈각하고 새로운 단계의 정치적 사회인 고대국가로 이행할 수 있었던 것이다. 고구려와 신라는 고대국가로 발전하는 과정에서 소금 및 해산물과 같은 생존 자원의 획득과 관련하여 동해안 방면으로의 진출이 불가피했다. 여기에서는 두 나라가 동해안지방에서 본격적으로 접촉하기 이전까지의 진출 양상을 살펴보기로 한다.

먼저 고구려는 『삼국사기』에 기원전 37년에 건국한 것으로 기록되어 있지만, 예맥족을 중심으로 정치적 사회를 성립한 시기는 기원전 1세기 초기 혹은 기원전 2세기 후기로 소급할 수 있다.[4] 고구려는 국가

---

4) 李基白, 1985, 「高句麗의 國家形成 問題」『韓國古代의 國家와 社會』, 一潮閣, 91쪽 참조. 이러한 사실은 668년에 멸망한 고구려의 존립기간에 관한 〈고자묘지명〉(700)의 "七百八年卅餘代"에서 708년설 또는 『삼국사기』권6, 문무왕 10년의 "開地千里 年將八百年"에서

형성 이후 반농반렵(半農半獵)의 사회경제적 조건에서 연유한 특유의 군사적 기동력을 바탕으로[5] 주변의 소국을 일찍부터 복속시켰다. 여기에는 동해안 방면으로의 진출도 포함되어 있었다.

> **A** 1) 동명성왕 10년(기원전 28), 동 11월에 왕이 扶尉猒에게 명하여 北沃沮를 쳐서 멸망시키고, 그곳을 城邑으로 삼았다. (『삼국사기』권13)
>
> 　 2) 태조대왕 4년(56), 추 7월에 東沃沮를 쳐서 그곳을 城邑으로 삼으니, 개척한 나라의 경계가 동으로 滄海에 이르고 남으로는 薩水에 이르렀다. (『삼국사기』권15)

고구려는 위에서 보다시피 두만강의 하류유역에 위치한 북옥저 및 함흥 평야에 자리 잡은 동옥저와 복속관계를 맺었다. 특히 A2)에서 고구려가 동옥저를 정벌함으로써 통치영역은 동해에 미쳤으며, 동옥저는 고구려의 간접 지배를 받게 되었다. 동옥저 출신의 대인(大人)을 사자로 삼아 통치에 임하는 한편, 대가(大加)를 시켜 조세를 비롯한 맥포(貊布)·어물·소금과 해산물 등의 생필품을 공물로 부과했던 것이다.[6] 동옥저가 정치적 자치를 누리는 대가로 부담하지 않을 수 없는 경제적 공납이었다. 북·동옥저가 위치한 동해안지방이 고구려의 경제에서 차지하는 비중이 적지 않았던 만큼, 이곳에 대한 고구려의 관심도 클 수밖에 없었다.

> **B** 1) 태조대왕 46년(98), 춘 3월에 왕이 동쪽의 柵城으로 巡守하여 책성

800년설의 역추산에 의해서도 설명이 가능하다.

5) 金瑛河, 1997, 「高句麗의 發展과 戰爭」 『大東文化硏究』32, 9~10쪽.

6) 『三國志』卷30, 魏書30, 東沃沮.

서쪽의 闆山에서 白鹿을 잡았으며, 책성에 이르러서는 군신들과 연
회하고 柵城守吏에게 布帛을 차등 있게 내렸다. 마침내 그 공을 바
위에 새기고 돌아왔으며, 동 10월에 책성으로부터 환도했다. (『삼국사
기』권15)

2) 태조대왕 62년(114), 추 8월에 왕이 南海를 巡守하고, 동 10월에 남
해로부터 돌아왔다. (상동)

3) 서천왕 7년(276), 하 4월에 왕이 新城〔혹은 신성은 나라 동북방의 大
鎭이라고 한다〕으로 行幸하여 수렵하다가 白鹿을 잡았다. 추 8월에
왕이 신성으로부터 돌아왔다. (『삼국사기』권17)

위 사료는 고구려의 왕들이 동해안지역에 대해 실시한 순수에 관한
내용이다. 순수는 본래 왕이 수행하는 고유한 통치 행위의 하나로서
지방통제에 목적이 있었다. 태조왕과 서천왕의 순수지인 B1)의 책성과
B3)의 신성은 같은 곳으로서 북옥저의 중심지였던 훈춘이며, B2)의 남
해는 동옥저의 중심지인 함흥의 영흥만 일대에 해당한다.[7] 북·동옥저
의 중심지에 대해 고구려왕은 짧게는 B2)의 2개월에서 길게는 B1)의
7개월에 걸치는 순수를 통해 복속지역에 대한 통제와 아울러 선무를
실시했다. 특히 서천왕은 신성으로 다시 순수하여 해곡태수로부터 복
속의례의 일환으로 동해안의 특산품인 고래 눈을 헌상 받음으로써 북
옥저와의 복속관계를 새삼 확인했다.[8] 이와 같이 고구려는 동해안에
연한 북·동옥저를 복속시켜 간접 지배함으로써 생존 자원의 부족 부
분을 보충했던 것이다.

---

7) 金瑛河, 2002, 『韓國古代社會의 軍事와 政治』, 高麗大民族文化硏究院, 143~152쪽.
8) 金瑛河, 앞의 책, 155~157쪽.

그러나 당시의 고구려는 옥저 이남에 위치한 동예에 대해서는 아직 영향력을 미칠 수 없었던 것 같다. 동예는 남쪽으로 진한과 접하고 북쪽으로 고구려 및 옥저와 경계를 삼음으로써 동해안의 상당 부분을 차지하고 있었는데,[9] 그곳이 중국 군현의 관할 아래 놓여 있었기 때문이다.

單單大山領의 서쪽은 낙랑에 속하고, 동쪽의 7현은 東部都尉가 다스렸는데 모든 濊人을 백성으로 삼았다. 그 뒤 도위를 폐지하고 그들의 거수를 봉하여 후로 삼았다. 지금의 不耐濊는 모두 그 종족이다. 한말에는 다시 고구려에 복속되었다. (중략) 정시 6년에 樂浪太守 劉茂와 帶方太守 弓遵은 영동의 예가 고구려에 복속했으므로 군대를 일으켜 정벌하였는데, 不耐侯 등이 고을을 들어 항복하였다. 정시 8년에는 魏의 조정에 나아가 조공했으므로 不耐濊王을 제수하였는데, 민간에 섞여 살면서 네 계절마다 군에 나아가 조알하였다. (『삼국지』권30, 위서30, 예)

영동지방의 동예는 본래 토착사회에서 성립한 정치적 사회였으나, 일찍이 중국 군현의 간섭을 받음으로써 고대국가로의 성장이 억제되어 있었다. 처음에 동예의 북부지역은 임둔군에 속했지만, 나중에 중국 군현의 정리 과정에서 영동 7현은 낙랑군 동부도위의 관할하에 있게 되었다. 동부도위는 30년에 낙랑지방의 토착 호족인 왕조(王調)의 반란 진압을 계기로 폐지되고, 다시 동예지방의 거수를 불내예후(不耐濊侯)로 삼았다.[10] 후한 말기에 일시 고구려에 복속되었지만, 위가 245

---

9) 『三國志』卷30, 魏書30, 濊. "濊 南與辰韓 北與高句麗·沃沮接 東窮大海 今朝鮮之東 皆其地也 戶二萬."

10) 『後漢書』卷85, 東夷列傳75, 濊. "建武六年 省都尉官 遂棄領東地 悉封其渠帥爲縣侯 皆歲時朝賀."

314 제3편 고대사회의 구조와 전환

년에 다시 정벌하여 중국 군현의 통제 아래 놓이게 되었다. 247년에 위에 조공함으로써 불내예왕(不耐濊王)으로서 자치는 누릴 수 있었으나, 전쟁이 있을 때에는 중국 군현의 백성과 같이 조세와 역역의 부담을 지는[11] 간접 지배의 대상이었다.

동예가 다시 중국 군현의 지배에서 벗어날 수 있는 계기는 미천왕이 낙랑군과 대방군을 축출함으로써 마련되었다. 중국 군현이 소멸된 이후, 광개토왕대에 동예가 고구려에 다시 복속될[12] 때까지 양자의 관계를 살필 수 있는 사료는 쉽게 찾아지지 않는다. 다만 동예가 온전히 자유로웠을 것으로는 생각되지 않는데, 이런 추측은 동예가 고구려 및 옥저와 연접한 지리적 조건과 중국 군현 및 고구려에 복속했던 역사적 경험에 근거한 것이다. 이와 같은 동예가 바로 중국 군현 또는 고구려에 복속되어 반독립적 세력을 유지한 채 『삼국사기』의 초기 기록에서 한강의 수계를 따라 백제와 신라에 대해 침략을 일삼은 것으로 나오는 말갈이었다.[13]

다음으로 신라는 『삼국사기』에 기원전 57년에 건국한 것으로 기록되어 있지만, 실질적인 국가형성의 시기는 파사왕대 이후로 짐작된다. 탈해왕 이전에는 아직 본격적인 정복전쟁이 출현하지 않았는데, 외적의 침입에 대해 건국 시조의 신성성 혹은 다른 나라의 구원에 의존하는 등 소극적으로 대처하는 양상은 국가적 미숙성의 반영에 지나지 않았다. 그러나 파사왕대에는 성읍국가로부터 영역국가로의 전환, 즉 고대국가의 형성을[14] 알리는 의미 있는 변화가 나타났다. 6부병에 대한

---

11) 『三國志』卷30, 魏書30, 濊. "二郡有軍征賦調 供給役使 遇之如民."
12) 津田左右吉, 1964, 「好太王征服地域考」『津田左右吉全集』11, 岩波書店, 56쪽.
13) 津田左右吉, 앞의 책, 47~48쪽.
14) 千寬宇, 1989, 『古朝鮮史·三韓史硏究』, 一潮閣, 294~295쪽.

군사 훈련과 통수로서의 열병이 실시되었을[15] 뿐만 아니라 주변의 소국에 대한 본격적인 복속도 시작되었던 것이다.

파사이사금 23년(102), 추 8월에 音汁伐國과 悉直谷國이 강역을 다투다가 왕에게 와서 해결을 청하였다. 난처해진 왕은 金官國 首露王이 연로하여 지식이 많다고 여기고 그를 불러 물었다. 수로가 논의하여 분쟁지를 音汁伐國에 속하도록 결정하였다. (중략) 왕이 노하여 군사로써 음즙벌국을 치니 국주와 무리들이 스스로 항복하고, 실직·압독의 두 나라 왕도 와서 항복하였다. (『삼국사기』권1)

위 사료는 초기 신라의 연구에서 자주 인용되는 내용인데, 여기에는 신라에 복속된 세 소국이 등장한다. 안강과 경산으로 각각 비정되는 음즙벌국 및 압독국과 달리 실직(곡)국은 삼척에 비정됨으로써 음즙벌국과 실직국의 영토 분쟁 및 신라의 실직국에 대한 지배 여부와 관련한 많은 논의가 있었다. 그러한 가운데 실직국의 위치를 안강 부근,[16] 월성군 천북면,[17] 흥해[18] 등지로 새롭게 비정하는 견해가 제출되었던 것이다. 그러나 이런 견해를 따르더라도, 삼척이 본래의 실직국인 것으로 기록한[19] 사료상의 문제는 해결되지 않고 남는다.

삼한시대의 소국이 공동체적 유제가 강인한 소국공동체로서의 성격을 띠고 있었더라도, 소국의 발전 정도는 선진지역과 후진지역에 따

---

15) 金瑛河, 앞의 책, 69쪽.
16) 李丙燾, 1977, 『三國史記』國譯篇, 乙酉文化社, 17쪽.
17) 崔炳云, 1982, 「西紀 2世紀頃 新羅의 領域擴大」『全北史學』6, 25쪽.
18) 方龍安, 1987, 「悉直國에 대한 考察」『江原史學』3, 53~56쪽.
19) 『三國史記』卷35, 溟州 三陟郡.

라 달랐다. 그러므로 선진적인 중심부 소국이 후진적인 주변부 소국을 복속시킴으로써 고대국가로 이행할 수 있었던 것이다. 여기에는 진한 중심부의 사로국이 주변부의 음즙벌국, 실직국, 압독국을 복속시켜 고대국가인 신라로 성장하는 과정이 반영되어 있을 뿐만 아니라 음즙벌국과 실직국 사이에서도 병합 작용이 있었던 사실을 전하고 있다.

여기의 실직국에 대한 이해 방법으로는 일단 후대 사실의 부회를 고려할 수 있지만, 역시 문제의 소재는 실직국의 위치와 범위에 있다. 이때 실직국의 위치를 삼척 또는 경주 부근에 선택적으로 비정하기보다, 태백산맥 이동의 지리적 특성을 감안하여 경주 부근에서 삼척에 이르는 대상(帶狀)의 공간을 실직국의 범위로 추정하는 것도 하나의 방법일 수 있다. 이러한 추정은 『삼국사기』에서 흥해부터 삼척까지의 동해안지역에는 다른 방면과 달리 소국의 존재가 확인되지 않을 뿐만 아니라 그 이북의 동예와 옥저도 또한 그런 지리적 특성을 띠고 있었기 때문이다.[20] 따라서 파사왕대에 실직국이 음즙벌국과 흥해 부근에서 영토 분쟁을 일으킬 수 있었을지라도, 이 무렵의 신라가 곧바로 삼척 지방의 실직국까지 복속시킨 것으로 보기는 어려울 듯하다.

이처럼 신라에 복속되기 이전의 실직국을 고려하지 않고서는 동해안에서 동예를 복속시킨 고구려와 신라의 접촉 사실에 대한 합리적 해석이 어렵다. 그것은 파사왕대 이전에도 북명인(北溟人)이 신라에 예왕인(濊王印)을 헌상하거나,[21] 동예의 화려현과 불내현이 연합하여 신라

---

20) 동예는 태백산맥의 이동에서 바다를 연한 지리적 조건 때문에 대상(帶狀)에 가까울 수밖에 없었으며, 옥저도 『삼국지』권30, 위서30, 동옥저의 "其地形 東北狹西南長 可千里"에서 보듯이 역시 함경산맥의 이동에서 바다를 따라 대상을 띠고 있었다. 이러한 지형적 조건은 같은 태백산맥 이동의 동해안에 위치한 실직국에도 해당하며, 당시 실직국은 삼척 이남지역의 소국을 병합함으로써 그 남단이 흥해지방에 이르렀을 수도 있다.

의 북경을 침입하자 그들을 패배시킨 맥국(貊國)과 신라가 우호를 맺은[22] 일이 있었기 때문이다. 사료에서는 북명인과 동예세력이 신라와 접촉한 듯이 나오고 있지만, 이들을 직접 상대한 주체는 영동의 실직국이거나 영서의 맥국이었을 것이다. 더구나 실직국이 앞에서 인용한 사료의 내용과 같이 신라에 복속된 이후부터 말갈의 신라 침입이 잇달아 나타나고 있었다. 125년에는 대령책(大嶺柵)을 습격하고 니하(泥河)를 건넜으며,[23] 137년에는 장령(長嶺)의 목책 다섯을 불태우고 139년에는 장령을 습격하고 노략했다.[24]

이때 신라의 북경으로 침입해온 말갈은 시기적으로 보아 동부도위를 폐지한 이후로 불내예후로 책봉된 토착사회의 거수가 관할하던 동예계 말갈이었다. 이들의 침입지점은 영서지방의 남한강 상류로 비정되는 니하[25] 부근과 위치 미상의 장령 등지였는데, 농경사회에 대한 약탈이 주된 목적이었으므로 소규모의 군사 행동이었을 것이다. 이에 대해 신라는 말갈과의 관계에서 같은 입장에 있던 백제에 구원을 요청하거나,[26] 주요 침입지점이었던 장령에 목책 설치 또는 소극적인 대책 논의로 일관하고 있었다.[27]

이러한 말갈의 신라 침입에 대해서는 충주·단양 일대에 산재하던 이동 중의 신라계에 대한 공략으로 파악하거나,[28] 신라가 파사왕대 이

---

21) 『三國史記』卷1, 南解次次雄 16年.
22) 『三國史記』卷1, 儒理尼師今 17年.
23) 『三國史記』卷1, 祇摩尼師今 14年.
24) 『三國史記』卷1, 逸聖尼師今 4·6年.
25) 津田左右吉, 앞의 책, 58쪽.
26) 『三國史記』卷1, 祇摩尼師今 14年.
27) 『三國史記』卷1, 逸聖尼師今 7·9年.
28) 李康來, 1985, 「『三國史記』에 보이는 靺鞨의 軍事活動」『領土問題研究』2, 52쪽 참조.

후의 어느 시기에 동예계 말갈과 직접 접촉했던 맥국과 실직국을 실제로 복속시킴으로써 그에 관한 사실이 신라 중심의 편년체계에 편입된 것으로 이해할 수도 있다. 이 중에서 후자는 신라가 서북 방면에서 백제를 실제로 상대했던 소문국(召文國; 의성), 감문국(甘文國; 김천), 사벌국(沙伐國; 상주) 등을 3세기 전반까지 복속시킴으로써, 후대에 사서의 편찬 과정에서 마치 신라와 백제가 직접 접촉한 듯이 정리된 것으로 이해하는[29] 방법과 같은 맥락이다. 이러한 동예계 말갈이 앞에서 설명한 바와 같이 후한 말기에 고구려에 복속된 뒤, 이번에는 고구려가 실직국을 복속시킨 신라의 북변을 침입했다.

C 1) 동천왕 19년(245), 춘 3월에 東海人이 미녀를 바치니, 왕이 그를 後宮으로 받아들였다. 동 10월에 군사를 내어 신라의 북변을 침략하였다. (『삼국사기』권17)
  2) 조분이사금 16년(245), 동 10월에 고구려가 북변을 침범하였다. 于老가 군사를 이끌고 나아가 싸웠으나 이기지 못하고 馬頭柵으로 물러나와 지켰다. (『삼국사기』권2)

고구려본기와 신라본기는 같은 내용을 약간 달리 서술하고 있는데, 고구려의 신라 공격이 본격화하는 5세기 이전의 사실로서 유일한 경우이기 때문에 해석에 어려움이 있다. 당시 신라와 고구려의 직접 교전은 현실적으로 불가능하기 때문에 신라를 침략한 실체를 밝히는 일이 중요하다. 사료 C1)의 동해인이 옥저인인지 아니면 동예인인지를 갑자기 판단하기는 쉽지 않다. 다만 고구려가 동예를 복속시킨 이후였

---

29) 金瑛河, 앞의 책, 120~121쪽 참조.

을 203년에도 말갈의 신라 침범이 있었던 것으로 미루어볼 때,[30] 여기에 보이는 고구려의 신라 침공은 동예를 사주한 결과일 가능성이 크다. 그러므로 C2)에서 동해안에 세력 기반을 둔 석씨계의 조분왕대에 우추촌(于柚村; 울진)과 관련이 있는 우로가[31] 방어에 나설 수 있었던 것이다. 이로써 후대에 고구려와 말갈이 연합하여 신라의 북변을 공격하는 전술적 단서가 이미 마련되고 있었다.

동예를 복속시킨 고구려의 팽창은 위의 고구려 침공을 유발했으며,[32] 고구려를 재침한 유주자사(幽州刺史) 관구검(毌丘儉)은 현토태수 왕기(王頎)를 시켜 동천왕을 추격하여 옥저를 지나 숙신의 남쪽 경계까지 이르고 있었다.[33] 또한 앞에서 본 바와 같이 낙랑태수 유무(劉茂)와 대방태수 궁준(弓遵)으로 하여금 고구려에 복속한 동예를 정벌하는 양면작전을 구사함으로써 고구려의 팽창을 견제했다. 동예가 다시 중국 군현의 통제 아래에 놓임으로써 고구려 또는 말갈이 신라의 북변을 침입하는 일은 당분간 사료에 보이지 않게 되었다. 그러한 대신

---

30) 『三國史記』卷2, 奈解尼師今 8年.
31) 李基東, 1985, 「于老傳說의 世界」『韓國古代의 國家와 社會』, 一潮閣, 200~201쪽.
32) 『三國史記』卷17, 東川王 20年.
　　『삼국사기』는 위의 유주자사 관구검이 고구려를 침공한 시기를 동천왕 20년(246) 8월로 보았지만, 〈관구검기공비〉의 비편에 의해 정시 5년(244)부터 6년(245) 5월까지의 사실임을 알 수 있게 되었다(池內宏, 1951, 「曹魏의 東方經略」『滿鮮史硏究』上世1, 吉川弘文館, 255~256쪽).
33) 『三國志』卷28, 魏書28, 毌丘儉. "宮單將妻子逃竄 儉引軍還 六年 復征之 宮遂奔買溝 儉遣玄菟太守王頎 追之 過沃沮千有餘里 至肅愼氏南界 刻石紀功 刊丸都之山 銘不耐之城." 『삼국사기』는 관구검이 정시 6년(245)에 고구려를 재침한 사실을 동천왕 20년(246) 10월의 일로 기록했다. 그러나 관구검의 고구려 침공에 관한 『삼국사기』의 기년은 〈관구검기공비〉의 비편에 의해 1년의 소급 수정이 불가피해졌다. 다만 고구려의 사주에 의한 동예의 신라 침공과 위의 동예 정벌이 상관관계에 있는 것으로 파악하려는 본고의 논리상 사료 C에서 동천왕 19년 '10월'에 고구려의 신라 침략과 위의 고구려 재침이 있었던 정시 6년, 즉 동천왕 20년의 '10월'이 일치하는 사실은 상당한 의미가 있다.

동해안지방에서는 왜의 침입이 사도성(영덕)을 중심으로 벌어지고 있었다.

2. 고구려와 신라의 각축 양상

고대국가의 발전 내용은 통치영역의 확장과 지배체제의 정비를 골자로 한다. 이 중에서 삼국의 영역 발전은 각국 사이에 개재한 소국의 복속과 중국 군현의 소멸로 서로 경계를 접하는 방향으로 이루어졌다. 고구려의 미천왕이 서진 말기의 혼란기를 이용하여 낙랑군과 대방군을 대동강유역으로부터 축출함으로써 백제와 비로소 접경하게 되었고, 이후 삼국 간에는 배타적 영역 확장을 위한 치열한 공방전이 전개되었다.

고구려는 고국원왕대에 전연의 견제로 요동 방면으로 진출이 억제되자 백제에 대한 공세로 전환했다. 그러나 고구려와 적대적이었던 근초고왕은 도리어 후방 안정의 외교적 포석으로서 신라와 우호관계를 맺은[34] 다음 평양성을 공격하여 고국원왕을 전사시켰다. 이것을 계기로 소수림왕은 불교공인, 태학설립, 율령반포와 같은 지배체제의 정비를 통해 국가적 역량을 강화함으로써 광개토왕대 이후에 전개되는 적극적 팽창정책의 초석을 닦았다.

한편 신라는 왕권의 안정을 위해 후견세력인 고구려에 대한 우호정책으로 전환했다. 신라의 고구려에 대한 종속적 입장의 우호관계는 실성(實聖)과 복호(卜好)의 인질 파견으로 나타났다.[35] 내물왕이 실성을 인

---

34) 『三國史記』卷24, 近肖古王 21 · 23年.
35) 『三國史記』卷3, 奈勿尼師今 37年; 實聖尼師今 11年.

질로 보낸 것은, 고구려와 우호하려는 외교적 목적 이외에 석씨계와 연결되는 실성의 세력을 견제하려는 정치적 목적도 없지 않았다.[36] 그러나 실성은 고구려의 후원 속에 401년에 귀국하여 다음 해에 내물왕을 제거하고 왕위에 올랐다. 고구려가 신라의 왕위계승에 개입한 보다 구체적인 사례는, 실성왕이 고구려군을 사주하여 내물왕자 눌지(訥祗)를 살해하려다가 도리어 눌지에게 피살당한 데서도 단적으로 드러난다.[37]

이처럼 고구려와 신라의 밀접한 관계 위에서 광개토왕은 노객(奴客)의 입장에서 지원을 요청한 내물왕을 위해 구원군을 파견했으며, 이에 대해 내물왕은 친히 고구려로 찾아가서 조공했다.[38] 이러한 사실은 광개토왕이 396년에 백제를 정벌하자, 아신왕이 생구와 공물을 헌상하고 노객임을 맹세하는 데서도 알 수 있다. 고구려는 대왕-노객의 주노관계(主奴關係)가 기본인 국내와 국제 간의 중층적 지배질서 내에서 신라마저 간접 지배의 대상으로 파악하고 있었던 셈이다.[39] 광개토왕을 기리기 위해 415년에 고구려에서 제작된 청동 호우(壺杅)가 경주 호우총에 부장될 수 있었던 배경이었다.[40] 이러한 삼국 간의 관계 속에서 동예는 여전히 반독립적인 세력으로 존재하면서 신라의 북변을 침범했다.

내물이사금 40년(395), 추 8월에 靺鞨이 북변을 침범하므로 군사를 내어 悉直之原에서 대패시켰다. (『삼국사기』권3)

---

36) 盧重國, 1981, 「高句麗・百濟・新羅 사이의 力關係變化에 대한 一考察」 『東方學志』 28, 66쪽.
37) 李弘稙, 1971, 『韓國古代史의 硏究』, 新丘文化社, 443~446쪽.
38) 〈廣開土大王碑〉, 永樂 9・10年.
39) 金瑛河, 앞의 논문, 26~27쪽 참조.
40) 金貞培, 앞의 논문, 9~11쪽 참조.

여기에서 말갈의 신라 침입이 단독 행동인지 아니면 고구려의 사주
에 의한 것인지 쉽게 판단되지 않는다. 그러나 신라와 우호관계에 있
던 고구려가 직접 개입할 수 없었던 사정은 다음의 사실로 짐작할 수
있을 것 같다. 당시 고구려는 백제와의 사이에 주전선이 형성되어 있
었을 뿐만 아니라, 이 해의 같은 달에는 고구려가 패수에서 백제와 크
게 싸워 이기고 있었기 때문이다.[41] 고구려는 두 전선의 동시적 운영
이 사실상 불가능했을 것이므로 동예계 말갈을 사주하여 신라의 북변
을 침범했을 수 있다. 이제까지 말갈이 침입한 신라의 북변은 대체로
영서지방이거나, 그 위치를 제대로 밝히기 어려웠다. 그러나 여기에서
는 신라군의 반격으로 말갈이 대패한 지점으로 실직을 명시함으로써
동해안 방면이 분명해졌으며, 이후 고구려와 말갈의 연합세력은 이곳
을 통해 남하하게 되었다.

장수왕은 광개토왕 때까지의 간접 지배에 기초한 고구려 중심의 국
제질서를 직접 지배를 통한 국내질서로의 전환을 시도했다. 그는 귀족
세력의 숙청과 평양 천도를 통해 전제화한 왕권을 바탕으로 강력한 남
진정책을 추진했던 것이다. 이에 대해 신라는 백제의 제의에 따라 고
구려의 남하를 억제하기 위한 나·제동맹을 맺었다. 신라는 나·제동
맹을 배경으로 고구려에 대한 군사적인 도발을 감행했으며, 이것이 신
라에 대한 고구려의 공세를 유발하는 계기를 제공했다.

D 1) 눌지마립간 34년(450), 추 7월에 고구려의 邊將이 悉直之原에서 사
　　냥하므로, 何瑟羅城主 三直이 군사를 내어 그를 엄습하여 죽였다.
　　(중략) 이에 고구려왕이 군사를 일으켜 신라의 서변을 침략하였다.

---

41) 『三國史記』卷18, 廣開土王 4年.

(『삼국사기』권3)

2) 장수왕 42년(454), 추 7월에 군사를 보내 신라의 북변을 침략하였다.

(『삼국사기』권18)

3) 장수왕 56년(468), 춘 2월에 왕이 靺鞨兵 1만으로 신라의 悉直州城
   을 공취하였다. (상동)

고구려는 D1)에서 하슬라 성주에 의한 고구려 변장의 살해 사건을
계기로 신라에 대해 군사적 압박을 가했다. 또한 D2)에서는 신라의 북
변을 공략했으며, D3)에서 신라의 전략거점인 실직성을 공취할 때에는
말갈병을 동원하고 있었다. 신라본기에는 고구려와 말갈이 연합한 것
으로 기술되어 있는데,[42] 이때의 말갈은 광개토왕 때에 다시 복속된
동예로서 군사적 동원의 의무를 부담하는 존재였다.

고구려는 이후 동해안 방면에서 신라를 공격할 때 거의 말갈과 연
합하고 있었다. 480년에 있었던 말갈의 북변에 대한 침공도 단독의 군
사 행동으로 보기 어려우며, 481년에는 고구려와 말갈이 연합하여 호
명성(청송) 등 7성을 공취하고 미질부(흥해)까지 진출하기에 이르렀
다.[43] 그러한 다음 고구려의 주공 방향은 다시 남한강 상류의 내륙지
방으로 바뀌게 되었다.[44] 신라는 고구려의 남하에 대해 하슬라인을 동
원하여 니하의 축성과 왕의 순행 등으로 대비하는 한편, 백제와 가야
의 구원군과 함께 방어전을 전개했다.[45]

이와 같이 교차적 남진을 추진하던 고구려는 백제의 한성을 함락시

42) 『三國史記』卷3, 慈悲麻立干 11年.
43) 『三國史記』卷3, 照知麻立干 2・3年.
44) 『三國史記』卷3, 照知麻立干 6・11・16・18・19年.
45) 『三國史記』卷3, 慈悲麻立干 11年; 照知麻立干 3年.

킨 이후 〈중원고구려비〉(475~481)를 세웠다. 비문에 의하면 고구려왕은 신라왕과 형제관계임을 전제한 위에 신라왕을 동이매금(東夷寐錦)으로 인식하고, "新羅土內 幢主 下部 拔位使者 補奴"라는 지휘관과 "古牟婁城守事 下部 大兄 耶□"라는 지방관을 파견하여 직접 지배를 관철시키고 있었다.[46] 이러한 사실을 고려할 때에 주목되는 것이 『삼국사기』지리지에 보이는 이른바 본고구려(本高句麗) 계통의 지명이다. 본고구려계의 지명은 한주 관내의 군현뿐만 아니라, 동해안지역에서는 북단의 삭주 정천군(덕원)부터 남단의 명주 유린군 해아현(청하)까지 예외 없이 분포하고 있다.

지리지의 내용은 기본적으로 경덕왕대에 주군현을 개혁할 때의 자료를 토대로 헌덕왕대에 설치한 한주의 취성군과 그 영현을 추가하고, 신라 말기에 있었던 군현 관련의 변화상을 일정하게 반영한 것이었다.[47] 지리지에서 한주의 일부분과 명주 관내의 곡성군(임하), 야성군(영덕), 유린군(영해), 울진군 등이 고구려에 속했던 증거가 없음에도 불구하고, 고구려의 영역으로 기록한 것은 한주·삭주·명주의 세 주를 모두 고구려의 옛 영역으로 함부로 판단한 데서 유래한 것으로 이해하기도 했다.[48] 그러나 그렇게 서술될 수밖에 없는 이유가 있었을 것이므로 역사적 배경을 고려하지 않으면 안 된다. 삭주와 명주지역이 신라의 영역으로 다시 편입되는 시기는 역시 지증왕 이후이므로, 지리지에 본고구려계의 지명을 남긴 시기는 문자왕 이전에서 찾아야 한다. 그러한 경우에 장수왕대의 적극적인 남진정책과 그에 수반한 직접 지

---

46) 金瑛河, 앞의 논문, 27~28쪽.
47) 金泰植, 1995, 「『三國史記』 地理志 新羅條의 史料的 檢討」『三國史記의 原典檢討』, 韓國精神文化硏究院, 233~234쪽.
48) 津田左右吉, 1964, 「長壽王征服地域考」『津田左右吉全集』11, 岩波書店, 66쪽.

배를 고려할 수밖에 없다.

삭주와 명주 관내에서 본고구려계 지명의 특징인 홀(忽)=성(城), 달(達)=산(山)·고(高), 매(買)=수(水)·천(川), 파(波)=해(海), 토(吐)=제(堤) 등의[49] 남방 하한이 삼척군 해리현(海利縣)=본고구려 파리현(波利縣), 울진군 해곡현(海曲縣)=본고구려 파차현(波且縣), 야성군(野城郡)=본고구려 야시홀군(也尸忽郡) 등으로서 각각 삼척, 울진, 영덕인 점을 감안하면, 장수왕대의 점령과 동시에 일정한 지배정책이 실시되었을 가능성을 유추할 수 있겠다. 그러한 과거의 편린이 경덕왕대의 주군현의 개혁 때까지 남아 있었으며, 삭주와 명주를 과거 고구려의 영역으로 인식하려는 경향과 맞물려 지리지의 편찬 과정에 반영되었을 것이다. 따라서 동해안에서 영덕과 접하는 청하 이남의 양주 의창군(홍해)까지는 신라에 복속되었던 지역으로 파악된다.

고구려의 남진정책에 의해 점령-지배되던 동해안지역에 대한 신라의 북진은 지증왕대부터 본격적으로 추진되었다. 지증왕은 생산력의 증대를 바탕으로 왕호와 국호의 확정으로 상징되는 지배체제를 정비했다. 그러한 과정에서 지방 지배는 복속된 소국에 대한 간접 지배로부터 특정 방면의 전략거점에 대해서는 직접 지배로 전환했다. 지증왕은 우선 동해안 연변에 파리성을 비롯한 12성을 축성한[50] 다음 지방통치를 위한 주군제를 실시했다.

E 1) 지증마립간 6년(505), 춘 2월에 왕이 친히 국내의 州郡縣을 정하고, 悉直州를 설치하여 異斯夫를 軍主로 삼았다. 군주의 명칭이 여기에서 시작되었다. (『삼국사기』 권4)

---

49) 李基文, 1967, 「韓國語形成史」 『韓國文化史大系』 V, 高麗大民族文化硏究所, 78~80쪽.
50) 『三國史記』 卷4, 智證麻立干 5年.

2) 지증마립간 13년(512), 하 6月에 于山國이 귀복하고 해마다 토산물을 바쳤다. (중략) 伊飡 異斯夫가 何瑟羅州의 군주가 되었다. (중략) 우산국이 두려워서 곧 항복하였다. (상동)

위에서 보다시피 지증왕은 신라 북변의 전략거점으로서 신라와 고구려·말갈의 연합세력이 각축을 벌이던 실직에 최초의 주를 설치하고 이사부를 군주로 임명했다. 이때 설치된 주의 성격에 관해서는 다양한 논의가 있지만, 군사적 성격을 띠고 있었던 점에 대해서는 대체로 일치하고 있다. 이에 이사부가 다시 하슬라주의 군주로 옮긴 뒤에 우산국을 복속시켰던 것이다. 이처럼 고구려의 지배하에 있던 삼척·강릉지방에 대해 지증왕의 북진이 용이하게 이루어질 수 있었던 것도, 이곳의 지리적 특성에서 연유하는 바가 없지 않았을 터이다.

지증왕대에 취해진 울진·삼척·강릉지방에 대한 직접 지배의 실상은 법흥왕대에 세워진 〈울진봉평비〉에 잘 나타나고 있다. 입비의 배경으로는 고구려에서 신라로 지배의 주체가 바뀐 이후, 지방 지배가 강화된 데 대한 주민의 반발을 고려할 수 있을 것이다. 법흥왕은 율령반포와 불교공인을 통해 왕권의 전제화를 추구했는데, 비문에는 대교법(大教法), 노인법(奴人法), 장형(杖刑) 등 법흥왕대에 반포된 율령의 편린을 남기고 있다.

따라서 율령에 입각한 지방 지배는 군주-도사체제에 의해 운영되었으며, 실지군주(悉支軍主)와 실지도사(悉支道使) 및 거벌모라도사(居伐牟羅道使)는 중앙에서 파견된 지방관이었다. 거벌모라도사는 다시 현지 촌락 출신의 사인(使人)을 매개로 아대혜촌, 갈시조촌, 남미지촌 등을 관할했다.[51] 당시의 촌은 주민이 생활하는 거점인 동시에 지방통치의 말단 단위로서, 왕권은 지방의 촌락까지 미치기 시작했던 것이다. 지

증왕과 법흥왕 때의 체제 정비에 힘입어 진흥왕대에는 활발한 정복전
쟁이 추진되었는데, 한강유역의 점령과 관련하여 동해안 방면으로의
진출도 이루어졌다.

F 1) 진흥왕 12년(551), 3월에 왕이 娘城으로 巡守하여 머물렀다. (중략)
　　왕이 居柒夫 등에게 명하여 고구려를 침공하여 이김에 따라 10군을
　　빼앗았다. (『삼국사기』권4)

　2) 진흥왕 14년(553), 추 7월에 백제의 동북 지방을 공취하여 新州를
　　설치하고 阿湌 武力을 軍主로 삼았다. (상동)

　3) 진흥왕 17년(556), 추 7월에 比列忽州를 설치하고 沙湌 成宗을 軍主
　　로 삼았다. (상동)

　4) 진흥왕 29년(568), 동 10월에 北漢山州를 폐지하고 南川州를 설치
　　하였으며, 또 比列忽州를 폐지하고 達忽州를 설치하였다. (상동)

　사료 F1) · 2)는 신라가 소백산맥을 넘어 한강유역으로 진출한 사실
을 전하고 있으며, F3) · 4)는 그에 따라 변화하는 주치(州治)의 이동 상
황을 언급한 내용이다. 신라가 고구려로부터 공취한 죽령(竹嶺) 이외
고현(高峴) 이내의 10군에서[52] 고현을 강원도 북부의 철령으로 비정하
면,[53] 신라는 한강의 중류유역을 편입했을 뿐만 아니라 상류유역까지
진출했던 것이다. 더구나 신라는 고구려의 왕위계승을 둘러싼 귀족세

---

51) 李宇泰, 1989,「蔚珍鳳坪新羅碑를 통해 본 新羅의 地方統治體制」『韓國古代史硏究』2,
　　198~201쪽.
52) 『三國史記』卷44, 居柒夫.
53) 池內宏, 1960,「眞興王の戊子巡境碑と新羅の東北境」『滿鮮史硏究』上世2, 吉川弘文館,
　　18쪽.

력의 권력투쟁을 틈타[54] 백제와 함께 고구려로부터 공취했던 한강의 하류유역마저 다시 백제로부터 탈취함으로써 마침내 한강유역 전체를 점령할 수 있었다.

한강유역을 장악한 뒤 진흥왕은 순수했던 곳에 북한산비, 황초령비, 마운령비를 세웠다. 북한산비는 물론 한강의 하류유역을 점령했기 때문에 세워진 것이지만, 황초령비와 마운령비는 F3)에서 보다시피 문헌자료의 신라 북경이 비열홀에 머물렀던 데 비해 훨씬 동북의 원격지에 세워짐으로써 위작설(僞作說)과 이치설(移置說)이 제기된 바 있었다.[55] 그러나 두 비는 역시 신라가 임진강 상류와 북한강 상류유역까지 진출한 결과, 종래 고구려의 지배를 받던 동예와 동옥저지역이 신라에 새로이 복속됨으로써 그곳에 세워질 수 있었던 것이다.

따라서 비열홀주의 설치도 동해안을 따라 북진한 결과로 이해할 것이 아니라, 신라가 북한강의 상류유역을 장악함으로써 고구려와의 관계가 차단된 동예지역에 설치할 수 있었던 것이다. 그러한 결과 진흥왕이 비사벌지역을 개척하고 세운 창녕비(561)에도 비열홀주를 관장하는 비리성 군주(碑利城軍主)가 기록될 수 있었다. 이러한 조치로 고구려와 말갈의 동해안 방면에 대한 침입은 일시나마 나타나지 않는 대신에, 고구려의 주공 방향은 서해안 방면으로 전환되었던 것이다.[56]

한편 사료 F4)에서 진흥왕의 순수비가 세워진 해의 10월에는 북한

---

54) 盧泰敦, 1976,「高句麗의 漢水流域 喪失의 原因에 대하여」,『韓國史研究』13, 31~35쪽.
55) 김영하, 2008,「일제시기의 진흥왕순수비론」,『韓國古代史研究』52, 445~454쪽.
56)『三國史記』卷4, 眞平王 25・30年.
　　진평왕 25년에 고구려의 내침지점은 북한산성이었지만, 30년의 내침지점은 북경과 우명산성으로 나오고 있어서 잘 알 수 없다. 다만 고구려가 북경에서 8천 인을 노략한 전과는 인구 밀집도가 높았던 서해안 방면일 가능성을 암시한다. 한편 이 무렵의 고구려는 백제에 대한 공략에서도 말갈을 동원하고 있었는데, 고구려의 양원왕은『삼국사기』권26, 성왕 26년에서 동예와 모의하여 한강 북방의 독산성을 공격했던 것이다.

산주에서 남천주로 주치의 이동과 함께 비열홀주에서 달홀주(고성)로 주치의 이동이 있었다. 이러한 사실에 대해 다음에 설명할 무열왕대의 하서주 설치에 근거하여 신라의 북경을 강릉 부근으로 파악함으로써 관련 내용을 의심하기도 했다.[57] 그러나 이것은 비문에 기록된 바와 같이 8월에 진흥왕의 새로운 복속지인 옥저지역에 대한 순수에 이어 10월에 섭시달과 비리를 거쳐 동해안을 따라 경주로 귀환한 뒤에 동예지역에 대해 취해진 조치로 파악하는 것이 타당할 듯하다.

동예에 대한 지배가 불안정했던 신라는 달홀주 후방의 하슬라주를 북소경(北小京)으로 삼아[58] 전략거점화하지 않을 수 없었다. 동예지역에 대한 신라의 영향력 감소는 말갈에게 다시 활동의 기회를 제공했으며, 고구려 및 백제와 연합한 말갈이 신라의 북경을 침입할 수 있었던 배경이었다.[59] 이에 대해 신라는 하슬라가 말갈과 연접하고 있으므로 다시 소경을 파하고 주를 두는 동시에 전략거점인 실직에 북진(北鎭)을 설치했다.[60] 이처럼 신라의 동북경이 비열홀주를 기점으로 점차 퇴축하여 다시 하슬라와 실직에 머무르게 되는 현상은 앞에서 설명했듯이 내륙을 통한 동예의 복속으로 설명하지 않으면 합리적 해석이 불가능하다. 이러한 신라 동북경에서 주치의 변천은 실직주(505)-하슬라주(512)-실직주(524년 이전)-비열홀주(556)-달홀주(568)-북소경(639)-하서주·북진(658)으로 정리할 수 있겠다.

결국 고구려와 신라가 동해안에서 일진일퇴의 공방을 벌일 때에 주요한 각축장은 고구려에 복속되었던 동예와 신라의 북변이 접하는 울

---

57) 津田左右吉, 앞의 책, 83쪽.
58) 『三國史記』卷5, 善德王 8年.
59) 『三國史記』卷5, 太宗武烈王 2年.
60) 『三國史記』卷5, 太宗武烈王 5年.

진·삼척·강릉지방이었으며, 그러한 까닭에 창녕비에서 보는 바와 같이 이곳은 상주(上州)와 하주(下州)에 대응하면서도 지리적 조건에 맞게 우추·실지·하서아군(于抽·悉支·河西阿郡)의 광역권으로 편제하여 사대등(使大等)의 관하에 두어졌던 것이다.

신라가 동예지역을 다시 편입한 것은 하서주에 대한 군사적 기능을 강화한[61] 다음 문무왕 8년(668)에 비열홀주를 설치한[62] 데서 비롯되었다. 이것은 고구려가 망하기 직전의 일로서, 신라는 고구려가 당과의 거듭된 전쟁으로 동예지역에 대한 통제력을 상실한 기회를 이용했던 것으로 추측된다. 이러한 비열홀주와 하서주는 신라군이 당군의 평양성 공격에 부응하기 위한 협공작전에서 주요한 전략거점과 공격로로 이용되고 있었다.

그러나 안변지방은 고구려의 멸망 이후 일시나마 안동도호부의 관할 아래로 들어가게 되었던 것 같다.[63] 이로써 말갈도 이제는 독자적이거나, 또는 당의 지휘하에 신라를 공격하게 되었다. 이에 신라는 덕원의 안북하를 따라 관성을 쌓거나 철관성을 축조했으며,[64] 사찬 무선

---

61) 『三國史記』卷6, 文武王 5年. "冬 以一善·居列二州民 輸軍資於河西州."

62) 『三國史記』卷6, 文武王 8年.

63) 『三國史記』卷7, 文武王 11年. "大王報書云 (中略) 又卑列之城 本是新羅 高麗打得三十餘 年 新羅還得此城 移配百姓 置官守捉 又取此城 還與高麗."
여기에서 고구려의 비열성 공취는 적어도 선덕왕 8년(639)에 북소경을 설치하기 이전의 일로서 선덕왕 7년(638)에 고구려가 신라 북변의 칠중성을 공략할 때에 있었던 일로 추측하거나(池內宏, 1960, 앞의 책, 29쪽), 선덕왕 6년(637)에 우수주를 설치하고 주치를 달홀주에서 우수주로 퇴축시킬 때에 비열홀지역을 고구려에게 빼앗긴 것으로 보기도 한다(李文基, 1994, 「統一新羅期의 北鎭과 軍事的 位相」『九谷黃種東教授停年紀念史學 論叢』, 307쪽). 이곳에 대한 신라의 재탈취는 그로부터 30여 년 뒤인 문무왕 8년(668)에 있었던 비열홀주의 설치를 의미한 것으로 추측된다. 이것은 동해안을 따라 북진한 결과 이지만, 비열성이 본래 신라의 것이라는 인식은 진흥왕대에 내륙으로 진출하여 동예를 복속시킨 데서 연유했을 것이다.

64) 『三國史記』卷7, 文武王 15年.

을 시켜 정병 3천 명으로 비열홀을 진수했다.[65] 그럼에도 불구하고 효소왕 때에 국선 부례랑(夫禮郎)이 통천으로 놀러갔다가 적적(狄賊)에게 사로잡힌 일도 있었는데,[66] 여기가 바로 나중에 신라와 발해의 국경선을 이루는 곳이 되었다.

3. 신라와 발해의 동해안 지배

고대국가의 완성 단계에서 배태된 대내외적 모순으로 7세기 동아시아의 국제전이 일어났다. 전쟁의 결과는 신라의 백제 통합과 고구려 고지에서 발해의 건국으로 귀결됨으로써 한국사에서 획기적인 의미를 지니게 되었다. 신라와 발해 병립의 남북국시대에는 중앙집권적 귀족 관료체제가 성립되었으며, 지방통치체제에 의한 전면적인 지방 지배가 실현됨으로써 시대구분의 의미를 내포했기 때문이다.

남북국시대의 동해안지방은 신라와 발해의 지배체제 내로 각각 편입될 수밖에 없었다. 무열왕에 의해 성립된 중대에 문무왕은 백제를 통합했고, 신문왕은 중앙집권적 통치체제를 확립했다. 중앙집권의 의미는 중앙의 왕권이 강화되었을 뿐만 아니라, 그런 왕권이 지방제도를 통해 지방민을 일률적으로 지배한 데 있었다. 신라 중대의 지방제도는 수도의 편재성을 극복하기 위해 설치된 5소경과 더불어 점-선 중심의 주군제에서 보다 발전된 선-면 중심의 군현제로 정비되었다.

신문왕은 5년(685)에 완산주를 복치하고 청주를 설치함으로써,[67] 기

---

65) 『三國史記』卷7, 文武王 21年.
66) 『三國遺事』卷3, 栢栗寺.
67) 『三國史記』卷8, 神文王 5年.

존의 일선주, 삽량주, 한산주, 수약주, 하서주, 소부리주, 발라주와 더불어 9주를 비로소 완비할 수 있었다. 사비주(소부리주)와 발라주는 다시 웅천주와 무진주로 개편하고 일선주를 혁파한 대신에 사벌주를 복치함으로써,[68] 9주는 사벌주, 삽량주, 청주, 한산주, 수약주, 하서주, 웅천주, 완산주, 무진주로 구성되었다. 이러한 9주는 경덕왕 16년(757)에 주군현을 개혁할 때, 그 명칭이 각각 상주, 양주, 강주, 한주, 삭주, 명주, 웅주, 전주, 무주로 바뀌었다.

이 중에서 한주·삭주·명주는 모두 옛 고구려의 남쪽 경계에 설치된 주로서, 삭주와 명주가 동해안지방을 관할했다. 삭주의 연원은 선덕왕 6년(637)에 우수주를 설치한[69] 데에 있었으며, 명주는 무열왕 5년(658)에 소경을 혁파하고 하서주를 설치한 데서 비롯되었다. 동해안에서 과거 동예와 실직국의 영역을 아우르는 삭주와 명주의 관하에는 각각 1소경 12군 26현과 9군 25현을 두고, 총관/도독-태수-소수/현령 체제를 통해 지방민에 대한 전면적인 지배가 이루어졌다.

그러나 남북국시대에서 동해안이 차지하는 역사적 의미는 고구려를 계승한 발해와 국경을 접한 데서 찾아진다. 신라와 발해의 국경선을 이루는 니하는 영흥의 용흥강으로 비정되고 있는데,[70] 신라는 발해에 대비한 조치를 취하지 않을 수 없었다.

G 1) 朔庭郡, 본래 고구려의 比列忽郡이다. 진흥왕 17년인 梁의 太平 元年에 比列州를 설치하고 군주를 두었다. 효소왕 때에 축성했으니 둘레가 1,180보이다. 경덕왕 때에 명칭을 바꾸었다. 지금의 登州이

---

68) 『三國史記』卷8, 神文王 6·7年.
69) 『三國史記』卷35, 朔州.
70) 박시형, 송기호 해제, 1989, 『발해사』, 이론과실천, 152~153쪽.

다. (『삼국사기』권35)

2) 井泉郡, 본래 고구려의 泉井郡이다. 문무왕 21년에 빼앗았다. 경덕
왕 때에 명칭을 바꾸었으며 炭項關門을 쌓았다. 지금의 湧州이다.
(상동)

위 사료는 신라의 북단인 삭주 관내에서도 최북단에 위치한 두 군
에 관한 내용이다. G1)의 삭정군은 삼국시대부터 유명한 전략거점인
비열홀로서, 효소왕대의 축성은 물론 발해에 대한 대비와 관련이 있었
을 것이다. G2)에서 정천군은 681년에 빼앗은 것으로 되어 있는데, 이
것은 신라가 당에게 점령되었던 말갈로부터 다시 공취한 것이다. 앞에
서도 언급한 바의 사찬 무선이 같은 해에 3천 명의 군사로써 비열홀을
진수한 것도 이와 관련이 있으며, 경덕왕대의 탄항관문의 축조와 더불
어 북진을 정천군으로 옮긴[71] 것도 역시 발해와의 관계 속에서 의미가
제대로 파악될 수 있을 듯하다.

따라서 신라와 발해의 국경선은 정천군(덕원)의 북방에서 찾는 것이
타당하며, 그에 적합한 지리적 조건을 갖춘 곳은 아무래도 용흥강 이
외에 달리 찾기 어렵다. 그러한 까닭에 가탐(賈耽)의 『고금군국지』도
신라에서 발해의 동경 책성부에 이르는 교통로상 39역(驛)의 기점으로
정천군을 꼽았던 것이다.[72] 이와 같이 접경지대로서 동해안지방이 갖
는 의미는 성덕왕대에 하슬라도의 정부(丁夫) 2천 명을 징발하여 북경
에 장성을 축조하고,[73] 발해의 침입에 대비한 데서도 확인된다.

발해와 접경하는 동해안지방은 경주의 입장에서 보면 동북의 변방

---

71) 李文基, 앞의 논문, 319~320쪽.
72) 『三國史記』卷37, 分嵯州 本波知城四縣.
73) 『三國史記』卷8, 聖德王 20年.

이었으므로, 명주는 원성왕과의 왕위경쟁에서 밀린 김주원이 퇴거하는 그런 곳이었다.[74] 김주원은 나중에 명주군왕(溟州郡王)으로서 명주·익령(양양)·삼척·근을어(평해)·울진 등지를 식읍으로 받았다.[75] 이러한 변방지역의 민심 동향은 성덕왕대에 순정공이 강릉태수로 부임하는 길에 그의 부인 수로가 해룡에게 끌려가자 한 노인의 방책으로 구조되는[76] 설화에 잘 반영되어 있다. 여기서 순정공과 수로부인은 경주의 왕경, 노인과 해룡은 동해안의 변방을 각각 상징하는 것으로 추측된다. 변방인의 왕경인에 대한 반감이 해룡에 의한 수로부인의 납치라는 서사구조로 형상화되었던 것이다. 이러한 사실은 자연재해가 빈발한 성덕왕대부터 등장하는 동해용(東海龍)은 중앙의 호국용(護國龍)에 대한 변경의 용으로서, 중앙세력에 대해 우호적이지 않았던 지방세력의 상징으로[77] 이해되고 있기 때문이다.

그러나 변방세력은 노인이 수로부인의 구출 방법을 일러주거나, 동해용의 아들인 처용이 왕경으로 진출하여 왕을 보좌하는 형식으로 마침내 경주의 중앙세력과 타협하고 있었다. 이러한 사실은 성덕왕이 하서주의 거사 이효를 두 차례나 불러 기우제를 주관하도록 조치한[78] 데서도 알 수 있다. 그러므로 울진 장천굴의 굴신(窟神)도 토착신으로서 자신의 오랜 정체성을 포기하고 정신대왕의 태자 보천(寶川)으로부터 보살계, 즉 불교의 세례를 받음으로써 자신의 처소인 굴 자체도 없어지게 되었던 것이다.[79] 이러한 설화는 동해안의 지방민이 제도적으로

---

74) 『三國遺事』卷2, 元聖大王.
75) 『新增東國輿地勝覽』卷44, 江陵大都護府 人物.
76) 『三國遺事』卷2, 水路夫人.
77) 李佑成, 1969,「三國遺事所載 處容說話의 一分析」『金載元博士回甲紀念論叢』, 94~99
    쪽 참조.
78) 『三國史記』卷8, 聖德王 14·15年.

중앙에 편입되었을 뿐만 아니라 정신적으로도 중앙의 불교문화에 의해 세뇌되어갔음을 의미한다.

한편 발해는 고왕 대조영에 의해 고구려 고지에서 건국한 이래 무왕 대무예가 정복전쟁을 적극적으로 추진하여 흑수말갈을 제외한 나머지 말갈세력을 모두 흡수하여 통치영역으로 편입시켰다. 이러한 기반 위에서 문왕 대흠무는 지배체제를 정비할 수 있었는데, 그 방향은 역시 당제의 모방을 통한 중앙집권적 통치체제의 확립이었다. 중앙집권체제에 입각한 발해의 지방제도는 5경 15부 62주로 편제되었으며, 주 아래에 100여 현이 설치되었다. 지배층을 형성한 고구려인은 피지배층인 말갈족에 대한 효율적인 통치를 위하여 지방관에 임명되었으며, 지방통치는 도독-자사-현승체제에 의해 운영되었다. 그리고 자연 부락은 토착 출신의 유력자인 수령(首領)이 관할했다. 이와 같은 발해의 지방통치체제하에서 동해안지방은 남경 남해부의 소관이었다.

> H 1) 沃沮의 옛 땅으로 南京을 삼고 南海府라 불렀다. 沃州, 睛州, 椒州의 3州를 거느린다. (『신당서』권219, 열전144, 발해)
>
> 2) 賈耽의 『古今郡國志』에 이르기를, 발해국의 南海, 鴨淥, 扶餘, 柵城의 4府는 모두 고구려의 옛 땅이다. 신라의 泉井郡에서 柵城府까지 대략 39驛이다. (『삼국사기』권37)

사료 H2)에서 보는 바와 같이 발해의 15부 가운데 4부는 모두 고구려의 고지이며, 이 중에서 남해, 압록, 책성은 각각 발해의 5경 가운데 남경, 서경, 동경으로 편제되었다. H1)에서 남경 남해부는 옥저의 고지

---

79) 『三國遺事』卷3, 臺山五萬眞身.

로서, 관하의 옥주(沃州)는 6현, 정주(睛州)는 5현, 초주(椒州)는 6현을 거느리고 있었다. 남경 남해부의 주치에 관해서는 덕원설과 경성설에 대해 북청설이 제기되었지만,[80] 역시 옥저의 고지인 점에 유의한 함흥설이[81] 타당할 것 같다. 함흥은 신라와의 국경을 용흥강으로 비정한 조건도 충족시킬 수 있기 때문이다.

이와 같이 동해안에서 용흥강을 사이에 두고 남경 남해부와 삭주 정천군으로 접경한 발해와 신라는 국내외적인 조건에 따라 대립과 교섭을 반복했다. 당에서의 경쟁적 대립 이외에 양국의 상호 교섭과 관련하여 동해안에 개설된 신라도의 존재는 주목을 요한다.

龍原府 동남의 연해는 日本道, 南海府는 新羅道, 鴨淥府는 朝貢道, 長嶺府는 營州道, 扶餘府는 契丹道이다. (『신당서』권219, 열전144, 발해)

위 내용은 발해의 수도인 상경 용천부로부터 각 방면에 이르는 교통로를 언급한 것인데, 발해의 남단인 남해부를 신라도로 명시했다. 앞에서 설명한 바 있는 신라의 정천군에서 동경 책성부(용원부)까지의 39역도 기실 신라도의 한 부분이었다. 신라도는 상경에서 동경을 경유한 다음 다시 남경을 통해 동해안을 따라 신라의 경주에 이르는 길이었던 것이다. 삼국시대에 진흥왕이 황초령과 마운령에 대한 순수를 마치고 비열홀, 달홀, 하슬라, 실직, 거벌모라를 거쳐 경주로 남하하던 길이었으며, 남북국시대에는 남국 신라의 사신 백어(伯魚)와 숭정(崇正)이 각각 북국 발해와의 교섭을 위해 사명을 띠고[82] 북상하던 길이었다.

---

80) 金毓黻, 『渤海國志長編』卷14, 地理考1, 南京南海府.
81) 丁若鏞, 『與猶堂全書』6集, 疆域考2, 渤海考.
82) 『三國史記』卷10, 元聖王 6年; 憲德王 4年.

고구려와 마찬가지로 농산물과 해산물이 부족했던 발해는 아마도 신라도를 통해 생존 자원을 조달했을 것이다.

남북국시대의 동해안지방은 신라와 발해의 지방통치체제 내에 편제되어 중앙의 지배를 받았다. 그러나 남북국시대의 말기에 이르면, 중앙집권체제의 동요로 인해 동해안지방도 변화를 겪지 않을 수 없었다. 후삼국시기에 궁예는 삭주 관내의 북원(원주)으로부터 명주 관내의 하슬라로 진입하여 장군을 자칭했으며,[83] 명주장군 순식(順式)이 고려 태조에게 귀부함으로써[84] 강릉지방은 신라의 통제로부터 벗어났다. 고려 태조가 안동에서 후백제의 견훤을 이긴 뒤에 동해안 연변의 주군와 부락은 모두 태조에게 귀부했는데, 이때 귀부한 지역은 명주에서 흥례부(울산)에 이르는 곳으로서 모두 110여 성에 달했다.[85] 결국 신라는 동해안의 개척으로 흥성했고 동해안의 상실로 쇠망의 길에 들어섰던 셈이다.

남경 남해부를 통해 동해안을 통제하던 발해도 말기에 이르러 지방지배가 이완되었고, 그런 틈을 타서 지방세력은 독자적인 행동을 재개했다. 보로국인(寶露國人)과 흑수국인(黑水國人)이 신라와 화통하려고 시도하거나,[86] 말갈의 별부(別部)인 달고(達姑)의 무리가 신라의 북변을 침략한 것도[87] 그런 사례였다. 중앙의 통제에 의한 일원적인 교역체계가 붕괴된 상황에서 생필품의 구득과 약탈에 목적이 있었을 것이다.

이와 같이 남북국시대 말기에 동요하던 동해안지방은, 고려가 후삼

---

83)『三國史記』卷11, 眞聖王 8年.
84)『三國史記』卷12, 景明王 6年.
85)『高麗史』卷1, 太祖 13年.
86)『三國史記』卷11, 憲康王 12年.
87)『三國史記』卷12, 景明王 5年.

국을 통일한 뒤 지방통치체제를 재정비하는 현종 때에 다시 군사적 성격이 강한 동계(東界)로 재편되었다. 이것은 동해안지방이 과거의 역사로부터 자유롭지 못한 데서 연유한 필연적 결과였다.

맺음말

한국 고대에서 동해안지방은 지리적 조건으로 인해 다른 지방과 다소 다른 바가 있었다. 경제는 물론 군사적 측면에서의 중요성이 『삼국사기』 지리지에 보이는 고구려의 남하상과 〈진흥왕대왕순수비〉로 상징되는 신라의 북진상에 반영되었던 것이다. 삼국과 남북국시대에 동해안지방이 변화하는 모습을 복속-간접 지배에서 점령-직접 지배로의 전환에 초점을 맞추어 세 시기로 나누어 살펴보았다. 고대국가의 발전과 변동의 파장은 변방으로서의 동해안지방에 어김없이 미치고 있었던 것이다.

먼저 고구려와 신라가 각각 동해안지방으로 진출하는 과정의 검토이다. 양국의 본격적인 접촉 이전에 동해안에는 옥저, 동예, 실직국 등이 함경산맥과 태백산맥 이동의 지리적 특성인 대상의 공간을 따라 분포하고 있었다. 고구려는 생존에 필요한 농산물과 해산물을 획득하기 위해 태조왕 때부터 동해안으로 진출하여 옥저와 동예를 복속시켰다. 옥저와 동예는 고구려로부터 정치적 자치를 보장받는 대가로 경제적 공납을 부담하는 간접 지배를 받았는데, 이곳에 대한 고구려왕의 관심은 순수로 나타났다. 다만 옥저 이남의 동예는 중국 군현의 세력 부침에 따라 고구려와의 복속관계에서 변화가 없지 않았다.

한편 신라의 동해안 진출은 실직국의 복속을 통해 이루어졌다. 사료에서 파사왕대에 복속한 것으로 기록된 실직국의 범위는 동해안의 지리적 특성상 흥해 부근에서 삼척지방에 이르는 것으로 추정된다. 그러한 이후 곧 신라가 동예계 말갈의 침입을 받은 것으로 『삼국사기』에 나오지만, 이것은 말갈과 직접 접촉했던 맥국 또는 실직국에 관한 사실이 후대에 사서의 편찬 과정에서 말갈의 신라 침입으로 정리된 것으로 이해할 수 있었다. 그러나 고구려는 이제 복속시킨 동예를 사주하여 동천왕 19년(245) 10월부터 실직국을 복속시킨 신라를 침공하기 시작했다. 이에 위의 유주자사 관구검은 고구려의 팽창을 견제하기 위해 고구려를 치는 한편, 낙랑태수와 대방태수를 시켜 동예를 정벌했던 것이다.

다음은 고구려의 남하와 신라의 북진이라는 각축 양상의 정리이다. 삼국이 정립된 이후의 역학관계는 기본적으로 고구려와 백제의 적대관계 위에서 신라의 향배는 가변적이었다. 고구려는 광개토왕대에 주노관계를 매개로 국내와 국제 간의 중층적 지배질서를 구축했는데, 신라도 간접 지배의 대상이었다. 그러나 장수왕은 간접 지배의 국제질서를 직접 지배의 국내질서로 전환하기 위해 말갈을 앞세워 남진정책을 적극적으로 추진했다. 그러한 사실이 『삼국사기』 지리지의 명주 관내에서 영덕지방까지 본고구려계의 지명을 남긴 역사적 배경이었다.

고구려의 남하에 대해 신라는 백제와 함께 나·제동맹으로 대응했다. 신라는 지증왕대부터 삼척지방을 전략거점으로 삼고 북진을 도모했는데, 〈울진봉평비〉와 〈진흥대왕순수비〉의 황초령비 및 마운령비는 저간의 사정을 전하는 기념비이다. 진흥왕의 순수와 비열홀주의 설치는 신라가 동해안을 통해 북상한 결과로 이루어진 것이 아니었다. 신라가 고구려의 통제력이 이완된 기회를 이용하여 한강유역의 전체를 점령함으로써, 동예와 옥저지역이 신라에 새로이 복속되었기 때문에 가능했던 것이다. 이러한 사료 해석에 입각할 때, 비열홀주의 설치 이후 신라의 동북경이 동예와의 관계 속에서 점차 강릉·삼척지방으로 퇴축하는 현상을 합리적으로 이해할 수 있을 것이다.

끝으로 신라와 발해의 동해안지방에 대한 지배와 지방민의 동향이다. 남북국시대의 동해안지방은 양국의 국경이 접하는 변경으로서, 삼국시대부터의 전략거점이었던 비열홀주, 즉 삭정군과 정천군이 주목되었다. 신라는 동해안에 삭주와 명주를 설치하고 중앙집권적 지방통치를 실시했다. 이로써 동해안의 지방민은 각종 설화에서 보듯이 자신의 오랜 정체성을 상실하고, 중앙으로의 경사가 심화되어갔다. 한편 발해는 비열홀과 접하는 남경 남해부를 거점으로 동해안지방을 관할했다. 이곳은 옥저의 고지로서 교통상의 요지였기 때문에 신라도로 불렸으며, 이를 통해 신라와의 교섭은 물론 부족한 생존 자원을 보충했을 것이다.

동해안지방도 남북국시대 말기에 이르러 중앙의 통제가 이완됨으로써 지방세력은 동해안을 근거로 독자적인 활동을 재개했다. 이러한 동요는 고려의 후삼국 통일로 종식되고 다시 군사적 성격이 강한 동계로 재편되었다. 이것은 주변성을 띠는 동해안지방의 장기간에 걸친 역사에 비추어볼 때 필연적인 결과이기도 했다.

(「三國과 南北國時代의 東海岸地方」『韓國古代社會와 蔚珍地方』, 蔚珍郡·韓國古代史學會, 1999)

| Abstract |

Paradigm of Ancient
Korean History

Kim Young-ha

Two methods are applied in this book to deal with recognition
and logic of Korean ancient history. One is confirming well-known
facts instead of expanding the field with proof of various facts. The
other is also verifying the interpretation logic from modern history to
deepen theme awareness of it. Through this methodology, three
topics are discussed here. The first is a viewpoint to consider
Goguryeo, Baekje, and Silla as homogeneous ancient society, instead
of an approach to research them respectively. The second is a
perspective to regard the fall of Baekje and Goguryeo by coalition
troops of Silla and Tang as Silla's war to integrate Baekje, not to unify
the Three Kingdoms. The third is periodization to see the 7th century
international war in East Asia as the trigger of transition from the
ancient ages to the medieval ages in Korean history.

The part I handles recognition methods of the domestic ruling
structure in ancient states. Foundation and development of ancient states

was interlinked with cumulative organization and dissolution of peripheral small countries by central small countries. The foundation and development of the Three Kingdoms with the remaining communal system from small countries was reflected in the ruling structure. Some have presented a theory of walled-town states-confederated kingdoms-centralized states, while others have suggested a theory of small countries-the districts (bu) system-centralized states, to understand the Three Kingdom's developmental stages. Setting the stages of development, they have disagreed on criteria; the former includes confederated kingdoms as a state when the latter includes the districts system as a political system. However, it is agreed that the stage of a centralized state is set in the period of the Three Kingdoms.

However, in the Three Kingdoms, while a necessary condition of centralism was fulfilled as a king of kings emerged and authority of the king was strengthened, a sufficient condition was not satisfied as the central government's overall dominance over the local provinces was yet to be realized. Therefore, two things need to be done, and the first is to divide a superordinate category of the nation's developmental stage including communal small countries-ancient states from a subordinate category of the political system's developmental stage including the aristocracy council system-despotism. The second is to examine the power relations between the king as the peak of the system and the aristocracy in the ruling structure of the ancient state. We can find the same track in different times in making of the states in Korean ancient history, so the ruling structure of Gojoseon and Buyeo repeated in the political system of the Three Kingdoms.

It enables us to recognize homogeneity between development of Gojoseon or Buyeo and that of the Three Kingdoms.

The part II addresses the interpretation logic on ancient states' international territory expansion. Territory expansion of the Three Kingdoms was concluded to a influence competition among them bordering one another after they integrated small countries and expelled Chinese counties and prefectures. Consequently, King Gwanggaeto and King Jinheung possessed the biggest territory and the Gwanggaeto Stele and the King Jinheung's monument, the essence of the consciousness of history · territory · king of kings, were erected in the royal capital and the frontier respectively. Meanwhile, Silla, under pressure of Goguryeo and Baekje, allied with Tang, so the influence competition among the Three Kingdoms ignited the East Asian international war. The consciousness of three Hans' unification sprang from integration of Baekje and collapse of Goguryeo in postwar Silla.

Along with these facts, Japanese colonial view of history presented a theory of Japanese-Korean mutual ancestry (Ilseondongjoron) and its followers used the Sinmyo (AD 391) article of the Gwanggaeto Stele to prove the argument that ancient Japan ruled the southern region of the Korea Peninsula. The colonial view of history also suggested a view of Manchurian-Korean mutual history (Manseonsagwan) and its supporters argued that King Jinheung's monuments in Hwangchoryeong and Maunryeong were counterfeited or moved from the original site, to demarcate the boundary line between Manchuria and Korea. Also, Silla's consciousness of three Hans' unification was false consciousness of Silla's ruling class that failed to integrate Goguryeo, but supporters of Manseonsagwan formed the stereotype of the theory of the Silla unification by emphasizing Silla's unification in order to exclude Balhae that established in Goguryeo's old territory from Korean history. It was derived from Japanese scholars' effort to historically prove an internal border between Korea and Manchuria, and both were the object of a colonial policy in the Japanese colonial period. It explains why we need to review the interpretation logic from modern history critically revealing truth of ancient ages.

The part III brings light on changes caused by transition from the Three Kingdoms to South and North States. In the Three Kingdoms, old system of small countries from foundation and development of ancient states and state-oriented tendency coexisted. The phase of the aristocracy managing military and political affairs developed to the phase of the king of kings regulating the aristocracy systematically. A power struggle within the aristocracy and emergence of unified dynasties such as Sui and Tang in China in the late Three Kingdoms caused the social structure of the Kingdoms to change. South and North States, consisting of Silla that integrated Baekje in the 7th century international war in East Asia and Balhae that founded in Goguryeo's old territory, aimed centralism by bureaucratizing the aristocracy, and contradictions of centralism caused peasant uprisings in the late Silla.

Along with these facts, supporters of the ancient continuity theory argue that centralism of the Three Kingdoms changed into the authoritarian monarchy in Unified Silla, and pay attention to the powerful local gentry as a substitute ruling class in the late Silla. This logic impairs the epoch-making meaning of the international war in East Asia and breeds a misunderstanding in terms of theory that history went backward as a centralized state became the authoritarian monarchy. Therefore, it is necessary to approach the foundation of South and North States with transition to the medieval ages theory, and understanding the Korean medieval ages as centralism, we can criticize a theory of immanent development paying heed to the Europe-oriented decentralization system.

Among small countries established thanks to the bronze culture, three changed into ancient states, and their political system based on territorial expansion developed from the council system of the aristocrats who owned salves to despotism of the king of kings with consolidation of power. Under despotism, the aristocracy divided and the influence competition among the Three Kingdoms was intensified. To resolve these double contradictions, political upheavals aiming for the concentration of power rose in the Three Kingdoms, and the war among the Three Kingdoms changed into the international war in East Asia with intervention of Sui and Tang. Centralized bureaucracy of aristocrats and Buddhism and Confucianism functioning as the ruling ideology in South and North States with alteration in the bone-rank system and implementation of the land distribution system in Silla were signs indicating progress to new society in Korean history. These historical changes in the period of Three Kingdoms and South and North States were reflected undoubtedly in the changing progress of the East Coast region as an unit area.

ㄱ

◎